运动系统影像诊断学

Yundong Xitong Yingxiang Zhenduanxue

◎主编　李渝苏　汪文章

电子科技大学出版社

图书在版编目（CIP）数据

运动系统影像诊断学 / 李渝苏，汪文章主编. —成都：电子科技大学出版社，2014. 9（2022.8 重印）

ISBN 978-7-5647-2631-7

Ⅰ. ①运… Ⅱ. ①李… ②汪… Ⅲ. ①运动系统疾病—影象诊断 Ⅳ. ①R680.4

中国版本图书馆 CIP 数据核字（2014）第 212351 号

运动系统影像诊断学

主　编　李渝苏　汪文章

副主编　黄家骏　何本祥

出　　版： 电子科技大学出版社（成都市一环路东一段 159 号电子信息产业大厦　邮编：610051）
策划编辑： 谢应成
责任编辑： 谢应成　杜　倩
主　　页： www.uestcp.com.cn
电子邮箱： uestcp@uestcp.com.cn
发　　行： 新华书店经销
印　　刷： 四川永先数码印刷有限公司
成品尺寸： 185mm×260mm　　**印张** 15.5　　**字数** 368 千字
版　　次： 2014 年 9 月第一版
印　　次： 2022 年 8 月第六次印刷
书　　号： ISBN 978-7-5647-2631-7
定　　价： 52.00 元

编　委　会

前　言

《运动系统影像诊断学》是运用各种医学成像技术，凭借图像观察人体运动系统内部结构解剖、生理及病理变化，用以诊断疾病的一门临床学科。本书的主要内容包括各种成像技术的原理、方法和图像特点，骨伤科常见伤病的影像诊断、运动性伤病的影像诊断。随着科学技术的进步，影像诊断技术在不断地提高和创新，发展着的 X 线、CT、MRI、超声等影像检查技术，在骨伤科及运动性伤病的诊断中，起着越来越重要的作用。

本教材按照成都体育学院中医学专业（中医骨伤科学方向、运动医学方向）及运动康复专业、康复治疗专业的本科“影像诊断学教学大纲”要求进行编写。我们力求体现现代医学影像诊断技术的知识体系，同时突出其在运动系统影像诊断中的运用。为了便于阅读和理解，全书共附线图 153 余幅，图表 15 余张。可供骨伤科专业、运动医学专业、运动康复专业及康复治疗专业的学生使用。作为实用性较强的工具书，又可作为临床骨科医师及运动队队医的参考书。

本书在编写过程中，得到四川省人民医院蒲红主任医师、成都体育学院附属医院黎万友副教授和敬容主治医师等的大力支持，特此致谢。

编写中鉴于我们知识水平有限，加之时间仓促，书中可能存在疏漏乃至差错，希望各位专家、广大师生与读者给予批评、指正。

编　者

2014 年 8 月

目　录

第一章 总 论

第一节 X 线 检 查

X 线诊断是应用 X 线穿透人体，使人体内部结构投影在荧光屏或胶片上显出影像，观察影像，以了解人体解剖、生理、病理等方面的情况，从而进行诊断的一种临床检查方法。

X 线诊断是影像诊断中的主要检查手段，广泛应用于临床，尤其在骨科伤病的诊断中有着重要的、不可替代的地位。

一、X 线成像

（一）X 线的产生

1895 年 11 月 8 日，德国物理学家伦琴偶然发现了一种射线，它具有很高的能量，肉眼看不见，但能穿透很多物质，包括我们人体，并且能使荧光物质发光。因当时对这种射线的性质还不了解，称之为 X 射线。后人为纪念发现者，也称为伦琴射线，现简称 X 线（X-ray）。

X 线是在真空管内高速行进的电子群撞击钨靶时产生的。电子群在高速运动时突然受阻，发生能量的转换，其动能仅有 0.2%转化为 X 线，其余 99.8%转化为热能。

（二）X 线机的构造

X 线机包括 X 线管与支架、变压器、操作台、检查床和影像增强电视系统。

X 线管为一高真空的二极管，杯状的阴极内装着灯丝；阳极由呈斜面的钨靶和附属散热装置组成。变压器为提供 X 线管灯丝电源和高电压而设置。操作台主要为调节电压、电流和曝光时间而设置，包括电压表、电流表、时计、调节旋钮和开关等。在 X 线管、变压器和操作台之间以电缆相连。

X 线的发生程序是接通电源，经过降压变压器，供 X 线管灯丝加热，产生自由电子并云集在阴极附近。当升压变压器向 X 线管两极提供高压电时，阴极与阳极间的电压差陡增，处于活跃状态的自由电子受强有力的吸引成束的电子群，以高速由阴极向阳极运动，撞击阳极钨靶原子结构，此时发生能量转换，其中 0.2%的能量形成了 X 线，由 X 线管窗口发射出来，其余 99.8%则转换为热能，由散热设施散发，如图 1-1 所示。

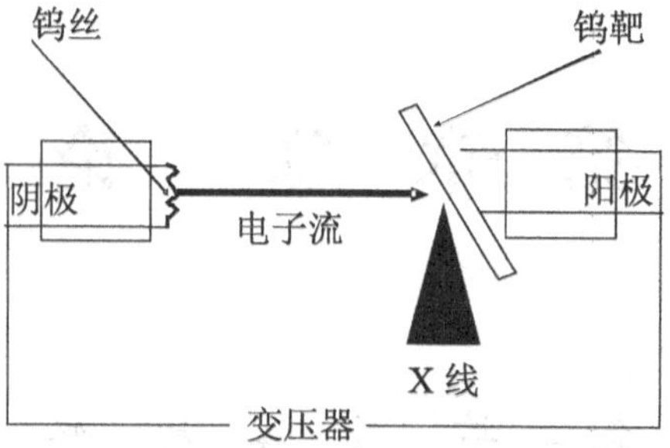

图 1-1　X 线发射装置示意图

（三）X 线的特性

X 线是一种波长很短的电磁波。波长范围为 0.006～500 埃。目前 X 线诊断常用的 X 线波长范围为 0.08～0.31 埃（相当于 40～150kV 时）。在电磁辐射谱中，居γ 射线与紫外线之间，比可见光的波长要短得多，肉眼看不见。除上述一般物理性质外，X 线还具有以下几方面与 X 线成像相关的特性：

1. 穿透性：X 线波长很短，具有很强的穿透力，能穿透一般可见光不能穿透的各种不同密度的物质，并在穿透过程中受到一定程度的吸收即衰减。X 线的穿透力与 X 线管电压密切相关，电压愈高，所产生的 X 线的波长愈短，穿透力也愈强；反之，电压低，所产生的 X 线波长愈长，其穿透力也弱。另一方面，X 线的穿透力还与被照体的密度和厚度相关。X 线穿透性是 X 线成像的基础。

2. 荧光作用：X 线能激发荧光物质（如硫化锌镉及钨酸钙等），使产生肉眼可见的荧光。即 X 线作用于荧光物质，使波长短的 X 线转换成波长长的荧光，这个特性是进行透视检查的基础。

3. 摄影作用：涂有溴化银的胶片，经 X 线照射后，可以感光，产生潜影，经显、定影处理，感光的溴化银中的银离子（Ag+）被还原成金属银（Ag），并沉淀于胶片的胶膜内。此金属银的微粒在胶片上呈黑色。而未感光的溴化银，在定影及冲洗过程中，从 X 线胶片上被洗掉，因而显出胶片片基的透明本色。依金属银沉淀的多少便产生黑和白的影像。所以，摄影作用是 X 线成像的基础。

4. 电离作用：X 线通过任何物质都可产生电离作用。空气的电离程度与空气所吸收 X 线的量成正比，因而通过测量空气电离的程度可测 X 线的量。X 线射入人体，也产生电离作用，可引起生物学方面的改变，即生物效应，是放射治疗的基础，也是进行 X 线检查时需要注意防护的原因。

（四）X 线成像原理

X 线能使人体在荧光屏上或胶片上形成影像，主要是由于 X 线具有穿透性、荧光作用和感光作用等特性，同时也因为人体组织结构有密度和厚度的差别，这种差别导致 X 线透过人体各种不同组织结构时，被吸收的程度不同，到达荧光屏或 X 线片上的 X 线量出现差异，从而在荧光屏或 X 线片上显出具有黑白（或明暗）对比、层次差异的 X 线影像。

因此，X线影像的形成应具备以下三个基本条件：第一，X线应具有一定的穿透力，这样才能穿透照射的组织结构；第二，被穿透的组织结构必须存在着密度和厚度的差异，这样，在穿透过程中被吸收后剩余下来的X线量才会是有差别的；第三，这个有差别的剩余X线仍是不可见的，还必须经过显像这一过程，经X线片、荧屏或电视屏显示才能获得具有黑白对比、层次差异的X线影像。

1．自然对比

由于人体组织厚度与密度不同，对X线吸收程度不同，到达荧光屏或胶片上的X线即有差异，因此表现出黑灰白不同的阴影，这就是人体组织的自然对比。人体组织根据其密度的高低及其对X线吸收的不同可分以下四类：

（1）骨骼，它的比重大、密度高，吸收X线量多。X线片上骨骼感光最少显示白色，称高密度影像。

（2）软组织包括皮肤、肌肉、结缔组织、软骨、内脏及液体等，彼此之间密度差别不大，X线片上显示灰白色，称为中等密度影像。

（3）脂肪组织较一般软组织密度低，在良好的X线片上显示灰黑色影。

（4）气体的密度最低，吸收X线最少，在x线片上呈黑色，称为低密度影像。

2．人工对比

人体内许多组织密度差异小、相互重叠或厚度大等因素，导致自然对比不明显，一般需要应用人为的方法显示其解剖结构，即称人工对比，这种方法称造影检查。

人工对比可使用阳性对比剂，如碘剂、钡剂；也可使用阴性对比剂，如气体；还可两者同时使用。

（五）X线图像特点

1．灰阶图像：X线图像是由从黑到白不同灰度的影像所组成。这些不同灰度的影像是以密度来反映人体组织结构的解剖及病理状态。图像上的白影或黑影主要是反映物质密度的高或低。在工作中，通常用密度的高与低表达影像的白与黑。如用高密度、中等密度和低密度分别表达白影、灰影和黑影，并表示物质密度的高低。

2．叠加投影图像：X线图像是显示人体某一投照部位立体（所有）结构投影的平面图像（平面投影），所有结构相互重叠。

3．X线图像因锥形投影而出现轻度的放大、失真。

二、X线检查方法

（一）常规检查

常规检查包括透视与X线摄影，是X线检查中最基本和应用最广泛的方法。

1．透视

X 线透过人体被检查部位并在荧光屏上形成影像。透视的优点是操作简便，可立即得出结论；能看到心脏、横膈及胃肠等活动情况，以了解器官的动态变化；同时还可转动患者，改变体位，作多方面观察；检查费用较低。缺点是荧光影像较暗，影像对比度及清晰度较差，细微结构、细小病变以及密度、厚度较大的部位（如头颅、脊椎、骨盆等）显示不太清楚；缺乏客观记录；从防护角度讲，被检查者接受的辐射剂量大于摄片。

骨关节系统的 X 线透视检查目前仅用于诊断四肢关节明显的骨折与脱位，寻找异物，以及骨折整复时应用。

2．摄片

X 线透过人体被检查的部位并在胶片上形成影像，胶片曝光后需经显影、定影、水洗及晾干（或烤干）等步骤，就能得到一张 X 线片。摄片是临床上最常用最基本的检查，尤其适用于骨关节系统的检查。X 线摄片的优点是成像比透视清楚，对细微结构、细小病变以及密度、厚度较大的部位（如头颅、脊椎、骨盆等）显示清楚，并可作永久性资料保存，随时进行教学科研或复查对照，并且被检查者所受 X 线照射剂量较少。其缺点是检查区域为胶片大小所限制，一次曝光只能显示一个体位的 X 线影像，不能观察运动功能，操作较复杂，费用比透视高。

摄片应用范围广，适用于人体骨关节多数部位，是骨关节系统采用的主要检查方法，如图 1-2 所示。

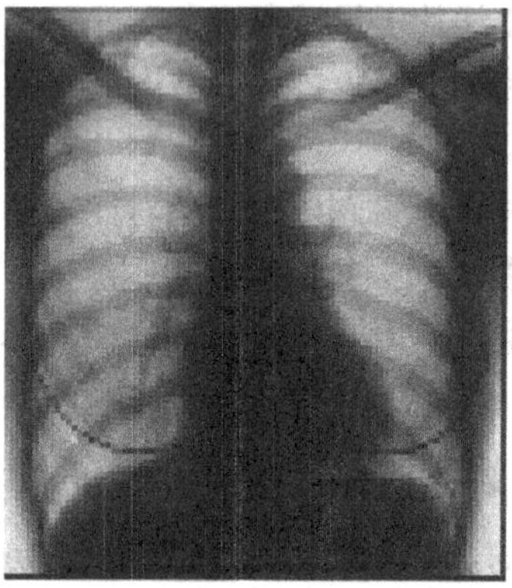

透视

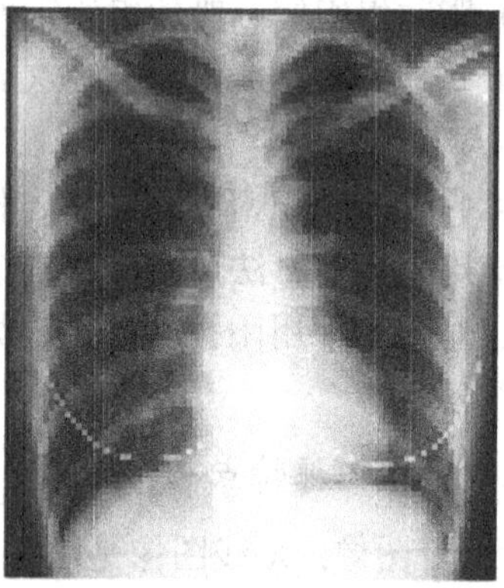

X 线照片

图 1-2　X 线检查法

骨关节系统摄片的要求如下：

3．摄片体位

（1）常规摄正侧位像：标准的照片包括前后位（正位）与侧位投照，以获得被检查部位的完整影像。

（2）特殊位置：①斜位、轴位或切线位：对人体的某些细微及复杂结构，为了减少重叠、遮挡，可加照斜位、轴位或切线位像。斜位片多用脊柱、肋骨、手足，如脊柱的左右斜位像，主要用于观察椎弓附件；轴位多用于跟骨、髌骨，如跟骨的轴位像用于观察跟骨骨折变形的情况；切线位多用于轮廓呈弧形弯曲的部位，如面部、头颅等。②开口位：第一、二颈椎的正位像被门齿、下颌骨重叠，无法看清，开口位投照避免了重叠，利于观察一、二颈椎，对判断环枢椎脱位、齿状突骨折等有帮助。③负重位：评价在体重影响下关节间隙的动态变化时，需要负重情况下摄片，如膝关节、脊柱。④应力位：在评价韧带撕裂与关节、脊柱的稳定性时，应用关节内翻、外翻及脊柱过屈、过伸应力位投照，以观察关节间隙的改变及骨端、脊椎序列情况，主要用于膝关节、踝关节损伤引起的关节不稳、韧带部分撕裂、关节间隙改变等，以及颈、腰椎损伤出现的脊椎不稳等。

4. 照片应够大，应包括所拍摄骨关节周围的软组织，以观察相邻软组织的变化，为诊断提供更多信息。四肢长骨摄片应包括邻近的一个关节，脊柱摄片应包括相邻节段的脊椎，如腰椎片应包括下胸椎或骶骨上部，以明确被检查部位的解剖关系。

5. 两侧对称的骨关节，如一侧伤病轻微难以确诊或疑为发育变异时，可拍摄对侧片对照比较，两侧对称部位应同一条件进行照片。

（二）特殊检查

1. 体层摄影：体层摄影是利用特殊装置和操作获得某一特定层面上的组织结构影像，而不属于该选定层面的结构则被模糊掉，以显示重叠较多、部位较深的病变，多用于了解病变内部结构有无破坏、空洞或钙化以及病变的确切部位和范围。体层摄影适用于以下几种情况：（1）平片不能显示的细小骨质破坏；（2）颅底部等结构复杂的部位或与其他结构重叠的部位；（3）显示慢性化脓性骨髓炎的死骨等。

2. 高千伏摄影：高千伏摄影是加大 X 线管电压进行摄影，由于 X 线穿透力增强．能穿过被照射的所有织织．以发现致密影像中隐蔽的病变，需用高电压小焦点 X 线管、特殊的滤线器和计时装置。

特殊检查现多被其他先进的检查方法所替代。只有一些偏远地区还有使用。

（三）造影检查

人体有些组织结构自身密度与厚度差异小，不能在普通 X 线检查中显影，即缺乏自然对比，需在器官组织内或其周围间隙引入高于或低于该组织结构的物质，使之产生对比显影，称为造影检查，引入的物质称为对比剂或造影剂。造影剂按密度高低分为高密度造影剂和低密度造影剂两类。高密度造影剂为原子序数高、相对密度大的物质，常用的有钡剂和碘剂。低密度造影剂为原子序数低、相对密度小的物质，目前应用于临床的有二氧化碳、氧气和空气等。造影方式有直接引入法和间接引入法。造影检查扩大了 X 线检查的范围，应用于胃肠道、血管、窦道、关节腔的造影检查等。

1. 骨关节系统造影检查的适应症

骨关节系统造影检查除血管造影、瘘管造影外，多被其他先进的检查方法所替代。运动系统的血管造影主要用于四肢动、静脉血管伤病的诊断、良恶性肿瘤的鉴别以及术前对骨和软组织肿瘤血供的了解。

2. 造影检查的注意事项

（1）造影前应掌握各种造影的适应证，选择好检查方法，向患者解释造影的过程以求得到合作。

（2）严格控制禁忌证，查询患者有无造影的禁忌证，如碘过敏、心肾严重疾病等。对有过敏史者、甲亢病人、心脏代偿不全及无尿症病人都禁用造影剂，肝肾功能严重损害、多发性骨髓瘤患者．如必须做造影，应权衔得失，慎重考虑。

（3）造影前应做碘剂和麻醉药等过敏试验。做碘过敏试验，将拟用的造影剂 1.0ml 经静脉注入，观察 15min 内有无不良反应，轻者，表现为周身灼热感、恶心、呕吐、荨麻疹等；重者，反应为心血管、中枢神经系统及呼吸功能障碍，如休史、惊厥、喉头水肿及呼吸循环衰竭等。严重反应致死者极其少见。对无过敏反应者才能做造影。过敏试验虽有一定的参考意义，但实践中也有做试验时无症状，而在造影时却发生反应。因此，每次造影前应准备好急救药品以防不测。如在造影过程中出现严重症状时，应立即终止造影并进行抗过敏、抗休史和其他对症治疗，若有心脏停搏则需立即进行胸外心脏按压术等。

（四）X线数字化摄影

X线数字化成像是将图像信息通过模/数转换器变成数字信息，由计算机对影像数据进行运算、处理，得到的数据经数/模转换器显示出灰阶图像。影像的数字化是影像诊断的发展趋势，目前X线数字化摄影主要有CR、DR，临床应用与X线摄片相同，但提高了对骨细微结构的显示。

1. 计算机X线摄影（computed radiography CR）是将X线影像信息记录在成像板上，形成潜影，用激光扫描仪对成像板上的潜影进行扫描读取，并转化成数字信号输入计算机处理，再转换成数字化图像，显示在荧光屏或通过激光打印胶片。CR的特点如下：

（1）密度分辨力高：CR对影像的密度分辨力高于X线平片，可根据x线吸收率的不同，对所得的影像信息进行再处理，可观察到X线平片无法看到的细节，对解剖结构的显示优于传统的X线平片。

（2）CR具有多种图像后处理功能：如测量、局部放大、对比度转换、影像增强、多幅显示和减影等。可使组织结构、病变形态更容易显示，大大提高诊断的准确率。

（3）数字化输出和存贮：CR数字化图像信息可用磁盘和光盘保存，或打印成胶片，还可用PACS传输（直接并入网络传输系统和远程医学系统）。

（4）CR床旁投照更方便。

（5）降低了X线的投照剂量。

2. 数字化X线摄影（digital radiography DR）是利用硒作为X线检测器，直接接收X线光子，再转换为数字化图像。它由电子暗盒、扫描控制器、系统控制器、影像监视器等组成。

与CR相比DR成像速度更快（几乎可以做到及时显示，大大提高了效率），辐射剂量更小，移动DR的应用更方便。但DR费用较贵。

三、X线的防护

X线检查应用很广，接触X线的人也越来越多。因此，应该重视X线检查中的防护问题，应了解放射防护的意义、方法和措施。

（一）放射防护的意义

X线穿透人体将产生一定的生物效应。若接触X线量过多，超过容许曝射量，就可能产生放射反应，甚至产生一定程度的放射损害。常规诊疗使用的X线剂量一般在容许范围内，通常情况下很少会发生明显的生物效应。因此，不应对X线检查产生疑虑或恐惧，而应强调和重视防护，如控制X线检查中的曝射量并采取有效的防护措施，安全合理的使用X线检查，尽可能避免不必要的X线曝射，以保护患者和工作人员的健康。

放射损伤与受照射剂量的大小、受照射的方式（直接或间接）、受照射器官对放射线的敏感程度（耐受性）和个体差异等因素相关。近二三十年来，由于X线设备的改进，高千伏技术、影像增强技术、高速增感屏和快速X线感光胶片的使用，使X线曝时量已显著减少，放射损害的可能性也越来越小。但近年来介入放射学开展越来越多，射线防护问题应予注意。

（二）放射防护的方法及对象

1．放射防护的方法

（1）检查方法的优化选择：选择恰当的X线检查方法、设计正确的检查程序和射线剂量，从而在满足检查要求的前提下，使辐射减少到最低限度。此外，提高医技人员的技术水平和责任心，在为患者检查中，注意投照位置、摄片条件等的准确性，避免不必要的重复检查，也是降低受检者辐射量的重要内容。

（2）时间防护：时间防护指一切人员应尽可能减少在X线场内停留的时间，尽量缩短照射时间，每次X线检查的照射次数不宜过多，也不宜在短期内做多次重复检查，以减少受照射剂量。

（3）距离防护：射线发出后，其强度与其扩散距离的平方成反比。X线机工作时，应尽一切可能使工作人员远离X线源。病人与X球管的距离不能小于35cm。在不影响图像质量和诊断要求的前提下，尽可能加大受检者敏感组织器官与射线源的距离。如腕关节摄片时，患者侧座位拍摄，性腺区受到辐射剂量大大低于面对射线源而坐的投照方式。

（4）屏蔽防护：使用原子序数较高的物质，常用铅制作的防护用具：铅板、铅玻璃、铅围裙、铅手套、铅眼镜等，用于缩小照射野，屏蔽、吸收不必要的X线，保护受检者对X射线耐受性低的非检查部位和工作人员，从而减弱或消除X线对人体的危害。

2．防护对象

受检者，特别是孕妇、处于生长发育期的儿童、青少年和长期接触射线的医务工作者。防护部位是对X线耐受性低、易变性的器官、组织，如晶状体、甲状腺、生殖系统等。

四、骨关节正常X线表现

（一）成人骨关节

1．骨的形态

骨按其形态可以分为以下四类：

（1）长管状骨：呈长管状，两端较粗，逐渐向中央移行变细。中间部分为骨干，其两端称为骨端。人体的肱骨、尺桡骨、股骨、胫腓骨属于此类。

（2）短管状骨：形态与长管状骨相似，但较短且直径较细，如手足部的掌指、趾骨为此类。

（3）扁骨：形态扁平，如颅骨、肩胛骨、胸骨和髂骨等。

（4）异形骨：形状不规则，不能归于上述3类的都属于这一类，如脊椎骨、腕骨和跗骨等。

2．骨的结构

以四肢长骨为例，长骨分骨干和骨端两部分。

（1）骨干：由外及里主要有以下几种。

骨膜——除软骨被覆的关节面外，绝大多数骨皮质表面有骨膜覆着。骨膜分为内外两层，外层为致密纤维组织，内含血管、淋巴管及神经；内层为富含血管的结缔组织，内有成骨细胞。由于骨膜为软组织，与其周围组织密度相同，在 X 线片所见：正常时不显影。

骨皮质——条状均匀致密影（白影），在骨干的中部最厚，向两端逐渐变薄。骨皮质内缘与骨松质相接，二者无清楚界限。骨皮质外缘光滑而整齐，但在肌肉、肌腱附着处骨皮质可凹凸不平，见于桡骨的二头肌粗隆和肱骨的三角肌粗隆，以及胫腓骨或尺桡骨的骨间膜附着的间嵴等处，不可误为病理情况。

骨内膜——骨内膜衬于骨皮质髓腔面和骨小梁的表面，与骨外膜内层的构造相似，但较薄，为软组织密度，正常时不显影。

骨髓腔——位于骨干中央部，内充有骨髓组织，为软组织密度的半透明区。

骨的营养动脉孔——在皮质上表现为圆形或椭圆形的透明区，当管道倾斜时则呈长条状的透明影，一般多从长骨骨干中部进入，直达髓腔。营养血管的走行方向，上肢均向肘关节，下肢则背离膝关节。某些长骨如股骨，可见有两条营养血管沟影。

（2）骨端：骨端外周的骨皮质很薄呈线形致密影；其内由骨松质组成，骨松质又由很多长短、粗细不同的骨小梁呈网状交叉排列而成，小梁间充以骨髓。表现为网状致密的骨纹理，密度低于骨皮质，骨小梁走行的方向，与负重力线和肌肉张力的方向有关。骨小梁的排列、数目与厚度，因人、因部位而异。其排列方向与负重、肌肉张力及特殊功能有关。在压力作用的影响下，一部分骨小梁排列与压力方向一致，称压力曲线；另一部分与张力的方向一致，称张力曲线。这种排列可使压力向各方分散，因而能承受较大的压力，例如在股骨近段的头、颈部及跟骨处较为明显，如图 1-3 所示。

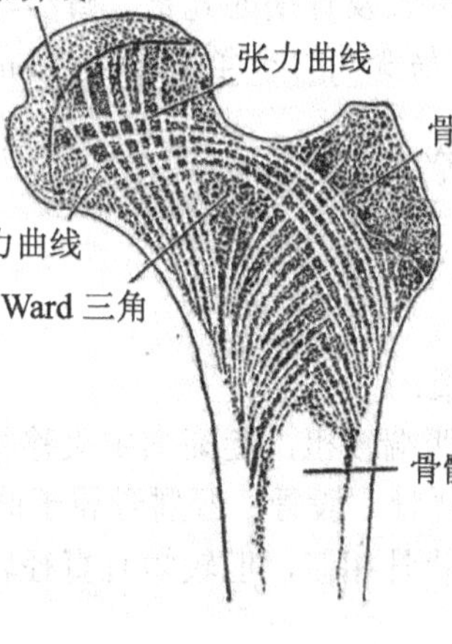

图 1-3　股骨头颈部骨小梁分布

3．四肢关节：四肢关节由骨端、关节软骨和关节囊、韧带等组成。

骨性关节面——骨端的最外层，在 X 线片上表现为边缘锐利光滑的线样致密影，通常凹侧骨性关节面较凸侧厚。

关节间隙——是指相对骨端之骨性关节面间的透亮间隙，呈半透明的区域，包括了关节软骨、关节盘及其间的真正微小的关节腔和少量滑液。关节间隙有一定的正常值范围，如表 1-1 所示。

表 1-1　关节间隙的正常宽度（毫米）

胸锁关节	3～5	髋关节	4～5
肩锁关节	3	膝关节	4～8
肩关节	4	踝关节	3～4
肩峰肱骨头间距	9	跗骨间关节	2～2.5
肘关节	3	跖趾关节	2～2.5
桡腕关节	2～2.5	椎间隙	2～6
尺桡下关节	2～3	椎突关节	1.5～2
腕骨间关节	1.5～2	骶髂关节	3
掌指关节	1.5	耻骨联合	4～6

关节其他结构——每个关节的骨性关节面上覆盖有关节软骨，在 X 线上不显影；关节囊是骨与骨的连接，一般在平片上不能显示，有时在关节囊外脂肪层的衬托下可见其边缘；关节周围韧带多不显示，但某些大关节，如髋、膝、踝关节周围的韧带，可在脂肪组织的对比下被显示，如髌韧带；关节内脂肪在关节囊内外层之间，见于肘关节囊前后两个脂肪块及膝关节的髌下脂肪垫，关节外脂肪层位于关节囊和周围肌肉之间，层次清楚，可衬托出关节囊的轮廓。

（二）儿童骨关节

1．儿童骨

儿童四肢长骨分骨干、干骺端、骨骺板、骨骺、骺软骨。

（1）骨干：与成人相似，只是要小些、细些。

（2）干骺端：干骺端是骨干向两端延伸较宽大的部分，此处骨骼生长活跃，是由骨松质构成的，表现为网状致密影。

（3）骺软骨：儿童四肢长骨的骨端在胎儿及婴幼儿时期多为软骨，称骺软骨，是软组织密度，在 X 线片上不显影。

（4）骨骺：骺软骨随着年龄增长而逐渐骨化，出现继发骨化中心即骨骺，为骨松质结构，表现为网状致密影。骨骺初期为一个或多个点状致密影，逐渐增大，边缘可稍不规则，最后与干骺端融合。

（5）骨骺板：骨骺板是骨骺与干骺端之间的软骨层，又称骺软骨盘，为软组织密度，X 线片上表现为较宽的横行透光带，随着年龄增长而逐渐变窄，形成一条透光线，X 线学上称它为骨骺线，当骨生长发育完成，骨骺与干骺端骨化连接，骨骺线随之消失，有时残留一条致密线痕迹。

2．儿童关节

（1）骨性关节面：儿童处于生长发育时期，骨端大部分为软骨，骨性关节面未完全形成，到骨骺与干骺端融合连接而形成成人的骨端形态。

（2）关节间隙：儿童的关节间隙较成人宽，随着年龄增长而逐渐变窄，直至成人标准，如图 1-4 所示。

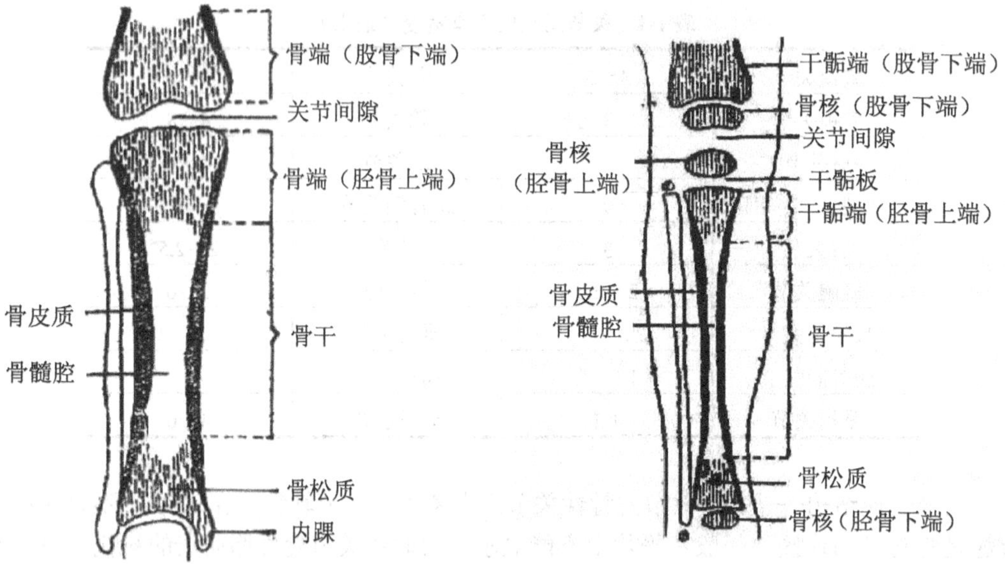

图 1-4　成人与儿童长骨及关节区别

3．骨龄

继发骨化中心的出现、完全骨化并与骨干闭合的规律性称为骨龄。根据骨骼的发育年龄与实际年龄作比较，观察骨骼有无正常变异，当骨外伤时与骨折线区别；判断骨骼发育是否正常如图 1-5 所示，对诊断内分泌病和其他骨发育障碍疾病很有帮助；判断骨龄在体育界常用于运动员选才及进行法医学鉴定（如表 1-2 所示）。

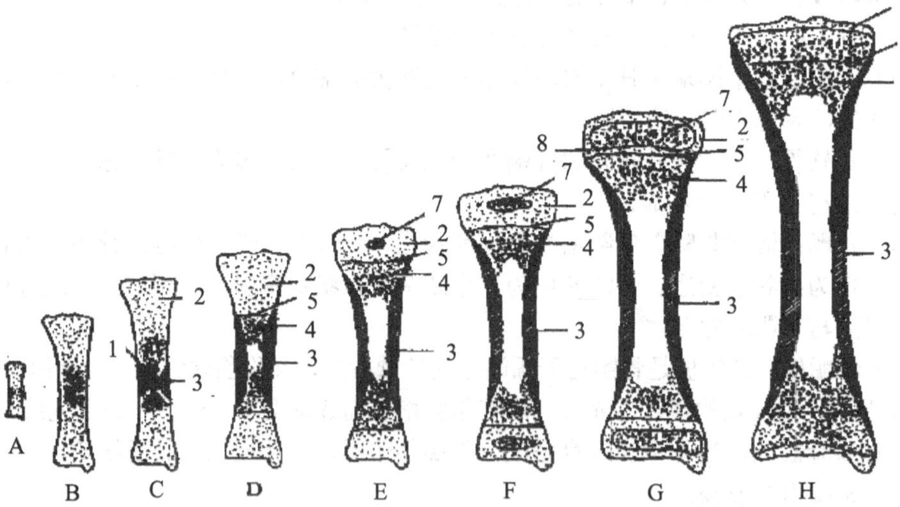

图 1-5　骨发育示意图

表 1-2 四肢骨化中心出现与骨骺闭合年龄表

上肢	部位	骨骺出现和闭合年龄	
		男	女
肱骨近端	肱骨头出现	初生～1 岁	初生～1 岁
	大结节出现	7 月～2 岁	7 月～2 岁
	小结节出现	2～3 岁	2～4 岁
	大小结节闭合	3～5 岁	3～5 岁
	结节与头闭合	5～8 岁	4～7 岁
	近端骨骺闭合	20～23 岁	16～17 岁
肘部	肱骨小头及外 1/2 滑车出现	7 月～1 岁	7 月～1 岁
	内上髁出现	5～8 岁	6～9 岁
	内 1/2 滑车出现	9～14 岁	10～11 岁
	外上髁出现	9～17 岁	10～13 岁
	肱骨小头滑车及外上髁闭合	14～17 岁	14 岁
	全部肱骨远端骨骺闭合	16～18 岁	14 岁
	桡骨头出现	5～9 岁	5～14 岁
	桡骨头闭合	15～18 岁	13～14 岁
	尺骨鹰嘴出现	10～14 岁	9～12 岁
	尺骨鹰嘴闭合	15～19 岁	13～14 岁
尺桡骨远端	桡骨远端骨骺出现	7 月～3 岁	6 月～10 月
	桡骨远端骨骺闭合	21～25 岁	21～25 岁
	尺骨远端骨骺出现	6～11 岁	7～8 岁
	尺骨远端骨骺闭合	20～24 岁	16～20 岁
腕骨	头骨出现	初生～1 岁	初生～1 岁
	钩骨出现	初生～1 岁	初生～1 岁
	三角骨出现	2～3 岁	2～4 岁
	月骨出现	3～7 岁	2～5 岁
	舟骨出现	5～7 岁	4～5 岁
	大多角骨出现	4～7 岁	3～5 岁
	小多角骨出现	4～7 岁	3～5 岁
	豆骨出现	10～16 岁	9～14 岁
掌指骨	指骨近端骨骺出现	1～3 岁	7 月～3 岁
	指骨近端骨骺闭合	15～20 岁	14～16 岁
	掌骨远端贩骺出现	1～3 岁	7 月～2 岁
	掌骨远端贩骺闭合	15～20 岁	14～16 岁

（续表）

下肢	部位	骨骺出现和闭合年龄	
		男	女
骨盆及髋部	耻、坐骨闭合	6～9 岁	4～7 岁
	髋臼 Y 形软骨骨化	12～14 岁	11～13 岁
	髋臼 Y 形软骨闭合	16～17 岁	13～17 岁
	髋骨嵴及坐骨结节出现	15～19 岁	12～15 岁
	髋骨嵴及坐骨结节闭合	19～24 岁	18～24 岁
骨盆及髋部	股骨头出现	7 月～1 岁	6 月～1 岁
	股骨头闭合	17～19 岁	15～17 岁
	大粗隆出现	2～6 岁	2～4 岁
	大粗隆闭合	17～19 岁	15～17 岁
	小粗隆出现	9～15 岁	9～12 岁
	小粗隆闭合	17～19 岁	15～17 岁
膝部	股骨远端骨骺出现	初生	初生
	股骨远端骨骺闭合	17～22 岁	16 岁
	胫骨近端骨骺出现	初生	初生
	胫骨近端骨骺闭合	17～22 岁	16 岁
	腓骨近端骨骺出现	4～10 岁	3～7 岁
	腓骨近端骨骺闭合	17～22 岁	16～17 岁
	髌骨出现	4～7 岁	3～4 岁
胫腓骨远端	胫骨远端骨骺出现	1～2 岁	1～2 岁
	胫骨远端骨骺愈合	16～20 岁	15～18 岁
	腓骨远端骨骺出现	1～3 岁	1～2 岁
	腓骨远端骨骺愈合	17～19 岁	15～18 岁
跗骨	跟骨出现	初生	初生
	跟骨骨骺出现	7～12 岁	5～10 岁
	跟骨骨骺愈合	14～19 岁	13～18 岁
	距骨出现	初生	初生
	骰骨出现	初生～6 月	初生～6 月
	舟骨出现	1～4 岁	2～3 岁
	1、2 楔骨出现	2～4 岁	7 月～1 岁
	第 3 楔骨出现	6 月～1 岁	6 月～1 岁
蹠趾骨	趾骨近侧骨骺出现	2～4 岁	7 月～3 岁
	趾骨近侧骨骺闭合	16～19 岁	15～16 岁
	2、5 跖骨远侧骨骺出现	2～4 岁	1～4 岁
	2、5 跖骨远侧骨骺闭合	15～22 岁	13～20 岁

观察骨龄时摄片方法一般采用：10 岁以前摄手、腕部；10～14 岁摄肘部；15～20 岁摄踝关节、骨盆。

骨骼的发育有一定的规律性，通常骨化中心出现早的骨骺与骨干愈合较迟，而出现晚的骨骺反而较早与骨干愈合。出现较早的骨化中心，其出现年龄的正常范围较小，适合作为骨的发育标志。出现晚的，其正常范围较大，上肢骨最大为 7 年。在长骨两端的骨骺，如果有两个以上的骨化中心，它们首先相互融合，然后再与骨干愈合，如肱骨下端的小头、滑车、内外髁的骨化中心即是。

骨骺的出现及愈合因个体差异有一定的正常范围，约为两年左右，即发育较快的 6 岁儿童与发育较慢的 8 岁儿童相似。

在婴幼儿出生后的头几年内，骨化中心的出现男女差别不大，但在 7 岁以后，骨化中心的出现女孩平均比男孩早 1 年。到了青春期，二次骨化中心的出现可相差 2～3 年。骨骺与骨干的愈合也早 2～4 年，因而女孩身长一般较男孩矮小。

青少年做骨龄检测：

检测范围：受检者年龄≤14 岁，肘关节+腕关节正侧位像（单侧）

受检者年龄＞14 岁，肘关节正侧位像+髋关节正位像+跟骨侧位像（单侧）

（三）软组织

骨关节周围的软组织包括皮肤、皮下脂肪、肌肉及肌腱、韧带等等，各种软组织的密度差别不大，缺乏自然对比，在 X 线片上均表现为中等密度的影像，在优质的 X 线片上，正常时因有脂肪组织衬托，软组织显示出层次分明，界限清楚，某些肌肉、肌腱和韧带的轮廓也比较清楚，如髌韧带、跟腱、腰大肌外缘等。

（四）脊柱的正常解剖

脊柱 X 线平片包括前后位和侧位，必要时可加照斜位、张口位及过伸过屈位等。可观察脊柱的曲度、椎体及椎弓形态、结构、密度等。

在前后位片上，脊柱位于人体正中，无侧弯。椎体呈方形，从上而下依次增大，主要由松质骨构成，纵行骨小梁比横行骨小梁明显，周围为一层致密的骨皮质，密度均匀，轮廓光滑。椎弓根与椎体重叠，呈卵圆形，投影于椎体偏外侧，两侧大致对称，椎弓根之间的距离能反应椎管的大小，椎弓根之间的距离自 C2 开始增大，C5～C6 处增大显著，为颈膨大，C7 以下逐渐缩小，至 T4～T6 最狭小，到 T11 开始又逐渐增大，为腰膨大和马尾部位。在椎弓根的上下方为上下关节突的影像。椎弓板由椎弓根向后内延续，在中线联合成棘突，投影于椎体中央的偏下方，呈细长三角形的致密影，各棘突连线应在一条直线上。横突位于椎体的两旁。

在侧位片上，脊柱存在生理性弯曲，颈、腰椎向前突，胸、骶椎向后突。椎体也呈方形，其上下缘与前后缘成直角，椎弓居其后方。在椎体后方的椎管显示为纵行的半透明区。椎弓板位于椎弓根与棘突之间。棘突在上胸段斜向后下方，不易观察，在腰段则向后突，易于

显示。上下关节突分别起于椎弓根与椎弓板连接处之上、下方，下关节突在下个脊椎上关节突的后方，以保持脊椎的稳定，不向前滑。脊椎小关节间隙为匀称的半透明影。

颈、胸椎小关节侧位显示清楚，腰椎则正位清楚。

两椎体之间的连接是椎间盘。椎间盘由纤维软骨板、髓核及周围的纤维环组成，都系软组织密度，故呈宽度匀称的横行半透明影，称之为椎间隙。每个椎间隙前后、左右侧等宽，并与相邻的椎间隙宽度相接近。

椎间孔居相邻椎弓、椎体、关节突及椎间盘之间，呈半透明影，胸、腰椎显示清楚，呈类圆形（如图1-6所示）。

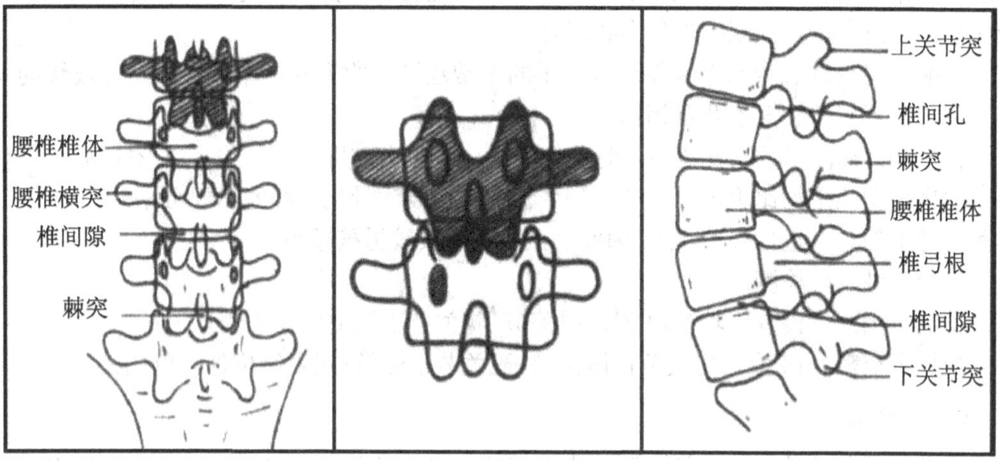

图1-6　正常腰椎示意图

在斜位片上，脊柱不同部位显示的内容有所区别。在颈椎，主要显示椎间孔的大小形态、钩突关节及椎后小关节等结构。在腰椎，则主要显示椎后小关节及椎弓峡部有无不连接的情况（如图1-7所示）。

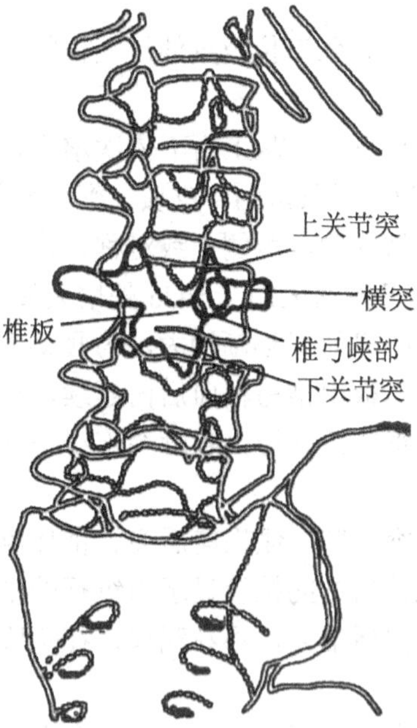

图1-7　腰椎斜位示意图

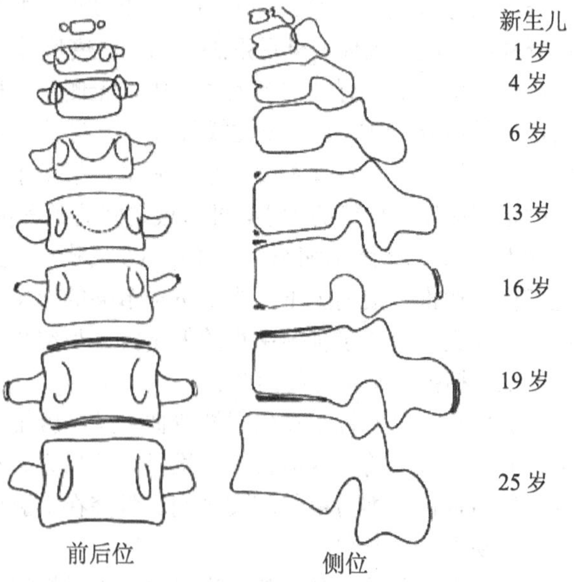

图1-8　脊椎发育各阶段示意图

第 1～2 颈椎在正位片上因与牙齿及下颌骨重叠无法清楚显示，而张口位 X 线平片可以清楚地将寰椎与枢椎显示在上、下齿列之间。齿状突居中，寰椎侧块至齿状突两边缘的距离相等，侧块与枢椎上关节面间隙左右对称，枢椎棘突尖部指向齿状突中轴线。

过伸过屈侧位片主要是为了解脊椎的稳定情况，检查有无小关节紊乱、脱位以及椎间隙的改变。

幼儿的脊柱与成人有所不同，椎体呈椭圆形，前后有血管压迹，椎体前缘有骨化核切迹以及椎体的上下缘有 2 次化骨核的片状阴影。第 2 颈椎齿状突分裂，齿状突与体部间的透明线均属于正常，不可诊断为骨折线（如图 1-8 所示）。

成人的第 12 胸椎、第 1 腰椎与小儿的颈椎都可有轻度的楔形改变，属正常变异。

五、骨关节常见解剖变异

观察影像，首先是识别影像是正常还是病态。骨骼在发育过程中形态不一，解剖变异很多，有时与病变的破坏或增生极其相似，容易误诊。因此，认识和熟悉各种变异的位置、形态及其特点，可以避免这些不应有的错误，对诊断具有重要意义。

（一）子骨与副骨

子骨与副骨是四肢骨骼常见的解剖变异。子骨是附着于骨骺附近肌腱中的小骨，多见于掌、指骨及跖、趾骨附近。子骨也可有多个骨化中心，如不合并，形成几块小骨。髌骨是人体最大的子骨，可出现二分或三分髌骨（如图 1-9 所示）。

图 1-9 髌骨变异

副骨是某一骨的多个骨化中心在发育过程中未融合，以致形成多出一块或几块骨，也可由一个额外独立的骨化小心发育而来。副骨多见于腕骨部和跗骨部，如距骨后下缘的三角骨及足舟骨结节的副舟骨等。

子骨与副骨是四肢骨骼常见的解剖变异。它们的特点是有一定解剖部位、常显双侧对称、轮廓圆滑，应注意与骨碎片及骨骺损伤鉴别。在诊断有困难时，可拍对侧片以对照。

（二）骨岛

致密骨岛：系一种骨松质内局限性骨质生长变异，X 线表现为呈圆形或卵圆形的致密影，边缘清晰，存在于正常的骨质中，其长轴与骨纹的方向一致。以腕部及足部多见，亦可见于骨盆。

软骨岛：指骨骼发育过程中，骨骼内部的部分软骨未钙化而保持原态，即遗留于骨内的软骨，X 线表现为在正常骨质中有圆形透亮区，其边界清楚，常有一硬化环所包围，在此环状阴影之内可见重叠的周围骨纹理。常见于股骨头、颈部及肱骨。软骨岛可发生钙化而呈圆形致密阴影。

（三）生长障碍线

在骨端有时可以看到一条或数条平行的横行致密线，多见于股骨下端、胫骨上端。形成的原因尚不明了，有人认为是由于长骨纵径生长暂时遭受障碍所致，也有的认为任何急性病特别是肺部感染之后，都会产生这种线。

（四）营养血管沟

长骨骨干之线状光滑的透亮影像，肩胛骨及髋骨之血管沟影像呈放射状，股骨髁间窝处血管沟可呈圆形、条带影或斑点状透亮区，椎体之血管沟位于椎体前后缘之中心部呈切迹状凹陷。不同部位的血管沟影像应与骨折线、骨破坏区别。

（五）骨骺发育过程中的变异

骨骺在生长发育过程中，有些部位的骨骺可有多个骨化中心，其形态、大小、轮廓和数目很不一致，有时可引起诊断上的困难，如骨骺呈数个小颗粒状、骨骺呈分节状、骨骺边缘不规则、骨骺密度较高、永存骨骺等（如图 1-10 所示）。

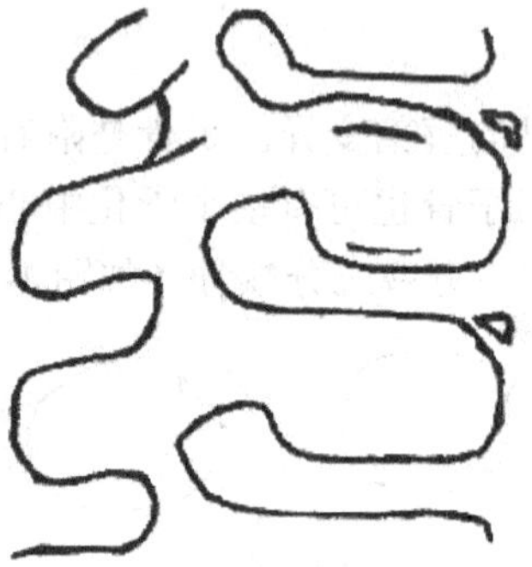

图 1-10　脊椎永存骨骺

（六）其他

某些部位器官重叠的阴影，以及不按常规投照位置的 X 线片及影像产生的假象，也可引起诊断上的困难或误诊。

第二节　CT 检查

X 线计算机体层摄影（Computer Tomography CT）是用 X 线束对人体某一层面进行扫描，取得信息，经计算机处理而获得的重建图像。CT 是 HounsfieldG. N. 1969 年设计成功，1972 年问世的。CT 作为首先开发的数字成像大大促进了医学影像学的发展。

一、CT 成像

（一）CT 成像原理

CT 是用 X 线束从多个方向对人体检查部位具有一定厚度的层面进行扫描，由探测器接收透过该层面的X线，转变为可见光后，由光电转换器转变为电信号，再经模拟/数字转换器转为数字信号，输入计算机处理。图像处理时将选定层面分成若干个体积相同的立方体，称之为体素（voxel），扫描所得数据经计算而获得每个体素的 X 线衰减系数或称吸收系数，再排列成矩阵，即构成数字矩阵，数字矩阵中的每个数字经数字/模拟转换器转为由黑到白不等灰度的小方块，称之为像素（pixel），并按原有矩阵顺序排列，即构成CT图像。所以，CT图像是由一定数目像素组成的灰阶图像，是重建的数字断层图像。

（二）CT检查设备

1．CT机基本构造

CT 机主要有以下三部分：①信息输入系统：由 X 线管、扫描架、探测器、放大和A/D 转换器等组成，用于对检查部位进行扫描及信息采集；②信息处理系统：计算机系统、阵列处理器，将扫描收集到的信息数据进行运算存储；③信息输出系统：图像显示和存储系统，将计算机处理、重建的图像显示在显示器（影屏）上并用照相机将图像摄于胶片上，数据也可存储于磁盘或光盘中（如图1-11所示）。

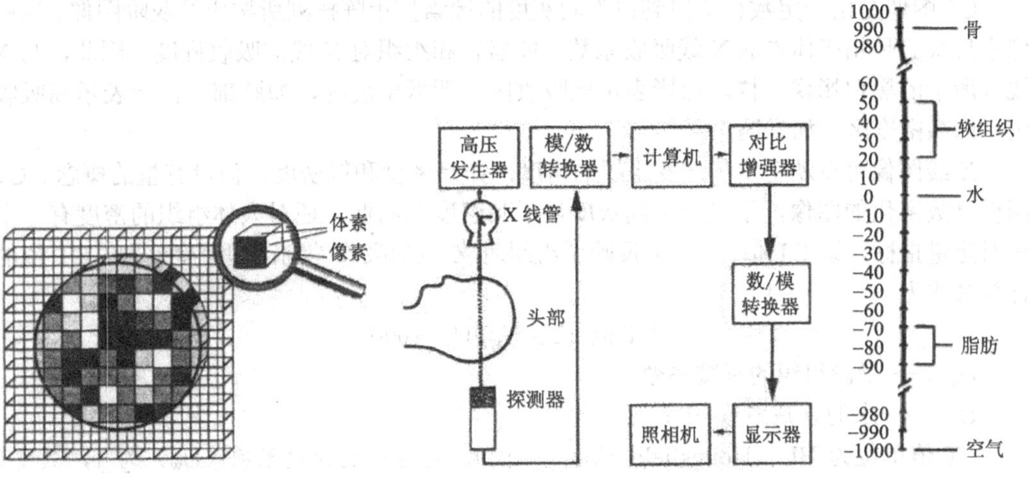

矩阵　　CT检查流程　　人体组织CT值参考

图1-11　CT检查

2．CT机的发展

CT装置发展很快，性能不断提高。初始设计成功的CT装置，要一个层面一个层面地扫描，扫描时间长，像素大，空间分辨力低，图像质量差，而且只能行头部扫描。经不断改进，扫描时间缩短，图像质量改善，并可行全身扫描。但扫描方式仍是层面扫描。1989年设计成功螺旋CT又发展为多层螺旋CT，才由层面扫描改为连续扫描，CT的性能有很大的提高。

螺旋CT是在旋转式扫描基础上，通过滑环技术与扫描床连续平直移动而实现的。当X 线管连续旋转时，即可进行连续扫描。在扫描期间，床沿纵轴连续平直移动。管球旋转和连续动床同时进行，使X线扫描的轨迹呈螺旋状，故得名螺旋扫描。扫描是连续的，在短时间内，对身体的较长范围进行不间断的数据采集，没有扫描间隔时间，使整个扫描时间缩短。提高了CT的成像功能，为图像后处理创造了良好的条件。

近年开发的多层螺旋CT，进一步提高了螺旋CT的性能。多层螺旋CT可以是2层，4层，8层，10层乃至16层。设计上是使用锥形X线束和采用多排宽探测器。例如16层螺旋CT采用24排或40排的宽探测器。多层螺旋 CT装置(例如16层)与一般螺旋 CT相比，扫描时间更短，管球旋转360°一般只用0.5s，扫描层厚可更薄，一般可达0.5mm，连续扫描的范围更长，可达1.5m，连续扫描时间更长已超过100s。

（三）CT图像的特点

CT成像技术实际上是在X线检查成像基础上的提高和补充。CT图像的特点如下：

1．CT图像是横断面图像，解决了X线平片上组织结构之间相互重叠的问题，对结构复杂、相互重叠的部位显示清楚，如颅底、骨盆、胸壁、脊柱等

对细微结构及病变的显示优于X线平片，可确定X线检查阴性或可疑的微小骨质破坏及周围硬化。CT图像是断层图像，常用的是横断面或称轴面。为了显示整个器官，需要多帧连续的断层图像，并可根据多层横断面信息，重建冠状面、矢状面、三维立体图像。

2．CT图像是灰阶图像，能对人体组织密度进行相对定量，密度分辨率高

CT图像是由一定数目从黑到白不同灰度的像素按矩阵排列所构成的灰阶图像。这些像素反映的是相应体素的X线吸收系数，即器官和组织对X线的吸收程度。因此，与X线片所示的黑白影像一样，黑影表示低吸收区，即低密度区，如肺部；白影表示高吸收区，即高密度区，如骨骼。

X线图像可反映正常与病变组织的密度，如高密度和低密度，但没有量的概念。CT图像是数字化的图像，不仅以不同灰度显示其密度的高低，还对人体组织的密度有一个相对定量指标，即CT值。CT值反映了组织对X线的吸收差别，即密度差别。CT值的计算公式为

$$CT值=(U_x-U_w)/U_w\times1000$$

U_x ——受测组织的衰减系数

U_w ——水的衰减系数

CT值单位为HU（Hounsfield Unit，亨氏）。规定水的吸收系数（U_w）为1，其CT值是0 Hu；骨皮质的吸收系数最高为2，CT值是+1000 Hu；空气的吸收系数最低为0，CT值是–1000Hu。人体各种组织的CT值范围在–1000到～+1000HU的2000个分度之间。

人体内众多的软组织，其密度相近，在X线平片上难以区别，因CT有高的密度分辨力，能使密度差别小的软组织形成对比而显示，所以CT可以更好地显示由软组织构成的器官，如脑、脊髓、纵隔、肺、肝、胆、胰以及盆部器官等，并在良好的解剖图像背景上显示出病变的影像。在运动系统中肌肉、脂肪等均能很好识别，还能识别细微的钙化和骨化。

3．CT的调窗技术

为了便于观察不同密度的人体组织，调节CT图像的CT值的范围，以显示不同的组织结构，即调窗技术。如适合观察骨组织的CT图像称骨窗，适合观察软组织的CT图像称软组织窗，调窗是通过调节窗宽、窗位来实现的。窗宽（Window width）：是指CT图像上所包含的CT值范围。窗宽的宽窄直接影响到图像的对比度和清晰度，采用窄窗宽所观察的CT值范围小，对比度强，适合观察密度相近的组织结构；采用较宽的窗宽所观察

的 CT 值范围大，图像对比度差，适合观察密度差别大的组织结构。窗位（Window level or Window centre）是指窗宽上下限的平均数，即中心值，最好以需要观察的组织 CT 值为窗位。实用中往往把窗位调到需要观察的组织 CT 值，把窗宽调到该组织正常 CT 值变化范围的附近（一般不小于 128HU），这样可使该组织的 C T 图像具有尽量丰富的层次，以便进行最佳观察。

4．多种图像后处理技术

CT 图像是数字化的重建图像，多平面重建 MPR，容积重建 VR。

二、运动系统 CT 检查方法

（一）常用检查方法

CT 常用的检查有平扫（plain CT scan）、对比增强扫描（contrast enhancement，CE）。

1．平扫

平扫是指不用对比增强的普通扫描。一般都是先行平扫。最好双侧对照；软组织窗和骨窗并用。骨关节病变，因骨质结构与邻近软组织的密度差异较大，一般只需行平扫，例如骨关节先天性畸形、退行性变和骨折等。但对于骨肿瘤则应常规行平扫和增强扫描，以了解肿瘤的强化特点。

2．对比增强扫描

对比增强扫描是经静脉注入水溶性有机碘对比剂后再行扫描的方法，较常应用。血管内注入碘对比剂后，器官内正常组织与病变组织内碘的浓度可产生差别，形成密度差，可使病变显影更为清楚，有利于确定病变范围和性质。

（二）扫描要求

1．四肢骨关节

体位及扫描范围：横断面平扫。病人仰卧于检查床上，先扫正位定位图以确定检查部位及扫描范围，必要时扫描侧位定位图。扫描层面应与检查部位的长轴垂直，以利于观察正常解剖和发现病变。四肢病变常双侧同时扫描，利于比较并发现轻微的病变。一些特殊结构的部位，可根据要求采取不同扫描层面，如冠状位、矢状位。

层厚、层距：视不同的部位和病变范围选择层厚、层距，层厚、层距一般用 5 或 10mm，如果病变较小或需要仔细观察其内部结构时，局部可加 2mm 薄层扫描。

观察视野：根据观察的组织结构不同分别采用骨窗、软组织窗。观察骨选窗宽 1000～1500Hu，窗位 250～350Hu；观察软组织选窗宽 300～500Hu，窗位 40～60Hu。

2．脊柱

体位及扫描范围：横断面平扫。病人仰卧于检查床上，为了减少脊柱正常生理弯曲形成的角度，颈段扫描采取前屈位，腰段扫描采取双膝屈曲位。视不同的部位，不同的病变范围采用不同的扫描起始位置。扫描前先扫侧位定位图以确定扫描范围和扫描机架的倾斜角度，在定位图上标示出各层面的位置。脊柱扫描需使扫描层面与脊柱垂直，椎间盘扫描时需与椎间隙平行，一般每个椎间盘扫 3～4 层，包括椎间盘及其上下椎体的上、下缘，中间至少一个层面穿过椎间隙，且不包括椎体前后缘。常规腰椎扫描应包括腰 3～

4，腰4～5，腰5～骶1三个椎间盘层面。

层厚、层距：检查脊柱病变如肿瘤、外伤、椎管狭窄和椎管内病变，一般用层厚、层距10mm。检查椎间盘病变，因椎间隙较窄，层厚和层距需减少，颈、胸椎间盘较薄，一般用层厚和层距2～3mm，腰椎间盘一般用层厚和层距3～5mm。

观察视野：观察骨选窗宽1000～1500Hu，窗位250～350Hu；观察软组织选窗宽300～500Hu，窗位40～60Hu；椎间盘选窗宽500～700Hu，窗位50～80Hu。

（三）图像后处理技术

平扫后，因病人体位的限制，平扫对特殊平面显示不满意，或临床需要，根据获得连续横断层面数据，经过计算机后处理，可重建冠状、矢状乃至任意方位的断层图像，并可得到三维立体图像。骨科常用的重建技术有：

1．多层面重建技术（MPR）：属二维重建技术，主要用于了解解剖关系复杂的区域，病变与周围组织器官的关系。

2．容积再现技术（Volume Rendering，VR）获得CT的三维立体图像，使被检查器官的影像有立体感，通过旋转可在不同方位上观察，多用于骨骼的显示。

三、骨关节正常CT表现

运动系统的CT图像与X线图像一样，是以人体不同密度的组织结构形成的自然对比，根据组织CT值的高低，观察骨组织用骨窗像，观察软组织用软组织窗像。由于CT图像是断面图像，了解一个立体器官组织需要多帧连续的断层图像逐一进行观察。

（一）躯干和四肢骨骼

通常作横断CT扫描。

骨窗，依形状、密度、结构，识别骨皮质、骨小梁和骨髓腔。在长骨CT的横断像上，骨皮质为高密度线状或带状影，骨髓腔视骨髓性质不同而密度不一，可为软组织密度影（红髓）或脂肪密度影（黄髓）；干骺端骨松质表现为高密度的骨小梁交错构成细密的网状影，密度低于骨皮质，网格间为低密度的骨髓组织；骺软骨为软组织密度影，其中的骨化中心的结构和密度类似于骺端。

软组织窗，显示中等密度的肌肉，在低密度脂肪成分的衬托下，也能看清肌腱和骺软骨。

（二）关节

能显示关节骨端和骨性关节面，但不能显示关节软骨，关节间隙为关节骨端间低密度影，在合适的窗宽窗位CT像，能看到关节囊、周围肌肉和囊内外韧带的断面，均呈中等密度。

（三）软组织

横断面软组织窗上，依据部位、形态、密度，可区分出皮肤、皮下组织、肌肉、肌肉束间的脂肪间隔。神经、血管在周围脂肪组织衬托下呈中等密度小类圆形或条状影。增强扫描，血管为高密度影，有别于其他软组织。

（四）脊椎

在脊椎 CT 的横断像上，椎体在骨窗下显示为由薄层骨皮质包绕的海绵状松质骨结构；在椎体中部层面上有时可见松质骨中的“Y”形低密度线条影，为椎体静脉管；由椎体、椎弓根和椎弓板构成椎管骨环，椎间小关节突关节。在软组织窗下椎间盘由髓核与纤维环组成，其密度低于椎体，CT 值为 50～110HU，表现为均匀的软组织密度影，但由于层厚和扫描位置的原因常见椎体终板影混入其中；硬膜囊居骨性椎管中央，呈低密度影，与周围结构有较好的对比；神经根位于硬膜囊前外侧，呈圆形，CT 值与硬膜囊相似，两侧对称；黄韧带的CT值与椎间盘相似，附着在椎弓板和关节突的内侧，正常厚2～4mm；侧隐窝呈漏斗状，其前方是椎体后外面，后方为关节突，侧方为椎弓根内壁，其前后径不小于 3mm，是神经根的通道，隐窝内可见穿出的神经根。

在 CT 图像上，骨髓腔因骨髓内的脂肪成分而表现为低密度；在软组织窗上，中等密度的肌肉、肌腱、关节软骨和骺软骨在低密度脂肪组织的衬托下也能清晰显示。

第三节　MRI 检查

磁共振成像（Magnetic Resonance Imaging　MRI）是利用人体组织中的氢质子在外磁场的作用下产生共振，通过接收其发出的电磁信号，经重建获得人体多方向的断面图像的一种成像技术。

1946 年，美国斯坦福大学的 Bloch 和哈佛大学的 Purcell 发现了物质的核磁共振现象。1973 年，英国诺丁汉大学和阿伯丁大学的物理学家 Lauterbur、Mansfield 获得了第一幅人体头部的核磁共振图像，使核磁共振应用于临床医学领域。为了准确反映其成像基础，避免与核素成像混淆，现已将核磁共振成像改称为磁共振成像。

一、MRI 成像

（一）MRI 成像原理

原子核由质子和中子组成。凡质子或中子数不等的原子核具有自旋运动，并产生电流。人体内广泛存在氢，而氢的原子核最简单，只有一个质子，带正电，作自旋运动并产生电流，因此质子产生一个小磁场。人体内的每一个氢质子可被视为一个小磁体，正常情况下，这些小磁体自旋轴的分布和排列是杂乱无章的，若将人体置于一个强磁场中，这些小磁体获得纵向磁化，自旋轴沿强磁场磁力线的方向重新排列：大部分顺磁力线排列，它们的位能低，状态稳；小部分逆磁力线排列，其位能高。此时小磁体的运动是自旋加公转，称为进动。在这种状态下，在强磁场垂直的方向（即横向），对原子核发射一个与质子进动频率相同的射频脉冲（RF），激发原子核，作为小磁体的氢原子核吸收一定能量而产生共振 ，即发生磁共振现象，此时纵向磁化减小、消失，出现横向磁化。射频脉冲停止后，被激发的氢原子核把所吸收的能逐步释放出来，在这一回复过程中释放出与射频脉冲频率相同的射频信号，即 MRI 信号，其相位和能级都恢复到激发前的状态（横向磁化衰减，纵向磁化重新恢复)。这一恢复过程称弛豫过程，所需的时间则称之为弛豫时间。

有两种弛豫时间：①纵向弛豫时间，指射频脉冲停止后，质子的纵向磁化恢复所需的时间，称 T1。规定其恢复到原来大小的 63%所用时间称该组织的“T1”。②横向弛豫时间，指横向磁化衰减、消失所需时间，称 T2。规定其消失至最大值 37%所需的时间称该组织的“T2”。

MRI 信号的强弱与 TI、T2 的长短相关：T1 越短，信号越强，T1 越长，信号越弱；T2 越长，信号越强，T2 越短，信号越弱；另外，还与质子密度有关，质子密度越高，信号越强。这是 MRI 的成像基础，有如 CT 值一样。

人体不同的正常组织或病理组织，其弛豫时间不同，这种差异产生了不同强度的 MRI 信号，对 MRI 信号进行空间编码等处理，把信号的强弱变为灰度矩阵即为 MRI 图像。根据人体各种组织 T1 值的不同所形成的灰阶图像称 T1 加权像（T1WI)。根据人体各种组织的 T2 值的不同所形成的灰阶图像称 T2 加权像（T2WI)。

（二）MRI 检查设备

MRI 机基本构造主要有以下三部分：①信息输入系统：主磁体、射频系统、梯度线圈、信号接收器，用于对检查部位进行信息采集；②信息处理系统：计算机系统，模/数转换器、阵列处理机，将收集到的信息数据进行运算存储；③信息输出系统：图像显示和存储系统将计算机处理、重建的图像显示在显示器（影屏）上并用照相机将图像摄于胶片上，数据也可存储于磁盘或光盘中。

（三）MRI 图像特点

1．任意平面成像,空间分辨率较高

MRI 可直接获得人体横断面、冠状面、矢状面及任何方向的断面图像，有利于病变的三维定位。

2．MRI 也是灰阶图像，MRI 信号强弱取决于弛豫时间 T1 与 T2 的长短和质子密度。组织信号强，图像上相应的部分就白；组织信号弱，图像上相应的部分就黑，由组织反映出的不同的信号强度变化就构成组织器官之间、正常组织和病理组织之间图像明暗的对比。T1WI 有利于观察解剖结构，T2WI 对显示病变组织较好，质子密度加权像（PdWI）其图像的对比主要依赖于组织的质子密度。

3．软组织对比度高

MRI 图像的软组织分辨率明显高于 CT 和 X 线平片，有良好的软组织对比，能清晰地显示肌肉、肌腱、韧带、关节软骨、半月板等软组织结构，对骨髓信号的变化尤为敏感。

4．成像参数多、扫描序列多、信息量大

MRI 成像参数及扫描序列多，图像丰富。天然成像参数有 T1、T2 时间和质子数，人为控制参数 TR、TE。临床骨科 MRI 检查常用自旋回波序列，采集 T1 加权像（T1WI）和 T2 加权像（T2WI)。

5．MRI 检查安全，无创伤、无放射线损伤。

二、运动系统 MRI 检查方法

（一）常用检查方法

1．MRI 扫描序列

（1）平扫

MRI 成像技术有别于 CT 扫描，它不仅可行横断面，还可行冠状面、矢状面以及任意斜面的直接成像。同时还可获得多种类型的图像，如 T1WI、T2WI 等。若要获取这些图像必须选择适当的脉冲序列和成像参数。

MRI 是多参数成像，在 MRI 成像技术中，采用不同的扫描序列和成像参数，可获得 T1 加权像、T2 加权像和质子加权像。运动系统常用检查方法是自旋回波（spin echo，SE）序列：通过调整脉冲重复间隔时间（repetition time，TR）和回波时间（echo time，TE）就可得到上述三种图像。一般短 TR、短 TE 可获得 T1 加权像；长 TR、长 TE 可获得 T2 加权像；长 TR、短 TE 可获得质子加权像。

T1WI 一般采用：TE<50ms，TR<800～1000ms

T2WI 一般采用：TE>50ms，TR>1000ms

质子加权像一般采用：TE<50ms，TR>1000ms　　　时间以毫秒（ms）计。

（2）造影增强扫描

MRI 影像具有良好的组织对比，但正常与异常组织的弛豫时间有较大的重叠，其特异性仍较差，有时难以分辨。为了提高 MRI 影像对比度，利用对比剂改变组织和病变的弛豫时间，从而提高组织与病变间的对比。常用的 MRI 对比剂为 Gd-DTPA，其用药剂量为 0.lmmol/kg，采用静脉内快速团注，约在 60s 内注射完毕，常规选用 T1WI 序列，结合脂肪抑制等技术可增加对比效果。

2．扫描要求

（1）肩关节：病人取仰卧位、头先进，常规采用轴位、冠状位扫描，辅以冠状斜位或矢状斜位，定位像取轴位或冠状位 SE 序列 T1WI，确定其他方位的扫描层面。成像序列常规使用 SE、FSE 等序列。

（2）髋关节：病人取仰卧位，足先进，足尖向上，双下肢伸直，双臂置于身体两侧。常规采用轴位、冠状位扫描，辅以其他方位，定位像取轴位或冠状位 SE 序列 T1WI，确定其他方位的扫描层面。成像序列常规使用 SE、FSE 序列，选用 IR 序列（主要用于脂肪抑制）。

（3）膝关节：病人取仰卧位，足先进，双下肢伸直。常规采用矢状位、冠状位扫描，辅以轴位，定位像取轴位 S E 序列 T1WI 作为定位像，确定其他方位的扫描层面。成像序列常规使用 SE、FSE、GRE 序列，选用 IR 序列（主要用于脂肪抑制）。

（4）脊柱：病人取仰卧位、头先进，常规采用矢状位、轴位扫描，定位像取冠状位 SE 序列 T1WI，确定其他方位的扫描层面。成像序列常规使用 SE、FSE 等序列。

（二）MRI 血管造影技术

磁共振血管造影（magnetic resonance angiography，MRA）是对血管和血流信号特征显示的一种技术。MRA 作为一种无创伤性的检查，与 CT 及常规放射学相比具有特殊的优势，它不需使用对比剂，流体的流动即是 MRI 成像固有的生理对比剂。流体在 MRI 影像上的表现取决于其组织特征，流动速度、流动方向、流动方式及所使用的序列参数。

（三）MRI 检查注意事项

1. 病人进入 MRI 室之前，必须摘除所有金属品，包括耳环、项链、戒指、眼镜、活动假牙、皮带、带有金属钩的胸罩、钥匙、各种磁卡硬币等。

2. MRI 室具有很强的磁场，因此推车、担架、轮椅等不能进入 MRI 室。

3. 检查扫描时，机器发出较大的响声，不必紧张，应保持安静、不动，以免产生移动伪影，影响图像质量。

4. MRI 常用的 SE 脉冲序列，扫描时间和成像时间均较长，因此对患者的制动非常重要。

三、骨关节正常 MRI 表现

（一）骨

MRI 上骨皮质在 T1WI 和 T2WI 上均为极低信号影，骨髓腔可为中等信号影（红髓）或高信号影（黄髓）。正常骨膜在 MRI 上不能显示。

在 MRI 上由于干骺端骨髓常为红髓且含有一定量的骨小梁，信号往往低于骨干髓腔。先期钙化带在 CT 上呈致密影而在 MRI 上呈低信号。骺软骨为中等信号影，骨骺的信号特点与干骺端类似。

（二）关节

关节骨端的骨性关节面与骨皮质相同，T1WI 和 T2WI 上均为极低信号影，关节软骨在 SE 序列 T1WI、PdWI 呈介于肌肉和脂肪之间的中等信号，T2WI 呈相对低信号。压脂 T1WI 可增加软骨与邻近结构对比。

滑膜结构，常规 MRI 不能显示滑膜。偶尔，在厚的纤维性关节囊衬托下，滑膜呈菲薄低信号结构。增强 MRI 上，滑膜不强化或仅轻度强化。正常关节腔、隐窝、腱鞘内滑液显长 T1、长 T2 信号。

在 MRI 的 T1WI 和 T2WI 上，韧带、肌腱、半月板均呈低信号。

纤维软骨（如关节盘、半月板、关节唇等）在多数序列呈低信号；可依据各自形状及部位加以区分、认定。肌腱在所有序列皆为均匀一致低信号，圆、椭圆或扁平形，边缘光滑；与骨连接处信号可能不均匀。

（三）软组织

在 MRI 上，肌腱呈低信号。肌肉呈中等偏低信号。数个肌束组成一块肌肉，肌束间、肌肉间为脂肪间隔；T1WI 上，高信号脂肪间隔可清楚画出呈低信号肌肉的形状、大小、走行；肌束间的脂肪使整块肌肉断面呈花纹状，肌肉两端往往与低信号的肌腱相延续。

MRI 能清楚显示脊椎、椎管和椎间盘，并能显示椎管内软组织，包括韧带、硬膜囊、脑脊液和脊髓等结构。

（四）脊椎

在 MRI T1WI 和 T2WI 上脊椎各骨性结构的皮质呈低信号，而骨髓呈高或等-高信号。椎间盘在 T1WI 上信号较低且不能区分纤维环和髓核，在 T2WI 上纤维环为低信号、髓核为高信号。脊髓在 T1WI 上呈中等信号，信号高于脑脊液；在 T2WI 上则脑脊液信号高于脊髓。在分辨力高的 MRI T2WI 上可见神经根穿行于高信号的脑脊液中。位于椎体前、后缘的前纵和后纵韧带在 T1WI 和 T2WI 上均为低信号，一般不能与骨皮质区别（如表 1-3 所示）。

表 1-3　人体正常及病变组织的 T1 和 T2 值

组织	T_1	T_2	组织	T_1	T_2
脂肪	短	中长	含铁血黄素	等或长	短
肌肉	等	短	顺磁性物质	短	短
韧带及关节囊	等	短	钙化	长或短	短
骨皮质	长	短	肿瘤	稍长	稍长
红骨髓	稍长	稍长	水肿	稍长	长
黄骨髓	短	稍长	积液	长	长
透明软骨	等	稍长	肉芽组织	稍长	稍长、等或短
纤维软骨	长	短	亚急性出血	短及等	短及长
纤维瘢痕	等	短	积脓	短、等、稍长	长

第四节　骨关节基本病变的影像表现

运动系统伤病多种多样，但不同伤病的病理改变大多可概括为下列一些基本病变。这些基本病变的影像表现可在一定程度上反映出病变的性质、范围、程度以及与邻近组织器官的关系，我们通过观察这些基本病变的影像表现加以综合分析可对伤病作出诊断。

一、骨骼的基本病变

（一）骨密度改变

1．密度减低

（1）骨质疏松：骨质疏松是指单位体积内骨组织的含量减少，即骨组织的有机成分和无机成分都减少，但骨内两者的比例仍正常。骨质疏松使骨的结构脆弱，骨折的危险性增加。组织学变化是骨皮质变薄、哈弗管和伏克曼管扩大以及骨小梁减少、变细甚至消失（如图 1-12 所示）。

骨质疏松分全身性和局限性两类。全身性骨质疏松主要是由于成骨减少，主要见于：①先天性疾病，如成骨不全；②内分泌紊乱，如甲状旁腺机能亢进；③医源性，如长期使用激素治疗者；④老年及绝经后骨质疏松；⑤原因不明，如青年持发性骨质疏松等。局限性骨质疏松多见于肢体废用、炎症、肿瘤等。

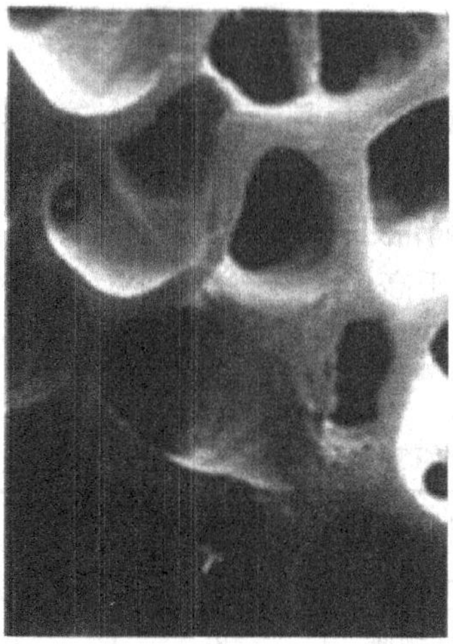

正常的骨骼：骨小梁较厚，能提供足够的强度和弹性

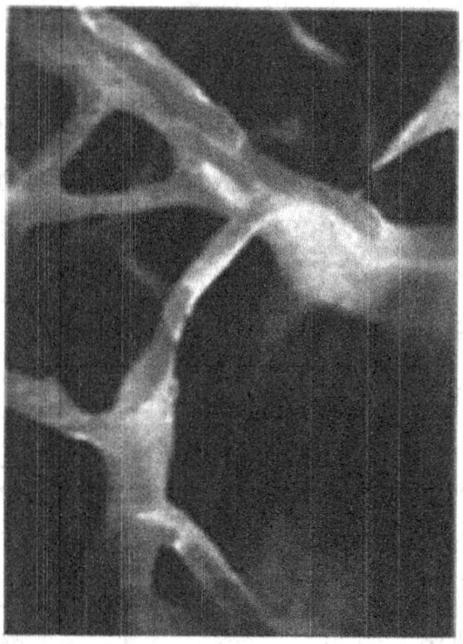

骨质疏松的骨骼：骨小梁变薄、变细、出现断裂，因此很容易发生骨折

图 1-12 骨结构示意图

[X 线表现]

骨质密度降低；骨皮质变薄，髓腔增宽；骨小梁变细、数量减少、小梁间隙增宽。严重者骨密度与周围软组织密度相仿，骨小梁几乎完全消失. 骨皮质薄如细线样。脊椎的骨质疏松除上述表现外，椎体受压可造成双凹变形或楔形变。

骨质疏松的 X 线表现必须在骨组织脱钙达 30%～40%时方能显示，因此 X 线检查阴性不能否定骨质疏松的诊断。

[CT 表现]

脊椎 CT 扫描骨窗上可见椎体骨小梁减少，从椎体边缘向中心、椎体前部向后部发展。

[MRI 表现]

MRI 可见椎体出现双凹变形或楔形变，还可见骨小梁变细和数量减少，以及黄骨髓增多，在 T1WI 和 T2WI 上信号增高，骨皮质变薄及其内出现线状高信号代表哈氏管扩张和黄髓侵入。若是炎症、肿瘤、外伤等引起的骨质疏松，其周围因局部充血、水肿而表现为边界模糊的长 T1、长 T2 信号影，可以鉴别。

（2）骨质软化：骨质软化是单位体积内骨组织的无机成分减少，即钙化不足，而有机成分正常，使骨骼失去正常的硬度而软化。组织学显示未钙化的骨样组织增多，常见骨小梁中央部分钙化而外面围一层未钙化的骨样组织。

在成骨的过程中，骨样组织的钙盐沉积发生障碍，即可引起骨质软化，骨质软化是全身性骨病，发生于儿童为佝偻病，成人为骨质软化症。其原因有：①维生素 D 缺乏，如营养不良性佝偻病；②肠道吸收功能减退，如脂肪性腹泻；③肾排泄钙磷过多，如肾病综合征等。

[X 线表现]

X 线表现为骨密度减低；骨皮质变薄和骨小梁减少变细；骨结构显示模糊（骨小梁和骨皮质因含大量未钙化的骨样组织而边缘模糊）。由于骨骼软化可引起承重骨骼变形；

在儿童长骨端可见干骺端增宽、边缘模糊呈毛刷状，骺板先期钙化带消失，骨骺轮廓不清等改变。

软化的骨骼上可出现假骨折线，表现为厚约 1～2mm 的透亮线，与骨皮质垂直，边缘有密度增高的硬化。

[CT 表现]

CT 轴位骨窗片及三维重建对观察假骨折线更清楚。

[MRI 表现]

MRI 上假骨折线在 T1WI 和 T2WI 上都表现为线状低信号影。若外伤引起的骨折线表现为长 T1、长 T2 信号影可以鉴别。

（3）骨质破坏：骨质破坏是指骨组织被病理组织所取代而造成骨组织缺失。骨破坏可以是病理组织直接使骨组织溶解、消失，或由病理组织引起的破骨细胞生成和活动亢进所致。骨皮质和骨松质均可发生破坏。

骨质破坏见于炎症、肉芽肿、肿瘤或肿瘤样病变。

[X 线表现]

X 线表现为局部骨质密度减低区；骨皮质与骨小梁模糊以至消失，其边缘、形状及周围骨质改变因病变性质或病变不同阶段而异，如边缘清楚锐利的，常提示慢性、修复性或良性的疾病．边缘模糊或不规则的则提示为急性、进展性或恶性的疾病，这些对决定疾病的性质常有一定帮助。

[CT 表现]

CT 观察骨破坏还能观察到周围软组织的改变。

[MRI 表现]

在 MRI 中，骨破坏表现为低信号的骨质为不同信号强度的病理组织所取代，骨皮质破坏的形态改变与 CT 所见相同，松质骨的破坏常表现为高信号的骨髓为较低信号或混杂信号影所取代。除骨改变外，MRI 更有利于观察骨病变是否波及周围软组织及其改变。

2．密度增高

（1）骨质增生硬化：骨质增生硬化是指单位体积内骨量增多，与骨质疏松相反。组织学上可见骨皮质增厚、骨小梁增粗增多。

骨质增生硬化是成骨活动增多或破骨活动减少或两者同时存在所致，少数是因病变本身成骨，见于多种疾病；多数是局限性骨质增生，见于慢性炎症、外伤后的修复和某些成骨性骨肿瘤，如成骨肉瘤或成骨性转移瘤；少数为全身性骨增生，往往因代谢性骨病、中毒或遗传性骨发育障碍所致，如氟中毒、铅中毒、石骨症等。

骨质外缘由于机械性刺激，骨刺生长或骨赘形成，多见于椎骨、跟骨及关节面边缘。另外在肌腱、韧带和骨间膜的附着部位，因创伤、慢性劳损或炎症修复等原因常可形成一些骨性赘生物，按其形状的不同被称为骨刺、骨桥、骨唇等。

[X 线表现]

X 线表现是骨质密度增高；骨皮质增厚、轮廓增粗、髓腔变窄；骨松质内骨小梁增多增粗，甚至硬化致密失去其海绵状的结构，明显者甚至难于区分骨皮质与骨松质。

[CT 表现]

同于 X 线表现。

[MRI 表现]

在 MRI 上增生硬化的骨质在 T1WI 和 T2WI 上均为低信号，松质骨的信号也较正常为低。

（2）骨膜反应：正常时骨膜不显影，当骨膜受到刺激，骨膜内层的成骨细胞活动增加产生新生骨则属病理现象，称骨膜反应或骨膜增生。组织学上可见骨膜内层成骨细胞增多，形成新生的骨小梁。

骨膜反应多见于外伤、骨膜下出血、炎症、肿瘤等等。

[X 线表现]

在 X 线片上，骨膜反应的早期表现为一段长短不定，与骨皮质平行的细线样致密影，它同骨皮质之间有一条很窄的透亮间隙。以后骨膜新生骨逐渐增厚，由于新生骨小梁排列的形式不同而表现各异，常见有线状、分层状、花边状、放射状、垂直状及袖口状（codnm's 三角）（如图 1-13 所示）。

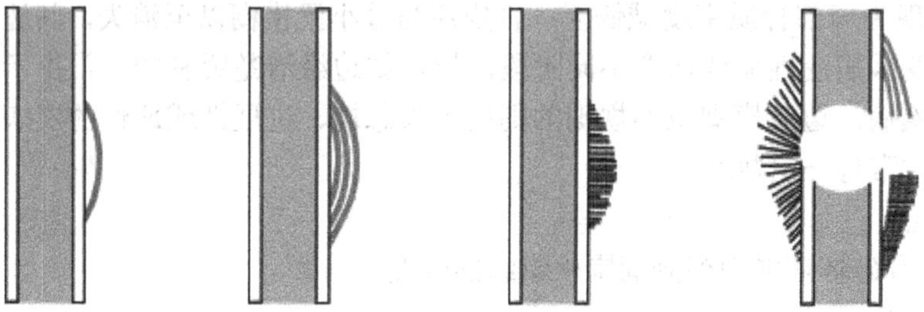

图 1-13　骨膜反应示意图

骨膜反应的厚度、范围及形态与病变发生的部位、性质和发展阶段有关。一般发生于长骨骨干的较明显；炎症所致的较广泛而肿瘤引起的较局限；边缘光滑、致密的骨膜反应多见于良性病变；浅淡的骨膜反应常见于急性炎症或高度恶性骨肿瘤；层状、葱皮状骨膜反应可见于良性或恶性病变；针状或日光状骨膜反应常提示骨病变进展迅速；多骨广泛骨膜反应常见于全身性慢性疾病。

儿童处于生长发育阶段，成骨活动旺盛，无论是外伤、炎症，还是肿瘤等形成的骨膜反应都较成人明显。

[MRI 表现]

MRI 显示骨膜反应要早于 X 线和 CT，早期的骨膜反应在 T1WI 为中等信号，T2WI 为高信号，骨膜新生骨在各序列均为低信号。CT 和 MRI 的空间分辨力不及平片，不能如平片一样显示骨膜新生骨的精细的形态与结构。

（3）骨质坏死：骨质坏死是局部骨组织因血供中断引起的新陈代谢停止，坏死的骨质称为死骨。组织学可见骨细胞死亡、消失和骨髓液化、萎缩。

骨质坏死多见于化脓性骨髓炎、骨结核、骨缺血坏死和外伤骨折后。

骨坏死早期，有机成分中细胞死亡、消失，无机成分保留，骨结构无变化，此时无明显骨形态及密度的改变；骨坏死 1～2 月后，骨结构开始塌陷、压缩，死骨开始出现变形、密度相对增高。

修复期，新生的肉芽组织对死骨进行侵蚀、清除，死骨内逐渐出现疏松区及囊状吸收区。同时新生骨沉积于死骨表面。

晚期死骨逐渐被清除，新骨沉积增多并重建，坏死区骨密度增高。

[X 线表现]

骨坏死早期 X 线无明显改变。

骨坏死 1～2 月后死骨在 X 线表现为密度相对增高影，原因是死骨周围正常骨质因骨质疏松密度降低，而死骨本身密度不变，或在肉芽组织、脓液的包绕衬托下，死骨显示为相对密度增高。

进入修复期，死骨压缩，形态不规则，密度不均匀增高，其内有囊性低密度区。

[CT 表现]

较 X 线片能更早发现骨坏死和死骨。

[MRI 表现]

MRI 对骨质坏死的显示早于 CT 和 X 线平片。早期可出现骨髓信号改变，在 T1WI 信号减低。随后在 T2WI 出现双线征。晚期，坏死区的纤维化和骨质增生硬化，T1WI 和 T2WI 均呈低信号。

（4）骨压缩：单位体积内骨量增加，因而骨密度增高。常见于椎体压缩性骨折、骨缺血性坏死。

（5）骨内或软骨的钙化：X 线表现为小点状、线状或小环状的致密阴影，比骨质增生或骨质硬化密度更高。见于原发于骨的软骨类肿瘤、骨栓塞、关节软骨或椎间盘纤维软骨退行性改变。

（6）软骨钙化

软骨钙化分为两种：①生理性钙化：见于肋软骨钙化、喉软骨钙化。②病理性钙化：半月板、关节软骨、瘤软骨钙化。无论是生理性还是病理性都发生在软骨基质内。软骨钙化标志着软骨组织或瘤软骨的存在，对判断组织成分有帮助。

[X 线表现]

为大小不同环形或半环形无结构致密影，其中心密度较低，或为磨砂玻璃状，也可融合成蜂窝状。良性病变钙化密度较高，钙化环多完整；恶性病变钙化量少，密度偏低，边缘模糊，钙化环多不完整。

[CT 表现]

与 X 线表现相似，但更能反映出软骨钙化的起源及边缘情况。

[MRI 表现]

软骨钙化区在 MRI 的 T1WI 和 T2WI 上都表现为低信号影，而未钙化的瘤软骨在 T1WI 为低信号、T2WI 为高信号。

（二）形态改变

1．外形异常：外形扭曲、膨大、纤细、缺损、边缘不规整均属于异常范围。

2．大小的异常：表现在骨骼大小及长短与正常解剖不一致，其病因有内分泌疾患、神经营养性病变、局部血运供应失常等。

二、关节的基本病变

（一）关节肿胀

由于关节的充血、水肿、渗出、出血等引起关节积液和关节周围软组织肿胀。关节肿胀常见于关节炎症、外伤出血、感染等疾病。

[X 线表现]

关节肿胀的 X 线表现为关节周围软组织膨隆，脂肪垫和肌肉间脂肪层移位变形、模糊或消失，整个关节区密度增高。大量关节积液、积血 X 线可见关节间隙增宽。X 线检查难以区别关节腔积液与关节周围软组织肿胀（如图 1-14（1）所示）。

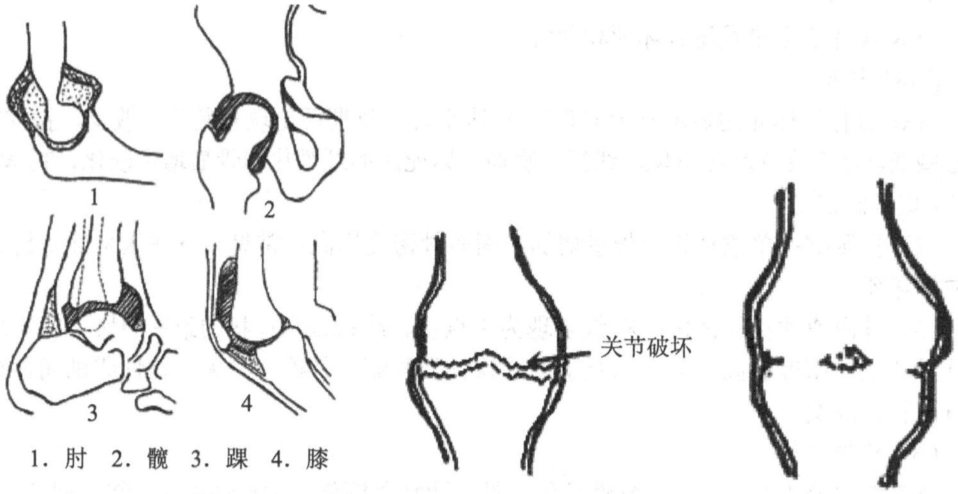

（1）关节积液　　（2）关节破坏　　（3）关节强直

图 1-14　关节病变示意图

[CT 表现]

CT 有较高的分辨力，比 X 线平片更能清楚地显示关节积液的分布、软组织肿胀的范围及程度。

[MRI 表现]

MRI 的软组织分辨力高，在 MRI 上关节肿胀除见关节囊增厚外，在 T2WI 上可见关节囊尤其是滑膜层的高信号。另外，关节周围软组织肿胀也可呈 T1WI 低信号、T2WI 高信号。MRI 对关节积液很敏感，可以判断积液的成分。一般积液 T1WI 低信号、T2WI 高信号，合并出血时 T1WI 和 T2WI 均为高信号，故 MRI 对关节积液可做出较准确的定性和定量诊断。

（二）关节破坏

关节破坏是关节软骨及其下方的骨性关节面骨质被病理组织所侵犯、代替。关节破坏常见于各种急慢性关节感染、肿瘤及痛风等疾病。

[X 线表现]

当关节软骨广泛磨损、破坏、消失时X线表现为关节间隙变窄，当关节软骨细胞的坏死与增殖并存时，关节间隙显示宽窄不均。当骨性关节面及其下方的骨质遭受破坏时X 线表现为骨性关节面毛糙模糊、缺损，其下的骨质出现局限性骨质密度减低区，严重破坏时可出现关节半脱位、脱位和畸形（如图 1-14（2）所示）。

关节间隙狭窄和骨质破坏的程度因病有所不同。急性化脓性关节炎破坏快，软骨破坏从关节承重面开始；滑膜型关节结核的破坏慢，软骨破坏从关节非承重边缘部开始，骨性关节面破坏多呈虫蚀状；类风湿性关节炎晚期关节边缘骨破坏多呈小囊状。

[CT 表现]

CT 比 X 线平片更能清楚地显示关节破坏的程度及周围软组织的改变。

[MRI 表现]

对关节软骨的破坏，MRI 可获得更多的诊断信息。MRI 对关节软骨的信号及形态的变化更为敏感，并可从各个断面上显示病变、使病变定性定量更加准确，但轻微的骨性关节面的破坏则不易被 MRI 发现，因骨质在 MRI 上是低信号。

（三）关节退行性变

关节退行性变是指关节软骨变性、坏死，被纤维组织所取代，并可逐渐累及软骨下骨质，出现一系列增生性改变。关节退行性变多见于中老年人，以负重多、劳损多的关节如脊柱、髋关节、膝关节为明显，也可因关节创伤及过度使用引起，多见于运动员；还可继发于引起关节破坏的某些关节病变，如化脓性关节炎、关节结核等。

[X 线表现]

X 线表现为关节间隙不匀称狭窄，骨性关节面增厚，关节面下骨质硬化，关节面边缘骨刺形成，骨端变形增大，关节囊肥厚、韧带骨化等。

[CT、MRI 表现]

对关节软骨的退行性改变，CT 和 MRI 上可获得更多的诊断信息。CT 能观察到椎间盘的膨出、突出、脱出、钙化、真空现象等。MRI 能观察到关节软骨退变引起的信号改变，以及椎间盘的退变。

（四）关节脱位

关节脱位是指关节骨端关节面失去正常解剖对应关系，完全脱开为全脱位，部分脱开为半脱位。

关节脱位从病因上可分为外伤性、先天性和病理性三种。外伤性脱位有明显的外伤史并常伴有骨折；先天性者常见于婴幼儿，有一定的好发部位，如先天性髋关节脱位；病理性脱位是指因关节病变后继发的脱位，如化脓性、结核性和类风湿性关节炎均可引起关节脱位。

[X 线表现]

全脱位 X 线表现为关节骨端关节面完全错开；半脱位为相对的关节面尚有部分对在一起或两关节面距离增宽或相互重叠等。

[CT 表现]

CT 可显示轻微的关节错位及关节结构及关节囊的改变。

[MRI 表现]

MRI 可清楚显示关节结构的变化，如软骨、关节囊、韧带等。

（五）关节强直

关节强直是指相对应关节面间被骨性或纤维性组织连接，关节失去正常活动，是较严重关节病变的结果。可分两种：骨性强直是指关节明显破坏后，关节骨端由骨组织所连接，常见于化脓性关节炎、强直性脊柱炎等；纤维性强直是指关节破坏后，关节骨端间有纤维组织连接，常见于关节结核、类风湿性关节炎等。

[X 线表现]

骨性强直 X 线表现为关节间隙显著变窄或完全消失，并可见骨小梁贯通其间。严重者呈两骨端完全骨性融合，关节面消失（如图 1-14（3）所示）。

纤维性强直 X 线片上仍可见狭窄的关节间隙，且无骨小梁贯通其间，关节纤维性强直不能单凭 X 线的征象来诊断，需结合临床才能确诊。

[CT 表现]

CT 对判断关节强直的范围、程度优于 X 线平片。

（六）关节内游离体

关节内游离体又称关节鼠，指碎裂的关节软骨、骨性关节面脱落的碎块或滑膜增生组织游离于关节腔内所形成。

[X 线表现]

如不含钙质，则平片不能显示，需要通过关节特殊造影方能显示；如含钙质，则关节腔内可见到圆形、卵圆形或不规则状密度增高阴影。一般数目少称游离体；数目多，呈大小不等的圆形骨影像，密度均匀或不均匀，边缘光滑的称作滑模骨软骨瘤病。

[CT 表现]

CT 可见有些滑膜瘤还与滑膜相连，滑膜增厚，表面不规则等。

[MRI 表现]

骨性游离体在 MRI 上是低信号，故一般不做 MRI 检查，但 MRI 能见到有些滑膜软骨瘤与滑膜相连、滑膜增厚、表面不规则等。

三、软组织的基本病变

（一）软组织肿胀

炎症、水肿、出血、脓肿及肿瘤都可出现软组织肿胀。

[X 线表现]

X 线表现为病变部的软组织影膨隆，密度略增高，层次不清。炎症、水肿的边缘模糊；脓肿及肿瘤的边缘大多清晰；血肿的边缘可能是清晰的，也可能是模糊不清的。

[CT 表现]

对软组织肿胀的观察，CT 优于 X 线。软组织水肿的 CT 表现为局部肌肉肿胀、肌间隙模糊，密度正常或略低；邻近的皮下脂肪层密度增高并可出现网状影。软组织血肿表现为边界清楚或不清楚的高密度区。

[MRI 表现]

在 MRI 上软组织水肿为 T1WI 低信号，T2WI 高信号；出血和血肿随着时间改变在 MRI 上信号表现复杂；大多数肿瘤在 T1WI 为低信号，T2WI 为高信号；在 MRI 上液-液平面的显示比 CT 更清楚，T1WI 下部常呈较高信号而上部是低信号，而在 T2WI 上部信号则明显增高。脂肪成分在 MRI 上易于识别，必要时可用脂肪抑制序列来证实。当骨髓内脂肪成分有改变或被病变组织取代，则信号强度发生变化，在 T1WI 上信号减弱，T2WI 上信号强度的改变取决于病变的组织类型，出血常为高信号，而纤维化组织在 T1WI 和 T2WI 上均呈低信号。

（二）软组织萎缩

多见于功能障碍及废用。例如下肢长期瘫痪者，患侧肢体细小。

[X 线表现]

X 线表现为软组织影缩小，肌层变薄而肌间脂肪层相对地加厚，层次清楚。

（三）软组织内钙化或骨化

外伤后可发生骨化性肌炎；血管壁、脓肿壁、寄生虫病及肿瘤可在软组织内发生钙化或骨化。钙化可发生于肌肉、肌腱、关节囊、血管、淋巴结等处。

[X 线表现]

X 线表现为软组织中出现多种不同形状的密度增高影，边界清楚。X 线表现多为不定型无结构的斑片状高密度影；软骨组织的钙化多表现为环形、半环形或点状高密度影。软组织中的骨化影可见于骨化性肌炎和来自骨膜和软组织内的成骨性肿瘤，前者 X 线表现常为片状，并可见成熟骨的结构，即可见骨小梁甚至骨皮质：后者多表现为云絮状或针状密度增高影，其内无骨结构。

[CT 表现]

CT 可更好地显示软组织内的钙化或骨化影，亦可显示软骨钙化的形态特点。

第五节 影像检查的选择及诊断

一、影像检查方法的骨科应用

影像检查的诊断依据是图像。各种成像技术所获得的图像多是以从黑到白不同灰度的图像来显示的，但不同的成像方法，其成像原理不同。例如 X 线与 CT 的成像基础是依据相邻组织间的密度差别，而 MRI 则是依据 MR 信号的差别。正因如此，正常器官与结构及其病变在来自不同成像技术的图像上影像表现不同。例如骨皮质在 X 线与 CT 上呈白影，而在 MRI 上则呈黑影。因此，需要了解不同成像技术的基本成像原理及其图像特点，并能由影像表现推测其组织性质。

影像诊断主要是通过对图像的观察、分析、归纳与综合而作出的。因此，需要掌握图像的观察与分析方法，并能辨别正常表现与异常表现以及了解异常表现的病理基础及其在诊断中的意义。

不同成像技术在诊断中都有各自的优势与不足。对某一疾病的诊断可能用一种检查就可明确诊断，例如外伤性骨折，X 线检查就可作出诊断；也可能是一种检查不能发现病变，而另一种检查则可确诊，例如某些细微骨折，X 线片未发现，而 CT 则能检出并诊；也可能是综合几种成像手段与检查方法才能明确诊断。因此，就需要了解不同的成像手段在不同疾病诊断中的作用与限度，以便能恰当地选择一种或综合应用几种成像手段和检查方法来进行诊断。

（一）X 线摄片

1．适应症

X 线检查用于临床已有百余年历史。尽管现代影像技术，CT 和 MRI 等对疾病诊断显示出很大的优越性，但并不能取代 X 线检查。因其具有显示清楚、特异性、经济实用等特点，X 线检查仍是骨关节系统影像诊断中使用最多和最基本的方法。

骨组织含钙多、比重大、密度高，与周围组织有良好的天然对比，骨骼中皮质骨和松质骨也有较好的对比，通过 X 线检查不仅可了解骨关节伤病的部位、性质、范围、程度及与周围软组织的关系，还可观察病变的发展、治疗效果及判断预后，为诊断和治疗提供可靠的影像资料。故骨骼肌肉系统伤病多首先应用 X 线摄片检查。对多数骨关节损伤，X 线检查即可诊断；对骨关节病变的影像检查一般也先进行 X 线摄片。

2．限度

（1）X 线图像密度分辨率较低，密度相近的组织结构显示较差，如肌肉与肌腱、韧带与关节软骨，脑与脊髓、盆腔脏器等。

（2）人体结构复杂、重叠较多的部位，X 线图像显示欠佳。

（3）一般小于 2mm 的病变在 X 线片上不能显示。

（4）X 线检查有电离辐射损伤，检查时要注意保护。

（二）CT 检查

CT 检查迅速、安全、无创，CT 图像清晰，解剖关系明确，易于发现、检出病灶，已广泛应用于临床。运动系统伤病虽可通过简便、经济的 X 线检查确诊，但 CT 检查对骨与软组织的细微病变，结构复杂部位的检查，X 线片可疑不能排除病变者有其独特的优势，应用也越来越多。

1．适应症

（1）创伤

CT 在骨关节外伤中应用广。因病情较重或疼痛剧烈不宜搬动的外伤病人，特别适合做 CT 检查。CT 检查可确定骨折、脱位及相邻的软组织情况；CT 显示结构复杂部位的细微骨折明显优于 X 线平片。

CT 检查用于运动系统结构复杂部位的损伤：用于颅脑损伤。在脊柱，CT 基本上替代了传统的X线摄片，用来评价复杂骨折和脱位，如环枢椎骨折脱位，脊椎爆裂型骨折，突向椎管内的骨块，椎弓、椎板、横突、小关节突的骨折等。在骨盆，CT 能清楚地显示骶骨的骨折、骨盆环的复杂骨折、髋臼的细微骨折、髋脱位等。

CT 扫描可发现 X 线片难以显示的关节内骨折，肩关节脱位常合并骨及软骨损伤，CT 能清楚地诊断肩关节脱位，尤其是后脱位，判断关节内骨折块。胸锁关节脱位 X 线很难准确判断，CT 轴位可直接观察到锁骨的位置异常，前或后移位。

CT 检查用于膝、踝、肘和腕部、跗部的骨折脱位，发现细微的损伤、关节内血肿。判断髌骨脱位或半脱位等。

（2）脊柱退行性病变

CT 主要用来诊断椎间盘膨出、突出及术后并发症，对诊断脊柱退行性病（如椎管狭窄、脊椎滑脱、小关节退变等）也很有价值。

（3）感染

CT 能确定骨髓炎引起的骨病变范围。CT 可发现慢性骨髓炎的死骨、骨脓肿、软组织脓肿和窦道，尤其对深部关节（如脊柱、髋、骶髂、髋、肩、胸锁关节）感染，对脊柱周围软组织感染的范围，CT 能清楚显示。

（4）肿瘤

CT 可帮助区别肿瘤的起源；对骨肿瘤侵犯软组织及髓腔情况的显示优于平片，能很好地评估肿瘤病变累及骨和软组织的范围；对良性和恶性肿瘤的鉴别诊断有一定帮助。

2．限度及禁忌

（1）CT 检查的 X 射线电离辐射较高，对妊娠期妇女，青少年性腺、晶状体等对 X 线敏感器官，不应作 CT 检查。

（2）CT 对空腔脏器的显示效果差，故对胃肠道应用价值小。

（3）CT 的增强扫描，少数患者可能对造影剂有过敏反应，检查前应作过敏实验，并备好抢救设施。

（三）MRI 检查

1．适应症

MRI 可随意作直接的多方向扫描，MRI 的软组织分辨能力高于 CT 数倍，能敏感地检出组织成分中水含量的变化，常可比 CT 更有效和早期地发现病变。

（1）创伤

MRI 对骨髓信号的变化敏感，用于隐匿性骨折（骨挫伤）的诊断。

MRI 对损伤出现的血肿观察好，能显示血肿不同分期的表现，还能显示其化学成分的变化。

MRI 可直接显示脊髓的全貌，对脊髓损伤的诊断及预后的判断有帮助；对脊髓肿瘤、脊髓白质病变、脊髓空洞等也有重要的诊断价值。

MRI 对软组织结构显示好，可清晰显示关节软骨、关节囊、韧带、半月板，对关节软骨损伤、韧带损伤、半月板损伤、关节积液等病变的诊断具有其他影像学检查所无法比拟的价值，在关节软骨的变性与坏死诊断中，早于其他影像学方法。

（2）椎间盘病变

MRI 能观察到椎间盘的变性、突出或膨出，显示椎管狭窄也较好，对于颈、胸椎，

CT 常显示不满意，而 MRI 显示清楚。

（3）缺血性坏死

MRl 诊断早期股骨头缺血性坏死是最佳远择，其敏感性约 88%，特异性接近 100%。对关节滑膜病变，在 T2 加权像中高信号强度的积液内可显示相对低信号的增生滑膜结节，从非创伤性检查角度看，此点优于关行造影和关节镜检查。

（4）骨肿瘤

MRI 虽不能显示骨皮质的细微结构，但对骨髓和骨外软组织均能显示清楚，当骨皮质有破坏时仍能对比出来。MRI 对了解肿瘤的范围和邻近组织被侵犯的情况，相当于 CT 和 Y 照相二者效果的总和。MRI 诊断骨肿瘤，目前尚难鉴别肿瘤的类型。有报道利用肿瘤的 Tl 和 T2 值的测算，可区别其良、恶性以及了解恶性程度。MRI 增强扫描对肿瘤治疗效果和肿瘤复发的观察很有帮助，如出现造影增强区域，则可明确肿瘤组织存在。

（5）可行功能及代谢检查。

2．限度与禁忌

（1）对骨性结构、钙化显示不佳也不适宜肺部检查。

（2）成像速度较慢，运动伪影影响图像质量。

（3）信号变化解释复杂。

（4）禁忌症相对较多，带有心脏起博器者、体内有金属植入者、早期妊娠者、带有大量抢救设备的危重病人、部分患者有幽闭恐惧症。

二、影像检查方法的选择

（一）影像检查方法的选择

影像检查方法的选择应该在了解各种影像检查方法的适应证、禁忌证和优缺点的基础上，根据临床初步诊断和需要来决定。一般应当选择安全、准确、简便而又经济的方法。

骨骼肌肉系统疾病诊断常规 X 线平片检查仍是首选检查方法，根据检查结果，部分伤病得到确诊；部分伤病不能排除其他疾病或需要进一步观察，再选用其他影像检查方法。

解剖结构复杂的部位选用 CT 检查；MRI 可显示平片、CT 难以显示的软组织结构（如肩袖、腕管、半月板、椎间盘、韧带、关节软骨等）；超声检查在骨骼肌肉系统疾病中起辅助、补充作用。

（二）影像检查程序

1．损伤

（1）根据病人病史与临床检查结果，提出估计诊断，并先行 X 线平片检查。检查结果可能证实估计诊断，并显示其他异常或未估计到的合并症，或排除估计诊断并证实为另一不同诊断。检查也可能无法明确原先估计的诊断，此时，应采用其他影像检查。

做影像检查以验证临床诊断，并提供损伤的正确定位及损伤有关信息。一般四肢、躯干损伤首先进行 X 线平片检查；头颅损伤、脊柱损伤及解剖结构复杂的部位选用 CT 检查；关节内结构损伤、肌肉肌腱损伤、骨挫伤选择 MRI 检查。

2．骨关节疾病

根据病人病史与临床检查结果，提出了估计诊断。提出恰当的影像检查顺序，在此过程中排除一些疾病，使需要鉴别的可能病变范围缩窄，以获得一个正确的诊断、还提供了正确的定位和有关正确诊断的特殊信息。

三、影像的观察与诊断

影像学检查在临床医学诊断中的价值是肯定的，但应指出其诊断的确立是根据影像表现而推论出来的，并未直接看到病变。因此，影像诊断有时可能与病理诊断不一致，这是影像诊断的限度。在进行诊断时，还必须结合临床材料，包括病史、体检和实验室检查结果等，互相印证，以期作出正确的诊断。

（一）影像诊断原则

要做到正确诊断，必须遵循一定的诊断原则和步骤，才能全面、客观地作出结论。利用 X 线检查诊断伤病时，应避免主观片面的思维方式，养成客观分析的习惯。X 线诊断基本原则概括起来是："全面观察，具体分析，结合临床，作出诊断"。

1．全面观察

通过全面细致的观察，达到发现病变的目的。观察中，应用解剖、生理和各种影像方法成像基础知识辨认出异常，并防止遗漏微小病变。

2．具体分析

运用病理学等方面的知识，进一步分析异常表现所代表的病理意义。分析时应注意下列各点。

（1）位置及分布　某些疾病有一定的好发部位，例如骨结核多见骨骺和干骺端并常侵犯关节。

（2）形状与边缘　骨质破坏区的边缘模糊者多为急性炎症或恶性肿瘤；边缘清晰者多为慢性炎症或良性肿瘤。

（3）数目及大小　病灶的大小是单发抑或多发，有一定的鉴别意义。例如骨结核的死骨多而小，常称死骨渣；化脓性骨髓炎的死骨则少而大，为单个或几个长条状。

（4）密度、信号与结构　病变密度、信号的高低及其均匀性有重要的诊断意义，例如骨密度增高多反映骨质增生及硬化，骨密度减低表示骨质疏松或骨结构破坏。

（5）周围情况　邻近器官、组织的改变对诊断有一定意义。

（6）发展情况　某些影像表现只说明病程中现阶段状况，缺乏特征性，若以检查前后照片相比较，可了解病变发展动态，易得出诊断意见。

3．结合临床

具体分析弄清异常影像代表的病理性质后，必须结合临床病史、症状和其他辅助检查进行分析，明确该病理性质的影像代表何种疾病。注意区别"同影异病，同病异影"问题。

4．综合作出诊断

经过观察、分析和结合临床后，需结合各种影像检查的结果，作出影像诊断。鉴于各种影像学方法间的互补性，在很多情况下常需要利用不同检查方法提供的信息互相补充、互相参照、互相对比，从多方位、多角度反映疾病的本质，从而得出正确的结论。

所得影像诊断有3种：①肯定诊断：影像诊断在资料齐全，疾病本质有特异征象时，则可以确诊；⑦怀疑诊断：通过对获得的影像信息的分析，不能确定病变的性质，而是提出几种病变的可能；②现象诊断：因后两种尚未确诊，故应提出进一步检查意见及其他建议。

（二）影像诊断步骤

1．了解病史和其他相关检查资料，包括病人的姓名、检查号、性别、年龄、病史、症状、体征和其他辅助检查、临床初步诊断等。

2．了解影像检查方法及技术条件

应注意投照位置的正确性、黑白对比的鲜明性和组织器官轮廓的清晰度等。

3．观察分析影像

在确定所分析图像上是否有异常前，要掌握以下几方面的基本知识：①熟悉基本解剖知识。②熟悉不同组织的密度特点。③熟悉各种图像上的常见伪影。分析影像常用的方法如下；

（1）系统观察

阅片时切忌无顺序的乱观察或只注意醒目病变，应养成系统观察的习惯，按一定顺序进行，防止遗漏病变。例如观察骨关节系统照片，应依次为骨骼、邻近关节及周围软组织。观察骨骼，应依次为骨干、骨端（干骺端和骨骺）；而且每个部位又依次观察骨膜、骨皮质、骨松质和骨髓腔等。若有几根骨骼，应逐一进行观察。

（2）对比观察

同一片内，采用对比观察易于发现病变，常采用左右对比，上下对比，这样容易发现病变。有时人体对称部位的某一侧发生伤病，只有一侧照片，难于判断有无异常，应对照侧片对比，例如判断小儿肘关节有无骨骺分离常需两侧对比。

（3）前后观察

两次以上照片采用前后对比观察，以判断病变的发展及治疗效果等。

（4）分析病变

应注意病变的位置、分布、大小数目、形状、边缘、密度、邻近器官及组织的改变。

4．综合作出诊断

结合临床、病史及其他检查，综合判断。

（李渝苏　汪文章）

第二章 骨关节先天性与发育性畸形

骨关节先天性与发育性畸形是指胚胎形成及发育障碍所致骨与关节结构和形态的异常。其类型有：未形成或形成不全、过形成、错分节、分节不全并骨性联合、过分节、不规则分节、假关节及骨骺异常弯曲或变形。

有些畸形出生时就存在，有些畸形则在出生后发育过程中出现。畸形明显者，临床检查即能发现，而有些畸形则在 X 线检查时才能发现。

骨关节先天性畸形的 X 线表现为形态、位置、大小和数目的改变，而骨质一般无改变，后者可用于与其他骨病相鉴别。

第一节 上肢骨关节常见畸形

一、先天性肩胛骨高位症

先天性肩胛骨高位症又称肩胛骨下降不全。胚胎时期，肩胛骨先形成于颈部，之后逐渐下降至正常位置。若在下降过程中发生障碍，即可产生肩胛骨高位，并且常伴发育不良。高位的肩胛骨常被异常的肩椎骨所固定。肩椎骨的外侧同肩胛骨的内缘连接．内侧则连接于一个或多个颈椎上，亦可借纤维带或软骨相连，使肩胛骨活动受限。本症女性居多，多为单侧，双侧者约占 10%。

[X 线表现] 病侧肩胛骨位置升高，甚至可达颅骨枕部，发育短小．内下角内收且逆时针旋转。内上角变尖，肩胛骨关节盂浅而平．肩椎骨可呈骨桥样连接肩胛骨和颈椎。同侧锁骨发育较细且变直，常伴有颈椎脊柱裂、肋骨及胸廓不对称等畸形（如图 2-1 所示）。

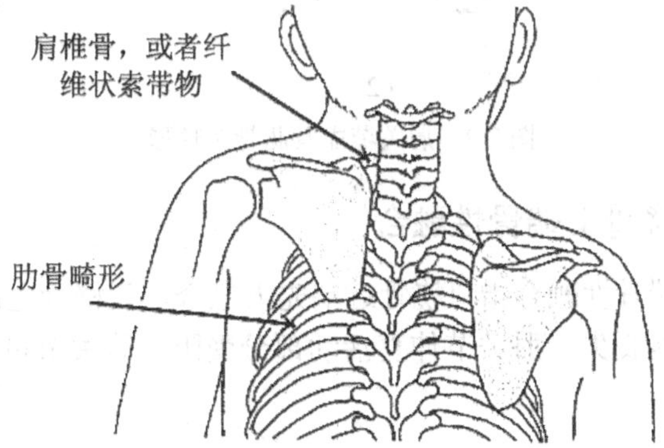

图 2-1 先天性肩胛骨高位症

二、肩关节畸形

（一）关节盂扁平

关节盂扁平指单侧或双侧发病、系因关节盂骨骺下缘发育不全所致。X 线表现为突起的盂下缘消失。关节盂浅而平。

（二）肱骨头发育不全

肱骨头发育不全指肱骨头关节面变平或呈内凹畸形，关节盂代偿性肥大，关节面突出，与肱骨头畸形相适应。

（三）先天性肩关节脱位

先天性肩关节脱位为先天性肩关节发育不良的并发症。X 线表现为肩胛颈及关节盂发育不全或完全不发育，肱骨头及骨干也相应发育不良，肱骨头均向后脱位，与常见的外伤性前脱位不同。先天性肩关节脱位后脱位，有时正侧片不易显示，可投照肩关节轴位片，即让患者仰卧于投照台上，前臂上屈，肱骨与胸壁近 90°，把片夹置于投照台贴近肩部，水平投照，X 线由腋窝部射向胶片中心。并向内侧倾斜，此位置可测量出肩肱曲线，正常时此曲线在肩胛骨体部外缘与肱骨下缘能画出一光滑弧线。肩关节脱位时，此曲线呈锐角。除脱位外，还常见肩胛颈及关节盂发育不全，甚至无关节盂。肱骨头及肱骨干也有轻度发育不良。此外，因反复脱位，肱骨头与关节盂相互冲撞，使其关节后侧方形成一缺损。病人还合并其他部位的畸形（如图 2-2 所示）。

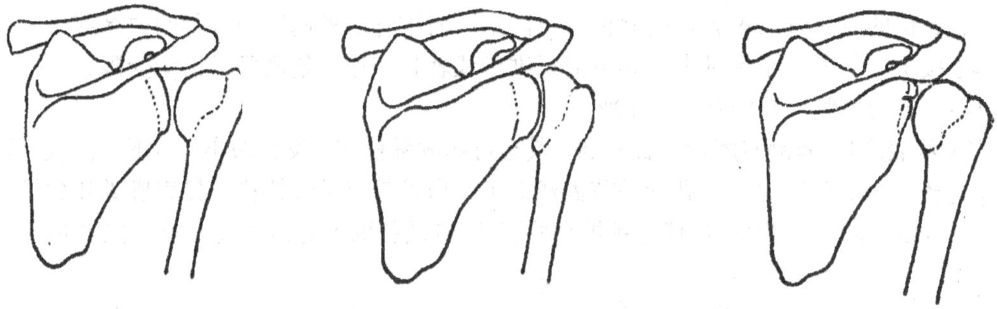

（1）　　（2）　　（3）

图 2-2　肩关节盂及肱骨头畸形

三、先天性尺桡骨上端骨性融合

先天性尺桡骨上端骨性融合指尺桡骨近端先天融合，尺桡骨之间无活动性，前臂固定在旋前位，旋后功能丧失，肘关节伸直活动部分受阻，腕关节可自由活动（如图 2-3 所示）。

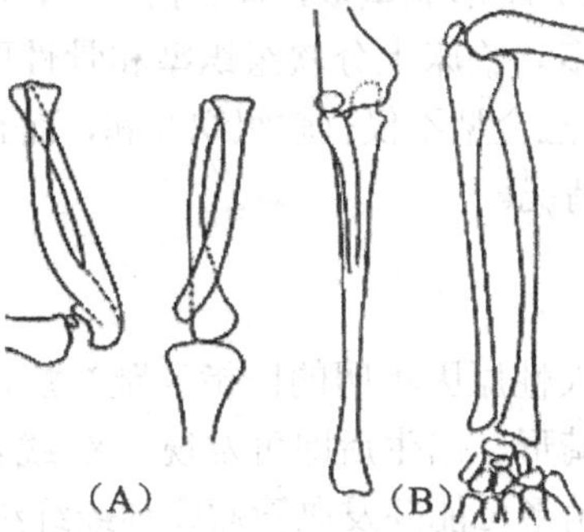

图 2-3 先天性尺桡骨上端骨性融合

四、马德隆氏畸形

马德隆氏畸形因桡骨远端内侧骨骺发育不良所致，女性多见，多为双侧发病。由于桡骨远端内侧骨骺发育障碍，而其外侧骨骺及尺骨发育正常，当骨骺及骨干继续生长时，而桡骨向后方突弯，桡骨下端关节倾斜，尺桡下关节向后半脱位及腕部畸形，由 1878 年由马德隆氏首先描述。

[临床特征]

三分之一病例有遗传性，特征表现为手背向后背屈，且尺骨茎突异常突出，导致手与前臂的外形如上了刺刀的步枪，腕关节活动受限。马氏将其分为真正型及症状型，真正型系指先天性遗传性畸形，症状型系后天外伤或其他疾病所致畸形，如佝偻病、桡骨远端骨折、感染、多发性内生软骨瘤等。

[X 线表现]

正位片见桡骨干变短，向外和背侧突弯，多以远端为甚；尺桡下关节半脱位，以致桡尺骨远端关节面之间的角度变小，常为锐角；近排腕骨失去正常排列弧度，而变成以月骨为前端的尖叫壮排。侧位片上见桡骨远端关节面向前倾斜角度加大，尺骨远端指向后方，桡骨弯曲，凸面向后。在临床上常需结合病史做出真正型或症状型的诊断。

五、多指（趾）畸形

多指（趾）畸形手指、足趾数目增多的先天性，有遗传性。多指（趾）多发于大指（趾）或小指（趾）侧，临床上分为以下三种类型：软组织型—多指（趾）为单纯组织皮赘，而无骨骼，仅与正常组织相连。多生指（趾）型—具有完整的掌骨（跖骨）构成关节，使相应掌骨或跖骨呈分叉畸形。多指（趾）骨型—具有完整的掌骨（跖骨）、指（趾）骨的多余指（趾）。

X 线检查能观察骨骼畸形的情况，给治疗提供依据。

六、并指（趾）畸形

并指（趾）畸形又称蹼状指，畸形的程度轻重不一，为返祖遗传现象，男女发生率之比约为 2∶1。

出生后可见并指（趾）畸形，畸形类型多，有2指并连，也有3指、4指并连在一起，其中以中指和环指并在一起居多。临床上分软组织型和骨性融合型两种。软组织型为单纯软组织并和，无骨相并。骨性融合型不仅有软组织并和，而且在指（趾）间有骨性连接。

X线检查能观察骨骼畸形情况。

七、巨指（趾）畸形

巨指（趾）畸形是一种先天性原因不明的巨指（趾）症，临床少见。其主要表现为一个或多个指（趾）增大增长畸形，出生后即可发现。X线表现为指（趾）骨关节及软组织增大、增长、肥厚。此种畸形可能并发血管瘤或神经纤维瘤。

第二节　下肢骨关节常见畸形

一、先天性髋关节脱位

先天性髋关节脱位又称发育性髋关节脱位或发育性髋关节发育不良，指因髋关节发育异常，以致出生时既已出现或出生后一段时间内出现股骨头脱出髋臼。它是小儿较常见的先天性畸形，女孩多见，多为单侧发病。此病因至今尚未完全明确，有遗传因素、韧带松弛因素、机械因素、环境与生活习惯等因素。

[病理表现]

以髋关节发育不良为主，累及髋臼、股骨头、关节囊、韧带和附近的肌肉，导致关节松弛，引起半脱位或脱位。有时可合并有其他畸形。出生时以关节囊松弛为主要病理改变，随着年龄增大和脱位程度加重，特别是开始行走后，可逐渐出现下列病理变化：

1．关节囊伸长，与髂骨粘连，中部狭窄呈哑铃状。

2．髋臼盂唇增厚，开始为外翻，随行走增多而成内翻。圆韧带增长变粗，横韧带肥厚。髋臼因缺乏股骨头的正常压力刺激而发育不良，变浅并呈斜坡状。

3．股骨头骨骺发育延迟，甚至发生缺血性坏死。股骨颈前倾角和颈干角增大。

4．股内收肌挛缩，臀肌松弛。

5．髂骨翼处形成假臼。骨盆倾斜和代偿性脊柱侧凸。

[临床表现]

1．主要症状：患肢常呈屈曲状，活动较健侧，髋关节外展受限。患儿走路晚，走路不稳，一侧脱位时表现为跛行；双侧脱位时则表现为“鸭步”。

2．检查：患肢短缩，臀部及大腿内侧皮肤皱褶不对称，患侧皮纹较健侧深陷，数目增加。髋膝屈曲外展试验：使受检婴儿平卧，髋膝关节屈曲，检查者双手握住其膝部，拇指在膝部内侧，其余的四指在膝部外侧，正常的婴儿一般可外展 80°左右，若仅外展50°～60°，则为阳性，只能外展 40°～50°为强阳性。套叠试验：使患儿平卧，患侧髋膝关节各屈曲 90°，检查者一手握住其股骨远端和膝关节，另一手压住其腹股沟，在提推患肢膝部时，如感到大转子随之上下活动，则为套叠试验阳性。Trendelenburg 试验：嘱小儿单腿站立，另一腿尽量屈髋、屈膝，使足离地。正常站立时对侧骨盆上升；髋关节脱位后，股骨头不能托住髋臼，臀中肌无力，使对侧骨盆下降，从背后观察尤为清楚，称为 Trende lenburg 试验阳性，是髋关节不稳定的体征。

[影像学表现]

1．X 线表现

投照小儿骨盆正位片观察双髋，主要通过画线测量的方法进行诊断。

（1）髋臼发育不良和髋关节不稳定。

①髋臼发育异常：髋臼浅平不规则，骨骺小。

②髋臼角增大：连接双侧髋臼 Y 形软骨中心的水平线，自 Y 形软骨中心至髋臼边缘作连线，两线夹角称髋臼角（髋臼指数），此角说明髋臼之斜度亦是髋臼的发育程度。正常时新生儿髋臼角为 30°，2 岁小孩在 20°以内。髋臼角大于 30°为异常，提示即将发生脱位。已有髋关节脱位者，此角明显增大。

③CE 角：CE 角又称中心边缘角，即股骨头中心点至双侧髋臼 Y 型软骨的水平线的垂线与髋臼外缘和股骨头中心点的连线所形成的夹角。此角用于评价骨性髋臼在股骨头上方及外侧的覆盖，对髋臼发育不良或髋关节半脱位的诊断有价值。正常值 20°～46°，平均 35°。小于 20°，甚至为负角，表示股骨头外移，为脱位或半脱位，则可诊断为髋关节发育不良。

（2）关节半脱位或脱位

①泪滴距：干骺端内侧面与相邻髋臼壁的距离，正常时距离小于 1.5mm。关节半脱位或脱位距离加大。

②外侧线（Calve 线）：髂翼和股骨颈外侧面连成的弧形线，正常时连续。半脱位或脱位时此线不连续。

③内侧线（Shenton 线）：上耻骨支下缘与股骨颈内缘连成的弧形线，正常时连续。半脱位或脱位时此线不连续。

④Perkin 方格：两侧“Y”形软骨的中央画一横线，经髋臼外侧缘画垂线，正常股骨头骨骺位于内下象限，干骺端向上不超过横线。关节半脱位或脱位股骨头骨骺位于 Perkin 方格的外下或外上区内。

（3）髋外展、内旋位骨盆正位片

作双侧股骨中轴线，并向近侧延长。正常时此线通过髋臼外上角，并在腰骶区与正中线相交。脱位时通过髂前上棘，与正中线相交于腰骶之上。在股骨头骨化中心未出现前，对诊断有一定参考价值（如图 2-4 所示）。

2．超声检查：超声的优势在于可观察髋关节的软骨成分，运用三维超声成像评价髋关节发育不良，能很好地显示股骨头与髋臼的相互关系与股骨头的稳定结构。实时影像可评价关节的运动与应力，没有电离辐射。目前超声对婴儿髋关节的评价应用价值越来越高。

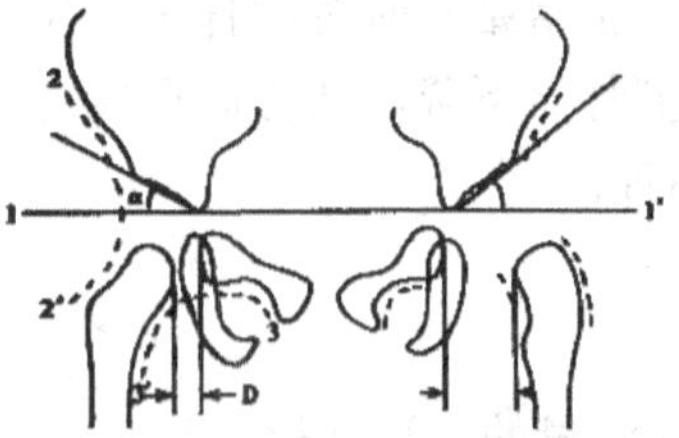

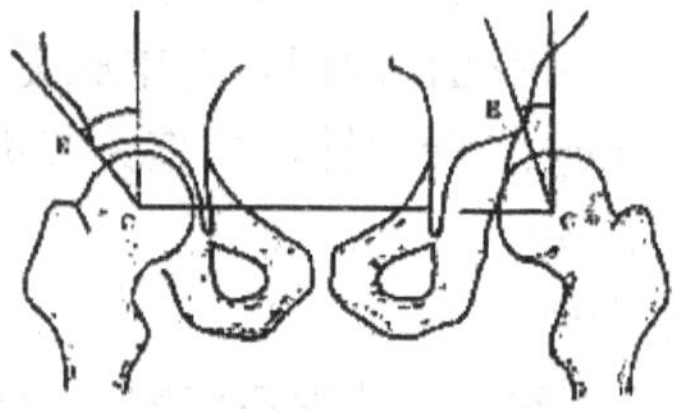

a 髋臼角　D 泪滴距　　　CE 角

22′Calve 线、33′Shenton 线

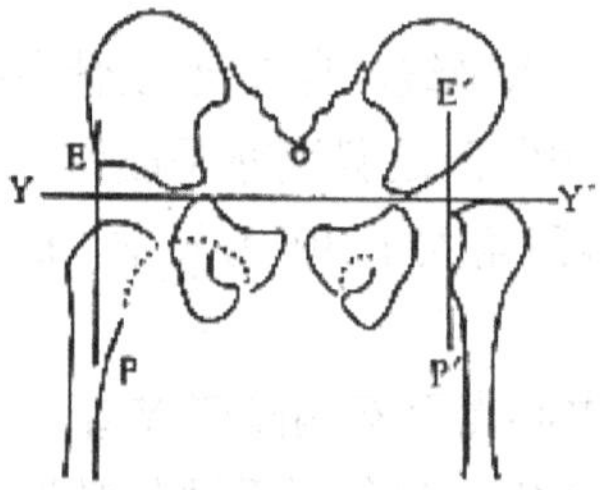

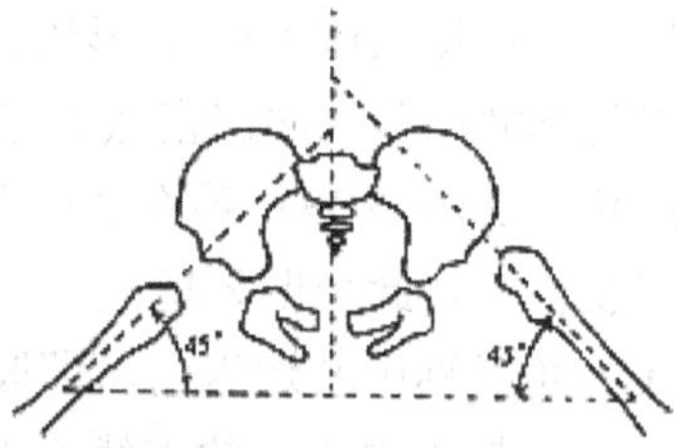

Perkin 方格　　　髋外展、内旋位骨盆正位片

图 2-4　先天性髋关节脱位测量

二、先天性髋内翻

小儿先天性髋内翻又称发育性髋内翻。在幼儿时发病，股骨颈的颈干角呈进行性减小，表现为日见加重的跛行，是小儿跛行常见原因之一，单侧发病多于双侧。

先天性髋内翻的病因不明，有家族遗传史，先天性骺板发育异常，股骨颈内侧钙化过程受阻，以致股骨颈内侧发育异常。

股骨颈干角，在儿童一般为 135°～145°，到成人时逐渐减小到 120°～140°。如颈干角<120°，称之为髋内翻。先天性髋内翻的股骨头内侧与股骨颈交界处见三角形骨缺损区或称骨发育不全区，其位置正在股骨颈的主要负重力线径路上，这样就减少了股骨颈承受力量的能力，而骺线则在该线之近端。随年龄、体重的不断增加，患儿站立行走负重，加重了股骨颈的弯曲，导致股骨头骺向内倾斜。髋内翻严重，颈干角进行性减小，甚至达到锐角的程度，股骨颈骨质疏松带增宽、大粗隆上移与髂骨相邻为止，最后髋内翻畸形呈一种拐杖样的外形。

[X 线表现]

1．颈干角减小：股骨颈内侧与股骨头接壤处可见一个三角形骨块，该三角骨块密度减低，呈倒 V 形，为一骨质发育不良区，其边缘与周围骨质有明显的界线，内侧界为股骨头的骺线，外侧界为 X 线透亮增加的发育异常区域。随着年龄的增长，体重增加，局部薄弱的透亮带更加增宽与变直，髋内翻愈加严重。

2．股骨近端呈拐杖样的外形：晚期病例的股骨头变得扭曲呈椭圆形，髋臼变浅，颈干角可达 90°以下。测量股骨近端骨骺线与水平线的夹角，正常为 25°左右，髋内翻时大于 25°，连续测量此角，可了解髋内翻进展程度，是否需要手术矫形以及矫正多少才能防止畸形复发（如图 2-5 所示）。

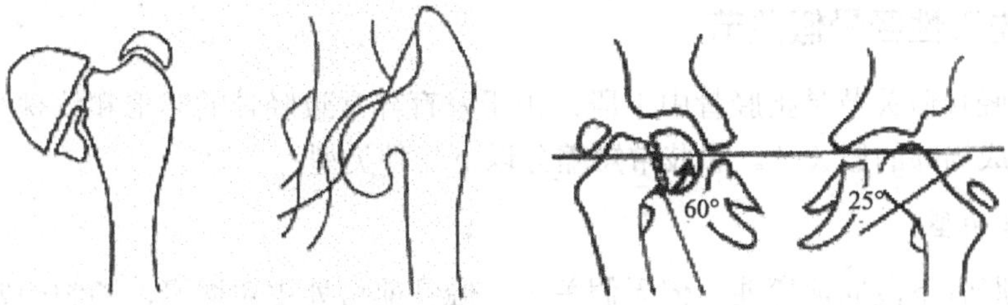

图 2-5 先天性髋内翻

三、膝内翻或外翻畸形

膝内翻或外翻畸形为股骨远端或胫骨近端骨骺发育不良所致，也可继发于缺血坏死、佝偻病及创伤等。应投照站立位膝关节（包股骨、胫骨全长）正位 X 线片，在股骨和胫骨上画轴线，以了解畸形部位、范围和程度，正常人膝关节可有 6°的生理性外翻角。

（一）膝内翻

膝内翻双侧发病又称“O”形腿，单侧发病呈“D”形腿，多为胫骨上端内侧骨骺发育障碍所致。病人双下肢自然伸直或站立时，两内踝对碰，而两膝不能靠拢。X 线片显示胫骨内上髁发育小，关节面向内倾斜，胫骨向内弯曲。

（二）膝外翻

膝外翻双侧发病又称“X”形腿，单侧发病呈“K”形腿，多为股骨外髁发育障碍所致。病人双下肢自然伸直或站立时，两膝对碰，而两内踝不能靠拢。X线表现为股骨外上髁发育小，关节面向外上倾斜。

应注意，小儿在正常发育过程中，可出现轻度膝内翻或外翻，随年龄增长均自行矫正。

四、先天性膝关节脱位

临床少见，主要特点是胫骨向前脱位，形成膝关节过伸（膝反张）畸形，屈曲受限，严重者伸屈功能完全丧失。

X 线检查主要表现为胫骨向前脱位，股骨下端向后移位（侧位片），部分病例（正位片）也可见向侧方脱位征象。

五、先天性髌骨畸形

（一）髌骨缺如或发育不全

髌骨缺如或发育不全有明显的家族遗传性，畸形可以单独发生，也可并发其他畸形，临床可无任何症状。髌骨缺如者，膝部扁平，股骨内髁突出。髌骨发育不全表现为髌骨小，位置高。X 线平片检查主要表现为髌骨缺如或髌骨很小，位置不正。

（二）髌骨先天性脱位

髌骨先天性脱位可有家族性，多向外侧脱位。4 岁前髌骨未骨化时，膝伸直位可触之髌骨向外侧移位。骨化后 X 线片显示髌骨发育小并向外侧脱位。

六、先天性胫骨假关节

先天性胫骨假关节是指胫骨中下段，由于发育异常致胫骨的畸形和特殊类型的不愈合，最终形成局部的假关节。患肢常短缩分以下三种类型：

（一）弯曲型

出生后胫骨下段向前弯曲，但无假关节，胫骨前弓处皮质增厚，髓腔闭塞，胫骨端萎缩硬化，呈前弓外形。发生骨折后，经一般处理局部不愈合，形成假关节。或因不认识此病，贸然作截骨手术，形成不愈合，继续发展而两断端吸收，骨端硬化，远端进一步萎缩变细，呈笔尖状。

（二）囊肿型

出生后在胫骨中下 1/3 处呈囊性改变，但骨干不细，临床不易发现，轻微外力造成骨折后出现不愈合，继之形成假关节。

（三）假关节型

出生后即发现有胫骨中下段缺损，形成假关节。假关节处有较坚硬纤维组织连接或软骨连接，骨端随生长发育而变细，萎缩，远端更为明显呈笔尖状，皮质菲薄。有时周围软组织也萎缩，包括腓肠肌。如果腓骨累及，亦发生同样变化（如图 2-6 所示）。

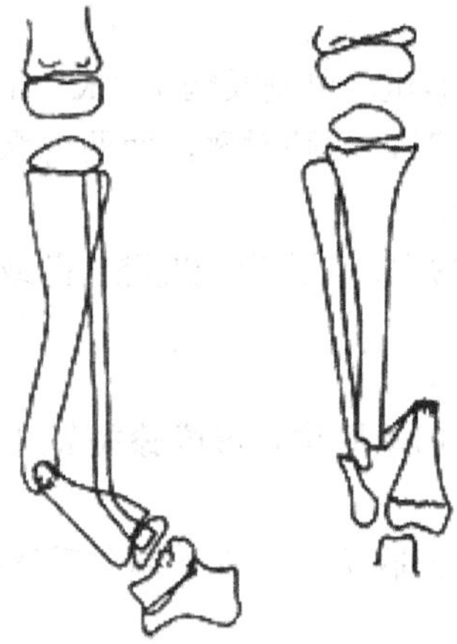

图 2-6　先天性胫骨假关节

七、先天性马蹄内翻足

先天性马蹄内翻是指一种最常见的小儿足部畸形，出生后即出现单侧或双侧足部不同程度的畸形，其特点是前足内收内翻，距骨跖屈，跟骨内翻跖屈，跟腱、跖筋膜挛缩。患儿学行走时，用前足或足外侧缘着地行走，随着年龄渐大，畸形渐加重，严重者足背着地行走。新生儿发病率为 1‰～4.5‰，男女之比为 2∶1，单侧多于双侧。部分患者可伴有其他部位畸形。

本病有遗传、胎儿位置异常、肌肉发育不良、环境因素等多重影响。病变主要在跗骨发育不良及位置异常，出生即存在畸形，加之足部肌力不平衡，即内翻肌（胫前肌及胫后肌）强而短缩，外翻肌（腓骨长、短肌）弱而伸长，跖屈肌（小腿三头肌）强于足背屈肌（胫前肌），久之则使软组织发生挛缩，使畸形较为固定。在继续发育过程中，因负重畸形逐渐加重。

[临床表现]

婴儿出生后即有一侧或双侧足部畸形：足前部内收内翻，距骨跖屈，跟骨跖屈内翻，跟腱、跖筋膜挛缩；前足变宽，足跟变窄，足弓高，足外缘凸起；外踝偏前突出，内踝偏后且不明显。站立时足外缘负重，严重时足背外侧负重，负重区产生滑囊及胼胝。单侧畸形，走路跛行；双侧畸形，走路摇摆。

[影像学表现]

1．X 线平片检查即可确诊。投照足正位及足踝侧位 X 线片。

2．X 线表现：可见跗骨发育不良及位置异常。在正位 X 线片上测量距骨与第一跖骨纵轴所交之角，正常 0°～15°，大于 15°；距骨与跟骨纵轴夹角，正常为 30°～35°小于 30°均提示足部内翻。在侧位片上距骨纵轴与跟骨跖面切线所成相交角<30°（正常为 30°～35°），提示足下垂。如果距跟角小于 15°，第一跖骨与距骨纵轴交叉所成的角大于 15°，表明距舟关节半脱位（如图 2-7 所示）。

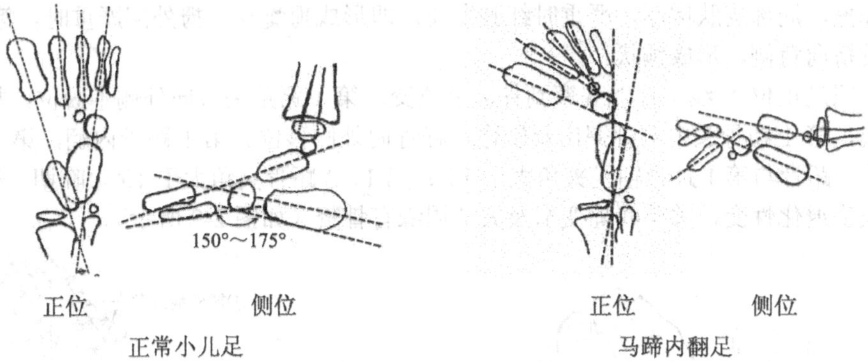

图 2-7 小儿马蹄内翻足测量

八、扁平足

扁平足是指足弓低平，若在久站或行走时有疼痛等症状者称平足症。

足弓是人类特有的解剖结构，系适应长期单一站立及行走的需要演变而来的。婴儿出生的头几年大约有 1/3 有扁平足，但到了青少年时期大都能自行矫正。扁平足的发生与家族遗传、先天骨畸形及足底筋膜、韧带过度松弛、肌肉发育较差等因素有关，穿着不合适鞋及不良姿势、肥胖等后天因素也会让扁平足加重。

[影像学表现]

投照双足负重 X 线侧位片。足弓的改变可用 X 线测量确定。①足内弓角：距骨头的最低点分别连线跟骨最低点和第一跖骨头最低点所成交角，正常时为 122°。②足外弓角：跟骨与骰骨关节面的最低点分别连线跟骨最低点和第五跖骨头最低点所成交角，正常时为 140°。平足症患者足内弓角及足外弓角均增大，以前者明显（如图 2-8 所示）。

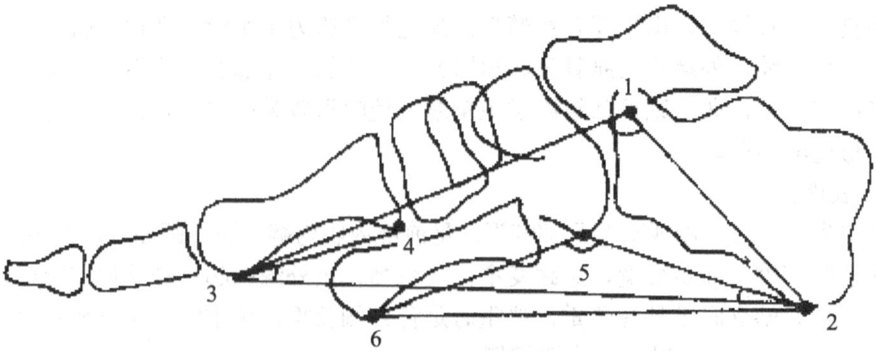

∠213 为足内弓角　∠256 为足外弓角

图 2-8　足弓测量

九、拇外翻畸形

拇外翻是一种常见足部畸形，多呈对称性，好发于女性（男女比例约 1∶30）。拇外翻畸形的发生多与遗传因素有关，另外，经常穿尖头鞋或高跟鞋站立过久、行走过多也是造成拇外翻的常见病因。其畸形特点是足拇趾斜向外侧，第 1 跖骨内翻，第 1、2 跖骨间夹角增大，第 1 跖趾关节轻度半脱位；第 1 跖骨头在足内侧形成一骨赘，因长期受鞋帮的摩擦，局部皮肤增厚，严重时红肿发炎，即形成拇囊炎。拇外翻严重时，第 2 趾可被拇趾挤向背侧，形成锤状。

投照足正位 X 线平片能观察到骨关节改变：第 1 跖趾关节向外侧半脱位，拇趾向中线移位，第 1 跖骨头内侧骨突出及硬化，籽骨向外侧移位。第 1 跖骨内翻，第 1 趾骨外倾，第一跖骨与第 1 趾骨轴线夹角大于 15°；第 1、2 跖骨夹角大于 10°。晚期，第 1 跖趾关节发生退化性变，关节间隙变窄及关节周缘有骨赘（如图 2-9 所示）。

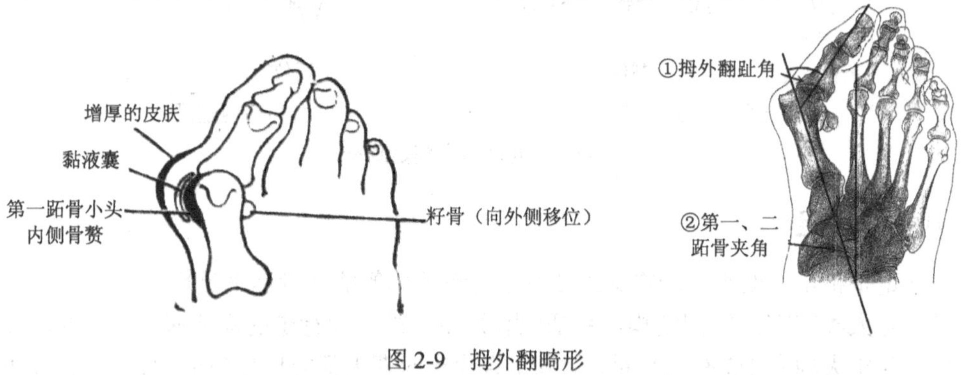

图 2-9　拇外翻畸形

第三节　脊柱畸形

一、移行椎畸形

脊柱分为颈、胸、腰、骶和尾椎五段，各段相邻处的椎骨有时具有另一段的特征，称为移行椎。在脊柱发育异常中，移行椎畸形最常见，为脊柱错分节所致，一般情况下整个脊柱的椎体总数不变，只是各节段数目有所增减，主要有：颈肋、胸椎腰化、腰椎胸化、腰椎骶化、骶椎腰化、骶椎尾化、尾椎骶化等。常见有腰椎骶化、骶椎腰化。

[影像学表现]

移行椎畸形作X线平片检查即可确诊，一般投照某一节段脊椎前后位、侧位片。

1．颈肋：第7颈椎一侧或两侧有肋骨的长出。

2．胸椎腰化：X线照片上见第12胸椎一侧或两侧肋骨缺如，其形态类似腰椎。计数时显示有六节腰椎，而胸椎数目则少一个，大多不引起任何症状。

3．腰椎胸化：X线照片上见第1腰椎一侧或两侧有肋骨长出，其形态类似胸椎。计数时显示有十三节胸椎，而腰椎则少一节。无何症状，常常是在X线检查时偶然发现。

4．腰椎骶化：为脊椎常见的腰骶部畸形。X线照片显示第5腰椎之一侧或两侧横突增宽、增大，当增大之横突与骶椎上面相接形成假关节，或与骶椎融合，似骶椎形态，使腰椎成为4节、骶椎6节。可有或无腰骶部症状，当畸形出现于一侧时，由于脊柱运动不对称常可引起下腰部疼痛。

5．骶椎腰化：此种畸形也不少见。X线照片显示第1骶椎横突与骶椎分开演变成腰椎样形态者，使骶椎成为4节、腰椎6节。它可单独存在或合并其他先天异常（如脊椎裂、脊椎滑脱症等），可有或无腰骶部症状。

6．骶椎尾化、尾椎骶化：均少见（如图2-10所示）。

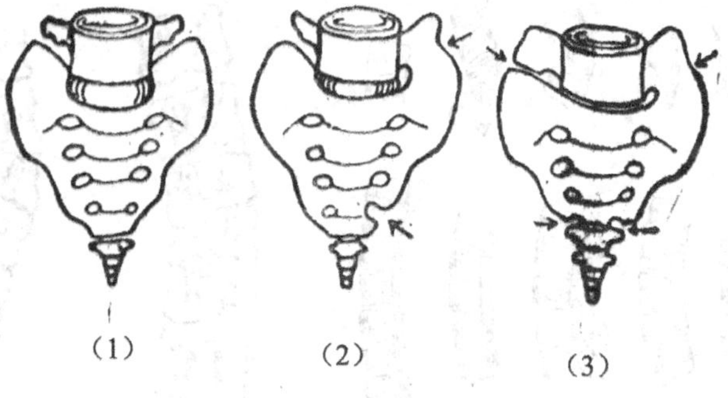

（1）正常（2）腰5骶化、骶5尾化（3）双侧腰5骶化、骶5尾化

图2-10 腰骶部移行椎畸形

二、先天性椎体畸形

先天性椎体畸形系胚胎时期，椎体发育过程中分节不全或形成不全所引起。

（一）椎体形成不全

它可以部分或全部形成不全。部分单侧椎体形成不全时，椎体出现楔形或斜方形。X线片上表现为一个小的发育不全椎体。单侧完全形成不全称半椎体。半椎体导致椎体生长不对称，一侧半椎体时可出现严重脊柱侧凸，当椎体后方出现半椎体时则导致后凸成角畸形。还可出现：（1）单纯多余半椎体：可与相邻一个或两个椎体融合。发生在胸椎时可有椎弓根及多余肋骨。（2）单纯楔形半椎形。（3）多个半椎体。（4）多个半椎体伴有一侧椎体融合。（5）对称半椎体：两侧均有数量相等的半椎体，一般不引起脊柱侧凸。

（6）后侧半椎体：易引起后凸畸形。

（二）椎体分节不全

椎体分节不全系指脊椎的先天性骨性联合，又称阻滞椎，常见于腰椎和颈椎，胸椎较少见。表现为两个或两个以上椎体相互融合成一体。（1）侧方未分节，椎体分节不全发生在一侧，最终导致严重脊柱侧凸。（2）前方未分节，椎体前方未分节，导致脊柱后凸畸形。（3）后方双侧未分布，导致后凸畸形。（4）完全性骨性融合，椎体纵轴不生长，不发生成角或旋转畸形（如图 2-11 所示）。

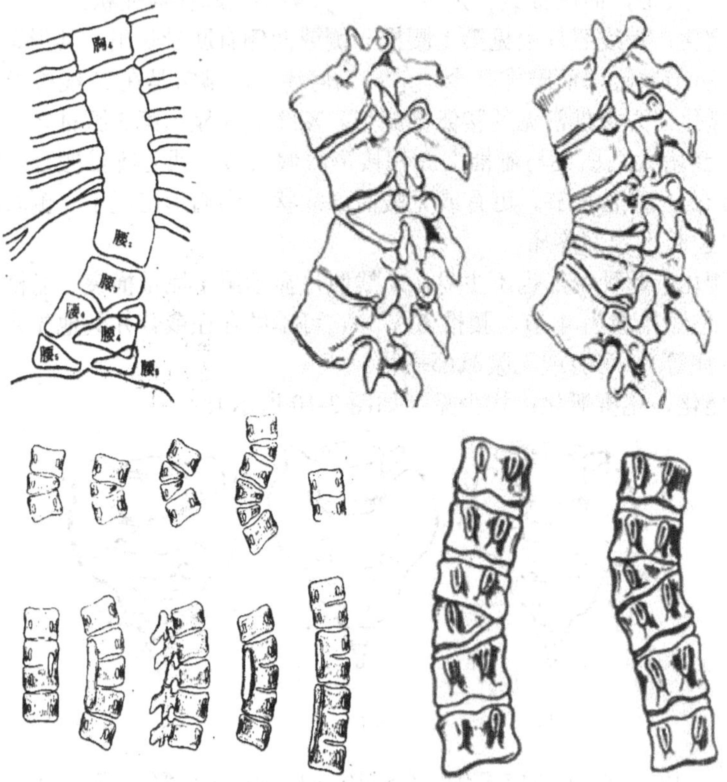

图 2-11　椎体畸形

三、脊柱裂

脊柱裂为脊椎轴线上的先天畸形，为棘突及椎板缺如，椎管向背侧开放。以骶尾部多见，颈段次之，其他部位较少。病变可涉及一个或多个椎骨，有的同时发生脊柱弯曲和足部畸形。脊柱裂常与脊髓和脊神经发育异常或其他畸形伴发，少数伴发颅裂。病因主要是胚胎期发育发生障碍，椎管闭合不全。根据椎管内容物有无疝出，脊柱裂可分为显性和隐性两类。

显性脊柱裂棘突及椎板缺如形成的裂隙较宽，造成脊髓脊膜膨出，有不同程度神经系统症状和体征，病儿于出生后即见在脊椎后纵轴线上有囊性包块突起，于包块根部能触摸到骨缺损的边缘，说明囊肿与椎管内沟通。隐性脊椎裂较常见，椎板骨缺损小，在背部没有包块，大多无明显症状，仅在 X 线检查时才被发现。

[影像学表现]

X 线平片检查即可确诊，一般投照脊椎前后位、侧位片。

正位片见左右椎板不连续，形成透明裂隙，常伴有棘突畸形。显性脊柱裂其裂隙较大，且在侧位片上见脊椎后侧有软组织包块影（如图 2-12 所示）。

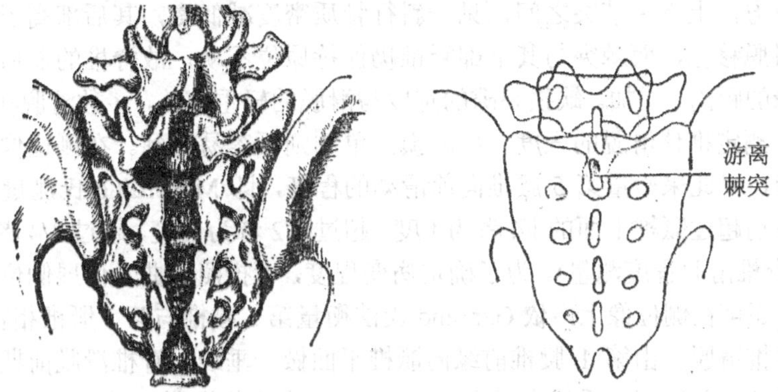

图 2-12 脊椎裂

四、脊椎椎弓峡部裂与脊椎滑脱症

脊椎椎弓峡部裂与脊椎滑脱症是指脊椎椎弓峡部一侧或两侧骨不连，可伴发椎体滑脱的病症。它是发生腰腿痛的潜在内因。脊椎滑脱多发生于第 4、5 腰椎。

上下关节突之间有一狭窄区，即为椎弓根峡部，如该部骨化不全，或有潜在的软骨缺损，即形成先天性峡部骨不连。其缺损区位于上下关节突之间，该椎体与后部椎板无骨性连接，与相邻椎体仅靠软组织联系。如该处发育薄弱，再加上某种程度的外伤或劳损，就可导致薄弱的峡部发生骨折。其机理与疲劳骨折相似，主要分为以下两类：

真性脊椎滑脱　即因椎弓根峡部骨不连所致椎体向前滑脱。故对确有关节间部缺损且有椎体滑动者，多见于男性。4 岁以前很少能确诊此病，但以后直至成年随年龄的增长，其发病率也渐增多。以发病于 40～50 岁者最多。关节间部的骨缺损可为一侧或两侧性的，但以后者多见。绝大多数真性脊椎滑脱症发生在第 4、5 腰椎，也有的病人同时累及数节脊椎，极个别情况发病于颈椎。

假性脊椎滑脱症指只有椎体滑动，但椎弓峡部完整者，常由相邻椎间盘、小关节的退行性改变等因素导致脊椎失稳引起，又称退行性脊椎滑脱症，多见于 45 岁以上的女性，主要发生于第 4、5 腰椎，滑脱程度较轻。

[临床表现]

脊柱失去稳定性是引起下腰部疼痛的主要原因。此外，椎板峡部裂隙纤维组织致神经根粘连或受压也可造成腰痛。脊椎滑脱症的症状与椎间盘脱出症所致的神经根受压症状相似，但缺乏典型的体征。

[影像学表现]

1．X 线平片检查常用的投照位置为前后位、侧位和双斜位。

（1）真性脊椎滑脱：①椎弓峡部裂处在前后位上常不易显出，如有明显的峡部缺损，当裂隙之平面与 X 线平行时，可在环形椎弓根阴影之下，见一密度减低的斜行影。如有明显之滑脱，可见滑脱椎体之下缘与下部椎体相重叠，呈新月形密度增厚，第 5 腰椎横突与椎体前缘相重叠。严重脊椎滑脱症之正位象将显示移位椎体下缘的投影重叠于下方邻近椎体上，同时，移位脊椎之棘突指向后上方。②侧位，为两侧椎弓峡部缺损，可在椎弓根的后下方，上下关节突之间，见一斜行骨质密度减低影，其后部高于前部，常伴该椎体向前滑脱移位，而棘突与其下部脊椎仍保持原位不动，故脊椎的前后径（椎体前缘至棘突后缘的距离）增加。缺损裂隙的宽度与滑脱的轻重有关，多数滑脱在 1/3 至 1/2，在侧位片上可测定椎体滑脱的程度。如缺损为单侧则不容易见到。在侧位像上将骶椎上面分为四等份，以此来衡量第 5 腰椎向前滑动的程度，即 Meyerding 氏测量法。第 5 腰椎椎体向前滑动超过骶椎上面的 1/4 者为 I 度，超过 1/2 者为Ⅱ度，超过 3/4 者为 III 度(如图 2-13 所示脊椎滑脱程度测量)。为了确定病变程度，可投照屈曲及伸展侧位像更有助于诊断。此外，还可在侧位像上，依 Gar1and 氏法衡量第 5 腰椎与第 1 骶椎相互位置关系，来确定有无脊椎滑脱。由第 1 腰椎前缘向骶椎平面做一垂线。脊椎滑脱前期或正常者，则第 5 腰椎椎体前下缘应在垂线之后方 1～8mm。当有脊椎滑脱症时，则第 5 腰椎前下缘位于垂线之前或接触垂线。

③斜位片，脊椎左右 45°斜位像为显示椎弓峡部之最好位置，正常椎弓附件形如猎狗，狗嘴表示同侧横突，狗眼表示椎弓根，狗耳为上关节突，狗前腿为下关节突，狗颈为椎弓峡部，狗体为椎板。如峡部不连，则于狗颈部可见一带状密度减低影，此即椎弓峡部骨不连，如有滑脱，则上关节突及横突随椎体前移，如砍下之狗头颈。

（2）假性脊椎滑脱较常见，无椎弓峡部骨不连，多由于脊椎小关节、椎间盘退行性改变，或其他原因所引起的椎体轻度向前或后移位，多数滑脱在 1/3 至 1/4，滑脱之椎体与棘突同时移位，脊椎前后径不变。相邻椎间盘多有退行性变使椎间隙变窄。脊椎继发性改变，如骨刺形成，椎间隙变窄，椎体皮质下骨硬化等。也有些病人合并腰骶椎的其他先天异常（如图 2-13 所示）。

2．CT 表现：CT 对显示峡部裂更清楚。

侧位片-峡部裂

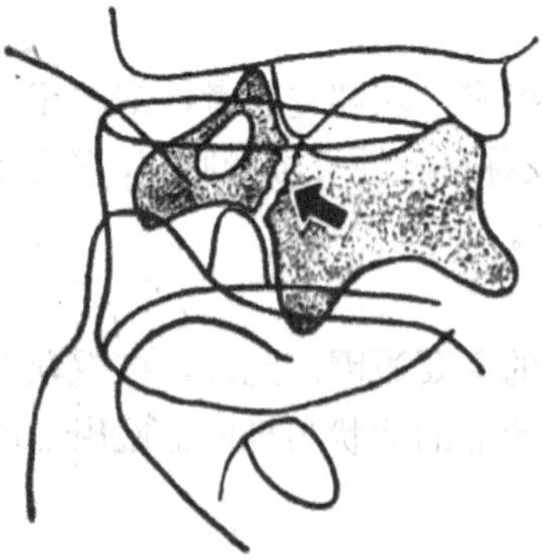

斜位片-狗颈裂隙征

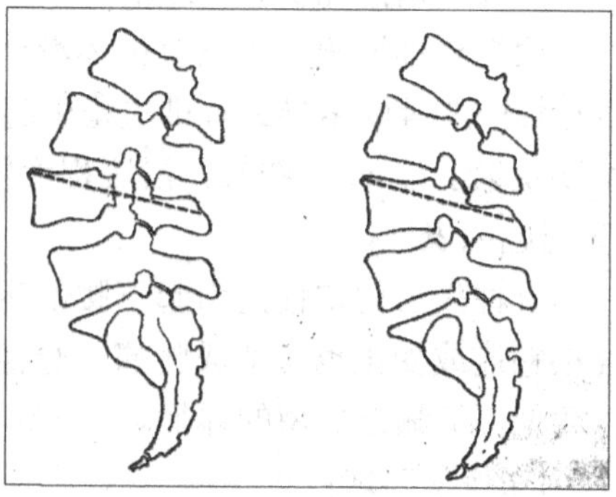

真假滑脱鉴别

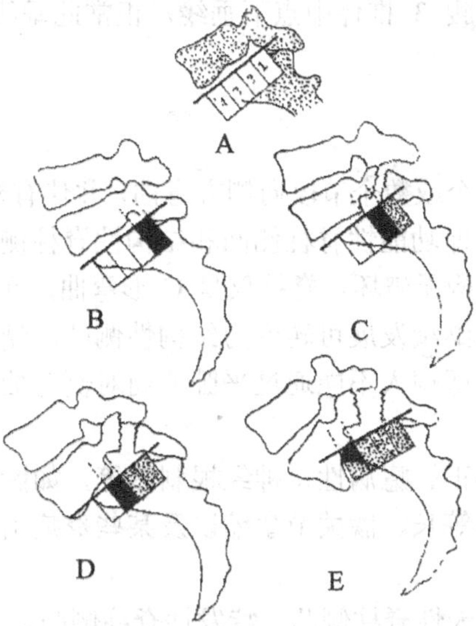

脊椎滑脱程度测量（A.正常 B.一度 C.二度 D.三度 E.四度）

图 2-13 脊椎滑脱

五、水平骶椎

水平骶椎系先天性畸形，显示为腰骶部序列异常。骶椎的上关节面不是水平的，向前下方倾斜，致使第 5 腰椎在骶骨上有向前滑动的剪力，倾斜角度越大则其剪力越大。当骶椎上关节面倾斜角度超过 45°时，骶骨的长轴从侧方看接近水平位，故称为水平骶椎。第 5 腰椎向前滑行的剪力过大，加之腰椎的前凸，腰椎负重力线前移，腰椎的稳定性减弱，使椎间盘、周围韧带及关节突关节受到损害，产生腰腿痛症状。同时，由于腰椎的前凸加大，后方的小关节互相嵌压加重，日久造成小关节的劳损。

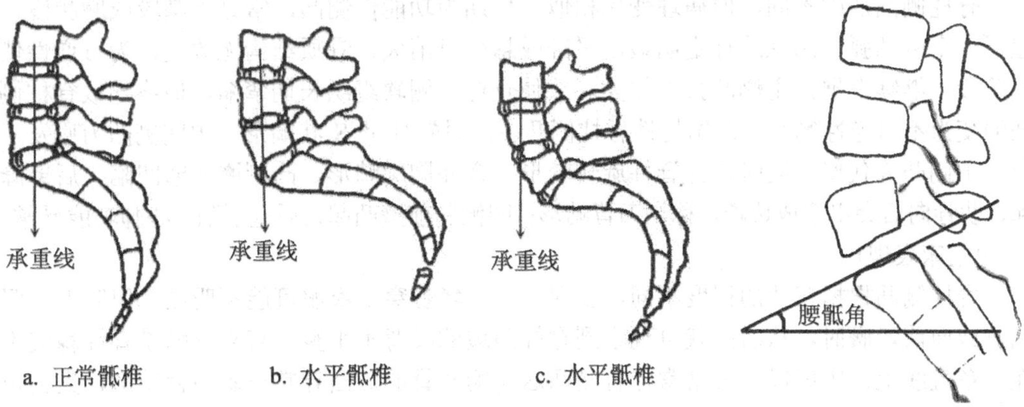

图 2-14 水平骶椎

在 X 线正位片上，骶骨投影变短。侧位片显示腰骶部极度前弯．骶椎上关节面向前，骶椎上部分几乎呈水平方向。测量病人在直立侧位片上腰骶角（第 1 骶椎上缘平面和水平线所形成的夹角），正常时应在 30°～45°。水平骶椎时，此角度增大。腰椎承重线前移。

不落在骶椎上（承重线是指腰 3 椎体中点下垂线，正常此垂线落在骶椎上）（如图 2-14 所示）。

六、脊柱侧凸

脊柱侧凸是指脊柱的一个或数个节段向侧方弯曲，并伴有椎体旋转的三维脊柱畸形。脊柱侧凸大致分为两大类，即功能性脊柱侧凸和结构性脊柱侧凸。功能性脊柱侧凸是非结构性的脊柱侧凸，脊柱结构无破坏，脊柱仅呈 C 形弯曲，在向对侧弯曲或牵引时侧凸可以被矫正。但功能性侧凸继续发展可转变为结构性侧凸。结构性脊柱侧凸是指伴有旋转的结构固定的侧方弯曲，即病人不能通过平卧或向对侧弯曲自行矫正的侧凸，或虽矫正但无法维持。

功能性侧凸包括姿势不正、癔病性、神经根刺激等，如髓核突出或肿瘤刺激神经根引起的侧凸。还有双下肢不等长、髋关节挛缩以及某些炎症引起的侧凸。病因治疗后，脊柱侧凸即能消除。

结构性侧凸主要包括先天性脊柱侧凸、特发性脊柱侧凸。

（一）先天性脊柱侧弯畸形

先天性半椎体、楔状椎体、椎弓及附件的发育不全、阻滞椎均可引起脊柱侧凸。此种畸形多发生在胸腰或腰骶部，一般在 6～7 岁时就可显出畸形。这种畸形以脊椎一个大的侧弯及脊椎扭转，和其上或下有一到两个代偿性相反方向的小侧弯为其特征。

（二）特发性脊柱侧凸

生长发育期间原因不清楚的脊柱侧凸称为特发性脊柱侧凸，约占脊柱侧凸的 70%。根据发生年龄的不同，一般将特发性脊柱侧凸分为三种类型：幼儿型（0～3 岁）；少年型（4～9 岁）；青春型（10～16 岁）。

[病理改变]

脊柱侧凸病因不同，但病理变化相似。早期为功能性侧凸，常见于胸段或胸腰段，显示一个侧凸弧，站立或行走明显，平卧或悬吊时消失，骨质结构无改变，为可逆性侧凸阶段。继续发展，主侧凸弧度加大，致使脊柱一侧软组织长期挛缩，最终导致脊柱侧凸演变为不可逆性侧凸，即结构性脊柱侧凸。此时脊柱呈 S 状畸形，中间侧凸为原发，上、下侧凸为代偿。同时合并脊柱旋转畸形，合并胸廓畸形，凸侧胸前壁凹陷，后壁隆起，肋骨向后突出形成边嵴，称剃刀背畸形；凹侧胸前壁凸起，后壁下陷，心肺功能异常。

[临床表现]

脊柱侧凸根据弯曲的程度不同，表现不一：轻者穿上衣服可能不明显，但脱下衣服站立或向前弯腰时，从后面就可观察到脊柱两边的腰背不平整。直立位触摸脊柱棘突不在一条直线上。中度以上者常常伴有侧凸这一侧肋骨的后凸异常—剃刀背畸形，失去正常人的体态。

[X 线检查]

X 线检查能了解侧凸的病因、类型、位置、大小、范围和可屈性等，以确立诊断；观察畸形进展；寻找并发的畸形；制定治疗计划或做疗效评价。

1．投照要求

直立正位、侧位脊柱全长片；仰卧左右侧屈正位片，以了解脊柱每个弯度的可屈性。

2．脊柱侧凸的 X 线片测量

（1）确定主弧度和继发弧度，确定各弧度的方向、部位和范围。在前后位照片上，脊椎显一个大的侧弯和其上或下方有一或两个相反方向的小侧弯，故脊椎正位象形如“S”状。弧度最大、旋转最严重又有结构改变的侧凸为主弧度，其上下较小、方向相反的侧凸为继发代偿弧度。若两弧度相同而方向相反则称为双主弧度。

（2）侧凸角度测量

①Cobb 法　在正位 X 线相，先确定侧凸的上终椎及下终椎，在主弯上端其上、下终板线向凹侧倾斜度最大者为上终椎，主弯下端者为下终椎。在上终椎椎体上缘及下终椎椎体下缘各画一平线，对此两横线各作一垂直线，这两条垂线的交角即为 Cobb 角，用量角器可测出其具体度数。Cobb 氏法适于测量侧弯角度大于 50°者。

②Ferguson 法　在正位 X 线片，从上终椎的中心点向顶椎中心点引线，再从下终椎中心点向顶椎中心点引线，两线相交的补角即为 Ferguson 角。Ferguson 氏法适于测量侧弯角度小于 50°者。

两种方法以 Cobb 法常用，为国际统一标准。但对同一患者的同一侧凸应用同一终椎划线测量，否则条件不一，难于比较。以 Cobb 法判断，一般来说，40°以下为轻度侧弯，40°～70°为中度侧弯，70°以上为重度侧凸。

（3）脊椎旋转测量

在结构性脊柱侧凸，常伴有脊椎的旋转，测定旋转的方法如下：

①以棘突为标记点　即在正位 X 线片，棘突位于椎体的中央为正常，如将椎体中线至椎体侧方边缘分为三等份，脊椎旋转则棘突向凹侧偏移，偏移 1 等份为Ⅰ°偏移，偏移 2 等份为Ⅱ°，偏移 3 等份为Ⅲ°，超过椎体边缘为Ⅳ°。如将顶椎棘突偏离椎体中线的多少换算成度数，即棘突偏离中线若为半个椎体的 1/3，其旋转度数为 15°，2/3 为 30°，棘突投影在椎体边缘为 45°。

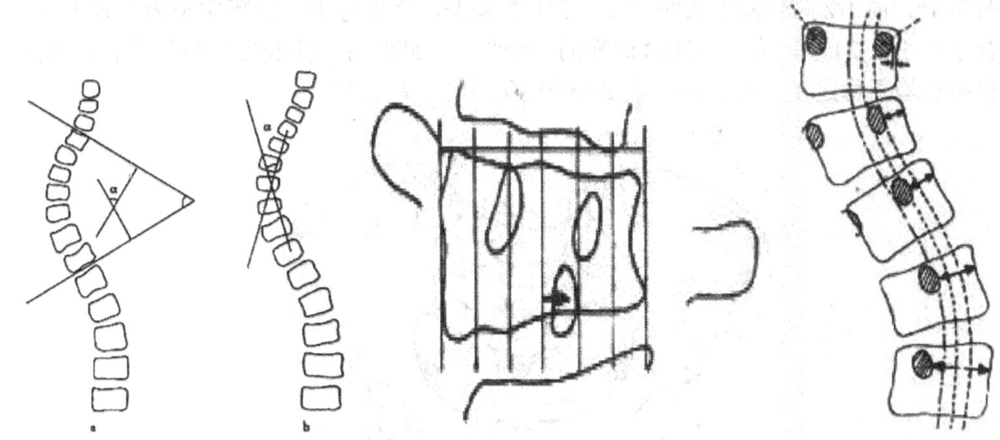

a.Cobb 法、b.Risser 法，侧凸角测量　　棘突法　　椎弓根法

旋转度测量

图 2-15　脊柱侧凸测量

②以椎弓根为标记点（Moe 法）在正位 X 线片上，观察双侧椎弓根的位置，同样将半侧椎体分成三等份。正常椎弓根两侧对称，位于外 1/3。若椎体旋转，椎弓根位于中 1/3 为Ⅰ°旋转，位于内 1/3 为Ⅱ°旋转，椎弓根位于中线为Ⅲ°旋转，椎弓根旋转超过中线至另一侧为Ⅳ° 旋转。测量估计：椎体实际旋转角度Ⅰ°为 10.42°±2.14°，Ⅱ°为 24.03°±3.91°，Ⅲ°为 32.94°±4.51°，Ⅳ°为 50°以上（如图 2-15 所示）。

（3）椎体楔形改变的测量

脊柱侧凸患者随着侧弯的加重，而产生椎体两侧高度不等，即楔形改变，椎体凹侧的高度减少。如将正常正位 X 线片的椎体高度分为 4°，如椎体一侧高度减少 0～1/6 为Ⅰ°，1/6～1/3 为Ⅱ°，1/3～1/2 为Ⅲ°，超过 1/2 为Ⅳ°。

3．脊柱侧凸的评估

（1）侧凸原因判断

先天性脊柱侧凸是由椎体发育异常引起，椎体缺失、半椎体或椎体间联合可以引起不对称生长，从而引起继发性脊柱侧凸畸形，在 X 线片上除有脊柱侧凸表现外，还可见到椎体发育畸形的表现。病程较久者，于椎体的边缘或椎弓关节可出现增生性变化。

（2）可屈性判断

可屈性在治疗选择中占重要位置，因此，对比直立位、侧屈位 X 线片脊柱侧凸角度的变化，了解其可屈性、脊椎柔软程度。如侧凸小于 50°，可屈性大于 50%，可屈性、脊椎柔软较好，一般支具治疗效果良好；如侧凸在 50°～75°，可屈性在 25%～50%，可屈性、脊椎柔软较差，支具治疗可能有益；而对侧凸大于 75°，可屈性小于 25%者，可屈性、脊椎柔软差，支具治疗几乎无效。

（3）骨成熟度评估

脊柱侧凸的治疗，患者年龄是重要参考因素之一。了解骨年龄以评估骨骼是否继续生长。女孩生长发育成熟期为 16 岁左右，男孩比女孩晚 1～1.5 年。因此拍患者左手及腕的正位 X 线片，以了解其骨年龄。目前常用的是 Risser 方法，即拍髂骨嵴骨骺片，了解其骨骺成熟情况，把髂前上棘到骶后上棘的总长度分为 4 段。由前向后数，前 1/4 有骨骺出现时为 1°，前 1/2 有骨骺生长时为 2°，3/4 者为 3°，全长为 4°，骨骺完全闭合者为 5°。其闭合年龄约在 24 岁，为全身闭合最晚的一个骨骺。此时骨骼生长发育已经停止，侧凸畸形也相对趋于稳定（如图 2-16，表 2-1 所示）。

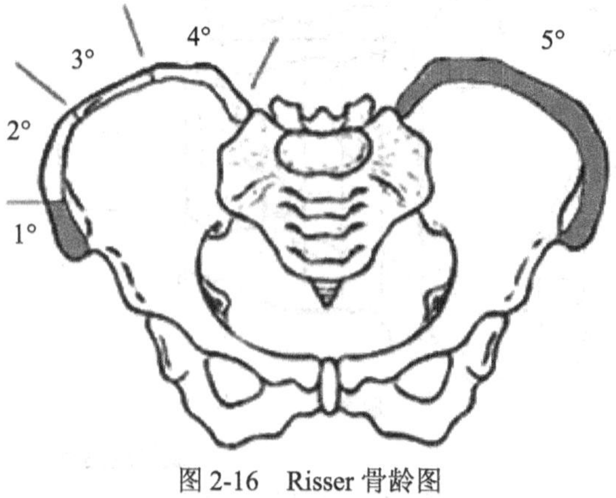

图 2-16　Risser 骨龄图

表 2-1 Risser 骨龄表

女孩		男孩	
Risser	年龄	Risser	年龄
1°	13.8	1	15.2
2°	14.3	2	15.2
3°	14.7	3	16.3
4°	16.0	4	16.3
5°	16.1	5	18.0

（李渝苏）

第三章　骨关节损伤

第一节　骨 折 概 述

骨与软骨结构连续性或完整性的中断称骨折。

一、骨折的分类

（一）根据骨折的原因分

1．外伤性骨折：（1）直接暴力，由外力直接作用，如摔伤、撞击、砸压、火器伤等所造成的骨折，多发生在暴力接触的部位，一般损伤较重。（2）间接暴力，外力作用于肢体某处，而骨折却发生于距离较远的部位，如柯氏骨折、肱骨髁上骨折、脊椎压缩性骨折等。（3）撕脱性骨折，由于肌肉强力收缩牵拉，使肌肉附着处的骨质发生撕脱，如肱骨内、外上髁、尺骨鹰嘴、髌骨骨折等。

2．疲劳性骨折：疲劳性骨折又称应力性骨折，为持续的积累性损伤引起的慢性骨折。如长期负重、跳跃、行军等可造成疲劳性骨折。

3．病理性骨折：即在原有骨病基础上发生的骨折，主要是骨内病变破坏了骨的正常结构，即使轻微外伤也可发生骨折。

（二）根据骨折处皮肤粘膜的完整性分

1．闭合性骨折，骨折处的皮肤或黏膜完整，骨折端不与外界相通者。

2．开放性骨折，骨折处的皮肤或黏膜破裂，骨折端与外界相通者。

（三）根据骨折的程度分

1．不完全骨折，骨骼的连续性未完全中断，仅一部分断裂，而另一部分仍完整，骨折断端无明显移位及变形，如青枝、裂纹、凹陷及压缩性骨折等。

2．完全骨折，骨结构的连续性完全中断，即骨折线贯穿整个骨骼，包括横断、斜行、螺旋、粉碎、成角、多发、撕脱、分离、重叠、嵌插性骨折等。

（四）根据骨折手法复位外固定后骨折的稳定程度分

1．稳定性骨折，复位后不易再发生移位的骨折，包括不全骨折、一般骨干的横断骨折、嵌插及压缩骨折等。

2．不稳定性骨折，复位后容易再发生移位的骨折，包括骨干的斜形、螺旋、多发及粉碎性骨折等。

（五）根据骨折后的时间分

1. 新鲜骨折，指骨折后两周以内。

2. 陈旧性骨折，指骨折后两周以上。

二、骨折的临床表现

损伤性骨折均有明显外伤史，疲劳性骨折及病理性骨折外伤史多不明显，但都有导致骨折的原因，如过度劳累及轻微外伤或骨骼有病变。

外伤性骨折主要症状有局部疼痛、肿胀、瘀斑以及肢体缩短、局部变形和功能障碍等。体检时，局部肿胀、瘀斑、压痛、叩击痛、异常活动及骨擦音等，严重创伤常合并广泛的软组织撕裂伤、内脏损伤或外伤性休克。

三、骨损伤影像学检查的选择

1. 影像学检查的目的：（1）明确有无骨折，判断骨折的类型；（2）了解骨折错位的情况；（3）需要时可在透视监视下行复位治疗；（4）骨折复位固定后摄片，了解复位情况；（5）定期摄片复查了解骨折愈合情况和有无并发症。

2. 骨折影像学检查的选择：X 线平片检查仍为最简便有效的检查方法，一般骨关节损伤先进行 X 线平片检查，四肢骨折绝大多数都能确诊或排除骨折，但 X 线平片不能直接显示软组织改变，前后解剖结构的重叠也难以避免。CT 克服了组织重叠的不足，对脊柱、胸部、骨盆、头颅及关节等结构复杂部位的骨折诊断，X 线检查不能明确诊断者，应行 CT 检查，头颅和临床检查较严重的脊柱损伤可直接进行 CT 检查。而软组织损伤则需行 MRI 检查。

四、骨折的 X 线诊断

（一）骨折的基本 X 线表现

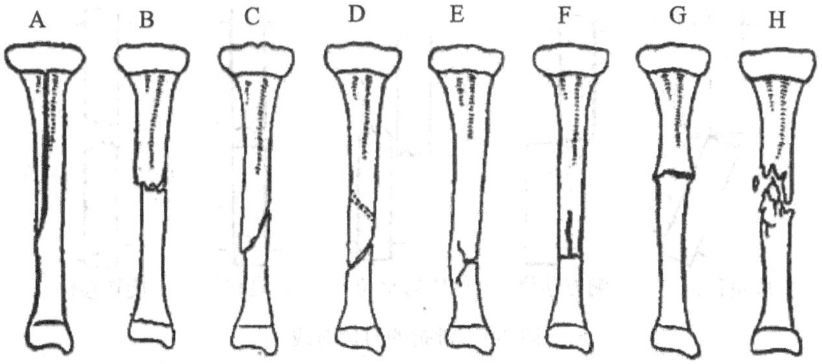

图 3-1 骨折线形状

1. 骨折线—骨折是骨骼发生骨皮质、骨小梁的断裂所致，X 线片上表现为不规则的透明裂隙影。它的边缘清楚锐利，宽窄不一致，断端的拐角处常呈尖刺状。骨折线的形状有横形、斜形、螺旋形、纵形、T 形、Y 形、粉碎形等。细微骨折有时仅见骨皮质轻度皱褶，骨松质中骨小梁中断、扭曲，需仔细观察。有的骨折线需要在多种位置的摄片上仔细观察方可确认，或在外伤后 1～2 周复查才能显示。当中心 X 线通过骨折断面时，则骨折线显示清楚，否则可显示不清，甚至难于发现（如图 3-1 所示）。

2．嵌插性或压缩性骨折：X 线片上并不显示透明的骨折线，反而表现为骨骼断裂处密度增加的条带状影，前者系因相互嵌入的骨断端重叠所致，由于嵌入而引起骨骼的缩短与变形，但断端移位多不明显；后者系因骨骼压缩塌陷、体积缩小、密度增高；两者都有骨皮质与骨小梁连续性消失，断裂相错。嵌插性骨折以股骨颈部发生较多，一般不难诊断。压缩性骨折常见椎体压缩呈前窄后宽的楔状变形，骨折线常不明显；跟骨骨折也可发生压缩现象。

3．青枝骨折：儿童骨骼柔韧性较大，外力不易使骨质完全断裂，在 X 线片上仅表现为局部骨皮质和骨小梁的扭曲，而不见骨折线或只引起一侧骨皮质发生皱折、凹陷或隆突。

4．骨变形：严重骨折时骨骼常弯曲、压缩、塌陷等变形。骨断裂后，常因断骨的上下、侧方的移位，发生断骨的短缩、屈曲和成角等畸形。

5．碎骨片：X 线表现为主骨附近边缘锐利的游离骨片。多为肌腱、韧带牵拉而使其附着处一小骨块断离。常见于肱骨内上髁或外上髁、踝关节的内踝及外踝撕脱性骨折。

6．软组织肿胀：骨折时局部软组织也损伤，引起出血、水肿、渗出，X 线表现为软组织影肿大、层次模糊。

（二）骨折的移位、成角情况

完全性骨折常有骨折断端的移位、成角。引起骨折移位、成角的原因有：暴力的作用、肢体远端的重力牵引、肌肉的牵拉力量、搬运和治疗过程中的不当等。

1．骨折端移位的种类有：横向移位、纵向移位、旋转移位及成角。横向移位是指断面向侧方移位的程度；纵向移位是指骨折上下断端相错重叠或分离，重叠时必然有内外或前后移位；旋转移位是指骨折断端围绕该骨纵轴向内或向外旋转。骨折端成角，即两断端纵轴形成大小不等的交角（如图 3-2 所示）。

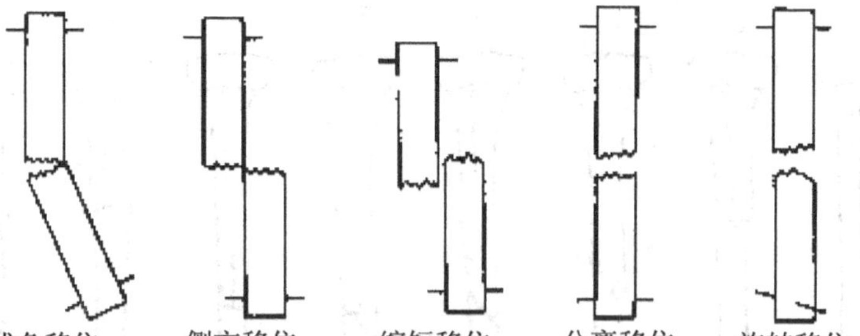

图 3-2　骨折的对位对线

2．判断标准：X 线摄影需包括正、侧位，而观察旋转移位，则需包括上下两个关节。确定移位常以近侧骨断端为准，借以判断远侧骨断端移位的方向及程度。

（1）侧方移位指远断端向前、后、内、外的横向移位，移位程度可以是 1/3、2/3、1/4 或完全移位，一般认为两断端侧方移位需少于 2/3，即对合需达到 1/3 以上。

（2）纵向移位指远断端向上移位即重叠，向下移位即分离。重叠移位即短缩，在儿童两断端允许在1～2cm；断端分离要求越短越好，否则影响愈合。

（3）旋转移位指远断端轴线绕近断端轴线的内旋或外旋。旋转移位应完全纠正，不能超过5°，因生长过程中旋转畸形很少能得到纠正。

（4）成角移位指两断端轴线相交成角。一般认为成角度数应在生理重力负荷线之内为优，在对线方面年龄越大所允许存在的成角应越小。

3．对位、对线：对位系指两断端接触面的多少，例如4/5对位，90%对位等；对线系指两断端的轴线所形成的角度。骨折断端的移位、成角明显，不能达到功能要求，称为对位不良、对线不良。骨折的对位及对线情况与预后关系密切，故应注意观察、矫正。

4．骨折复位标准

（1）解剖复位：骨折断端间100%的对位、对线。

（2）功能复位：骨折复位虽尽了最大努力，某种移位仍未完全纠正，但骨折在此位置愈合后，对肢体功能无明显妨碍者，称为功能复位。功能复位的标准：①旋转和分离移位：必须完全矫正。②重叠：下肢成人＜1cm，儿童＜2cm。③成角：下肢允许轻微的前后方向成角（成人＜10°，小儿＜15°），但侧方成角必须纠正。④侧方移位：长骨干骨折对位应达1/3以上，干骺端骨折对位至少达3/4。

（三）骨折愈合过程的X线表现

1．骨折后的修复过程

骨折愈合是一个连续的过程，其基本过程是先形成肉芽组织，再由成骨细胞产生新骨，依靠骨痂使骨折断端连接并固定。

（1）血肿机化期。骨折后，断端之间、骨髓腔内和骨膜下形成血肿。2～3天后，血肿周围有由新的毛细血管和成骨细胞组成的成骨性肉芽组织开始长入血肿内，使血肿机化，形成纤维性骨痂，但连接薄弱不能负重。此期一般1～2周，X线片可见骨折线较清晰、边缘锐利，周围软组织肿胀。

（2）骨痂形成期。骨折断端皮质外的骨膜中成骨细胞增殖成骨，形成骨痂；机化的血块被纤维组织代替，再沉积胶原纤维和钙盐，逐渐产生骨样组织和新骨，形成骨痂；骨髓腔内面、松质骨中的骨内膜也有成骨活动产生形成骨痂。随着骨痂范围增大，包绕于骨折断端之间和骨髓腔内，骨样骨痂逐渐钙化成为较坚实的骨性骨痂，使骨折断端连接、融合形成骨桥，骨折线模糊，达到临床愈合，此期一般为2～12周。

（3）骨痂塑形改造期。新生的骨痂被板层骨所替代，使骨折部位形成坚强的骨性连接，随着肢体活动和负重，上述过程继续进行，使多余的骨痂被吸收而清除，髓腔重新沟通，骨折恢复正常骨结构。塑形过程需要持续至伤后数年（儿童1～2年，成人2～4年）。

骨折愈合的速度同患者年龄、骨折类型与部位、营养状况和治疗方法有关。一般儿童肌肉丰富区骨折、嵌入性骨折愈合快，而老年关节内骨折、骨折断端移位严重、营养状态差或并发感染，则愈合慢，需时较长，甚至愈合不良。

2．骨折的愈合判断标准

（1）局部无压痛，无纵向叩击痛。

（2）局部无异常活动。

（3）X 线片显示骨折线模糊，在正、侧位片上至少有 3 个面有连续的骨痂通过骨折线。

（4）功能测定：外固定解除后伤肢能满足下列要求：上肢能向前平举 1kg，达 1 分钟，下肢徒手连续步行 3 分钟，并不少于 30 步。

3．骨折愈合不良

骨折愈合不良分骨折延迟愈合、不愈合及畸形愈合。复位不良、固定不佳、局部血供不足、全身营养代谢障碍、肌肉嵌入断端间和并发感染等都可以引起延迟愈合或不愈合。

（1）延迟愈合。指骨折超过 3 个月，在 X 线上显示骨愈合指征低于正常的同类骨折者。X 线表现是骨断端骨质疏松，骨痂出现延迟、稀少、不出现、无骨桥，骨折线增宽，但断端无硬化。

（2）不愈合。又称骨不连，是指骨折后 6～9 个月仍未愈合，并且连续观察 3 个月骨折没有愈合迹象，即每次拍片骨折的缝隙和骨痂生长都与前次相同。

不愈合的 X 线检查，除常规正侧位还应该加拍摄两个 45°斜位，90%以上可以诊断。其 X 表现是断端为骨折断端吸收萎缩，局部硬化、致密光整，骨髓腔封闭，断端间隙明显增宽，有时可形成假关节。另外，可能有局部骨质疏松。感染性骨不愈合可呈现骨髓炎的 X 线征象。曾作内固定者固定物可能松动或发生断裂，畸形再发。对成人的长骨干骨折，至少在损伤后 6 个月才能作出不愈合的诊断。

常见的骨折不愈合种类有：①肥大型，以骨折端加宽、过量骨痂形成特征，骨端血运丰富，但固定不良。②萎缩型则指没有或仅有很少的骨膜反应，骨端硬化或吸收、没有外骨痂形成，骨折端血运差。通常萎缩性不愈合比肥大性不愈合更难处理。

（3）畸形愈合。指骨折在异常解剖位置的愈合。治疗不当、骨和软组织严重损伤、生长期儿童骨骺损伤造成伤肢生长过度、不足或畸形生长等都可导致骨折畸形愈合。骨折畸形愈合可伴有肢体缩短或延长、成角、旋转畸形和功能障碍。邻近和远离骨折处的关节均可能受影响，如前臂骨折后旋前旋后受限，两下肢不等长后继发骨盆倾斜、脊柱侧凸等。

在 X 线平片上可以观察到骨折处常遗有成角、旋转、重叠、延长等畸形。

（四）骨折的 X 线征象分析

1．新旧骨折的 X 线判断

新鲜骨折：骨折线清晰锐利；无或少量骨痂；骨密度无改变；软组织多肿胀。

陈旧骨折：骨折线不清晰锐利；有骨痂生长；骨密度可降低；可见软组织萎缩。

2．骨痂的 X 线分析

骨痂分外骨痂和内骨痂两种。

（1）外骨痂由骨膜性骨痂和血肿机化成骨的骨痂组成，分别位于断端骨皮质外、断端间及周围，外骨痂不断增多并跨越断端形成骨痂桥，提示断骨已开始骨性连接，有一定负重能力。在 X 片正、侧位四个面上，有一侧或两侧有骨痂桥形成，且骨痂量近中量，肢体即可开始在保护下进行负重活动。这是骨折愈合的关键。在 X 片上四个面都有骨痂桥形成，且骨痂量近中量，即达到骨性愈合。管状骨骨干骨折的愈合主要依靠外骨痂的形成。

（2）内骨痂是指骨内膜骨化形成的骨痂，位于断端骨皮质内面、松质骨骨小梁中，出现较晚、数量较少，在X线上观察不明显，若见骨折线间断、模糊，局部密度增高，折线处有骨纹贯通，即为愈合征象。管状骨骨端、扁骨、不规则骨骨折的愈合主要依靠内骨痂的形成。

3．骨折内固定术后的观察

骨折内固定种类繁多，良好的内固定应使断端紧密对合、钢板与骨面贴紧、钢钉紧实。髓内钉应充满髓腔，与骨的应力方向一致。椎体压缩性骨折行椎体成形术注射骨水泥填充时，不应超出椎体范围或注入椎管。关节置换术后，人工假体在关节内对位好。

内固定术后在X线片观察时除对骨折的对位、对线及愈合情况进行了解外，还应注意：内固定物或植入物的位置是否正确；稳定性及牢固程度，有无松动；内固定物有无变形、断裂，骨折折端是否再次移位；内固定物周围的骨质有无吸收等。

骨折内固定术后早期常见并发症是局部感染，亦是折端延迟愈合、不愈合最常见原因，其X线表现为：软组织肿胀、肌间隙模糊、软组织中有时可见小气泡影，局部骨质疏松、皮质骨破坏，常见少量骨膜反应。有时需行MRI检查帮助判断。

骨折内固定术后晚期并发症有：螺钉松动、脱出或断裂；突出螺钉刺激软组织；螺钉应力阻挡，骨折再次移位；折端延迟愈合、畸形愈合、不愈合等。

X线平片对观察折端及内固定物整体情况好；CT检查对评价骨质结构的细微变化、骨折愈合情况以及准确精细判断骨折折端有无延迟愈合、不愈合很有帮助。

（五）骨折的X线影像鉴别

常易误认为骨折的正常现象如下：

1．骨滋养动脉管影：骨干骨折线应同骨滋养动脉管影区别，骨滋养动脉管为斜穿一侧骨皮质的细条状透明影，位置固定、边缘光滑；颅骨、髂骨的血管沟等易误认骨折。

2．骨骺线：干骺端的骨折则需同骨骺线区别，骨骺线的出现及闭合有一定的年龄，部位恒定，且边缘较光滑。

3．子骨、副骨、永存骨骺：小骨碎片需与子骨、副骨、永存骨骺相区别，常见的子骨、副骨多见于手足部，其皮质完整、边缘光滑，永存骨骺多见于椎体前缘，其边缘光整。

4．颅骨的颅缝呈锯齿状，走形规律、且位置固定不可误为骨折。

5．两骨边缘互相重叠影，如尺桡、胫腓、跖骨近端重叠部等，两骨重叠时形成斜行线状阴影，但此线状阴影超出骨的边缘。

6．肌肉或肠道阴影与骨骼重叠易误诊为骨折，如椎骨部。

7．增感纸上的污迹以及水印等也易造成类似骨折的假象。胶片划痕影不要误认为骨折。

另外，还有一些病理现象类似骨折线，可误认为骨折。如假性骨折，指因某种病变（佝偻病、副甲亢、软骨病）发生代谢不平衡，过多的骨样组织代替骨组织，在骨内形成透亮线，此种透亮线为假性骨折，罕见。

（六）骨折的并发症和后遗症

1．骨化性肌炎：外伤骨折时伴随肌腱、韧带损伤出血，骨膜撕裂剥离形成骨膜下出血，形成钙化或骨化。X线表现为多在骨旁软组织内形成不规则的片、条、团、壳状密度增高影，有时多发生在膝、踝、肘关节等处。

2．缺血性骨坏死：外伤骨折时伴随血管撕裂，使一侧断端骨块失去血液供应，可形成缺血性骨坏死。易发生在股骨头、腕舟骨、足舟骨等处。X 线表现为坏死的骨块密度增高，有碎裂现象。

3．骨畸形：骨折断端复位不佳或未复位可造成骨折各种畸形愈合。可有成角、旋转、短缩和延长等改变。重者影响外观与功能。

4．骨质疏松与骨萎缩：骨折后因固定引起废用性骨质疏松，X线表现为骨密度减低，皮质变薄，骨小梁数目减少，皮质下斑片状透光区。损伤后的急性骨萎缩称 sudeck 骨萎缩，其发生与反射性神经血管紊乱有关，常见于手足，X 线表现为严重的骨疏松，骨膜下皮质呈虫蚀状吸收，骨折远端萎缩。

5．骨关节感染：见于开放性骨折或闭合性骨折手术复位后。如转为慢性，则较难治愈。

6．关节强直：多因关节周围及关节内粘所致，X 线上关节间隙依然存在，但可见骨质疏松和软组织萎缩。

7．创伤性关节炎：关节内骨折或骨折畸形愈合，可引起关节活动异常，关节软骨损害，最终导致创伤性关节炎。X 线表现为关节间隙变窄，关节面增生硬化，关节边缘骨赘形成．周围韧带骨化等征象。

五、骨折的 CT 诊断

1．CT 检查在骨折诊断中的作用：能显示解剖结构复杂及重叠的部位，对 X 线平片检查起到了重要的补充作用，并能发现 X 线平片不能发现的隐匿骨折，对骨折碎片移位的观察优于平片；结合 CT 三维重建对了解骨折的整体形态更加全面。

2．骨折的 CT 表现：骨折线在 CT 图像中表现为线样低密度影。显示骨质中断，断端分离、移位等直接征象，以及周围软组织出血、水肿等间接征象。

六、骨折的 MRI 诊断

1．MRI 检查在骨折诊断中的作用：MRI 比 CT 更能敏感地发现隐匿骨折。虽然显示骨折线差，但显示断端及周围出血、水肿，软组织和脊髓的损伤，以及邻近组织和脏器情况好。

2．骨折的 MRI 表现：骨折线在 T1WI 图像中表现为线样低信号影，与骨髓是高信号形成明显的对比；在 T2WI 图像中为高信号影，代表水肿和肉芽组织。由于骨损伤的程度不同，骨断端间的出血、水肿及肉芽组织的形成与演变也不尽相同，在 MRI 图像上可以出现多种信号改变。

七、特殊类型的骨折

（一）骨骺损伤

骨骺损伤是指长骨两端的骨骺、干骺端和骺生长板的损伤。骨骺损伤多见于 16 岁以下的儿童和青少年，这种损伤占儿童长骨骨折 10%左右。关节的稳定性是靠肌肉、韧带、关节囊来维持的，骺板的强度比肌腱、韧带的强度差好几倍。所以儿童关节部位的损伤应考虑骨骺损伤的可能性。

1．分类

（1）骨骺分离—骨折线水平或短斜形通过骺生长板区最多见。儿童发生骨折，由于骨骺尚未与干骺端结合，外力可经过骺板达干骺端引起骨骺分离。

（2）骨骺骨折—贯通于骨骺、骺生长板、干骺端的纵形骨折，较少见，日后多发生不同程度的畸形。

（3）骨骺软骨板损伤—损伤发生在骨骺软骨板内，多为粉碎性、压缩性骨折。X 线多不能显示，但日后出现发育障碍畸形，少见而危害大。

2．骨骺损伤的预后

骨骺损伤可引起血管损伤血供不足，影响骨骺正常的生长发育或使骨骺早期愈合。骨骺损伤还可导致骺生长板软骨细胞生发层破坏，影响骨骺正常的生长发育或使骨骺早期愈合，骨骼不再能伸长，将出现不同程度的关节畸形、肢体短缩等。

[影像学表现]

骨骺损伤的检查方法包括 X 线平片、CT 和 MRI 检查。多数骨骺损伤 X 线平片可以显示（多方位投照），骨端为软骨构成时（如肘关节）采用 MRI 检查显示更好。评估Ⅲ、Ⅳ型骨折时，CT、MRI 可确定对线是否良好，有时需要随诊观察。由于 X 线对骺板软骨不显影，只能根据骺板损伤类型推断骨折，X 线片上只显示为骺线增宽，骺与干骺端对位异常，还可以是骺与干骺端一并撕脱。骨的长度增长是由骺板增殖的结果。若骺板损伤影响骨骼的生长发育，日后出现不同程度的畸形。

1．Salter-Harris 分型的X线表现（如图 3-3 所示）

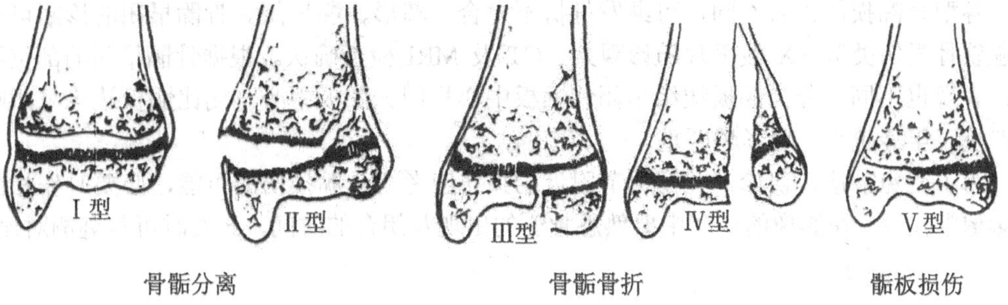

图 3-3 骨骺损伤的 Salter-Harris 分型

Ⅰ型：约占骨骺损伤的 5%，是骨骺分离的Ⅰ型。骨折线横行或水平方向穿过骺板软骨。预后良好。由于软骨骨折 X 线不能显示，无移位时诊断困难（新生儿骨骺尚未骨化，诊断更为困难，常于数日后出现骨膜反应才注意到），X 线表现为骺板间隙较对侧增宽，骺板成角变形。MRI 检查有助于诊断。

Ⅱ型：常见，占骨骺损伤的 75%，是骨骺分离的Ⅱ型。骨折线横行穿过大部分骺板，再斜向伸入干骺端，引起干骺端骨折，干骺端骨片大小不一。一般预后良好，膝及踝可致骺早闭。

Ⅲ型：少见，占骨骺损伤的 8%，是骨骺骨折的Ⅰ型。骨折线纵向穿过骨骺达骺板软骨，但不累及干骺端。整复良好预后佳，生长停止罕见。可无移位，X 线难查出，需进行 MRI 检查。如有移位，需解剖复位，否则关节面不平整，日后易发生骨关节病。

Ⅳ型：占骨骺损伤的 12%，是骨骺骨折的Ⅱ型。骨折线纵向自骨骺穿过骺板进入干骺端，最易造成骺早闭和成角畸形。常见于肘关节和远端胫骨。

Ⅴ型：罕见，占骨骺损伤的 1%以下。骺板全部或部分压缩，预后极差。早期诊断困难，X 线表现为骺板软骨变窄；晚期发生骺早闭，肢体短，锥状骨骺或成角畸形，需作 MRI 检查以确诊。

2．CT 表现

CT 可弥补 X 线平片的不足，显示有其他结构重叠的骨骺损伤及移位情况。

3．MRI 表现

儿童有骺软骨和骺板软骨，骺板软骨是儿童生长的部位。骺软骨板为骨的最薄弱区，是骨折好发部位。由于 MRI 有较高的软组织分辨率、对软骨显示较好，能清楚显示骨骺和骺软骨及周围的软组织结构，骺软骨和骺板软骨在 T1WI 图像上呈均匀中等偏低信号，梯度回波 T2WI 呈均匀高信号，脂肪抑制序列去除了脂肪信号的影响、图像比 T2WI 更为清楚。T2WI 图像上骺软骨与周围骨骺、干骺端相比呈均匀高信号，软骨骨折显示为不规则线状低信号改变，并可能与干骺端的骨折线相连。闭合的骺板呈带状低信号并一直持续至成人。骺早闭及骨桥形成的 MRI 中呈线状或不规则低信号带穿过呈高信号的骺软骨，有时骺早闭的骨桥由于其内部出现检查骨髓而在 T1WI 中呈高信号改变。对于单纯软骨创伤，选用 MRI 检查，可诊断一些 X 线正常的软骨创伤。一般成像层面应与骺板垂直，其多方位成像能多角度的显示复杂的解剖结构，能显示骺板早闭骨桥形成及软骨的缺血坏死。

各型骨骺损伤预后不同，可继发骨折不愈合、畸形、骺早闭。骨骺早闭的诊断可通过骺软骨损伤类型、X 线平片随诊观察、CT 及 MRI 检查确认。根据骨骺早闭的部位不同，表现也不同，分为骺板边缘早闭和骺板中心早闭。骺板中心早闭比骺板边缘早闭畸形严重。年龄越小，畸形越严重。

为了避免漏诊、误诊，儿童关节附近的损伤应考虑骨骺损伤的可能，必要时作相应的影像学检查。在影像的观察中要熟悉骨骺的出现及闭合的时间，必要时可与健侧对比。

（二）骨挫伤

骨挫伤指外力引起松质骨内骨髓损伤出血、水肿及微细的骨小梁断裂，平片检查常无异常改变，属于比较隐匿的骨损伤。易发生在关节附近的骨端，常见于膝关节损伤、踝关节损伤等。

普通的 X 线检查和 CT 很难显示骨挫伤，容易漏诊误诊。MRI 是检测骨髓水肿最敏感的影像方法，可以显示早期和轻微的骨髓水肿及骨挫伤的范围，对于骨挫伤的确诊有非常大的帮助。故临床怀疑有骨挫伤及关节其他软组织损伤，均应行 MRI 检查，避免误诊及漏诊。

骨挫伤在 MRI 上表现为 T1WI 信号减低区，T2WI 信号增高区，T2WI 信号增高反映自由水的出现（水肿、出血及炎症反应），由此可用于判定损伤是否为急性。在 ST1R 序列，正常骨髓脂肪信号被抑制，骨挫伤的信号改变更敏感。

（三）疲劳骨折

持续的较小应力反复作用，慢性积累造成骨的逐渐损伤，到临床诊断时骨痂已形成，称疲劳骨折或应力骨折。

疲劳骨折无明显的外伤史，多有长期、持续小负荷运动或劳动史，或与从事的职业有关，如长跑运动员、舞蹈演员、长途行军的士兵或长期重体力劳动者等。常有长途行军的士兵发生第二跖骨头骨折；持续的跑跳运动发生胫腓骨骨折；长期负重可发生第一肋骨、锁骨、跟骨、股骨颈、股骨髁上等的骨折；不当的行走或劳动发生第五跖骨基底部骨折。

疲劳骨折起病缓慢，患者最初仅感到局部疼痛，以后逐渐加重，影响正常的运动或劳动。体检，局部可触及硬块，推之不动，但压痛明显，表面软组织多有轻度肿胀。

[X 线表现]

1．仅显示骨折线，折线细、常断续不全，无移位。

2．骨膜反应及骨痂形成，局部骨皮质增厚、不光整。

3．骨质增生硬化，局部松质骨内密度增高，骨小梁可粗大。

4．上述征象的混合表现。

（四）病理性骨折

病理性骨折是指由于骨骼本身的疾患，如严重的骨质疏松、骨髓炎或骨肿瘤引起骨破坏等，使骨骼强度下降，变得脆弱，此时，遭受轻微外力（如日常生活上的动作）即可引起骨折。

在影像学检查时除骨折的影像征象以外，还可见到骨骼原有病变的影像表现。X 线平片能够发现多数骨病变引起的骨质破坏，而 CT 对骨质破坏的显示较 X 线平片敏感，MRI 显示骨髓及骨质破坏最敏感。良性病变引起的病理性骨折，经治疗可产生骨痂并达到骨折愈合，恶性骨肿瘤引起的骨破坏为进行性发展的，这种病理性骨折最终不能达到骨折愈合。

八、骨损伤的影像观察要点

骨损伤后通过影像观察，需要了解如下的情况：

1．有无骨折；骨折的部位、类型。

2．骨折对位、对线情况，这对复位治疗很重要。

3．骨折近关节者应观察骨折线有否伸入关节，附近关节有无脱位或半脱位观象。

4．确定骨折的性质，应区别的是外伤性骨折，还是先天性、病理性骨折。

5．骨折处有无异物或感染存在。

6．骨折的时间及愈合情况。

（李渝苏　汪文章）

第二节　关节脱位的影像诊断

一、概述

（一）关节脱位的定义

关节脱位指构成关节诸骨离开其正常解剖位置称脱位。

（二）关节脱位的分类

1. 依其程度可分为全脱位和半脱位。当关节各部分骨骼完全脱离其相对位置时称为全脱位；如其中一部分骨骼尚保持其原有位置时则称为不全脱位或半脱位。关节全脱位最常见于肩关节，半脱位则较多见于膝关节与踝关节。关节全脱位必发生关节囊撕裂，脱位之骨端则自其裂口向外脱出。半脱位者关节囊损伤较轻。

2. 从病因上可分为外伤性、先天性和病理性三种。

（1）外伤性关节脱位系暴力造成关节的脱位。多发生于活动范围较大、关节囊和周围韧带较松弛、结构薄弱的关节，如肘、肩等关节，而膝关节少见。外伤性关节脱位常伴有关节囊、韧带及周围肌腱的撕裂，有时还伴有骨折。本章主要介绍外伤性关节脱位。

（2）先天性关节脱位系指骨关节发育畸形，婴儿出生时或出生后一段时间内出现关节脱位。多见于髋关节，也可见于其他关节。

（3）病理性关节脱位系指关节病变造成的关节脱位，多见于化脓性关节炎或关节结核等，炎性病变广泛破坏了骨组织、关节囊、韧带和周围软组织而继发脱位。除关节脱位的征象外，还有关节破坏的表现。

二、临床表现

外伤性关节脱位在临床表现上患者均有外伤史，受伤关节疼痛，肿胀，固定于受伤姿势的畸形位置，关节功能障碍。

三、关节脱位的 X 线表现

X 线检查常规投照正、侧位片，必要时可投照特殊体位或与健侧对照观察。对一些不明显的半脱位及结构复杂部位的脱位，应行 CT 检查，以明确诊断。对关节内结构及软组织损伤的观察应选 MRI 检查。

1. X 线表现：对绝大多数外伤性脱位 X 线检查可明确脱位的部位、程度、方向及有无骨折合并症等。

（1）成年人大关节全脱位，X 线征象明确，不难诊断。其 X 线表现为组成关节的诸骨端丧失正常的解剖对位关系，完全分离。半脱位：表现为关节面部分分离，失去正常时相互平行的弧度或间隙，其关节间隙增大或变窄、重叠、消失，甚至宽窄不均。成年小关节脱位，特别是半脱位，X 线征象不明显者诊断较难，常需加照健侧进行比较，或进行 CT 检查。

（2）儿童骨骼处于生长发育时期，骨骺未完全骨化，外伤性关节脱位，特别是半脱位，X 线征象不明确，诊断较难，常需加照健侧进行比较，或进行 CT 检查才能确诊。

（3）阅片时不应忽略关节脱位时常合并骨折，如髋关节后脱位合并髋臼后缘骨折，肩关节前脱位合并肱骨大结节骨折等。关节脱位时，尤其是全脱位，关节囊、韧带等周围软组织损伤严重。若后期软组织修复不良，关节囊、韧带等结构松弛，易形成习惯性脱位。陈旧性脱位不能复位时，后遗关节畸形、关节受限，可合并关节周围组织异常骨化。

2．CT 表现：CT 显示关节轻微的脱位、关节内骨折及血肿等，较 X 线平片更好。

3．MRI 表现：MRI 对显示关节内结构及软组织损伤更好。

（李渝苏）

第三节　上肢常见骨折脱位的影像诊断

一、肩部损伤

（一）锁骨骨折

锁骨骨折是肩部的常见损伤，以儿童最为多见。摔倒时手掌着地，外力通过上肢传至锁骨，造成骨折，是锁骨骨折的主要原因。也可因直接外力，如从前方打击、撞击锁骨，或摔倒时肩部直接着地，均可造成锁骨骨折。

[影像学表现]

以 X 线检查为主。投照锁骨前后位和肩关节轴位片。锁骨前后位投照时，X 线球管向头侧倾斜 15°，有助于发现骨折线。怀疑锁骨肩锁关节内骨折时需进行 CT 检查。

1．锁骨骨折根据骨折部位分为远端骨折、中 1/3 骨折、近端骨折。

（1）锁骨中段骨折最多见。多为横断或斜行骨折，内侧断端因受胸锁乳突肌的牵拉常向后、上移位，外侧端受上肢的重力作用向内、下移位，形成凸面向上的成角、错位缩短畸形，有时断端间可见一直立的骨片。儿童还可发生青枝骨折，常表现为单纯性的锁骨轻度向上成角。少数情况可见锁骨粉碎性骨折（如图 3-4 所示）。

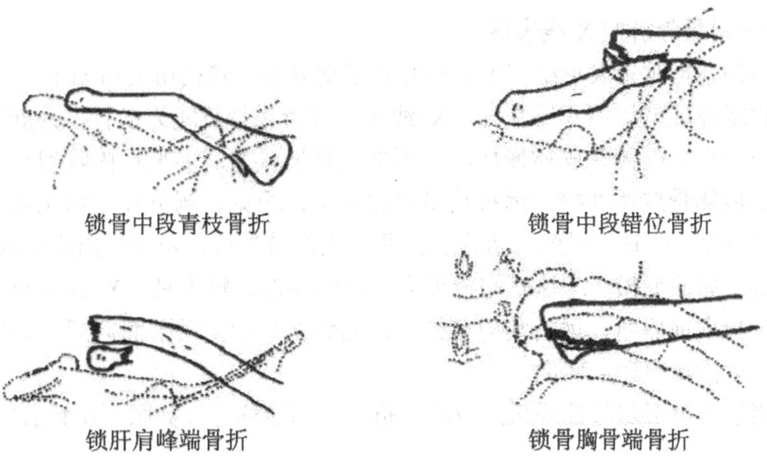

锁骨中段青枝骨折　　锁骨中段错位骨折

锁肝肩峰端骨折　　锁骨胸骨端骨折

图 3-4　锁骨骨折

（2）锁骨远端骨折常采用 Neer 分类

I型：喙锁韧带没有断裂，没有发生移位的稳定骨折。

II型：喙锁韧带断裂，近端骨片向上移位。

III型：喙锁韧带没有断裂，肩锁关节内骨折。

（二）肱骨近端骨折

肱骨近端包括肱骨头、解剖颈、外科颈、大小结节。肱骨近端骨折为肩部常见损伤，好发于壮年和老年人。损伤多为间接外力所致，常为跌倒时肘部着地或肘伸直位时手掌撑地，外力传导至肱骨近端而致伤，也可直接暴力碰撞肩部引起，常合并肩关节脱位。

[影像学表现]

以 X 线检查为主，投照肩关节正位和轴位或肩胛骨 Y 摄片，基本可以判定骨折及移位情况、有无脱位等，骨片移位判定困难或合并肩关节脱位者应作 CT 检查。

1．肱骨近端骨折包括肱骨解剖颈骨折、外科颈骨折、大结节骨折及小结节骨折。其中以肱骨外科颈及大结节骨折最多见。肱骨近端骨折可以单独发生，也可合并发生（如图 3-5 所示）。

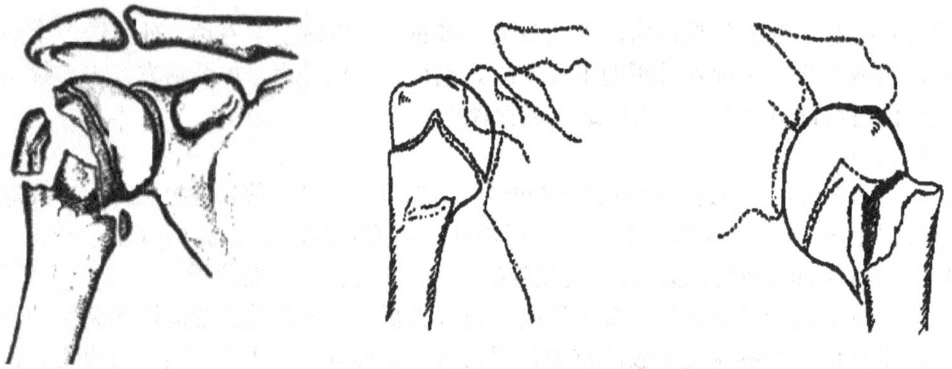

肱骨近端骨折示意图　　儿童肱骨近端青枝骨折　　儿童肱骨近端骨骺分离

图 3-5　肱骨近端骨折

2．肱骨外科颈骨折的 X 线表现

肱骨外科颈系指肱骨大小结节下部与肱骨干交界处。其损伤类型如下：

（1）内收或外展型损伤：最常见。X 线正位片所见骨折线为横行，外展型显示骨折端内侧骨皮质分离、外侧骨皮质嵌插，远折端呈外展状态，多见；内收型显示断端外侧骨皮质分离、内侧骨皮质嵌插，远折端呈内收状态，少见。侧位片上均无明显向前或向后成角、错位改变。肱骨外科颈骨折常合并肱骨大结节骨折，表现为撕脱的蝶形骨折片。

（2）伸展或屈曲型损伤：这是间接外力引起的损伤，较少见。X 线特点为伸展型骨折线横行，骨折向前成角，远折端向前错位，肱骨头后倾，关节面向后；屈曲型骨折向后成角畸形，远折端向后上移位。

（3）直接暴力可引起肱骨外科颈裂纹骨折，无明显移位（如图 3-6 所示）。

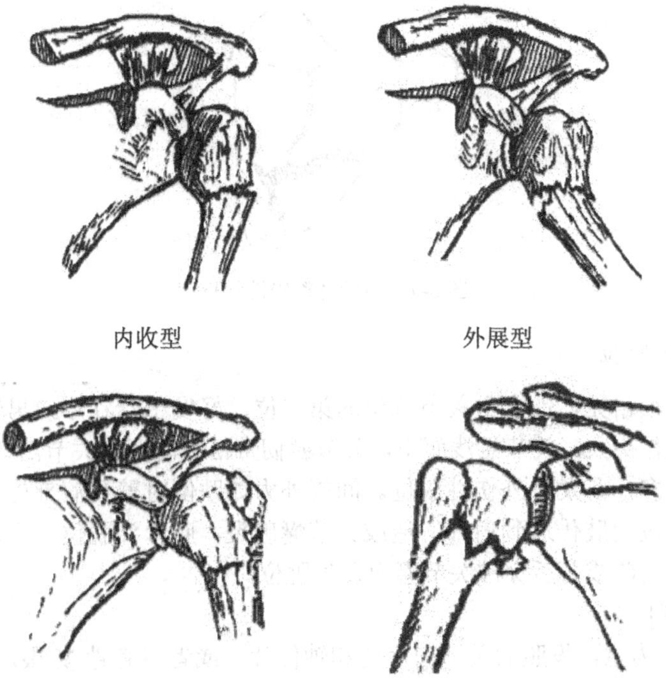

内收型　外展型

裂纹型　粉碎型

图 3-6 肱骨近端外科颈骨折

3．儿童可发生肱骨近端骨骺分离，以内收型多见。骨折线从外侧骺板进入穿过内侧干骺端，骨骺带干骺端骨片向内侧移位。

4．肱骨近端骨折目前被广泛采用的分类有以下两种：

（1）Neer（1970）分类法：将肱骨上端的骨折划分为 4 个组成部分，然后依据骨折片移位状况分类为I型、II型、III型、IV型。

（2）AO/ASIF 骨折分类法：20 世纪 80 年代初由 AO/ASIF 提出，是一种字母-数字分类系统，用数字和字母代表骨折部位和类型，简洁明了。肱骨骨折上端骨折代号为“11”，骨折分为①11-A1、A2、A3 型；②11-B1、B2、B3 型；③11-C1、C2、C3 型 9 型。其中 B 型和 C 型为粉碎骨折。

肱骨外科颈骨折：即 AO/ASIF 分类 11-A2 或 A3 骨折，Neer 分类为II型骨折。

（三）肩胛骨骨折

肩胛骨骨折发生率较低，多为直接暴力，如碰伤、摔伤等引起。

肩胛骨骨折 X 线正位照片可显示肩胛盂位置内移。肩部腋窝位照片显示出肩胛盂向前旋转移位。CT 断面及三维重建更容易观察骨折移位情况。

肩胛骨骨折按其骨折部位可分为肩胛体骨折、肩胛颈部骨折、喙突骨折、肩峰骨折。临床常见为混合骨折，如肩胛体伴肩胛盂骨折、肩胛体伴喙突肩峰骨折。严重者可合并同侧肋骨骨折。骨折多为粉碎性骨折，骨折块可有移位（如图 3-7 所示）。

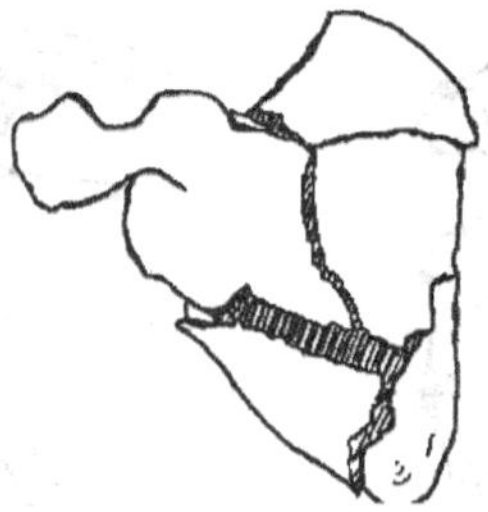

图 3-7 肩胛骨粉碎性骨折

（四）肩关节脱位

肩关节脱位很常见，占全身关节脱位的第二位，好发于青壮年，男性较多。肩关节的解剖特点是肱骨头大，关节盂浅而小，关节囊韧带松弛薄弱，关节活动范围大而灵活，遭受外力的机会多，易发生外伤性脱位。间接外力如跌倒时臂和肩部处于过度外旋和外展，间接外力通过上肢传递到肩部，造成关节囊破裂，肱骨头脱位。少数直接暴力撞击肩部，使肱骨头向前或向后穿破关节囊而发生脱位。

[影像学表现]

以 X 线检查为主，投照肩关节前后位和轴位片，或者肩胛骨 Y 摄片。CT 检查对判断脱位的程度及有无合并骨折有帮助，MRI 检查有利于判断关节内盂唇损伤及关节囊、肩袖损伤等，可联合应用。

按肱骨头脱位的程度和方向，在 X 线片上分以下几型：

（1）肩关节半脱位：关节间隙上宽下窄，肱骨头部分下移。

（2）肩关节前脱位：最多见（如图 3-8 所示）。正位片可见肱骨头与肩盂和肩胛颈重叠，多位于喙突下，称喙突下脱位。肱骨头位于锁骨下或盂下，称锁骨下脱位或盂下脱位。肱骨头呈外旋位，肱骨干轻度外展。肩关节脱位可合并大结节撕脱骨折。

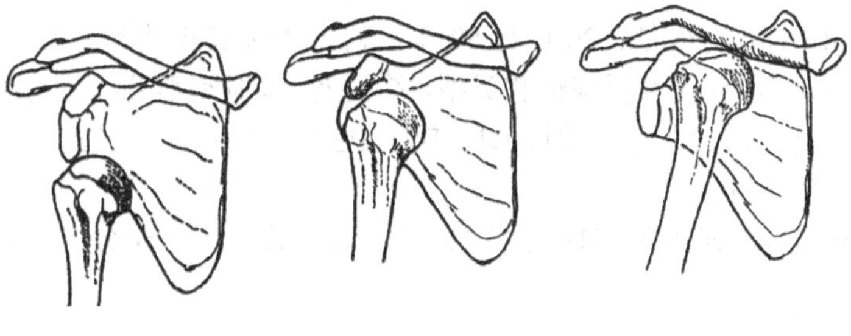

盂下脱位　　喙突下脱位　　锁骨下脱位

图 3-8 肩关节前脱位

（3）肩关节后脱位：少见。正位片肱骨头与肩盂的对位关系尚好，关节间隙存在，极易漏诊，只有在侧位片或腋位片才能显示肱骨头向后脱出，位于肩盂后方。CT 检查有利于诊断。

（4）肩关节习惯性脱位：在 X 线片上多见肱骨头后外侧及关节盂前下缘骨缺损变形，CT 观察更清楚。MRI 检查能观察到关节盂唇、关节囊及周围韧带的改变。

（五）肩锁关节脱位

多由于暴力作用于肩锁关节，导致肩锁关节部分或全部失去正常的对合关系。

[影像学表现]

X 线检查为主，投照采用上肢下垂双手持重（3～5kg），摄双肩锁关节正位像，与健侧比较。

根据损伤程度分类（如图 3-9 所示）如下：

Ⅰ型：没有肩锁关节移位。X 线片显示锁骨下缘在尖峰突起下缘的延长线上，不能发生明显异常，X 线表现正常。

Ⅱ型（肩锁关节半脱位）：肩锁韧带和关节囊撕裂，但喙锁韧带仍然完整。其锁骨向上移位程度较轻，X 线显示肩锁关节间隙轻度增宽，锁骨下缘在尖峰突起延长线的上方。

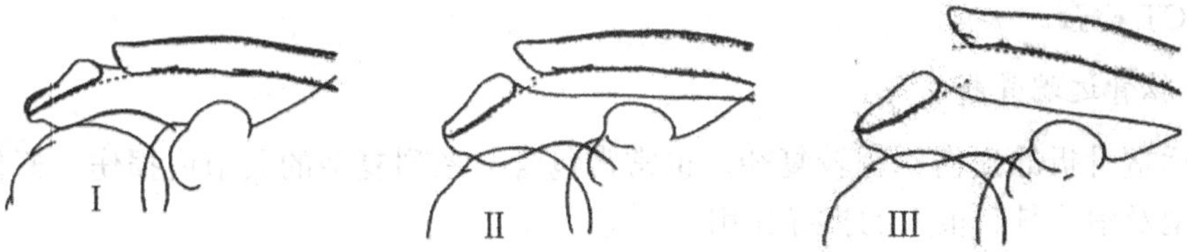

图 3-9 肩锁关节脱位

Ⅲ型（肩锁关节完全脱位）：肩锁韧带和喙锁韧带都撕裂，X 线显示肩锁关节间隙增大，一般大于 5mm，锁骨远端向上移位至少为一个锁骨的厚度，锁骨外侧端超过尖峰上缘，大幅度位置上移。

（六）胸锁关节脱位

胸锁关节脱位较少见损伤，大多发生前方脱位，后方脱位极其少见。强大暴力使肩向后向下，可发生胸锁关节脱位。重体力劳动者在无明确外伤史的情况下，也可发生胸锁关节逐渐脱位。

X 线检查投照胸锁关节轴位片。前方脱位时，患侧锁骨的胸骨端与健侧比，锁骨长轴向上移位，后方脱位时则向下方移位。严重者锁骨的胸骨端脱向胸骨后，甚至压迫气管或纵膈血管。

CT 检查不仅能判断脱位、半脱位，而且当后方脱位时还可以了解关节后方脏器有无受压迫。同时，与血管造影结合，能清楚地观察锁骨的胸骨端与大血管的关系。

二、肱骨干骨折

肱骨干骨折临床较为常见，可发于任何年龄，但多见于成年人。肱骨干骨折可因直接暴力打击引起，间接暴力也可引起，如跌倒时手或肘部着地，暴力经前臂或肘部传至肱骨发生骨折。

[影像学表现]

以 X 线检查为主，投照上臂正、侧位片（包肩、肘关节）。

肱骨干中上部骨折多因直接暴力打击引起，多为横断或粉碎性骨折，或为开放性骨折；间接暴力在肱骨下段发生斜形骨折；旋转暴力可使肱骨中、下段发生螺旋形骨折。

按外力方向及肌肉的牵拉．不同平面的骨折，移位不同：

1．骨折在三角肌止点以上时，骨折近端受胸大肌、背阔肌及大圆肌的牵拉向前、向内移位；骨折远端受三角肌、喙肱肌、肱二头肌等牵拉向外、向上移位。

2．骨折在三角肌止点以下时，骨折近端因受三角肌及喙肱肌牵拉向前、向外移位，远端受肱三头肌及肱二头肌的牵拉向上移位。

3．肱骨下段骨折随前臂的旋转和肘关节的屈伸变化，以成角为多见。

三、肘部损伤

肘关节由肱骨下端、尺桡骨上端组成，分别构成肱尺关节、肱桡关节、尺桡上关节，在临床上肘部损伤多见且复杂，直接暴力、间接暴力都可引起。

影像学检查以 X 线平片为主。常规投照肘关节正位和侧位片。复杂的骨折或关节内损伤应行 CT 检查。

（一）肱骨远端骨折

肱骨远端骨折的损伤原因较复杂，也常常包含一系列复杂的关节内损伤。影像资料对骨折分型及治疗具有很大的指导作用。

肱骨髁上骨折以小儿最多见，占儿童肘部骨折的 30%～40%，好发年龄为 5～12 岁。

[创伤机制及 X 线表现]

1．分型

（1）伸直型——最多见，占 90%以上。跌倒时肘关节处于伸直位手掌着地，暴力沿前臂传导至肱骨下端，将肱骨髁推向后方，造成肱骨髁上骨折。骨折线由前下斜向后上方，骨折远端向后上移位，严重时可损伤正中神经和肱动脉。按骨折的侧方移位情况，又可分为尺偏型和桡偏型。其中尺偏性骨折肘内翻发生率可高达 74%。

（2）屈曲型——较少见，约占 5%。肘关节在屈曲位跌倒，暴力由后下方向前上方撞击尺骨鹰嘴，髁上骨折后远端向前移位，骨折线由后下斜向前上方（如图 3-10 所示）。

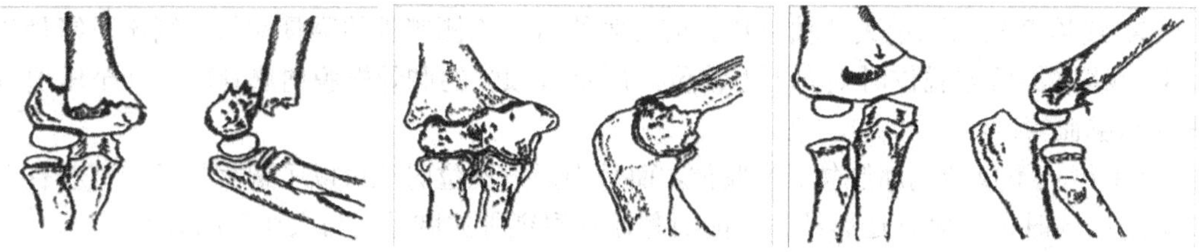

伸展型　　屈曲型　　青枝型

图 3-10　肱骨髁上骨折

2．桡偏或尺偏移位

（1）桡偏——远折端向桡侧移位，或折端向内侧成角，正常桡偏角（提携角 10°～15°）增大，为肘外翻畸形。远折端桡偏者多为外旋引起。

（2）尺偏——远折端向尺侧移位，或折端向外侧成角，正常桡偏角（提携角 10°～15°）减小，甚至为负角，为肘内翻畸形（如图 3-11 所示）。远折端尺偏者多为内旋引起，必须纠正。

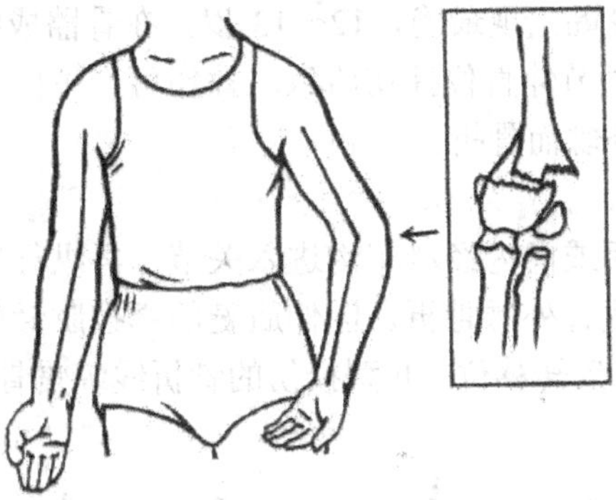

图 3-11 肱骨髁上骨折肘内翻畸形

3．旋转移位的判断——断面不等宽；近折端两侧鱼尾状骨皮质投影不对称，向内侧旋，内侧弧度加大；远折端鹰嘴窝两侧骨皮质投影不一致，向内侧旋，内侧骨皮质清楚。

4．肱骨髁上细微骨折的表现——髁上骨皮质轻度成角、皱褶；侧位片冠突窝、鹰嘴窝骨皮质投影呈 X 形，发生改变，中断、折裂、变形；关节囊外脂肪块外上移位，呈八字形，表明关节内有积液或出血，常有骨折存在。

1．肱骨髁间骨折

肱骨髁间骨折多见于成人，是肘部较严重的关节内骨折，较少见。骨折线从肱骨两髁之间，纵形向上，把两髁劈裂为两半，又在两髁之上发生横断骨折，整个骨折线呈 T 形、Y 形或十字形。正位片见肱骨髁向尺侧偏斜，肱骨干向桡侧移位，内髁常见一较大骨块或粉碎。侧位片，与肱骨髁上骨折分型类似。骨折线波及关节面，局部软组织损伤严重（如图 3-12 所示）。

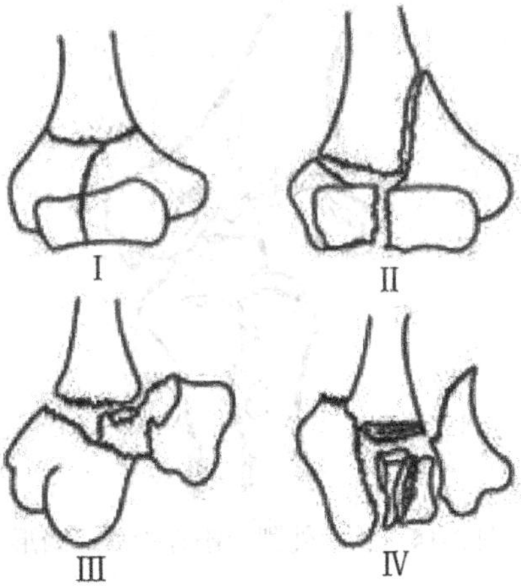

图 3-12 肱骨髁间骨折

2．肱骨外髁骨折

肱骨外髁骨折在肱骨远端骨折中较常见，多见于儿童，又称肱骨外髁骨骺骨折。肱骨外髁包括肱骨小头及肱骨外上髁。肱骨小头骨骺是肘关节最早出现的二次骨化中心，1

岁左右出现，肱骨外上髁骨骺出现最晚，12～13 岁，在骨骼成熟时两个二次骨化中心融合在一起。损伤通常为肘关节伸直位摔伤所致。摔伤可产生内翻应力使外髁撕脱，或产生外翻使桡骨头直接撞击外髁而骨折。

[X 线表现]

骨折线经肱骨小头骨骺或向内经滑车沟进入关节，再纵行斜向外上方，穿过肱骨外髁骨骺板和干骺端，发生肱骨外髁骨折。因伸肌腱的牵拉肱骨外髁骨骺与干骺端骨块与肱骨远端分离明显，向外有反转移位。此型损伤的骨折线纵贯骨骺，易发生后遗畸形（如图 3-13、图 3-14 所示）。

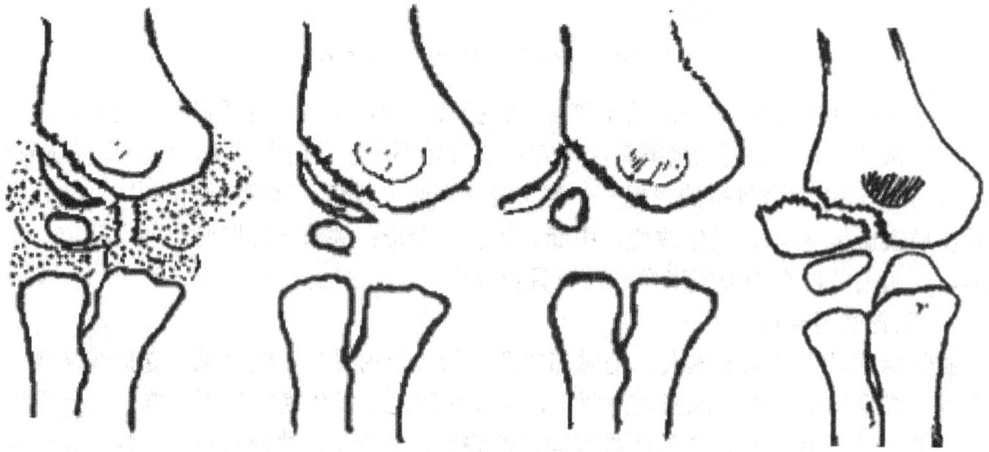

骨折线模式图　　无移位　　向外下翻转移位　　干骺端大骨片

图 3-13　肱骨外髁骨骺骨折

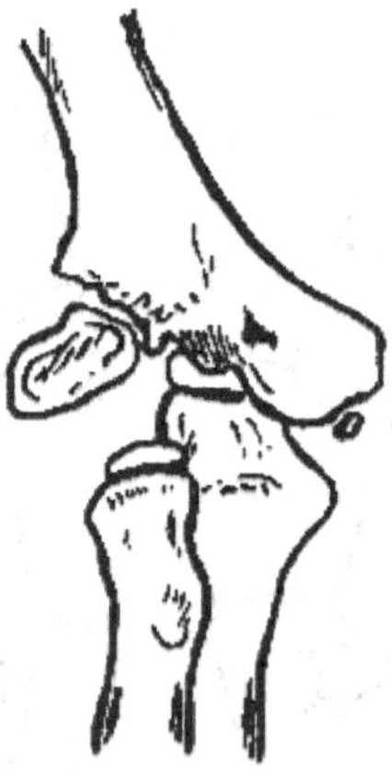

图 3-14　肱骨外髁骨骺骨折后遗畸形

3．肱骨内上髁骨折

肱骨内上髁骨折多见于肘部外翻，如棒球运动员投球时，使前臂屈肌、旋前肌附着处的肱骨内上髁受到强力牵拉，产生撕脱性骨折。X 线片见肱骨内上髁处小骨片，多向下移位（如图 3-15 所示）。

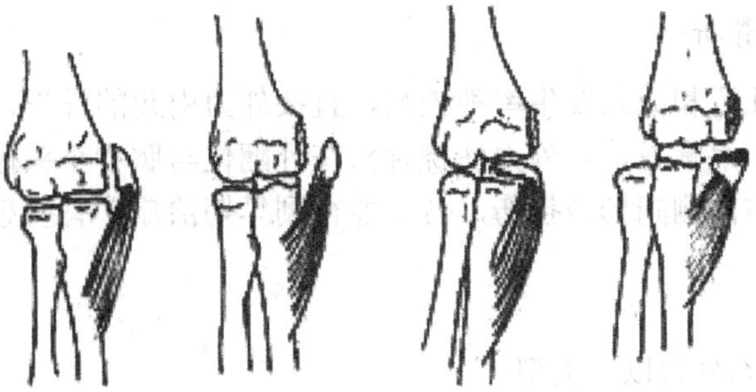

图 3-15　肱骨内上髁骨折

（二）尺骨鹰嘴骨折

尺骨鹰嘴骨折是临床上较常见的肘部损伤。尺骨鹰嘴处是肱三头肌的附着处，尺骨半月切迹关节面与肱骨滑车关节面构成肱尺关节，是肘关节屈伸的枢纽。尺骨鹰嘴的骨化中心在 8～11 岁出现，到 15 岁左右骨骺线闭合。

[创伤机制及 X 线表现]

尺骨鹰嘴骨折多由间接暴力所致，急跑跌倒时，肘部突然屈曲，肱三头肌强烈收缩而发生尺骨鹰嘴的撕脱骨折，骨折近端因肱三头肌的牵拉而向上移位。少数尺骨鹰嘴骨折是因直接暴力所致，如肘后部受直接暴力打击或碰撞发生尺骨鹰嘴粉碎骨折，但多无明显移位，鹰嘴骨折线多数侵入半月切迹而为关节内骨折。尺骨鹰嘴骨折在青少年则常为骨骺分离。

分类：鹰嘴骨折根据骨片移位情况分为移位性和非移位性。根据骨折线走向分为分离骨折、横行骨折、斜行骨折和粉碎性骨折。

粉碎性骨折需 CT 扫描后三维重建判断骨折的移位情况（如图 3-16 所示）。

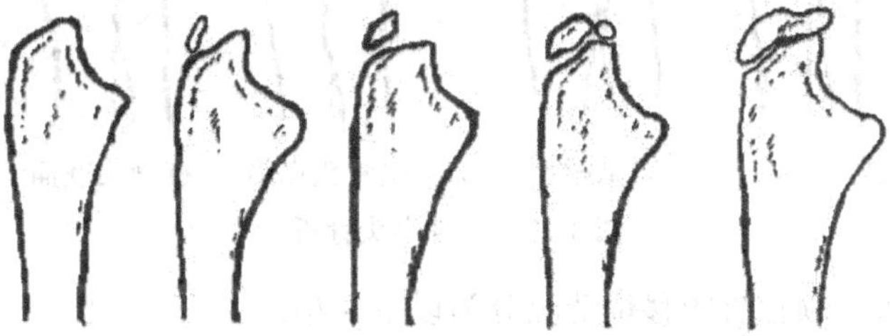

正常尺骨鹰嘴骨骺

尺骨鹰嘴骨骺分离

尺骨鹰嘴骨折

图 3-16　尺骨鹰嘴骨折

(三) 桡骨小头骨折

桡骨小头骨折儿童和成人发生率都较高，直接外力引起的骨折，很少见，常见的是肘关节伸直位摔倒，手掌着地，外力使桡骨头在外翻位与肱骨小头撞击而产生骨折，常合并肱骨小头损伤与内侧副韧带损伤，若不能得到早期治疗，有些患者前臂旋转功能受到限制。

[X 线表现]

1. 根据骨折形态分为以下类型：

(1) 裂纹骨折　为线状骨折无移位。骨折线多从外下斜向后上达关节面。环状韧带无损伤，对骨折起到稳定作用，故不易再移位（I型）。

(2) 塌陷骨折　桡骨头关节面被压而塌陷变形（II型）。

(3) 桡骨头颈嵌插骨折　桡骨头下横行骨折，桡骨头与桡骨颈干轻度嵌插（II型）。

(4) 粉碎骨折　无移位者，仍保持桡骨头的外形，仍有完整的关节面，环状韧带完整（II型）；有移位者，关节面破坏、不完整，环状韧带多有损伤（III型）。

(5) 桡骨小头骨骺分离（歪戴帽）儿童桡骨小头骨骺分离，骨骺向外前方倾斜移位，常带有干骺端骨折片（III型）（如图 3-17 所示）。

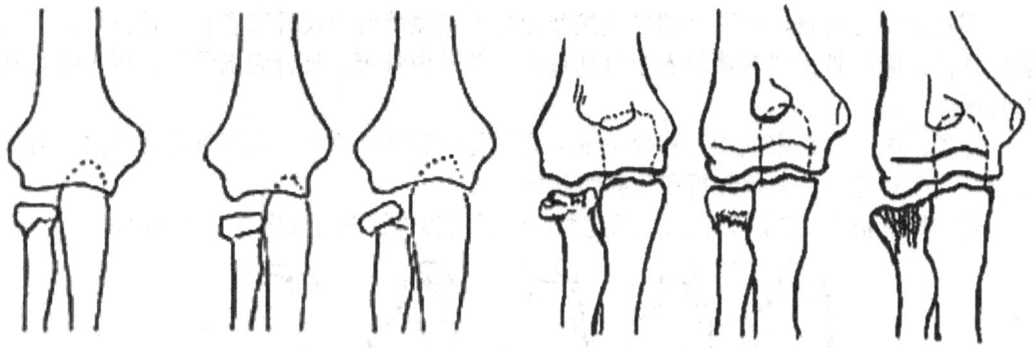

图 3-17　桡骨小头骨折

2. 根据桡骨头、颈骨折的移位情况分为以下 4 型：

I 型：没有移位的桡骨颈或桡骨边缘的骨折。

II 型：有移位的桡骨颈或桡骨边缘的骨折。

III型：累及到桡骨头的粉碎性骨折，或大的移位性桡骨颈骨折。

IV型：肘关节脱位合并桡骨头或桡骨颈骨折。

(四) 肘关节脱位

肘关节脱位在大关节脱位中最为常见，多发生于青壮年。多为间接暴力致伤，跌倒时肘关节伸直及前臂旋后位手掌触地，鹰嘴自肱骨下端滑车部向后脱出，形成肘关节后脱位。肘关节前脱位极少见，当肘关节屈曲位跌倒，肘尖着地，暴力由后向前，先发生尺骨鹰嘴骨折，暴力继续作用，可将尺桡骨上端推移至肱骨下端的前方，形成肘关节前脱位。

[X 线表现]

肱骨远端与尺桡骨近端的关节对位关系发生分离。以肱骨远端为标准点，桡尺骨近端向后上方移位为后脱位，向前下方移位为前脱位，向侧方移位为侧方脱位。以肘关节后脱位为最常见，脱位时尺骨冠状突和肱骨滑车相撞可导致尺骨冠状突骨折。脱位还常合并关节周围组织损伤（如图 3-18 所示）。

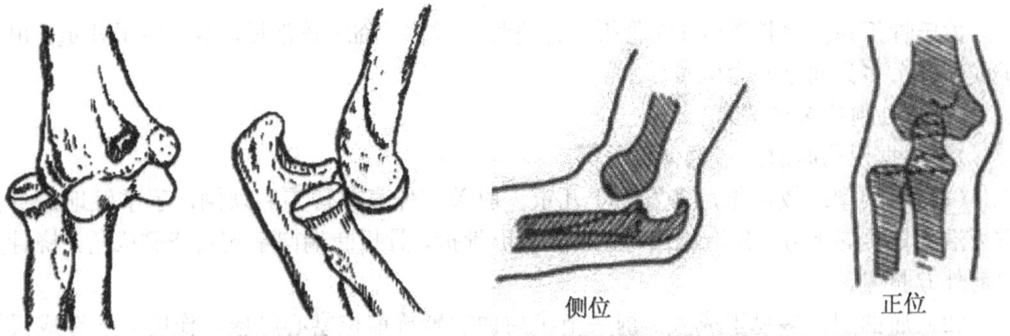

肘关节后外上脱位　　　　肘关节后脱位合并桡侧脱位

图 3-18　肘关节后脱位

四、前臂损伤

前臂 X 线投照正位和侧位片，包肘关节和腕关节。

（一）尺、桡骨骨干双骨折

此种情况临床上比较常见，尤以青少年占多数。尺、桡骨干双骨折常发生在骨干之中 1/3，累及骨干下 1/3 者次之，而发生在上 1/3 者最少见。

[创伤机制及 X 线表现]

1．直接外力：重物直接砸伤或机器、车轮挤压伤，骨折端多在作用点同一平面上，呈横形、蝶形或粉碎形，常伴有严重的软组织损伤。

2．间接外力：如跌倒时手掌触地，外力由桡骨向上传导，造成桡骨干中段以上横形骨折，尺骨中下 1/3 斜形骨折，致使尺骨干骨折线低于桡骨干骨折线。桡骨为横断形或锯齿形，尺骨为短斜形。骨折移位较大，但软组织损伤并不严重。

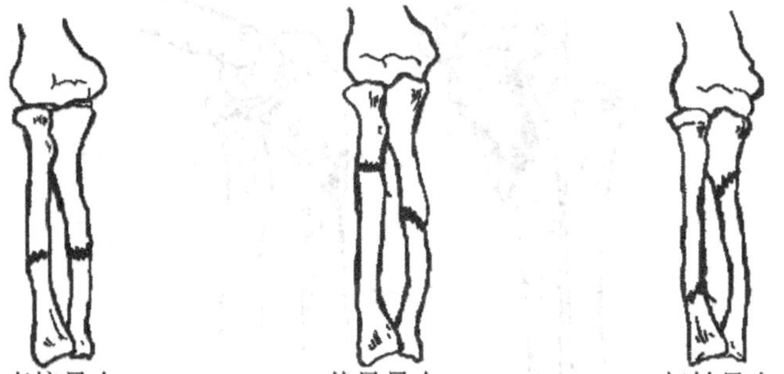

尺桡骨干双骨折不同暴力造成不同平面的骨折

图 3-19　尺桡骨干双骨折

3．扭转外力：如前臂卷入旋转的机器中致伤，前臂过度旋前或旋后扭转，造成两骨螺旋形或斜形骨折。骨折线多为从尺侧内上方斜向桡侧外下方，尺骨干的骨折平面高于桡骨干的骨折平面（如图 3-19 所示）。

骨折端常出现侧方移位、重叠移位、旋转移位、成角畸形等。

（二）孟氏骨折

孟氏骨折系指尺骨近段 1/3 骨折合并桡骨头脱位。临床较常见，多发生于儿童，也见于成年人，多为间接暴力所致。

[创伤机制及 X 线表现]

1．根据受伤时肘关节的体位分类

（1）伸展型：较常见，多发生于儿童，肘关节伸直前臂旋后跌倒，手掌触地，身体重力沿肱骨传向下方，先造成尺骨上 1/3 斜形骨折，骨折断端向掌侧及桡侧成角，桡骨头向前外方脱位。

（2）屈曲型：多见于成人，肘关节半屈曲前臂旋前位掌心触地，作用力先造成尺骨较高平面横形或短斜形骨折，骨折端向背侧和桡侧成角，桡骨向后外方脱位。

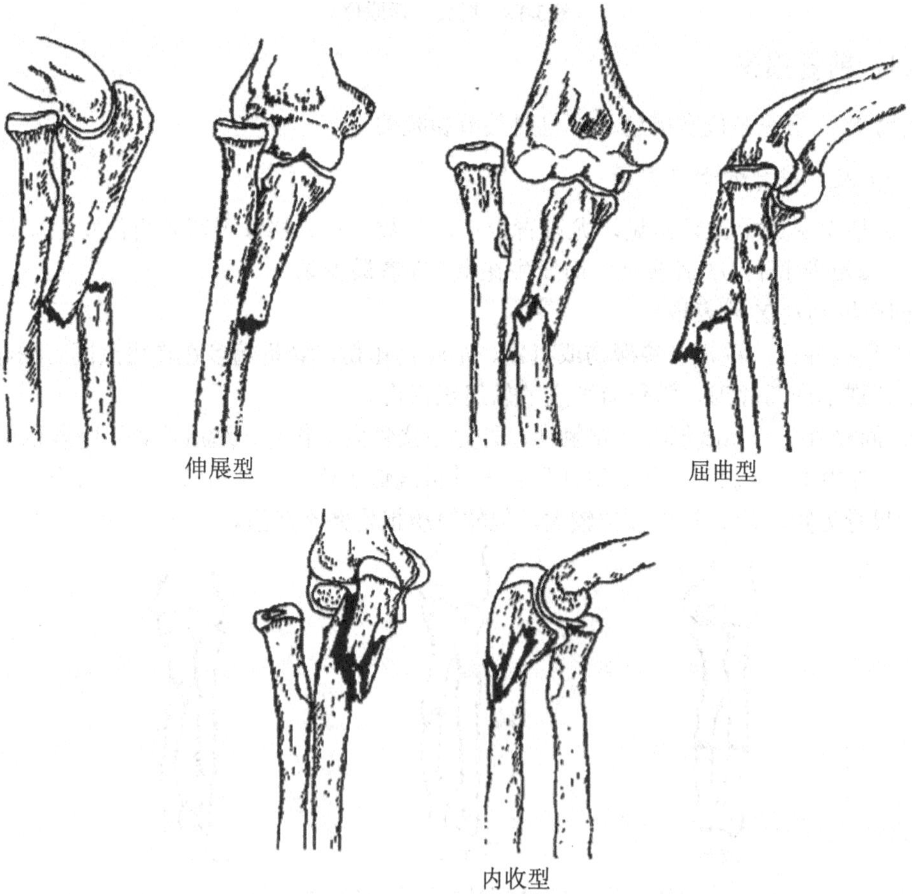

图 3-20　孟氏骨折

（3）内收型：多发生于幼儿，肘关节伸直，前臂旋前，上肢略内收位向前跌倒，暴力自肘内推向外方，造成尺骨上段横断或纵行劈裂骨折，移位较少，常向桡侧成角，桡骨头向外脱位（如图 3-20 所示）。

2．根据尺骨骨折和桡骨头脱位情况分 4 类。

I型：桡骨头向前方脱位伴有尺骨骨干前凸骨折。

II型：桡骨头后方脱位伴有尺骨骨干后凸骨折。

III型：桡骨头外侧，或前外侧脱位伴有尺骨干骨折。

IV性：桡骨头前方脱位伴有尺、桡骨双骨折。

3．盖氏骨折

盖氏骨折是跟孟氏骨折相反，是桡骨干骨折伴有下尺、桡关节脱位或半脱位，也称反孟氏骨折。盖氏骨折可为直接暴力打击桡骨下段所致，有时可为尺、桡骨下段双骨折。亦可为间接暴力致伤，身体向前跌倒时手掌撑地，外力通过腕关节沿桡骨传导致伤。同时腕关节三角软骨盘、尺侧副韧带的撕裂而发生下尺桡关节脱位或半脱位。

[X 线表现]

桡骨中下 1/3 交界处骨折，骨折线多为横行或斜行，桡骨远折端由于受旋前圆肌的牵拉向尺侧和背侧移位，骨折端重叠，桡骨通常向掌侧成角，同时并有下尺桡关节脱位或半脱位，可发生尺骨茎突撕脱骨折；严重者还并有腕部舟骨、月骨的骨折（如图 3-21 所示）。

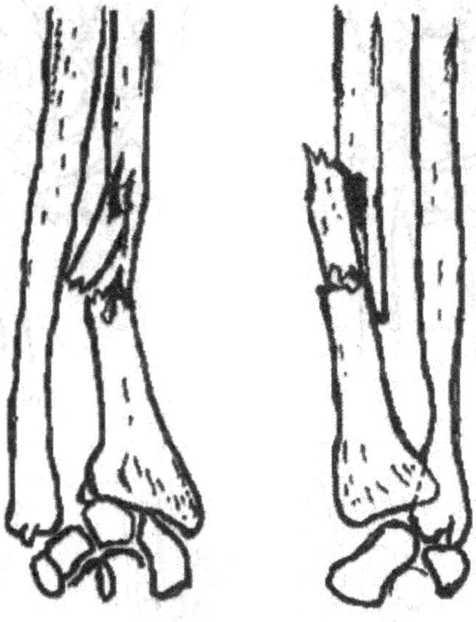

图 3-21　盖氏骨折

五、腕及手部损伤

腕部、手指损伤主要做 X 线检查，腕部常规投照正、侧位片，必要时加拍其他体位；手部投照正、侧位片，必要时加拍向内斜 45°斜位片。

（一）桡骨远端骨折

桡骨远端骨折是手着地时发生的骨折，分为 Colles 骨折、Smith 骨折、Barton 骨折和

Chauffeur 骨折（驾驶员骨折）

1．Colles 骨折（伸直型骨折）

即桡骨远端伸直型骨折，骨折发生在桡骨远端 2～3cm 范围内，是最常见的骨折之一，多发生于中老年，女性较多，常伴桡腕关节及下尺桡关节的损伤，多由于间接外力引起，摔倒时，肘部伸直，前臂旋前，腕部背伸，手掌着地。外力传导集中于桡骨远段而产生骨折。

[X 线表现]

（1）桡骨远端距关节面 2～3cm 处的横断性骨折，也可表现为碎裂成两块以上的粉碎性骨折，骨折线波及桡骨关节面，儿童可为骨骺分离；老年人由于骨质疏松，轻微外力即可造成骨折且常为粉碎骨折。

（2）骨折向掌侧成角，致桡骨远端关节面的掌侧倾斜角尺偏角减少、消失或呈负角。

（3）远折端向背侧移位，背侧骨皮质有嵌插或为粉碎，骨折端因嵌压而短缩。

（4）桡骨远端骨折块向桡侧移位，桡骨远端关节面尺倾角减少。

（5）桡尺下关节分离脱位，由于下尺桡韧带和三角软骨盘的撕裂，桡骨远端骨折向桡侧移位说明三角软骨边缘撕裂。常合并有尺骨茎突撕脱骨折。对轻微外力致伤的老年患者应做骨密度检查，以了解骨质疏松情况（如图 3-22 所示）。

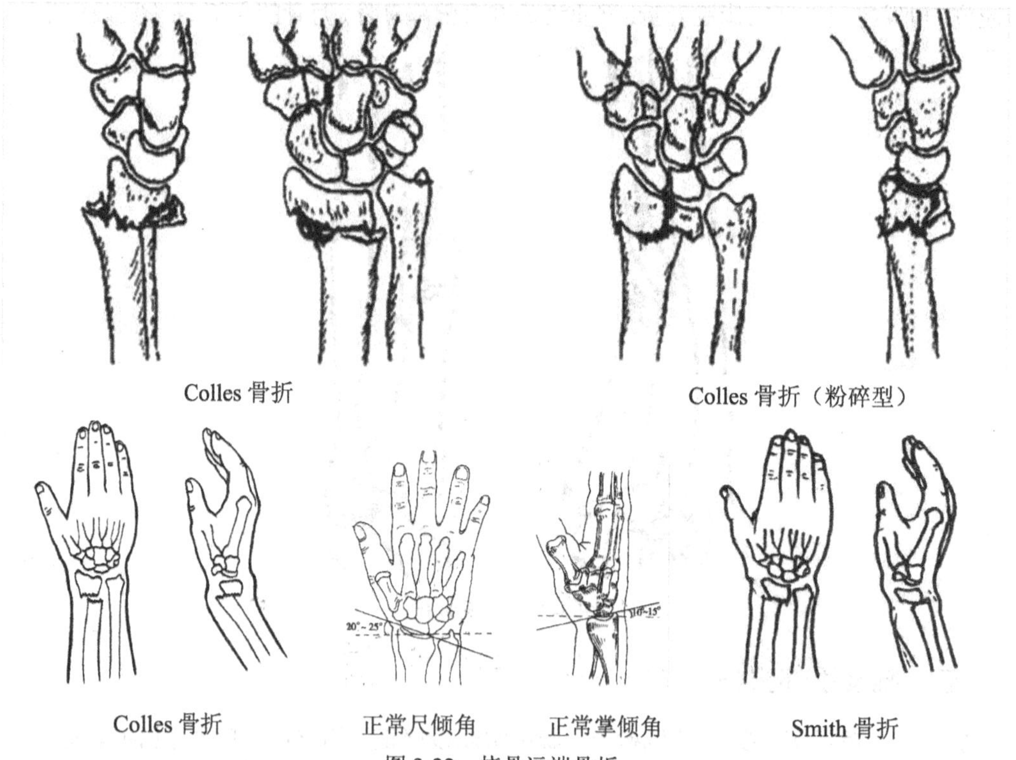

图 3-22　桡骨远端骨折

2．Smith 骨折（屈曲型骨折）

骨折发生原因与伸直型骨折相反，故又称反柯利氏（Colles）骨折。跌倒时手背着地，骨折远端向掌侧及尺侧移位。

3. Barton 骨折

波及关节面的桡骨远端骨折，包括桡骨关节面的一部分的桡腕关节脱位骨折，三角形的远端骨片同腕骨一起向腕背侧移位的称为背侧 Barton 骨折。如果向掌侧移位则称为掌侧 Barton 骨折。掌侧型多见。CT 扫描及重建有助于观察骨片移位情况。

4. Chauffeur 骨折（驾驶员骨折）

Chauffeur 骨折（也称桡骨茎突骨折。Chauffeur 是法语，意思是驾驶员。以前驾驶员开车时，因手柄反向运动而导致桡骨茎突的骨折，故称驾驶员骨折。

（二）腕舟骨骨折

腕舟骨骨折为间接暴力致伤，摔倒时手掌着地，暴力从地面向上冲击舟骨结节，而身体的重力通过桡骨远端传导致舟骨近端，由此产生的剪式应力造成舟骨骨折。

[X 线表现]

舟骨骨折多发生在舟骨腰部骨折，近段骨折和结节部骨折较少见。骨折后错位多不明显。有时没有移位的骨折，早期 X 线片为阴性。对可疑病例应在两周后再照片复查，因伤后骨折处骨质吸收，骨折线增宽而显出。陈旧性骨折，若见骨折线明显增宽，骨折端硬化或囊性变，这是骨折不愈合的表现；若近端骨块密度增加、变形等则为缺血性坏死（如图 3-23 所示）。

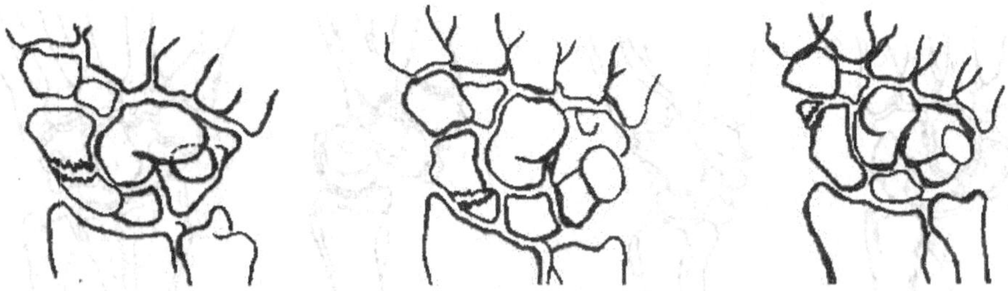

舟骨腰部骨折　　舟骨近端骨折　　舟骨结节部骨折

图 3-23　腕舟骨骨折

对腕舟骨的诊断应早诊断、早治疗。因诊断是否及时，整复合适与否，关系到腕舟骨的愈合及腕关节的功能。故对疑是腕舟骨骨折的病人，在正、侧位照片未能发现骨折时，需加照腕舟骨轴位片（腕尺倾，桡侧抬高 30°），或进行 CT 扫描以明确诊断。

（三）月骨骨折

月骨骨折也较常见，可分为撕脱骨折、裂隙骨折及粉碎骨折三型。

在诊断月骨骨折时，不要把正常的变异（副月骨）误为骨折片或骨折线。必要时，也可以加照不同角度的斜位像或 CT 扫描重建以明确诊断。

（四）腕骨脱位

手腕在背屈时腕部受重压、高处跌落或摔倒时手掌支撑着地，暴力集中于头月关节，致使头月骨周围的掌背侧韧带发生断裂，使之产生脱位。

[X 线表现]

1．月骨脱位：表现为正位片上月骨发生旋转，由正常时的类四方形变为三角形，并与头骨重叠。头月关节和桡月关节间隙均可消失。侧位片可见特征性表现，即月骨向掌侧脱位，月骨凹形关节面向前。而舟骨、头骨和桡骨之间的关系不变。

2．月骨周围脱位：实际上是头月关节脱位，月骨原位不动，与桡骨保持正常的对位关系。而其他腕骨都伴随头骨向背侧或掌侧脱位。

3．腕间关节前脱位，较少见。实际上是以头月关节为中心的近排和远排腕骨脱位。近排的舟、月、三角骨仍位于桡骨远端的关节窝内。正位片可见腕关节缩短，侧位片可见远排腕骨向前脱位，如图 3-24 所示。

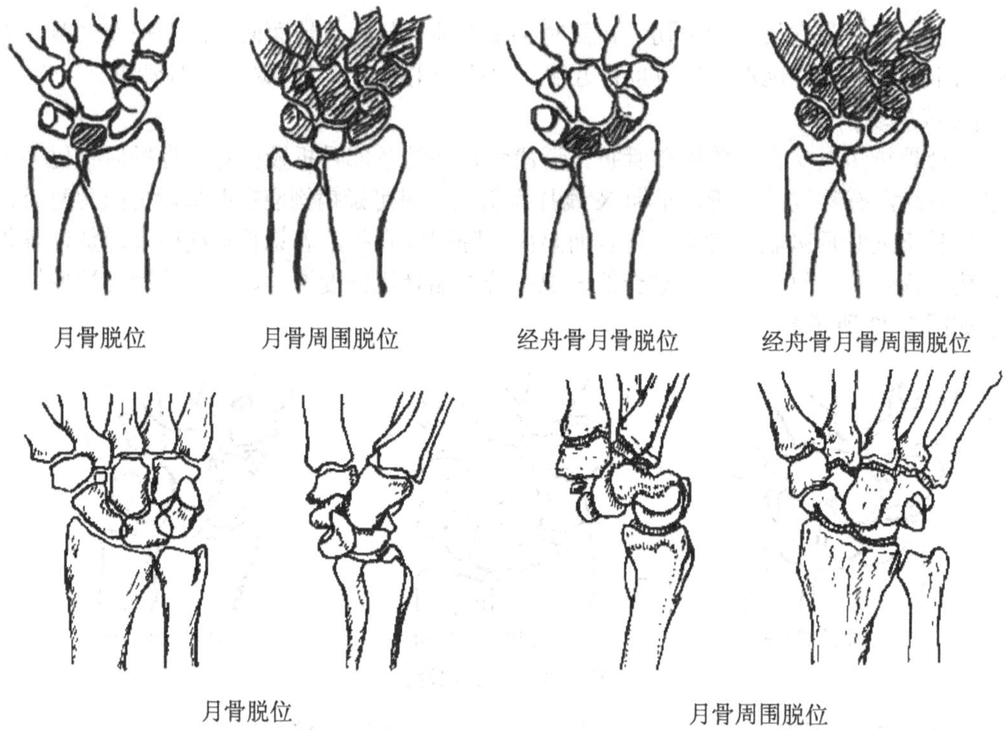

图 3-24　腕骨脱位

（五）第一掌骨基底部骨折

第一掌骨基底部骨折脱位（又称 Bennett 骨折脱位）是一种极不稳定的骨折。多为间接暴力传递至第一掌骨基底部所致。

[X 线表现]

本型骨折的 X 线特点是第一掌骨近端基底部凹形关节面的一半骨折，一半脱位。骨折线从凹形关节面的中心斜行向掌侧约 1cm 处，骨折块留在掌、尺侧多无移位，而第一掌骨基底部的其余部分受外展拇长肌的牵拉和拇屈肌的收缩向背、外侧半脱位（如图 3-25 所示）。

（六）第二至第五掌骨骨折

X线检查投照手正、斜位片，可显示骨折的部位、走向、骨片移位方向及程度等。

直接碰伤、挤压伤，或间接外力均可致骨折。骨折可单发或多发。其分类如下：

1. 掌骨头颈部骨折：第五掌骨多见。骨折线呈横形、短斜形或粉碎形，掌骨头向掌侧移位，出现背侧凸畸形，骨折多不稳定。

2. 掌骨干骨折：骨折线为横行、斜形或螺旋形，断端向背侧成角。

3. 掌骨基底部骨折：骨折可横行、斜形或粉碎形。一般稳定，很少移位。

（七）指骨骨折

指骨骨折在手部创伤中发生率最高，单发或多发，可见各种骨折类型。可向各方向错位、成角。近节指骨骨折因受伸肌牵拉突向掌侧成角，中节指骨如骨折发生在屈指肌腱止点的近端．则向背侧突出成角。末节指骨骨折，常因压迫性挫伤，致指甲及甲床同时受伤。末节指骨骨折常因与皮肤、指甲等有强的纤维连接，发生骨折后很少有大的移位、分离（如图3-26所示）。

（八）掌指关节和指间关节脱位或半脱位。

1. 掌指关节脱位或半脱位：手指扭伤、手指强力背屈等均可引起掌指关节脱位。多见于拇指和食指，脱位后指骨向背侧移位，掌骨头凸向掌侧，形成关节过伸位畸形。食指脱位后常偏向尺侧，指间关节半脱位。

2. 指间关节脱位或半脱位：手过伸、旋转或侧向暴力可使指间关节脱位，以及侧副韧带损伤。脱位远端指骨多向背侧及侧方移位（如图3-27所示）。

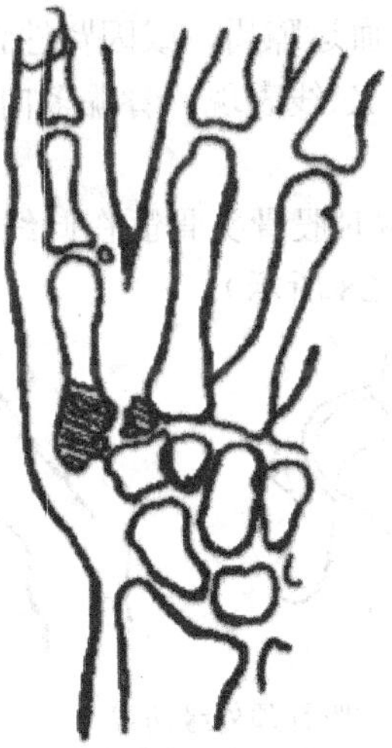

图3-25　Bennett骨折脱位

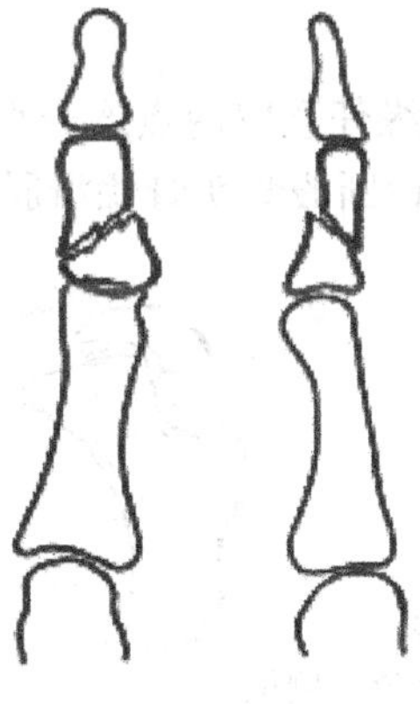

图3-26　中节指骨骨折

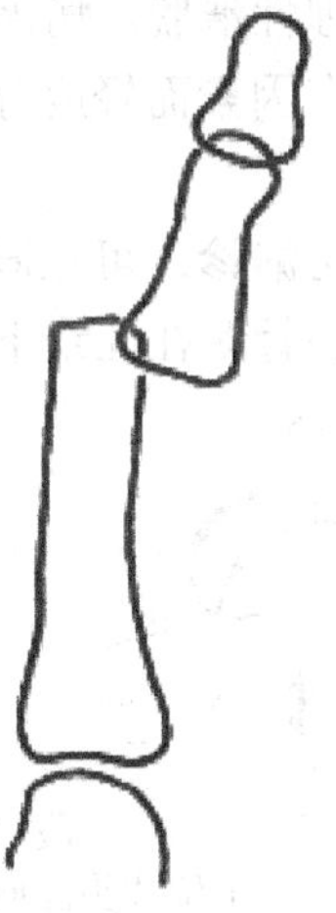

图3-27　指间关节脱位

（钟传山　李渝苏）

第四节　下肢常见骨折脱位的影像诊断

一、髋部损伤

髋关节由髋臼与股骨头、颈及大、小转子（粗隆）组成。髋关节为球窝关节，周围有坚强的韧带固定，是人体中最稳定的关节。髋关节的活动有前屈、后伸、内收、外展和内外旋转，在正常范围内活动时，关节既稳定又灵活。

髋关节的血液供应与髋关节损伤预后有密切关系。股骨头颈部血管如下：（1）头上支血管来自旋股内侧动脉，是股骨头血运的主要来源，错位型股骨颈骨折最易损伤此血管。（2）头下支血管亦来自旋收内侧动脉．供应股骨头之内下部。（3）圆韧带血管来自闭孔动脉。婴儿发育期，这三组血管保持独自循环，股骨头骨骺愈合后，则互相吻合形成血管网。（4）颈支血管来自旋股外侧动脉。所有头颈部的血管都由关节囊内滑膜骨面进入头颈部。髋关节脱位和股骨颈骨折极易损伤这些血管而发生骨缺血坏死。

髋关节虽稳定，但活动多、范围广，且为全身主要持重关节，损伤发生率亦较高，因血供原因，并发症、后遗症也多。

（一）股骨头骨骺滑脱

股骨头骨骺滑脱多发生于青少年。股骨头骨骺滑脱分为外伤骨骺分离及病理性滑脱。

外伤性骨骺分离因猛烈间接外力致伤。X 线表现：股骨头骨骺分离向内后方移位，为内收型。股骨头骨骺向外分离，并可向外上方脱出于关节之外，为外展型。

病理性滑脱，病因不一，可为内分泌失调，或因股骨头血运障碍，或因肾性骨病等。常有潜在因素而轻度分离，再因外伤而造成骨骺明显滑脱。X 线表现：骨骺多向内后方滑脱。

为防漏诊．可在股骨颈上缘任意取两点连一直线，正常时股骨头骨骺在此线之上，如股骨头骨骺在此线下，即可诊断股骨头骨骺滑脱（如图 3-28 所示）。

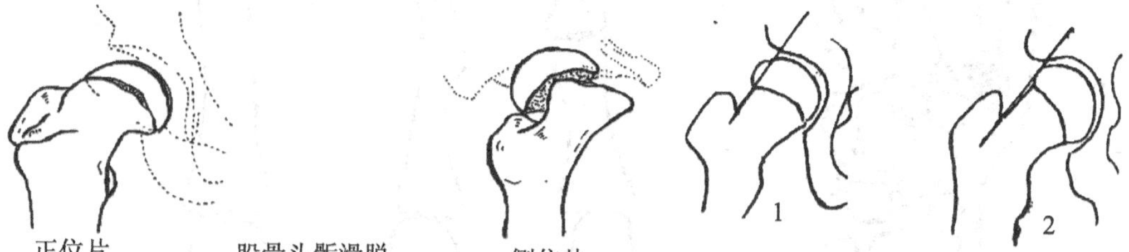

正位片　　股骨头骺滑脱　　侧位片

正位片头骺向内下方移位，侧位片头骺向后滑脱。

股骨颈外缘切线

1. 正常　2. 头骺滑税

图 3-28　股骨头骺滑脱

（二）股骨颈骨折

股骨颈骨折是髋部最常见的一种创伤，50 岁以上占 74%，20～40 岁青壮年占 19%，儿童股骨颈为数极少。女性略多于男性，多为单侧，双侧股骨颈骨折甚为少见。

老人因骨质疏松，轻微外伤即可发生骨折，如滑倒、绊倒、站立不稳摔倒等。儿童和青壮年的股骨颈骨折则多为强大的暴力所致，若因轻微外伤而致股骨颈骨折者必须首先考虑病理骨折。

[X 线表现]

1．按骨折线部位分型

头下型：骨折线位于头颈交界处；颈中型：骨折线位于股骨颈的中段；头颈型：骨折线上端在头下，下端在股骨颈的中部，此型骨折近端的血供不好，不易愈合；基底型：骨折线位于股骨颈底部，大部分位于关节囊外（如图 3-29 所示）。

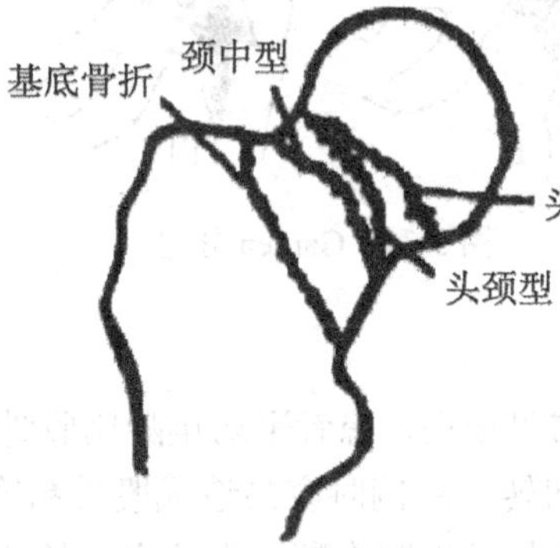

图 3-29 骨折线部位分类

2．按股骨颈骨折的稳定性分

（1）外展型：股骨颈骨折表示两骨折端有嵌插，断端无明显错位，Pauwells 角＜30°，通常股骨颈可见模糊的致密区，局部骨小梁中断，局部骨皮质出现小的成角或凹陷，此型骨折属较稳定性骨折。

（2）内收型：股骨颈骨折常见，骨折线的斜度较大，Pauwells 角＞50°股骨干外旋并向上错位，股骨头向后倾，骨折端向前成角，骨折端分离明显，提示骨折不稳定。

Pauwells 角提示角度越大，剪式应力越大，骨折越不稳定（如图 3-30 所示）。

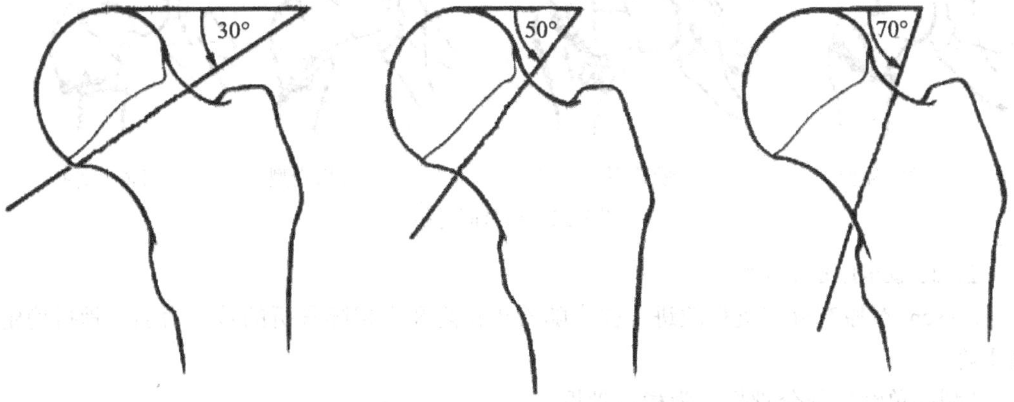

图 3-30 Pauwells 角：骨折线与两侧髂嵴连线所构成的夹角

3．按移位程度分（Garden 分型）

Ⅰ型：不完全骨折

Ⅱ型：完全骨折，无移位

Ⅲ型：完全骨折，部分移位

Ⅳ型：完全骨折，完全移位

Garden 分型临床意义较大（如图 3-31 所示）。

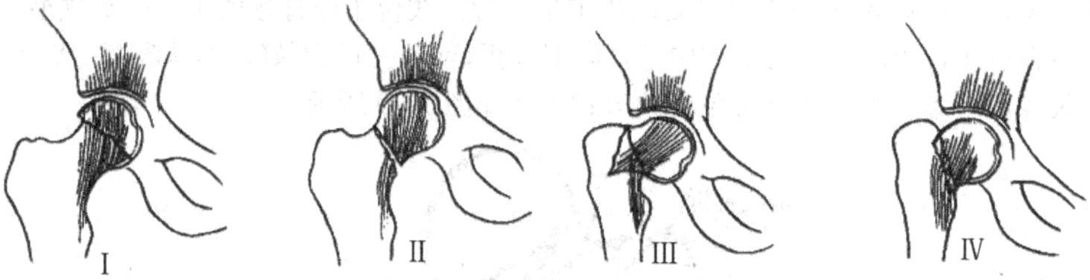

图 3-31　Garden 分型

（三）股骨粗隆间骨折

股骨粗隆间骨折是老年人常见损伤，患者平均年龄比股骨颈骨折患者高 5～6 岁。老年人骨质较疏松，当下肢突然扭转、跌倒时容易造成股骨粗隆间骨折。由于粗隆部血运丰富，骨折后极少不愈合，但甚易发生髋内翻。高龄患者长期卧床引起并发症较多。

[创伤机制及 X 线表现]

1．根据骨折线位置分型

顺粗隆型：骨折线自大粗隆顶点开始，斜向内下方行走，达小粗隆部，此型最多见。反粗隆型：骨折线自大粗隆下方斜向内上方，达小粗隆的上方，此型不稳定，少见。粗隆下型：骨折线在大小粗隆的下方。粗隆间粉碎型：粗隆部粉碎，大、小粗隆骨折块向上移位。由于转子部受到内翻及向前成角的复合应力，易引起髋内翻畸形（如图 3-32 所示）。

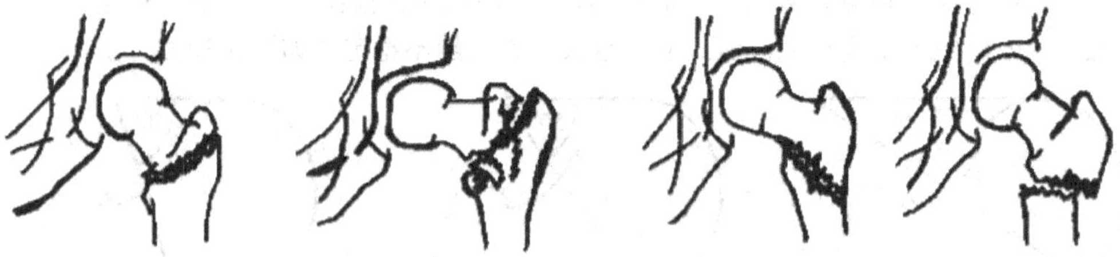

图 3-32　粗隆间骨折

2．Jensen-Evans 分型

Jensen 对原有分型进行改进，提出随着小粗隆和大粗隆骨折的数量增加，骨折稳定性下降。

I 型：单纯二部分骨折，为稳定骨折。

Ia 型：没有移位的骨折。

Ib 型：有移位的骨折。

Ⅱ型：为三部分骨折，骨折有移位。

Ⅱa 型：有大粗隆分离骨折的三部分骨折，因为移位的大粗隆片段而缺乏后外侧支持。

Ⅱb 型：有小粗隆分离骨折的三部分骨折，因小粗隆或股骨矩骨折缺乏内侧支持。

Ⅲ型：为合并有大粗隆和小粗隆骨折的四部分骨折，缺乏内侧和外侧的支持，稳定性最差（如图 3-33 所示）。

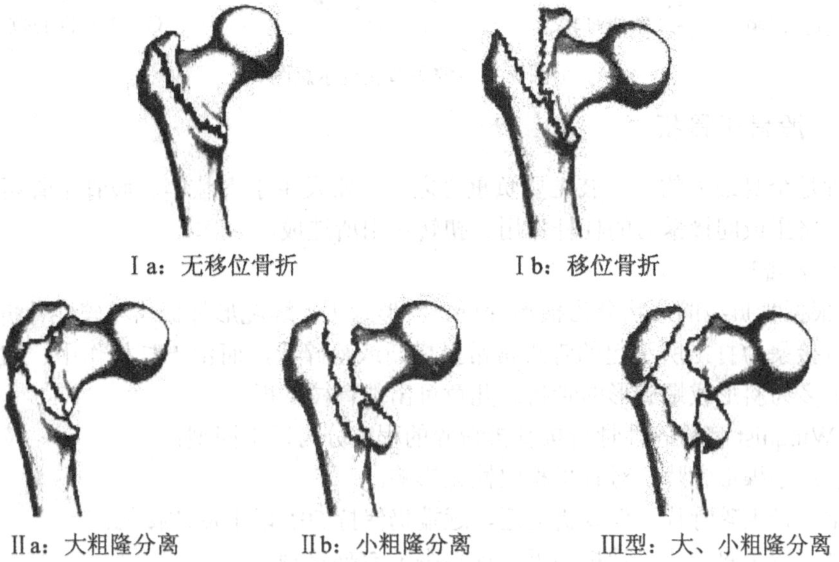

图 3-33 Jensen-Evans 分型

（四）髋关节脱位

[创伤机制]

按受伤时髋关节所处的位置和外力方向，其创伤机制有三：①当大腿处于屈曲、内收位时，股骨头可穿破关节囊引起髋关节后脱位。②若受伤时大腿呈屈曲外展状态，可引起髋关节前脱位。③如大腿屈曲保持中立位或轻度外展时，使股骨头猛烈撞击髋臼底部，造成髋臼底骨折，股骨头部分或全部突入盆腔，发生髋关节中心性脱位。

[X 线表现]

1．髋关节后脱位：正位片可见股骨头脱出髋臼之外，重叠于髋臼外上方，髋关节的沈通氏线不连续，股骨处于内收内旋位。

2．髋关节前脱位：正位片显示股骨头向前下方移位，位于髋臼的下方。股骨干外展呈水平位。股骨头对向闭孔，与坐骨结节重叠。髋关节的沈通氏线不连续。

3．髋关节中心性脱位：髓臼底粉碎性骨折，股骨头从裂开的髋臼底突入骨盆。轻者可仅表现为髋臼内陷（如图 3-34 所示）。

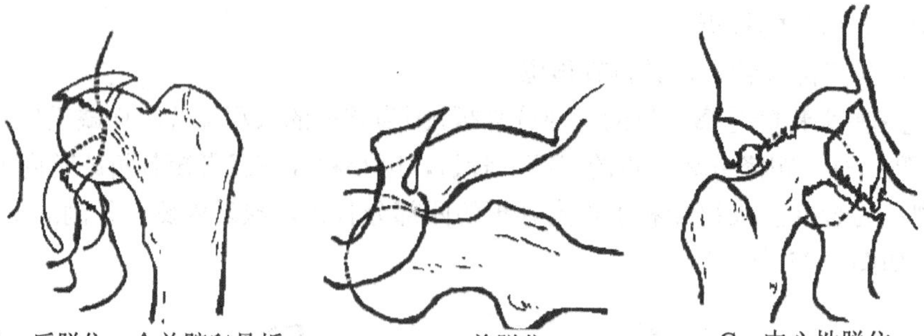

A. 后脱位，合并髋臼骨折　　B. 前脱位　　C. 中心性脱位

图 3-34　髋关节脱位示意图

二、股骨干骨折

股骨是全身最大的，下肢主要负重骨之一，常发生于青壮年。股骨干骨折由直接暴力打击、挤压或间接暴力的杠杆作用、扭转作用所造成。

[X 线表现]

1. 根据骨折线的形状分为横形骨折、斜形骨折、螺旋形骨折、粉碎性骨折、青枝骨折。由直接暴力打击所引起的骨折常常呈横断或粉碎状，而由于杠杆作用、扭转暴力引起的骨折多为斜形或螺旋形的骨折。儿童可出现青枝骨折。

2. Winquist 将粉碎性骨折按骨折粉碎的程度分为以下四型：

Ⅰ型：小蝶形骨片，对骨折稳定性无影响。

Ⅱ型：较大碎骨片，但骨折的近、远端仍保持 50%以上皮质接触。

Ⅲ型：较大碎骨片，骨折的近、远端少于 50%接触。

Ⅳ型：节段性粉碎骨折，骨折的近、远端无接触（如图 3-35 所示）。

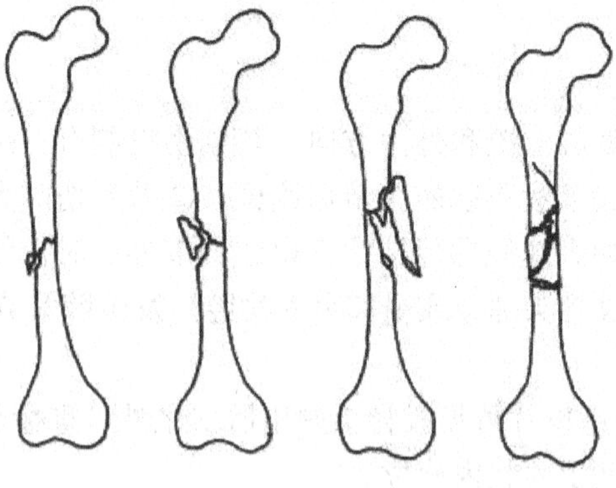

Ⅰ型　　Ⅱ型　　Ⅲ型　　Ⅳ型

图 3-35　股骨干骨折 Winquist 分型

3. 骨折移位情况

骨折后一般断端移位较大，而且软组织的挫伤也较严重，出血较多，尤其以直接暴力打击、绞伤或挤压伤更明显。因外力作用、肌肉或韧带牵拉可出现横向移位、短缩、成角、旋转畸形等：

（1）股骨上段骨折。近折端受髂腰肌、臀中肌作用向前移位，并向外旋转，可向前成角。远折端受内收肌作用向内、后、上移位。

（2）股骨中段骨折。移位视暴力方向而异，无明显规律。

（3）股骨下段骨折。远折端受腓肠肌作用向后移位，远端向后成角，移位严重者可损伤或压迫腘静、动脉和神经。

股骨干骨折愈合主要依靠外骨痂。由于股骨干周围肌肉丰富，血供好，外骨痂出现早，量也多，愈合较快，大约 2 月。移位明显的，软组织损伤严重，血肿大，断端处软骨内形成的骨痂较多。

三、膝部损伤

（一）股骨髁骨折

股骨髁骨折较少见。

[X 线表现]

X 线检查能确定骨折之诊断及骨折类型。

1．根据骨折的部位及形态一般将其分型如下：

（1）单髁骨折：单髁骨折指内髁或外髁仅一侧骨折者，其又可分为以下两型。①无移位型：无移位型指无移位之裂缝骨折，或骨折纵向移位不超过 3mm，旋转不超过 5°者。②移位型：移位型指超过前述标准的移位型骨折。

（2）髁间骨折：髁间骨折指内外髁同时骨折者，骨折线形状似 V 形或 Y 形者，一般多伴有程度不同之移位。

（3）粉碎骨折型：一般除股骨髁间骨折外，多伴有髁上或邻近部位骨折，骨折端移位多较明显（如图 3-36 所示）。

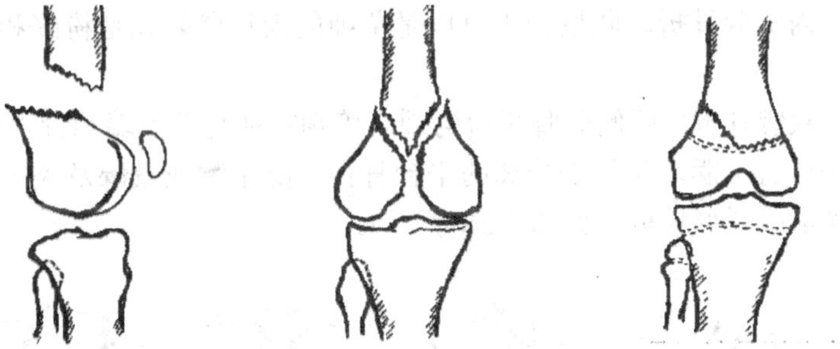

髁上骨折　　髁间骨折　　骨骺分离

图 3-36　股骨髁骨折

（二）胫骨髁骨折

胫骨髁骨折又称胫骨平台骨折，好发于青壮年，多为垂直压迫的间接暴力合并膝关节旋转、内翻或外翻应力所致骨折。

[影像学表现]

常规进行 X 线平片检查，而 CT 及三维重建更能显示骨折的全貌，合并有关节内结构损伤者，应行 MRI 检查。

1．X 线表现

胫骨髁骨折可表现为单髁、双髁骨折或粉碎性骨折。X 线片显示胫骨平台劈裂、压缩、塌陷呈阶梯状、断端嵌插或粉碎，关节面的断裂、变形，有时还可出现腓骨小头的骨折（如图 3-37 所示）。

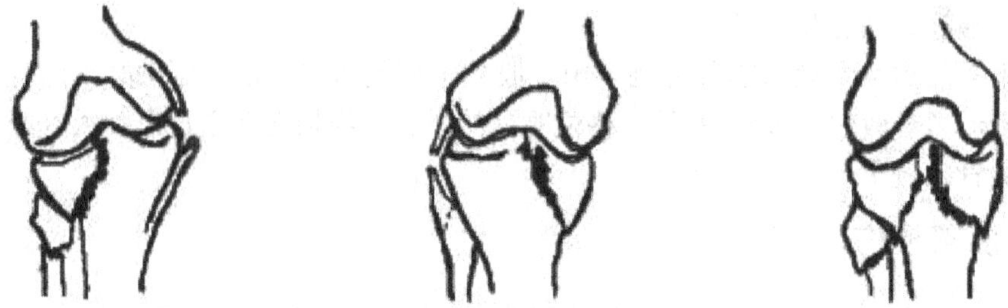

外髁骨折　　内髁骨折　　双髁骨折

图 3-37　胫骨髁骨折

胫骨髁骨折为关节内骨折，骨折波及胫骨近端关节面。严重者还可合并有半月板及韧带损伤，处理不当容易引起膝关节的功能障碍。

2．骨折分类（Schatzker 分型）

Ⅰ型——单纯外侧平台劈裂骨折。典型的楔形非粉碎性骨折块向外下劈裂移位，此型骨折常见于无骨质疏松的年轻患者。

Ⅱ型——外侧平台劈裂合并压缩骨折。侧方楔形骨块劈裂分离，并有关节面向下压缩陷入干骺端。此型骨折最常见于老年患者。

Ⅲ型——单纯外侧平台中央压缩性骨折。关节面被压缩陷入平台，外侧皮质完整。其易发生于骨质疏松者。

Ⅳ型——内侧髁骨折。此型骨折可以是单纯的楔形劈裂或是粉碎和压缩骨折，常累及胫骨棘。

Ⅴ型——双髁骨折。两侧胫骨平台劈裂。鉴别特征是干骺端和骨干仍保持连续性。

Ⅵ型——伴有干骺端和骨干分离的平台骨折，除单髁或双髁及关节面骨折外，还存在胫骨近端横形或斜形骨折（如图 3-38 所示）。

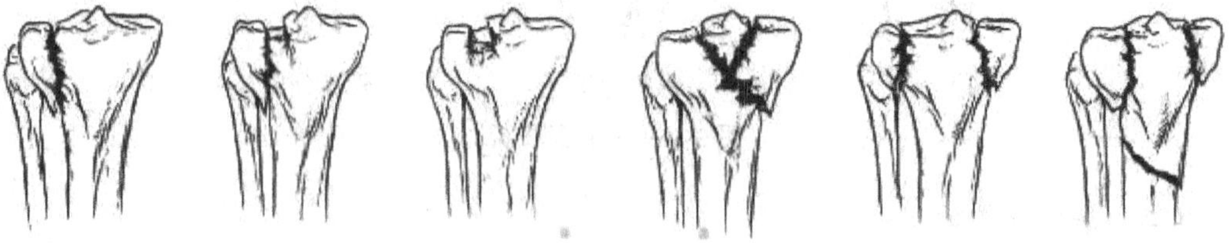

Ⅰ　　Ⅱ　　Ⅲ　　Ⅳ　　Ⅴ　　Ⅵ

图 3-38　Schatzker 分型

（三）髌骨骨折

髌骨骨折最常见，占膝部损伤的首位，多为青壮年，男性多于女性。其受伤机制多由股四头肌突然强烈收缩的间接暴力致使髌骨与股骨髁直接碰撞引起的髌骨横断性骨折最为多见，而髌骨的粉碎性骨折则是直接暴力打击的结果。

[X 线表现]

股四头肌突然猛力收缩，超过髌骨的内在的应力时，则引起髌骨骨折，骨折多为横形，髌骨上下分成两块，近折端受股四头肌腱牵拉向上移位，使断端分离。直接暴力如撞击伤、踢伤等，导致髌骨多为粉碎性骨折，因伸肌支持带损伤轻，故移位较少。

髌骨骨折应注意与二分髌骨鉴别，二分髌骨多位于髌骨外上极，子髌骨边缘光整，位置恒定，与主髌骨之间的间隙较整齐。

髌骨骨折后引起膝关节肿胀明显；骨折线波及髌骨关节面，移位多、复位差者，可后遗关节功能障碍和创伤性关节炎（如图 3-39 所示）。

骨折端分离

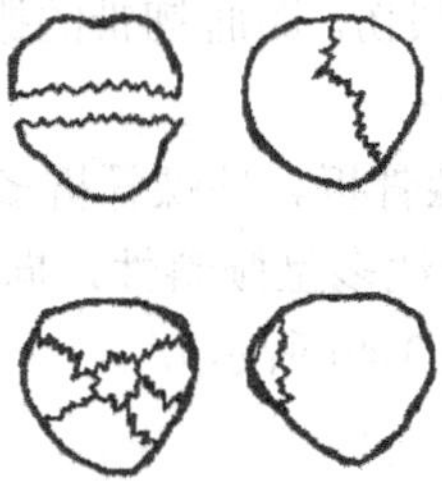

骨折线形态

图 3-39 髌骨骨折

四、胫腓骨干骨折

胫腓骨干骨折为四肢好发骨折，开放性骨折发生率高，少年儿童多见。

[X 线表现]

1. 直接暴力：由重物打击、踢伤、撞伤、挤压伤等所致。暴力多来自小腿的外前侧，以横断、短斜形骨折最多，亦可造成粉碎性骨折，两骨折线多在同一平面，且常在暴力作用侧有一三角形碎骨片。直接暴力易造成开放性骨折。

2. 间接暴力：由高处坠落、扭伤或滑倒所致，多为斜形或螺旋形骨折，特点为腓骨的骨折线较胫骨的骨折线为高，软组织损伤少，偶有骨折移位。

3. 儿童可发生胫腓骨干青枝骨折。

间、直接暴力，均可造成两骨折段重叠、成角，旋转畸形，暴力的方向及小腿本身的重力是造成畸形的主要原因。因小腿外侧受外力的机会多和肌肉牵拉的自然趋向，使骨折端向内成角，而小腿重力使骨折端向后侧倾斜成角，足的重力可使骨远端向外旋转，肌肉的收缩可使两骨折端重叠。

五、踝及足部损伤

（一）踝关节骨折脱位

踝关节骨折脱位是骨科常见的损伤，其发病率占关节内骨折的首位。好发于青壮年。

损伤多由间接外力所造成，如由高处坠下时，足踝处于内翻位，足外缘先着地，或在不平的道路上行走时等，则造成内翻损伤，多见。也有外力使足踝突然强力外翻，则造成外翻损伤。直接外力如踝部被踢伤、重物砸伤等均可造成骨折。

[影像学表现]

常规投照 X 线前后位、侧位片。Mortis 位（踝关节内旋 15°位）旋前——外旋型损伤注意腓骨近端损伤的可能性，应拍患侧小腿全长片。

首先观察骨折类型及其移位程度和方向，而后观察距骨的位置和踝关节间隙是否正常，向何方倾斜移位或脱位。

1．根据损伤机制分型——Lauge-Hansen 分型

（1）旋后－内收型（SA）

受伤时足处于旋后内翻位，受到强力内翻应力所致。外踝受到牵拉，内踝受到挤压。

Ⅰ 度：外侧结构损伤。距腓韧带的撕裂或外踝横行骨折，外踝骨折低于踝关节水平间隙。

Ⅱ 度：Ⅰ 型+内踝骨折。外踝骨折多位于踝关节水平间隙，内踝骨折与内侧与内侧水平间隙交界处。骨折线多呈倾斜性，向内上方，常合并踝穴内上角关节软骨骨折，压缩或软骨面损伤（如图 3-40 所示）。

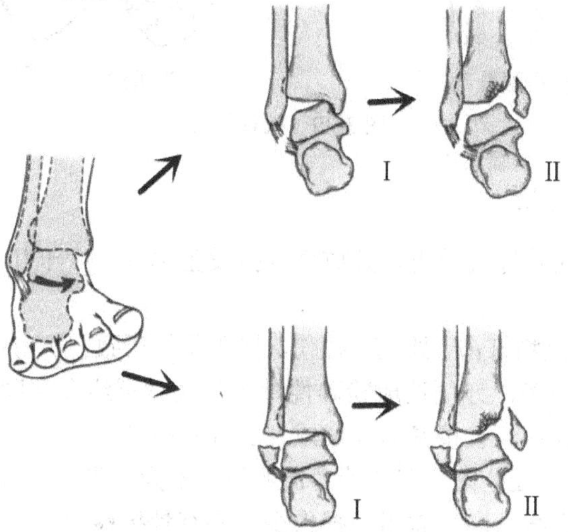

图 3-40　旋后－内收型

（2）旋后——外旋型（SER）

足位于旋后位，距骨在踝穴内受到外旋外力或足固定小腿内旋外力，距骨在踝穴内以内侧为轴向外旋转，迫使外踝向后移位。

Ⅰ 度：下胫腓前联合损伤。下胫腓前韧带断裂或胫骨前结节撕脱骨折。

Ⅱ 度：Ⅰ 型+外踝短斜形骨折，骨折平面在下胫腓联合水平，骨折线方向往往从前下到后上。

Ⅲ 度：Ⅱ 型+后踝骨折或下胫腓后联合损伤。后踝折片较大，可达胫骨远端关节面 1/3～1/4。

Ⅳ度：Ⅲ度+内踝骨折或三角韧带损伤（如图 3-41 所示）。

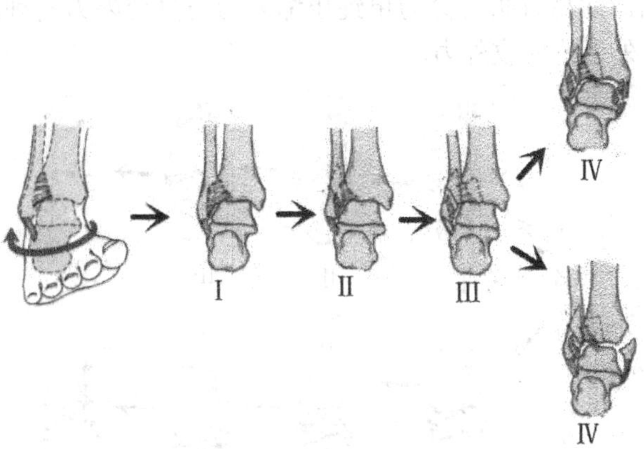

图 3-41 旋后－外旋型

（3）旋前——外展型（PA）

足位于旋前位，距骨在踝穴内受到强力外翻外力，内踝受到牵拉，外踝受到挤压。

Ⅰ 度：单纯内踝骨折或三角韧带撕脱。

Ⅱ 度：Ⅰ度 +下胫腓联合韧带损伤或撕脱骨折

Ⅲ度：Ⅱ度 +下胫腓联合处或以上的腓骨骨折，胫距关节顶部前外侧压缩（如图 3-42 所示）。

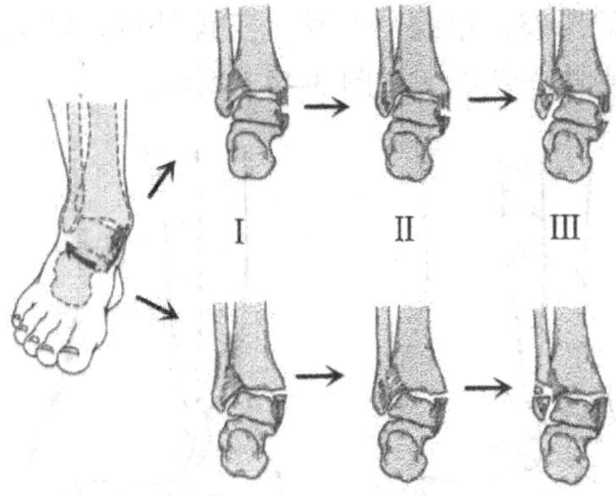

图 3-42 旋前－外展型

（4）旋前——外旋型（PER）

足受伤时位于旋前位，距骨在踝穴内受到外旋应力（或小腿内旋之相对外旋之外力）踝关节内侧结构首先损伤失去稳定作用，距骨则以外侧为轴向前外侧旋转移位。

Ⅰ度：单纯内踝骨折或三角韧带撕脱

Ⅱ度：Ⅰ度 +下胫腓前韧带损伤或撕脱骨折

Ⅲ度：Ⅱ度 +腓骨在下胫腓联合以上的螺旋形或斜形骨折

Ⅳ度：Ⅲ度 +下胫腓后联合损伤或后踝骨折（如图 3-43 所示）。

（5）垂直压缩型：垂直压缩型多为高处坠落伤。伤时足底着地，距骨垂直向上撞击胫骨远端滑车关节面，造成胫骨下端粉碎骨折、滑车关节面压缩、胫腓联合分离、内外踝骨折并向两侧分离。此型骨折可分为单纯压缩外力与复合外力两种，后者于垂直压缩的同时可合并外旋、外展或内收外力。

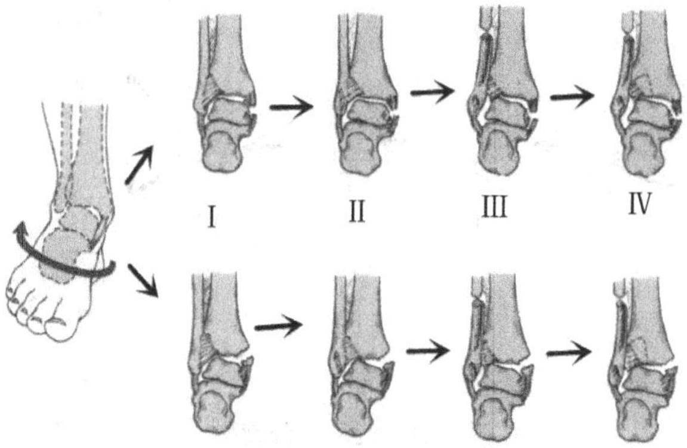

图 3-43　旋前一外旋型

2. Danis-Weber 分型（根据腓骨骨折分型）

A：腓骨骨折位于胫距关节顶部远端，下胫腓关节稳定。

B：腓骨骨折位于胫距关节顶部平面，下胫腓关节可能稳定。

C：腓骨骨折位于胫距关节近端，下胫腓关节不稳定。

踝关节的受伤机制复杂，损伤类型多种多样，病理变化包括踝内外侧副韧带撕裂，胫腓下联合韧带及骨间膜的撕裂，单踝、双踝、三踝骨折，踝关节脱位等。儿童可表现为胫腓骨下端的骨骺分离或骨骺骨折（如图 3-44 所示）。

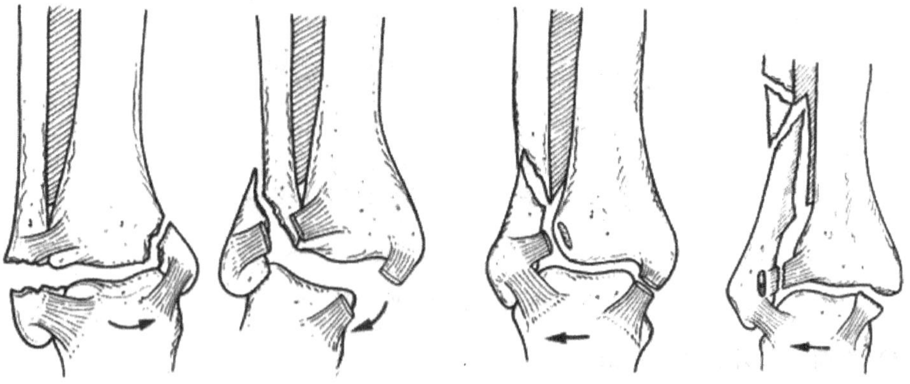

图 3-44　Danis-Weber 分型

（二）跟骨骨折

跟骨骨折在跗骨骨折中最常见，多为高处跌落足跟着地所致。跌落的高度、地面的软硬及体重均为损伤之要素。垂直压力基本上以压缩性骨折为主。少数直接撞击为跟骨后结节处骨折。腓肠肌突然收缩可致跟腱附着处跟骨结节撕脱。

[X 线表现]

投照 X 线侧位及跟骨轴位片，以便观察结节关节角和跟骨横径的改变。跟骨骨折常与脊柱骨折、颅底骨折合并发生，故检查时应注意这些部位的影像学检查，以免漏诊。

按骨折的部位、形态，跟骨骨折可分为以下两类。

1．跟骨体压缩骨折：系从高处跌下时．足跟先着地，造成跟骨压缩骨折，表现为跟骨压缩、塌陷、粉碎、变形。由于挤压程度不同，又可分为三度：（1）轻度跟骨体压缩骨折，结节关节角减小，但骨折线未进入关节面。（2）中度跟骨体压缩骨折，结节关节角减小，部分跟距关节面塌陷。（3）重度跟骨体压缩骨折，结节关节角明显减小或消失，跟距关节面严重粉碎塌陷（如图 3-45 所示）。

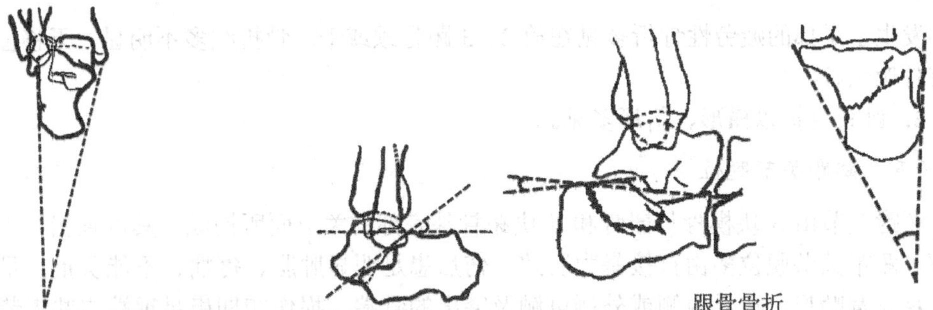

A．轴位角 17°　　B．结节角 30°～45°

正常跟骨轴位角及跟骨结节角

跟骨骨折

距下关节面塌陷，侧位片跟骨结节角变小，轴位片跟骨轴位角增大

图 3-45　跟骨骨折示意图

2．跟骨周围边缘骨折：由高处跌下，跟骨后部着地造成的跟骨结节纵行骨折；或足尖先着地，腓肠肌突然收缩，跟腱猛然向上牵拉所造成的跟骨结节横行骨折；或跟骨前部扭转造成的载距突骨折和跟骨前外侧撕脱骨折等。

跟骨结节角（Bohler 角）：跟骨侧位片上从跟骨的前关节突到后关节面画一线，再自后关节面到跟骨结节画一线，两线交角，正常为 20°～40°。跟骨骨折塌陷，此角减小。跟骨轴位角：跟骨轴位片上跟骨内、外侧缘的切线，相交形成的夹角，正常时 17°，跟骨骨折时此角增大（如图 3-45 所示）。

（三）距骨脱位

距骨脱位分为胫距关节（即踝关节）脱位、距下关节脱位。常因足跟猛烈内翻引起，距舟及距骨关节脱位，胫距关节正常，在 X 线正位片上见前足内翻，舟骨、跟骨向内脱位，距骨向外脱位；侧位片见距舟关节间隙消失，距跟关节分裂间隙增宽，或距跟关节前后脱位，跟骨向前，跟骨向后。此种脱位常有严重的软组织损伤。强大暴力作用引起胫距、距舟及距跟三关节完全脱位，在 X 线片中见距骨向前脱位，并有旋转，胫距关节可部分或完全分离，可合并踝部骨折或跗骨骨折。

距骨体的血运主要来自距骨颈，故距骨颈骨折距骨体旋转脱位，常引起营养血管撕裂，而易导致骨折愈合不良及距骨体缺血性坏死。距骨体缺血坏死在骨折 1 月后逐渐开始显示，数年后缺血坏死的征象可完全消失，多后遗创伤性关节炎。

（四）跖骨、趾骨骨折

跖骨、趾骨骨折是常见骨折，多因重物打击足背、辗压，足内翻扭伤或误踢硬物引起。骨折部位以基底部骨折最多见，骨干骨折次之，颈部骨折最少。

[X 线表现]

1．跖骨骨折直接暴力打击者多为粉碎性骨折；间接或扭转暴力造成的也可能为单纯的横折或斜面骨折，单发及多发均常见。

腓骨短肌附着于第五跖骨基底部结节处，足严重内翻扭伤可造成第五跖骨基底部裂纹骨折或完全的撕脱骨折，X 线照片检查时应注意与儿童的正常骨骺相区别（如图 3-46 所示）。

发生于足部的疲劳性骨折多见在第 2、3 跖骨颈或干。骨折线多不明显，无移位，可见有骨痂生长。

2．趾骨骨折以横形、斜形多见。

（五）跖跗关节脱位

跖跗关节由 3 块楔骨与骰骨和 5 块跖骨基底部的关节面所构成。其位置相当于足背中部。跖跗关节脱位多由直接暴力所致。伤后患足明显肿胀、疼痛、不能负重。足弓塌陷，足变宽畸形，在足内侧或外侧可触及突出的骨端。损伤初期患足远端皮肤青紫，足趾血运欠佳，活动受限或障碍，足背动脉常难于触及，肿胀较甚时足部可出现张力性水泡（如图 3-46 所示）。

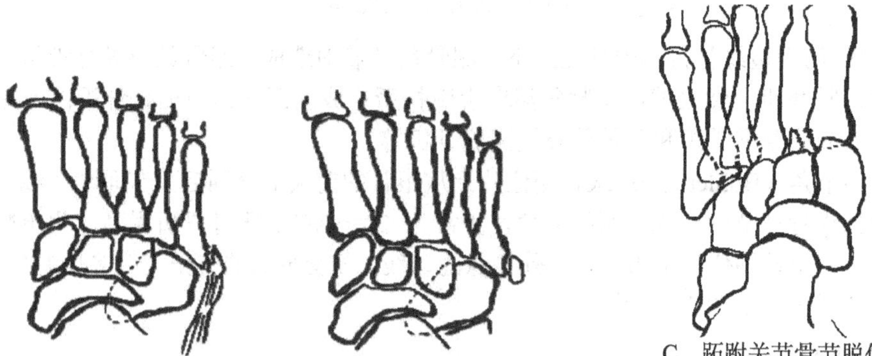

A．第五跖骨基底骨折，外侧有撕脱骨块　B．第五跖骨基底外侧的正常骨骺　C．跖跗关节骨节脱位 第一跖骨基底骨折，第一，第二跖骨分离，第二至第五跖骨向外脱位

图 3-46　跖骨骨折、跖跗关节脱位

（六）跖趾关节脱位

跖趾关节脱位多为直接暴力作用，如挤压或严重的足部扭伤。以第一跖趾关节脱位多见，近节趾骨向背侧脱位。也可表现为第一、二趾骨分离，第二至五跖骨向外脱位；或第二、三跖骨分离，第三至第五跖骨向外脱位等。脱位种类较多，常合并跖骨及跗骨骨折。还容易造成足背动脉损伤，引起足前坏死。严重的脱位常后遗功能障碍。

（程　杰　李渝苏）

第五节 躯干常见骨折脱位的影像诊断

一、脊柱骨折脱位

脊柱是全身的支柱，承担负重、运动、吸收震荡及平衡肢体的重要功能，并具有支持保护内脏和脊髓的功能。脊柱损伤，不仅使全身失去支柱，而且还可损伤脊髓. 导致截瘫，并严重地影响内脏的生理功能，甚至造成残废或死亡。

脊柱骨折系骨科常见创伤。其发生率占骨折的 5%～6%，以胸腰段骨折发生率最高，其次为颈、腰椎、胸椎最少，常可并发脊髓或马尾神经损伤。

（一）脊柱损伤的分类

1. 按受伤机制分类

人体遭受暴力作用后，由于暴力传导到脊柱，或引起脊柱的超常活动而造成脊柱的损伤。不同的暴力作用可引起不同的骨折类型，脊柱损伤多为间接暴力所致，其类型如下：

（1）屈曲型损伤。此为临床最常见的一种类型，此型损伤主要是屈曲压缩暴力所致，如自高处坠下，足或臀部着地，身体骤然过度前屈；或重物高处落下，砸于患者头、肩、背部也会造成脊柱过屈损伤。这种损伤多发生在脊柱活动范围大的部位，或生理弧度交界处，即胸腰段、环枢椎、下部颈椎等。屈曲暴力引起椎体前方压缩、楔形变，椎体后方韧带结构受牵张、断裂。

（2）伸展型损伤。较少见，高处仰面跌下，腰背部直接撞在障碍物上致脊柱骤然过伸；或坐车突然发生撞车时，头面撞于挡风玻璃或前排座椅靠背上，致颈后伸损伤。引起前纵韧带及椎间盘纤维环前方撕裂，椎体前上角或前下角发生小片撕脱骨折，上下椎弓和关节突相互撞击而骨折。

（3）垂直压缩型，属于爆裂型损伤，高处掉落的物体纵向打击头顶，或跳水时头顶垂直撞击地面，以及人从高处坠落臀部触地，均可使椎体受到椎间盘挤压而发生粉碎性骨折，骨折块向四周“爆裂”移位，尤其是椎体后侧皮质断裂骨块突入椎管造成椎管变形、脊髓损伤。椎板也可纵行骨折，椎弓根间距加宽。

（4）屈曲牵张型损伤属于安全带型损伤，高速行驶的汽车在撞车瞬间患者下半身被安全带固定，躯干上部由于惯性而急剧前移，以前柱为枢纽，后、中柱受到牵张力而破裂张开，造成棘上棘间韧带—后纵韧带—椎间盘水平断裂；或经棘突—椎板—椎体水平骨折，往往移位较大，脊髓损伤多见。

（5）侧屈型损伤：高处坠落一侧臀部着地，或重物打击一侧躯干发生椎体一侧压缩骨折楔形变，同侧的关节突相互撞击而骨折，对侧受牵张暴力，引起神经根或马尾牵拉性损伤，在颈椎可发生臂丛神经牵拉伤。

（6）旋转暴力，引起上椎体脱位，或伴有下椎体上面的薄片骨折，附件的关节突骨折和脱位。

（7）水平剪力，暴力引起通过椎间盘及韧带结构的前后脱位，常伴发关节突骨折。

另外，直接暴力致伤者比较少见，易发生在战伤、地震时，颈、胸、腰椎多为横形、粉碎性骨折及脱位，脊髓容易受伤。

2．按骨折稳定程度分为稳定型和不稳定型骨折

（1）按损伤程度分

稳定性：单纯椎体压缩骨折，压缩程度＜1/2，不合并附件骨折或韧带撕裂，或单纯的棘突、横突撕脱性骨折。

不稳定性：压缩程度≥1/2，或合并附件骨折或韧带撕裂，骨折易错位或造成脱位。

（2）1984 年 Denis 提出了脊柱三柱理论：前柱—前纵韧带、椎体及椎间盘的前 2/3 部分；中柱—后纵韧带、椎体和椎间盘的后 1/3；后柱—椎后韧带复合结构。中柱在保持脊柱稳定性中尤其重要，中柱断裂提示脊椎不稳。

也有人提出相比三柱理论，后侧韧带群（PLC，包括黄韧带、棘间韧带、棘上韧带和小关节囊）的完整性是评估脊柱稳定性更好的指标。

（二）影像学检查方法的选择

1．X 线检查

X 线检查是脊柱损伤的最基本的检查手段，对低能量致伤的患者使用 X 线平片检查已经足够。但如检查结果存在骨折征象，则需要进行进一步的 CT 检查。这是因为 X 线平片检查发现脊椎骨折的能力有限，有时难于区别新旧骨折，容易低估脊柱损伤的严重性。有资料表明单独使用 X 线片检查，近 20%的爆裂性骨折被误诊为单纯性前缘压缩性骨折。故经过 X 线检查疑有脊柱骨折的患者都应接受进一步 CT 检查。

X 线平片检查，包括正位、侧位、双斜位，寰枢椎损伤进行开口位投照，脊椎序列有改变时可进行脊柱过屈、过伸应力位投照，以显示脊椎外伤的范围和严重程度。正位像可以观察脊椎排列、椎体形态、椎弓根、椎间隙、棘突、椎旁软组织等；侧位像可以观察脊椎的排列、椎体的形态、椎间隙、椎间关节、棘突，可以测量椎管前后径等；斜位像可以观察椎间孔的大小及椎间孔周围骨折，关节突及峡部骨折等。椎体骨折时可见椎体高度降低、骨小梁排列紊乱等。

2．CT 检查

对高能量（高处跌落、车祸、汽车撞伤等）脊柱损伤应进行 CT 检查。CT 检查可以充分显示脊椎骨折、骨折类型、骨折片移位程度、椎管变形和狭窄以及椎管内骨碎片等，并通过矢状位和冠状位重建以显示椎体楔形变的程度。CT 检查简便、安全、迅速，不需要搬动病人。CT 检查的重点是观察骨折对脊髓和神经根的影响，了解有无骨折片突入椎管或椎间管以及骨折移位对脊髓的压迫情况。CT 检查目前也是脊柱损伤的常规检查。

3．MRI 检查

MRI 检查对判断有无椎体骨折、椎间盘损伤、韧带断裂，观察有无脊髓挫裂伤、脊髓受压及受压程度等有较高的诊断价值。因此，在有脊髓损伤，怀疑有椎间盘损伤、韧带断裂，或 X 线及 CT 检查未见骨折而临床怀疑有骨折时，必须作 MRI 检查。在椎体骨折时，由于受伤椎体内的渗出和水肿，在 T1WI 呈低信号，在 T2WI 上呈高信号改变。脊柱的韧带在各成像序列中均呈低信号，损伤或断裂后其低信号影失去正常的连续性且因

水肿或（和）出血而表现为不同程度的高信号影。外伤骨折后脊膜囊和脊髓可受压、移位，严重时脊髓内可见出血、水肿甚至脊髓横断而在 T2WI 上呈高信号改变。MRI 还能观察到神经根撕脱和硬膜囊撕裂等情况。

（三）颈椎骨折脱位

1. 枕寰关节脱位：在侧位 X 线照片或 CT 片上测量枕齿间距（枕骨大孔前缘到齿状突尖的垂直距离，正常成人为 4～5mm）大于 5～6mm 表明枕骨髁向前移位即可诊断为枕寰关节脱位（如图 3-47 所示）。

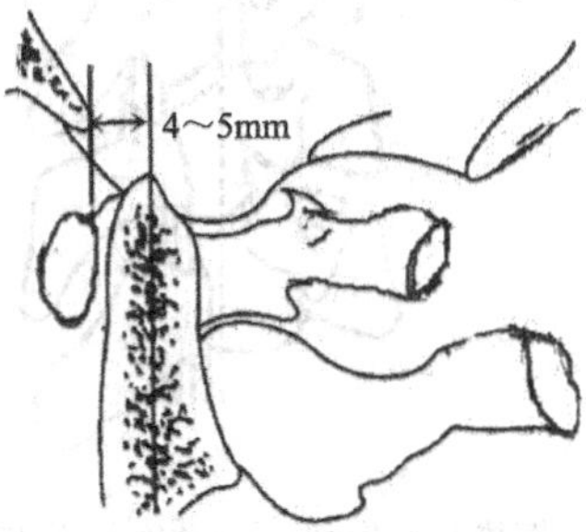

图 3-47 枕齿间距测量法

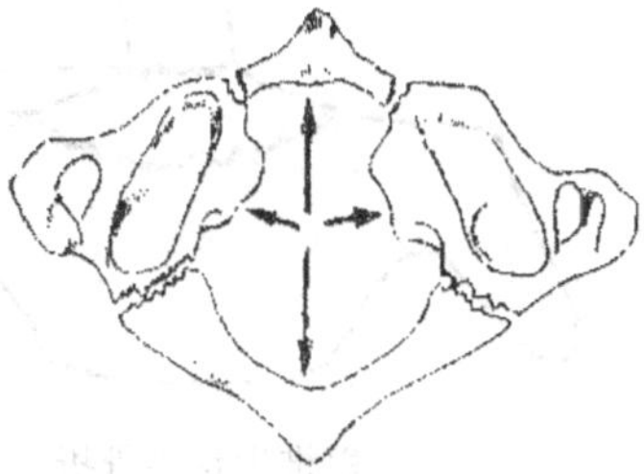

图 3-48 寰椎爆裂骨折

2. 寰椎爆裂骨折：寰椎爆裂骨折亦称为寰椎椎弓骨折、Jefferson 骨折。当头顶受到打击时，垂直暴力传导到枕骨髁，使双侧侧块分离，寰椎前、后弓骨折。因椎管变宽，一般不发生脊髓受压。侧位 X 线片上可见寰椎后弓双重骨折，骨折线经过椎动脉沟；在张口正位 X 线照片上可见两侧块向外移位，侧块外缘超过枢椎关节突外缘，测量侧块向外移的距离，两侧之和超过 7mm 表明寰椎横韧带断裂，导致寰枢不稳定；CT 片上可见前后弓骨折及侧块外移（如图 3-48、图 3-49 所示）。

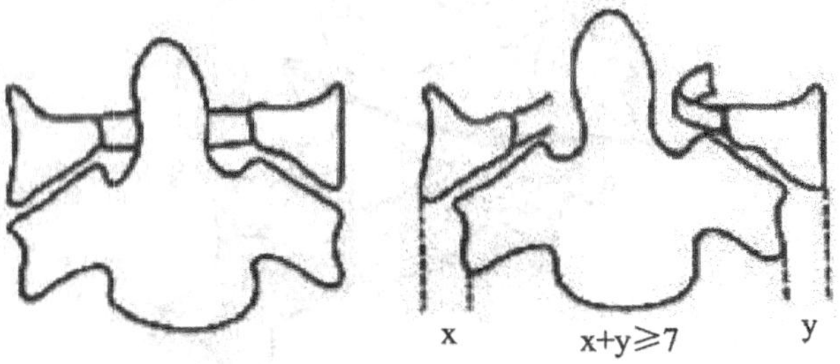

图 3-49 寰椎骨折、横韧带断裂

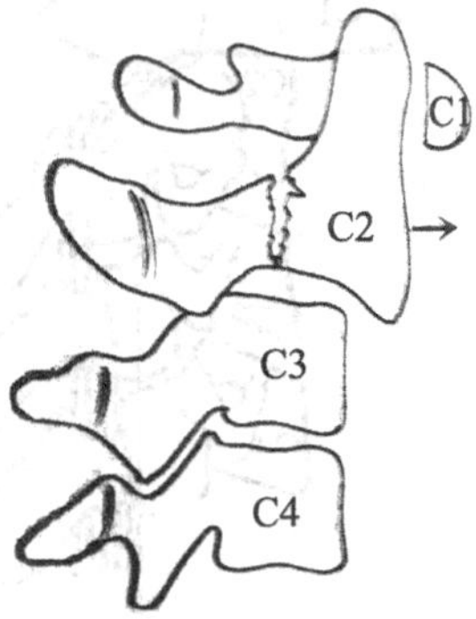

图 3-50 枢椎椎弓骨折伴滑脱

3. 枢椎椎弓骨折：枢椎椎弓骨折亦称绞刑骨折（Hangman Fracture），为枢椎上下关节突之间的椎弓峡部骨折。侧位 X 线片可见枢椎椎弓骨折伴或不伴枢椎向前移位，对不伴移位的骨折 CT 检查有利于诊断（如图 3-50 所示）。

4. 枢椎齿状突骨折：枢椎齿状突骨折齿状突骨折可分为三型：Ⅰ型为齿突尖部骨折；

Ⅱ型为齿状突腰部骨折，即齿状突与枢椎椎体交界处的骨折，X 线片见其骨折线高于寰枢关节面，为最多见的类型；Ⅲ型为齿状突基底部骨折，其骨折线经过枢椎椎体。张口正位 X 线片及上颈椎侧位 X 线片可见齿状突的骨折部位，有时可合并寰枢关节脱位（如图 3-51 所示）。

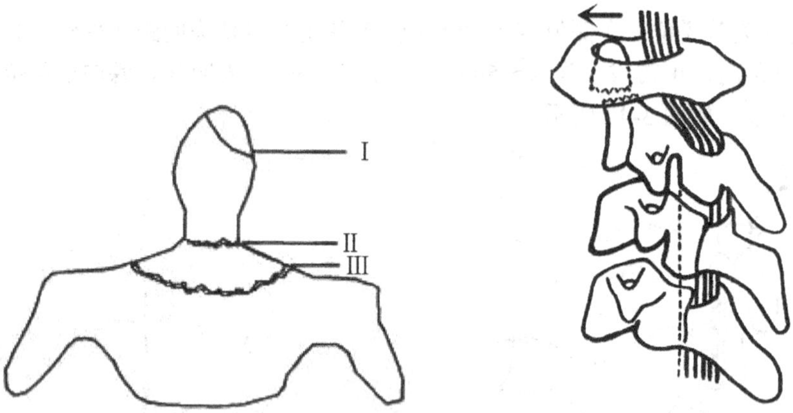

枢椎齿状突骨折　　　　枢椎齿状突骨折合并寰枢关节脱位

图 3-51　枢椎齿状突骨折

5．寰枢关节脱位：寰枢关节脱位寰枢关节脱位分为单纯性脱位及伴有齿状突骨折脱位。单纯性寰枢关节脱位在颈椎侧位 X 线片或 CT 上测量 AO 间距（寰椎前弓后缘到枢椎齿状突前缘的距离，正常不超过 3mm）大于 3mm，伴有齿状突骨折的脱位在颈椎侧位 X 线片或 CT 上可见齿状突骨折同时寰椎向前移位，MRI 检查可明确脊髓是否受压及受压的程度（如图 3-52 所示）。

图 3-52　寰椎前脱位 Ao>3mm

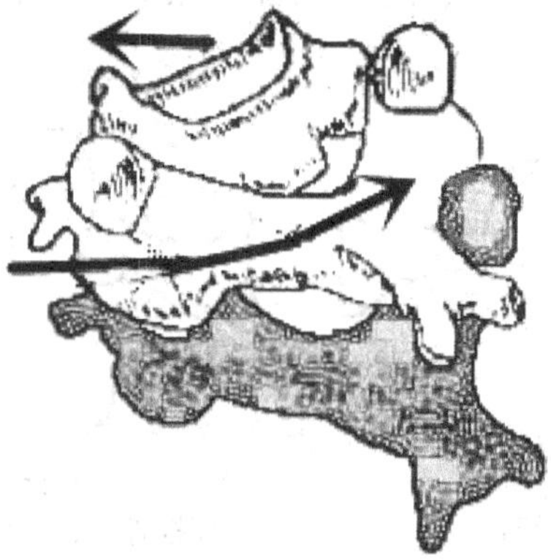

图 3-53　单侧关节突旋转脱位

6．颈椎半脱位：颈椎侧位 X 线片见椎体轻度移位，移位常小于 1/4 椎体，棘突间距离增加；小关节间隙增宽；椎间隙变窄或增宽；颈椎过屈、过伸位 X 线片有助于诊断。有时合并颈椎小关节半脱位（顶立、交锁），在 X 线侧位及 CT 矢状位重建显示好。

7．颈椎单侧关节突旋转脱位：外力作用于颈椎时，损伤节段的椎间盘后部中央为轴心，一侧的上位颈椎下关节突向后旋转，而另一侧下关节突向前滑动发生脱位形成绞锁。正位 X 片可见脱位上方棘突偏向脱位侧；侧位片上位颈椎向前移位，在关节脱位处可见到关节跳跃、交锁（如图 3-53 所示）。

8. 颈椎双侧关节突关节脱位：颈椎双侧关节突关节脱位是由强力使颈部屈曲所引起，是上位椎的下关节突滑到下位椎的上关节突前方，而发生双侧交锁，椎体移位超过 1/2 椎体，又称关节跳跃。颈椎侧位 X 线摄片可见脱位椎向前移位，关节突交锁。

9. 颈椎屈曲压缩骨折：由屈曲压缩暴力引起，侧位 X 线摄片见受累椎体呈楔形改变，中柱高度正常，严重者可见棘突间距增大（如图 3-54 所示）。

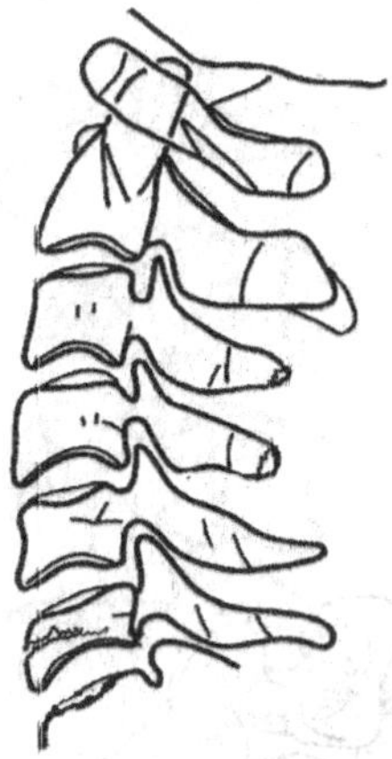

图 3-54 屈曲压缩骨折

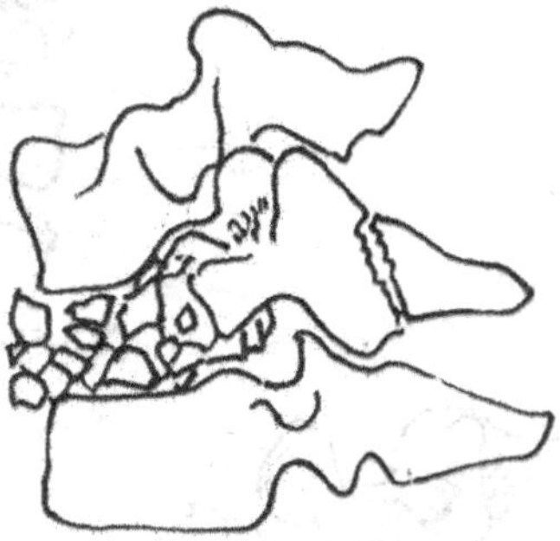

图 3-55 爆裂骨折

10. 颈椎爆裂骨折：因垂直暴力所致，颈椎正位 X 线片见椎体高度降低、椎弓根间距增大；侧位 X 线片见椎体高度减低、椎体粉碎骨折、骨折块向前后移位。CT 检查椎体的终板破裂、椎间盘压入椎体、椎体全面压缩、折片四散，椎体后壁折片可突入椎管压迫脊髓。MRI 检查可了解椎间盘损伤情况、脊髓是否受压及受压程度（如图 3-55 所示）。

11. 颈椎屈曲型骨折脱位：此为强大的屈曲压缩力和旋转暴力造成。颈椎侧位 X 线片可见椎体骨折及向前脱位，关节突骨折或交锁（如图 3-56、图 3-57、图 3-58 所示）。

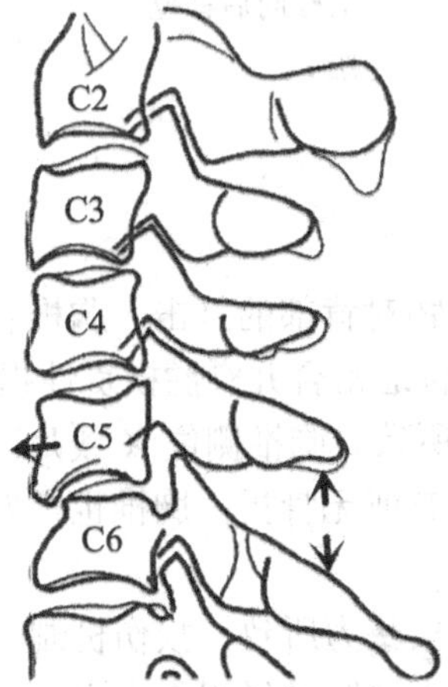

图 3-56 颈椎半脱位

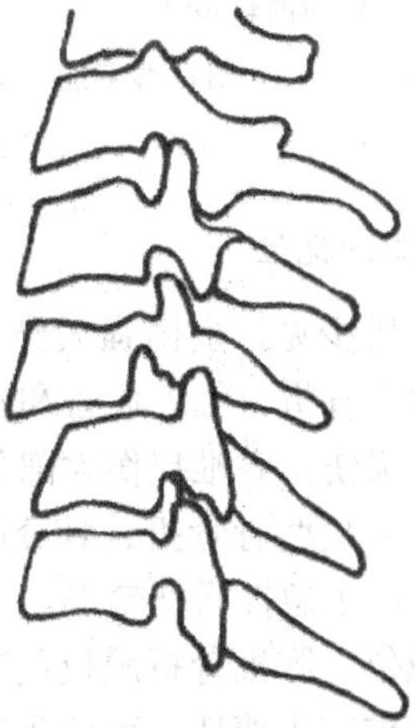

图 3-57 颈椎小关节交锁

12．颈椎伸展型骨折脱位：颈前部受到牵拉伤，特点是前部结构受到牵拉，后部结构受到挤压。侧位 X 线片可见下椎体前上角或上椎体前下角的小片撕脱骨折，椎间隙前方的高度增大，上下椎板和关节突相互撞击而发生两个节段的附件骨折，椎体向前或向后移位（如图 3-59 所示）。

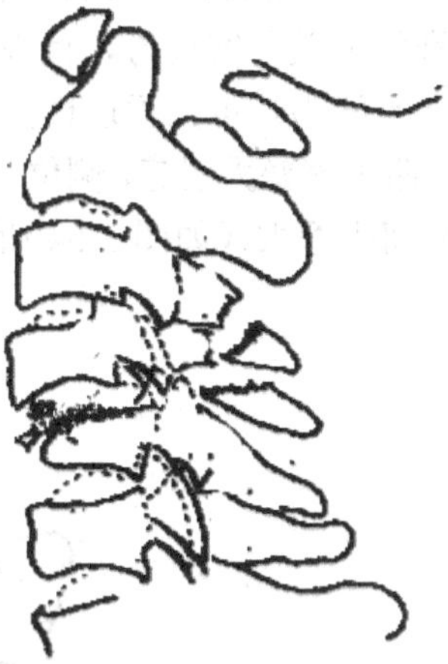

图 3-58　颈椎屈曲型骨折脱位

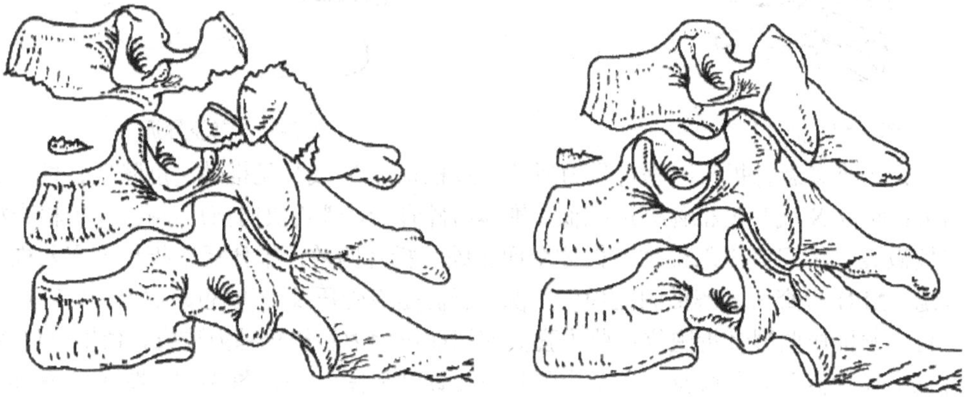

上椎向前移位　　上椎向后移位

（引自饶书城主编《脊柱外科手术学》第三版）

图 3-59　伸展型骨折脱位

（四）胸椎骨折脱位

胸椎的损伤较少见，多由强大暴力造成，如高速重物对背部的打击。胸椎骨折可合并肋骨骨折、横突骨折、临近血管和肺部损伤，胸椎脱位通常合并脊髓横贯性损伤。

胸椎屈曲型损伤。胸椎损伤大部分由屈曲轴向载荷所致。胸椎侧位 X 线片可见椎体前方高度降低、多根肋骨骨折、棘突间距增宽、椎弓可有或无骨折。胸椎也常发生多个临近节段骨折而产生急性后凸畸形。

胸椎骨折脱位。胸椎骨折脱位属高能损伤，常由直接暴力所致，损伤机制一般是创伤直接作用于胸椎产生剪切，可产生完全性脊髓损伤，无脊髓神经损伤者极为少见。其影像学表现为椎体前部高度降低、骨块突入椎管、椎弓根间距增宽、椎体移位等。分两类，一是骨折脱位、二是单纯脱位。

伸直型损伤。胸椎伸直型损伤较少见，常由后背直接受到打击所致，一般发生完全性脊髓损伤。此型损伤由剪切暴力所致，导致纤维环和前纵韧带完全撕裂，

（五）胸腰段脊椎损伤

脊柱胸腰段一般指胸 11～腰 1 节段。由于胸腰段具有较大的活动度，又是胸椎后凸和腰椎前凸的转折点，在脊柱前屈时以胸腰段为弯曲的顶点，因此最易由传导暴力造成屈曲型和屈曲旋转型损伤，是脊柱损伤最常见的部位。胸腰段骨折若合并截瘫常是脊髓圆锥和马尾神经的混合伤。

1．屈曲压缩骨折　此型是胸腰段骨折最常见类型。前柱在压力下崩溃，后柱受到牵张，中柱作为活动枢纽，椎体后缘的高度保持不变。分为三度：Ⅰ度为单纯椎体前方楔形变，压缩不超过 50%，中后柱均完好；Ⅱ度是椎体楔形变伴椎后韧带复合结构破裂，X 线片上可见到棘突间距增宽，可能伴有关节突骨折或半脱位；Ⅲ度为三柱均破裂，椎体后壁虽不受压缩，但椎体后上缘破裂，骨折片旋转进入椎管可致脊髓受压发生截瘫，侧位 X 线片可见到骨片位于骨折椎与上位椎的椎弓根之间。当椎体压缩超过 50%或中柱破裂，警惕此损伤为爆裂骨折，应作 CT 检查（如图 3-60 所示）。

椎体压缩骨折时 X 线片除注意椎体的变形外，还应注意三种征象

（1）椎体前上角有无骨块。

（2）椎体前缘及两侧缘有无皮质皱褶、中断、嵌入等改变。

（3）椎体内有无横形致密的骨小梁嵌压影。

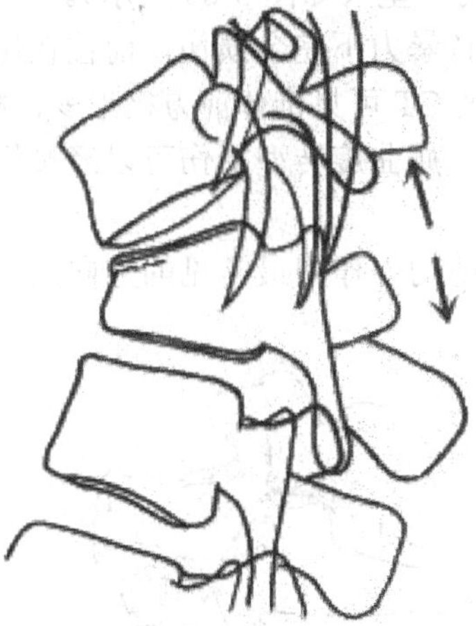

图 3-60　腰 1 屈曲压缩骨折

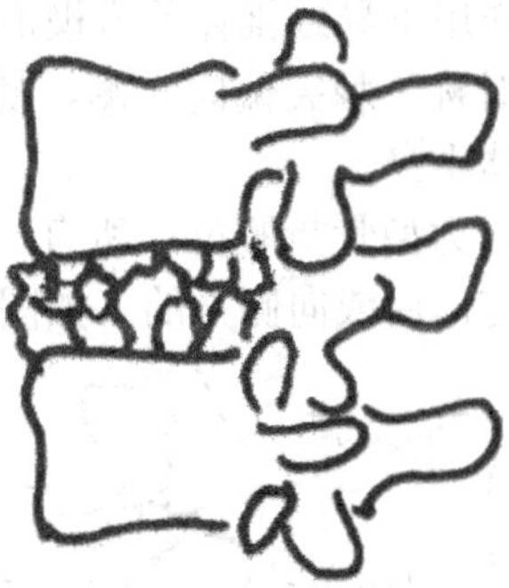

图 3-61　爆裂骨折

2．爆裂骨折　受伤的瞬间脊柱处于直立位，垂直压缩暴力致椎体粉碎。X 线片见伤椎前柱与中柱均崩溃，椎体的骨折块向四周散开，椎体后壁高度也降低，椎体后壁的骨片膨出或向后倾斜进入椎管，致局部椎管狭窄，硬脊膜前方受压，但后纵韧带有时仍完整。其后柱亦可受累，椎板发生纵行骨折，两侧椎弓根的距离加大。CT 可明确骨折移位情况，准确测量椎管狭窄的程度，MRI 可判断脊髓是否受压及程度。Denis 把爆裂型骨折

分为五类：（1）椎体上下方终板均破裂；（2）椎体上方终板破裂；（3）椎体下方终板破裂；（4）合并旋转移位；（5）椎体一侧严重压缩粉碎（如图 3-61 所示）。

3．安全带骨折（屈曲牵张型损伤） 典型损伤机制如下：患者乘坐高速汽车，腰系安全带，在撞车的瞬间患者躯体上部急剧向前移动并前屈，以前柱为枢纽，中柱与后柱受到牵张力而破裂张开。亦见于其他原因致伤者，如从高处坠落或站立时背部受到撞击等。

其与屈曲压缩骨折的区别在于前柱无或极少压缩，而后柱的撕裂十分严重。其可分为两类：①典型的 Chance 骨折，折线横行经过伤椎棘突、椎板、椎弓根与椎体，折线后方裂开。②经韧带型：即棘上、棘间韧带与黄韧带断裂，关节突分离，椎间盘后部破裂。亦可兼有两类表现，裂开处一部分为骨折，另一部分为韧带断裂（如图 3-62 所示）。

图 3-62 屈曲牵张型损伤

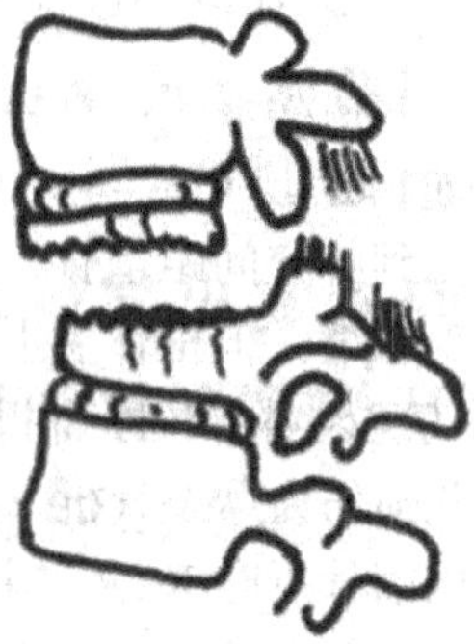

图 3-63 腰椎骨折、脱位

4．骨折脱位 这种损伤因压缩力、张力、旋转力和剪切力导致的脊柱三柱受损，同时引起脱位和半脱位。根据骨折形态和特点又分为三型（如图 3-63 所示）。

（1）屈曲旋转型骨折脱位：后柱和中柱在旋转暴力下完全损伤，前柱在压缩和旋转暴力的联合作用下导致椎体前方楔形变。X 线片及 CT 可见椎体前方楔形变，椎体旋转，椎弓根影不对称，棘突偏向一侧，棘突间距增宽。屈曲旋转型损伤可以经过椎间盘，也可以经过椎体本身。

（2）剪切力型骨折脱位：所有三柱均受累。剪切力作用最常见的方向是由后向前，偶尔也有由前向后或向侧方的（如图 3-64 所示）。

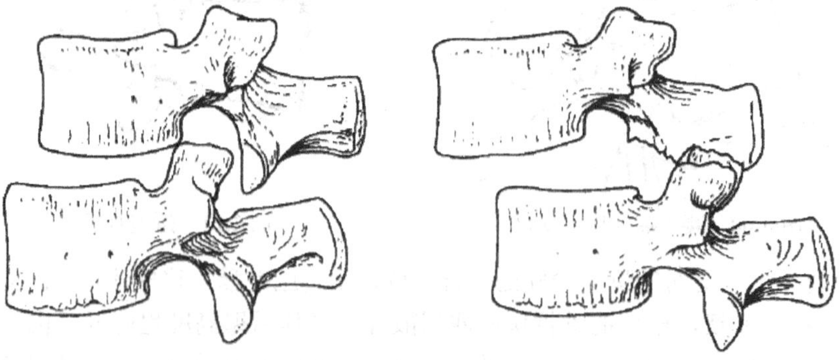

A B

（引自饶书城主编《脊柱外科手术学》第三版）

图 3-64 剪切力型脱位：A.上椎向后脱位；B.上椎向前脱位，常伴关节突骨折

（3）屈曲牵张型骨折脱位：这种损伤与安全带损伤较为相似，脊柱的中后柱在张力作用下张开，但同时其整个的纤维环均受累，上下节段间发生脱位或半脱位（如图 3-65 所示）。

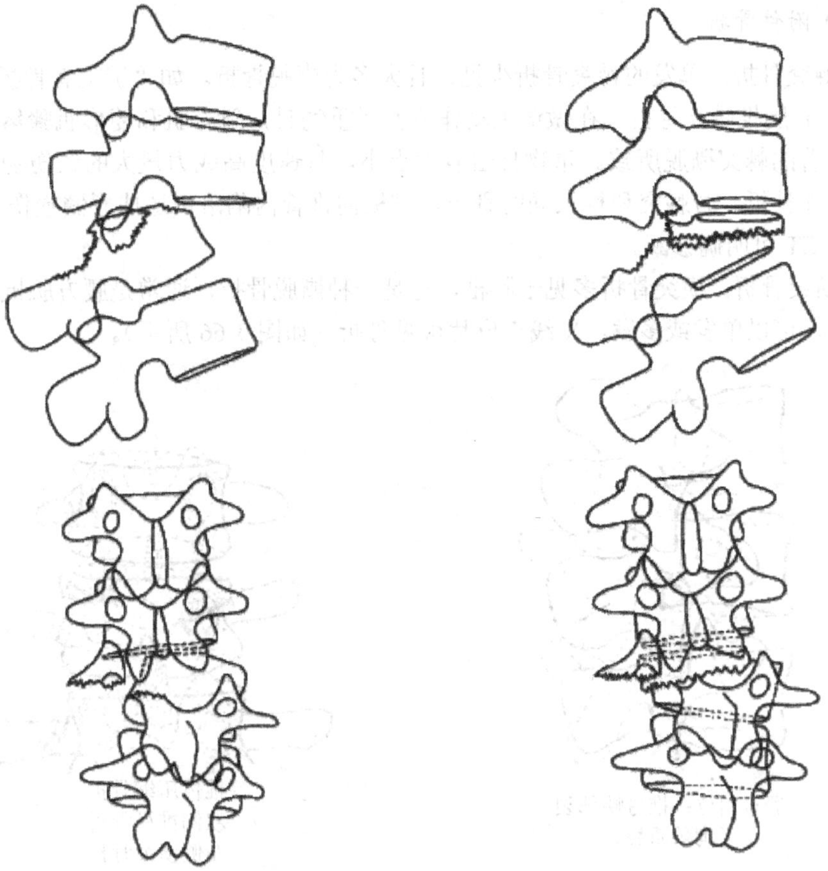

A．经椎间盘脱位，下椎体压缩，关节突骨折移位　　B．下椎体上缘薄片骨折，随上椎移位

（引自饶书城主编《脊柱外科手术学》第三版）

图 3-65　屈曲旋转型骨折脱位

（六）腰椎损伤

由于腰椎的生理前凸及较大的屈伸活动度，严重屈曲性损伤少见，骨折多由轴向压缩载荷引起；安全带的使用以及相对固定的骨盆可使屈曲分离型骨折成为可能；神经损伤发生率低、预后较好。

1．压缩性骨折：椎体前柱受压，椎体前缘高度减小而中柱完好，有时可同时发生后部结构的损伤。

2．爆裂性骨折：爆裂性骨折为前屈与轴向压缩载荷引起的前、中柱损伤，以椎体前后缘高度丢失、椎体后缘骨折块突入椎管及椎体的前后径和椎弓根间距增大为特征。

3．安全带骨折：安全带骨折也分为 Chance 骨折和经韧带型骨折。

4．骨折脱位：脊柱三柱受屈曲、旋转或剪力作用完全断裂，在腰椎所有类型骨折中稳定性最差。

5. 旋转损伤：旋转暴力经椎间盘的损伤，损伤椎间隙明显狭窄而椎体高度无明显改变。损伤椎间隙的上下椎体边缘有撕脱骨折。

（七）附件骨折

1. 棘突骨折：单发的棘突骨折少见，且大多为撕脱骨折。如“铲土者骨折”是第 7 颈椎或第 1 胸椎棘突骨折，在做铲土动作或搬运重物时，斜方肌和菱形肌骤然收缩把肌肉起点附着的棘突撕脱所致。重物打击着力点小，且速度高或力量大的致伤物可能造成脊柱的附件骨折。若棘突和椎板同时骨折，椎板向椎管内陷落可造成脊髓损伤。X 线正侧位片及 CT 可明确诊断。

2. 横突骨折：横突骨折多见于腰椎，也是一种撕脱骨折，通常是腰方肌抗阻力剧烈收缩引起，可以单发或多发。X 线正位片可见骨折（如图 3-66 所示）。

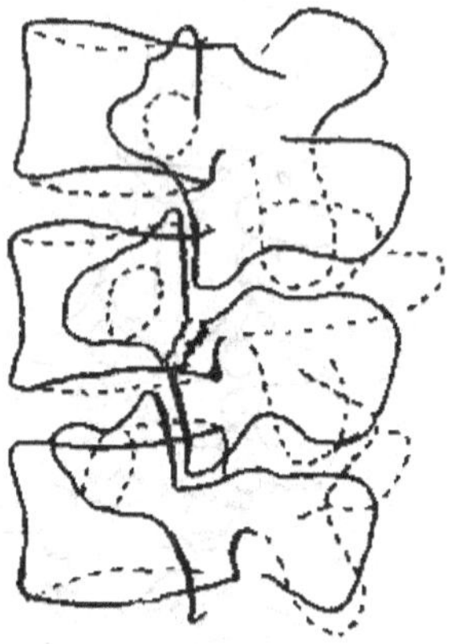
腰椎斜位：椎弓峡部裂
（狗颈断裂）

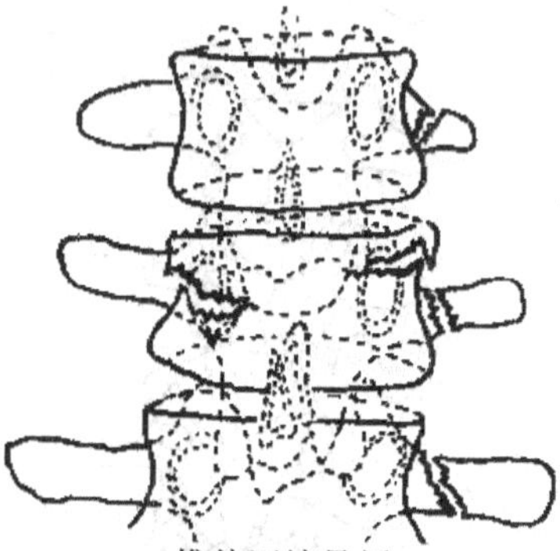
椎体压缩骨折
双侧椎弓骨折
左侧横突骨折

图 3-66　附件骨折

3. 关节突骨折：旋转暴力是造成关节突骨折的主要原因。X 线正侧位片可见骨折线，斜位片及 CT 更能明确诊断。

4. 下腰椎峡部骨折　在剧烈的纵向压力下，或腰部遭到撞击，可使腰 4 或腰 5 椎弓峡部（关节突间部）骨折。斜位 X 线片或 CT 可见骨折线，有时可伴有椎体的滑脱。

（八）脊髓损伤

脊髓是位于椎管内的重要中枢神经组织，严重的脊柱创伤可合并脊髓损伤。

（1）脊髓震荡：系脊髓遭受暴力冲击而产生的神经传导暂停，致使脊髓功能发生暂时的广泛性障碍，临床表现为脊髓休克，出现肢体运动、感觉、反射障碍，有时也出现膀胱功能障碍，因脊髓形态学上无明显改变，可能为暂时性水肿，经数日或数周后症状逐渐好转或消失，多无后遗症。

（2）脊髓挫裂伤：常由于骨折碎片、脱位的椎骨、弹片或枪弹等直接损伤脊髓，使脊髓发生挫裂伤或横断伤或损伤部位继发的出血、水肿、软化、坏死，引起肢体瘫痪与感觉、反射和尿便障碍。颈髓损伤出现四肢瘫痪和呼吸困难，胸、腰髓损伤出现两下肢截瘫。

（3）脊髓内血肿：由外伤引起脊髓内的小血管出血，主要发生于血管丰富的灰质，尤其是颈髓的灰质内。有的血肿在脊髓实质内蔓延数个节段，小的血肿可逐渐被吸收，较大的血肿使脊髓受压及软化，日后形成脊髓囊肿或瘢痕。

（4）脊髓受压：由突入椎管内的椎骨骨折片、移位的椎骨、椎间盘脱出、异物或硬膜外的积血等均可直接压迫脊髓。同时引起脊髓的淤血、缺血、水肿和软化坏死。脊髓水肿又加剧脊髓受压和脊髓功能障碍。脊椎、脊髓及脊膜损伤后，瘢痕收缩及蛛网膜粘连或囊肿形成，可使脊髓受压加重。

[影像学表现]

1．检查方法的选择

X 线平片检查可用于评估椎体单纯压缩性骨折，而不能提供脊髓损伤直接征象，如果正位片上显示有椎弓根间距加宽或者椎体后缘骨皮质中断、后突，或同时有神经症状存在，则需进一步做 CT 和 MRI 检查。CT 能更好地显示骨折情况，判断中柱是否存在碎裂，能观察椎管狭窄、变形及脊髓的受压情况，但与 X 线平片一样均不能直接显示脊髓内部结构。MRI 能进行三维断面（矢、冠、轴）成像而不用改变病人体位，对必须完全制动的脊髓创伤患者有很大的安全性；MRI 直接显示脊髓形态和内部结构的改变，以判断脊髓损伤的节段和范围，对诊断、治疗及评估预后提供可靠的信息，故 MRI 已成为检查脊柱脊髓损伤首选的方法。

2．影像学表现

需明确脊髓损伤的部位和程度。

（1）CT 表现：正常脊髓在 CT 软组织窗片上表现为中等密度影，CT 值 40HU。

脊髓震荡伤病人多无阳性发现。脊髓挫裂伤表现为脊髓外形膨大、边缘模糊，髓内密度不均，有时可见点状高密度区，脊髓压迫和横断常规扫描显示欠佳，需行三维重建。脊髓内血肿表现为高密度。脊髓外血肿常使相应脊髓受压移位。CT 对发现椎体及附件骨折、椎管狭窄显示好。

（2）MRI 表现：正常脊髓在所有序列图像中均表现为中等信号。脊髓损伤出现形态和信号两方面的改变。

脊髓震荡多无阳性发现。

脊髓挫裂伤在 T1WI 上见脊髓外形膨大，信号不均，可见低信号水肿区，也可无信号异常，仅见脊髓外形改变，但 T2WI 均可见不均匀高信号。合并出血时，急性期 T1WI 可正常，而 T2WI 呈低信号，亚急性期 T1WI 和 T2WI 均呈高信号。

脊髓横断时，MRI 可清晰观察到脊髓横断的部位、形态以及脊柱的损伤改变。

脊髓受压在 MRI 矢状面和横断面上显示为受压凹陷；脊髓横断表现为脊髓连续性的中断，断端移位程度轻重不一，断端可出现增粗，周围充以脑脊液或血液，MRI 片上可显示相应的信号变化。

脊髓内出血的信号改变比较复杂，除了与场强有关外，出血时间也是重要因素。一般来说急性期出血在中低场 MRI 片上 T1WI 上多呈低信号或等信号，T2WI 上为高信号；而在高场（1.0T 或以上场强）MRI 片上髓内出血在 T1WI 上为等或不均匀低信号，T2WI 为低信号或呈中心低信号，周边围以高信号环。信号变化可随时间而改变，而且大部分脊髓急性损伤是同时存在上述几种变化。

脊髓损伤的慢性期（伤后 3 周～1 个月）。MRI 片上，表现为脊髓囊变、软化、空洞、萎缩等。脊髓囊变 MRI 表现为脊髓内局限性边缘清楚的低信号区，其在 T1WI 低信号、T2WI 高信号，与脑脊液相似。脊髓软化 MRI 表现为软化段，其 T1WI 信号强度介于脑脊液和正常的脊髓实质之间，T2WI 信号等于或高于脑脊液。脊髓创伤后空洞 MRI 表现为脊髓内带状或管状长 T1 和长 T2 信号，信号强度与脑脊液相似。脊髓萎缩的 MRI 诊断为颈髓前后径＜7.0mm，胸髓前后径＜6.0mm，脊髓萎缩一般从受压处开始，并向上下两端延伸，其范围超过 2 个椎体节段。

3．脊髓损伤与神经功能的评价

急性脊髓损伤后其病理变化不一，MRI 表现的信号也不断变化，预示着神经功能恢复的情况也不同。脊髓水肿可逐渐消退，预后相对较好。脊髓出血可引起脊髓囊变、软化等病理改变，导致神经功能障碍，因而预后较差。在慢性期，单纯脊髓囊变和临床脊髓功能的好坏没有必然的联系，除非囊变合并有其他类型的表现。脊髓软化具有潜在进展性，预后一般较差。脊髓持续受压是创伤后空洞形成的重要原因，脊髓空洞的预后亦较差。外伤后脊髓萎缩具有进行性发展且预后差的特点。

二、骨盆骨折

发生于骨盆任何部位的骨折均称为骨盆骨折。骨盆骨折多数由前后或左右方向直接暴力挤压所致，以车祸和其他重物挤压为多。严重骨盆骨折所受暴力较大，出血多而且容易合并盆腔内脏器损伤。

骨盆由两块髂骨、坐骨、耻骨和一块骶骨构成环状，称骨盆环。此环以双侧髋关节为界，前半部称前环．后半部称为后环。骨盆后环是躯干传达重力达髋关节的重要结构，后环骨折与脱位直接影响骨盆环的稳定性，前环影响较小（如图 3-67 所示）。

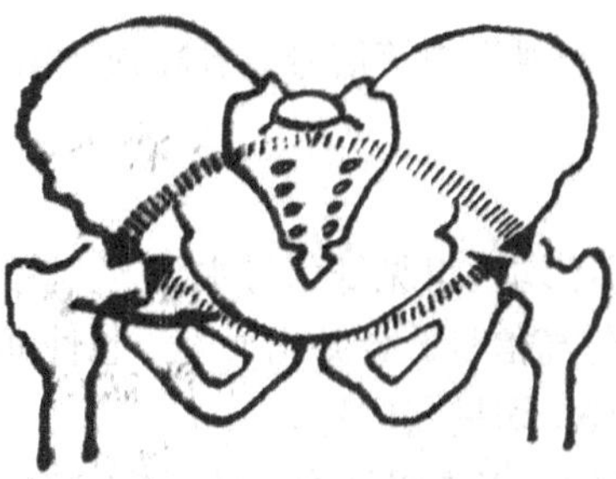

（1）股骶弓、上束弓

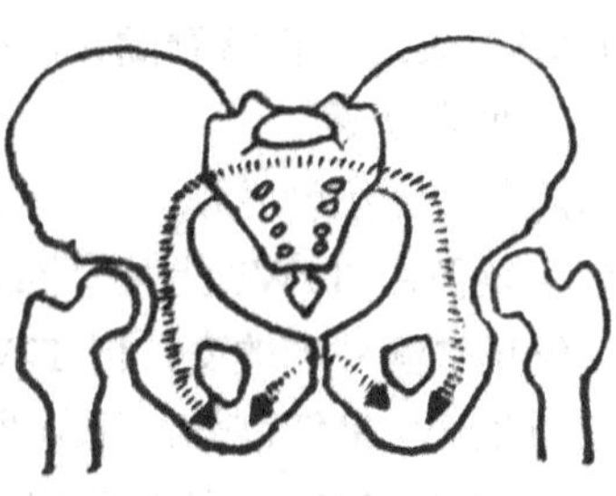

（2）坐骶弓、下束弓

图 3-67　骨盆结构示意图

根据骨盆环完整性和损伤程度，骨盆损伤分为无损于骨盆环完整性的骨折、骨盆环一处损伤、骨盆环两处以上损伤和髋臼骨折。

[影像学表现]

1．X 线表现

（1）无损于骨盆环完整性的骨折

①骨盆边缘骨折：常见的有髂骨翼骨折，耻骨单支部分骨折，髋臼边缘骨折和骶尾骨骨折等，骨折线形可呈横形或斜形，移位轻。

②骨盆撕脱骨折：骨折的部位位于肌肉附着处，如髂前上棘、髂前下棘和坐骨结节撕脱骨折等，多见于青少年，骨折片向下移位（如图 3-68 所示）。

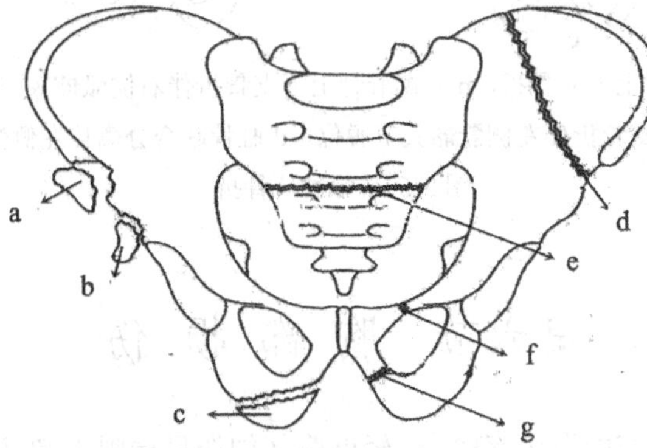

a、b 撕脱骨折，c 坐骨结节骨折，d 髂骨翼骨折，e 骶尾骨骨折 f、g 耻骨单支骨折

图 3-68 骨盆边缘骨折

（2）骨盆环一处损伤：损伤贯穿骨盆环状结构，使骨盆环中断。

①单侧耻骨上下支骨折，常见上支向下错位。

②耻骨体骨折，常发生在耻骨上支的髋臼部，骨折线纵行向下，达闭孔内缘。

③耻骨联合分离，耻骨联合间隙增宽（正常为 4～6mm），或左右不等宽、上下错位。

④骶髂关节半脱位，骶髂关节错位，伤侧髂骨向上，背侧移位，与健侧比较伤侧髂骨更接近中线，与骶骨影有重叠。

（3）骨盆环两处以上损伤：骨盆环两处以上断裂常见有：

①两侧耻骨上下支骨折，骨折端多有重叠或向后移位，常合并尿道损伤。

②骨盆环前后联合损伤，骨盆环前部结构耻骨支骨折、坐骨支骨折、耻骨联合分离，伴骨盆环后部结构髂骨骨折、骶髂关节脱位等。骨盆常发生变形，骨折端错位明显（如图 3-69 所示）。

（4）髋臼骨折：无移位者，髋臼、股骨头解剖关系正常；有错位者，可合并髋关节脱位。

2．CT 检查能准确观察骨折及并发症的情况。

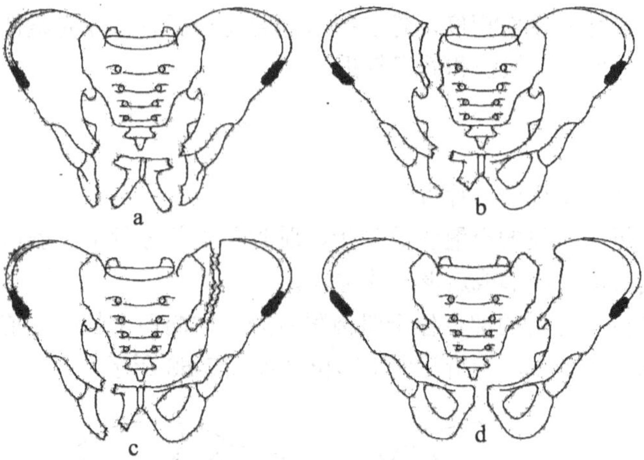

a 双侧耻骨上下支骨折，b 右侧耻骨上下支骨折伴右侧骶髂关节脱位，
c 右侧耻骨上下支骨折伴左侧骶髂关节脱位，d 耻骨联合分离伴左侧骶髂关节脱位

图 3-69　骨盆环骨折

（刘道德　汪文章）

第六节　胸 部 损 伤

胸部创伤在躯干损伤中发生率较高，轻度胸部创伤只局限于胸壁或肋骨轻微骨折. 对生命无直接影响。严重胸部创伤常累及胸内脏器损伤，或合并全身多处损伤，可直接威胁生命。引起胸部创伤最常见的原因是机动车事故，占 70%～80%，其次是高处坠落伤及刀刺伤，其中＞90%为闭合性胸部损伤，开放性创伤占 8%～10%。

一、肋骨骨折

肋骨骨折是胸部损伤的第一位，多见于成人。多数由于胸部受到直接暴力的打击，严重者可造成胸腔内脏器或上腹部脏器严重损伤，甚至危及生命。部分病人也有间接暴力或胸部肌肉的强烈收缩所致。还有一些因年老或其他情况而产生骨质疏松的病人，猛烈的咳嗽或喷嚏亦可导致骨折（如图 3-70 所示）。

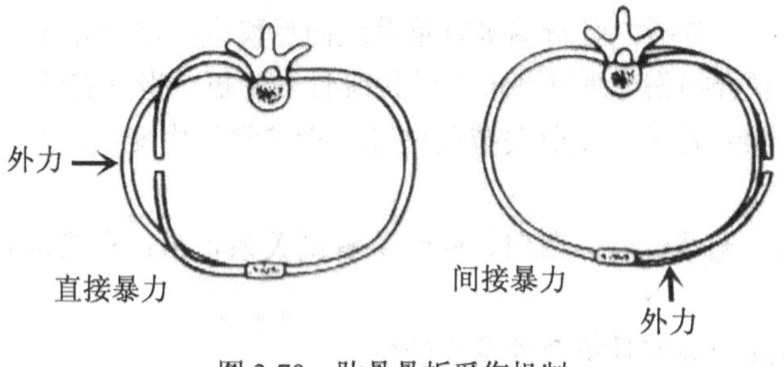

图 3-70　肋骨骨折受伤机制

肋骨有 12 对，第 1、2 肋骨短小，又被肩胛骨、锁骨及上臂所保护，一般不易受伤。第 11、12 为浮肋，有弹力，不易骨折。故肋骨骨折常发生于第 3～10 肋。若 1～2 肋骨

发现有骨折，常提示患者所受暴力较大，伤势较重，要引起重视；第 11～12 肋骨发生骨折，常引起腹内脏器和膈肌损伤（如图 3-71 所示）。

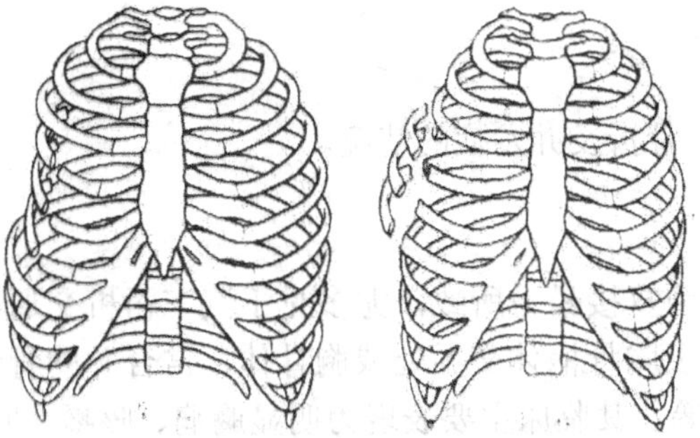

图 3-71 肋骨骨折

[临床表现]

有胸部损伤史，伤后出现胸痛，深呼吸、咳嗽时加重。胸壁可有畸形，局部压痛，胸廓挤压实验胸部疼痛加重为阳性，甚至产生骨擦音；此可与软组织损伤鉴别。骨折断端移位可刺破胸膜可见血胸、气胸、皮下气肿等。

[影像学检查]

胸部 X 线平片，投照体位：胸部后前位及斜位。胸部 CT 检查。

1．X 线表现

（1）直接暴力：骨折发生于暴力作用的部位，呈横断型或粉碎型，骨折片多向内移位，易刺伤肺脏，造成气胸、血胸。

（2）间接暴力：当外力作用胸壁前部，使胸腔的前后径缩短，左右径增长，多致肋骨腋线处骨折，骨折线多为斜形，骨折片向外突出，刺破胸膜的机会较少。可发生一根或多根肋骨骨折，亦有一根肋骨同时有 2～3 处骨折，需仔细观察（如图 3-72、图 3-73 所示）。

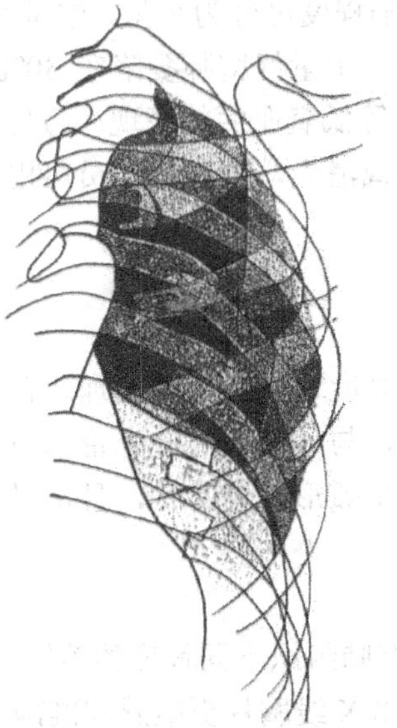

图 3-72 左胸 5～8 肋后支骨折

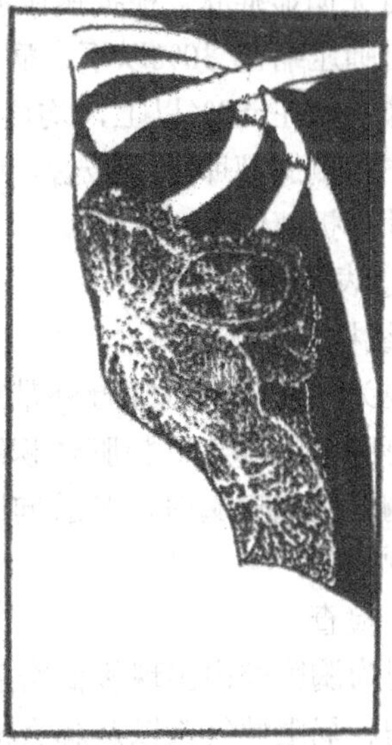

图 3-73 左胸肋骨骨折伴气胸

（3）混合暴力：由直接和间接暴力合并作用的结果。直接冲击力使局部骨折，而其余力未尽，残余力量即成为传达暴力，造成该肋骨的另处骨折（一骨双折），此种骨折常造成胸内损伤。

2. CT 表现

CT 检查能准确观察骨折及并发症的情况。

二、胸骨骨折

胸骨骨折少见，多为直接暴力所致，尤多见于汽车司机交通事故时被方向盘撞击胸部所致。胸骨骨折好发于胸骨柄体交界处或胸骨体，常合并肋骨骨折、血气胸、纵膈气肿或血肿、肺实质损伤等。其临床主要表现为明显胸痛、咳嗽，呼吸和变动体位时加重，呼吸浅快，咳嗽无力和呼吸道分泌物增多，胸骨部位可见畸形。

[影像学表现]

1. X 线检查：投照胸部侧位或斜位片，胸骨骨折线呈横行、斜行、塌陷或粉碎。下骨折端可向前上移位。

2. CT 检查：能准确观察骨折及并发症的情况。

三、损伤性气胸

胸部损伤后，引起胸膜腔内积气，称为损伤性气胸，多由于肺被肋骨骨折断端刺破，亦可由于暴力作用引起的支气管或肺组织挫裂伤，或因气道内压力急剧升高而引起的支气管或肺破裂。锐器伤或火器伤穿通胸壁，伤及肺、支气管和气管或食管，亦可引起气胸，且多为血气胸或脓气胸。

损伤性气胸分闭合性、开放性和张力性三类。

闭合性气胸指气胸发生后，进入空气的伤口迅速闭合，空气不再进入胸膜腔。气体来源于肺组织裂口。伤侧胸膜腔内负压减小、肺被压缩萎陷、纵膈移向健侧。肺压缩小于 30%时可无明显症状。根据胸膜腔积气量及肺萎陷程度可分为小量、中量和大量气胸。小量气胸指肺压缩在 30%以下，病人可无明显症状。中量气胸肺萎陷在 30%～50%，而大量气胸肺萎陷在 50%以上，均可出现胸闷、气急等低氧血症的表现。查体可见气管向健侧偏移，伤侧胸部叩诊呈鼓音，呼吸音明显减弱或消失，少部分伤员可出现皮下气肿且常在肋骨骨折部位。

[影像学表现]

1. X 线检查

其表现为一侧或两侧肺野外带见气胸线以外透亮度增高，无肺纹理。有时气胸线不够明显，可嘱病人呼气，肺脏体积缩小，密度增高，与外带积气透光带形成对比，有利于发现气胸。大量气胸时，肺脏向肺门回缩，外缘呈弧形或分叶状，且常显示纵隔及心脏移向健侧。

2. CT 检查

其表现为胸膜腔内出现极低密度的气体影，伴有肺组织不同程度的萎缩改变。CT 对于小量气胸、局限性气胸以及肺大疱与气胸的鉴别比 X 线胸片更敏感和准确。

四、损伤性胸腔积液

胸部损伤后引起胸膜腔内出血、水肿，引起胸腔积血、积液。出血来源：①肺组织破裂出血，量小、多可自行止血。②肋间血管或胸廓内动脉出血，量大不易自止。可造成失血性休克。③心脏、大血管破裂，出血迅猛，往往短期内死亡。

[影像学表现]

1．X线检查

积液在第4前肋间以下称为少量胸腔积液（400ml以下），第4与第2前肋间之间属于中等量积液，积液位于第2前肋间以上为大量胸腔积液。少量积液在直立位显示肋膈角变钝。随着积液增多，肋膈角消失，且凹面向上，外高内低的弧形积液影。当出现大量积液时，整个患侧胸腔呈密度增高影，纵隔气管向健侧移位。

2．CT检查

CT可以发现100ml以下的积液，卧位时积液主要集中在背部，表现为胸腔下后部沿胸廓内缘弧形的液性密度影。中、大量积液时液体沿胸壁包绕肺组织。

3．MRI检查

可检测到少量胸腔积液，T1WI为中、高信号影，T2WI为高信号影。

（李渝苏）

第七节 颅脑损伤

一、颅骨骨折

颅骨骨折较为常见，多因头部受到撞击或被钝性物打击或穿透性损伤造成。颅骨骨折合并脑部损伤者称颅脑损伤，可引起颅内血肿、颅内高压，且常合并颈椎骨折脱位、胸腹脏器损伤，若处理不及时，影响预后，甚至危及生命。因此，及时正确地诊断尤为重要（如图3-74所示）。

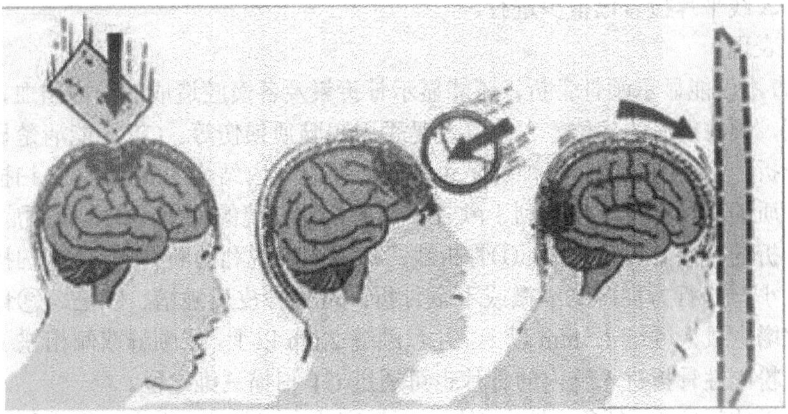

图3-74 颅脑损伤受伤机制

颅骨骨折分类较多，根据骨折的部位不同，可分为颅盖和颅底骨折；根据骨折的形态不同，可分为线形、凹陷、粉碎和穿入骨折等；根据骨折局部与外界是否相通，可分为闭合性骨折和开放性骨折。

[影像学表现]

1．X线平片：颅骨摄片时，一般应摄常规的前后位和侧位片，有凹陷骨折时，为了解其凹陷的深度应摄以骨折部位为中心的切线位。可显示骨折的全貌，颅骨骨折可按以下分类。

（1）颅顶骨折：有线样、凹陷、粉碎和穿入骨折。骨折线跨越颅骨血管沟可引起颅内出血。塌陷骨折片可引起脑部压迫，引起颅脑损伤。穿入洞形骨折碎片常向颅内移位．并见金属异物。线形骨折也要与颅缝区别，颅缝有特定部位，呈锯齿状，内板缝的投影亦不如骨折线清晰锐利。颅缝分离较骨折少见，常见于儿童及青少年，多发生于人字缝、矢状窦和冠状缝，表现为颅缝明显增宽，或有颅缝错位或重叠，两侧颅缝宽度相差 1mm 以上或宽度超过 1.5mm 即可诊断颅缝分离。颅盖部凹陷骨折可为全层或仅为内板向颅内凹陷，呈环形或星形，借切线位片了解其深度。普通 X 线片可显示颅内积气，但仅 30%～50%能显示骨折线。

（2）颅底骨折：分前颅窝骨折可引起视、嗅神经症状，脑脊液鼻漏；中颅窝骨折常引起听神经障碍症状，脑脊液耳漏；后颅窝骨折可引起喉音撕哑，吞咽咳呛。颅底骨折经 X 线检查确诊率仅为 50%左右。诊断时必须结合临床表现。即使颅骨平片未发现骨折线，如临床表现符合，亦应确定为颅底骨折。当骨折线经过额窦、筛窦、蝶窦和岩骨时，应注意是否伴发脑脊液漏，并警惕这类内开放性颅骨骨折有并发颅内感染的可能。另外阅片时还要注意颅底骨折的间接征象，如颅底骨折脑脊液漏可出现鼻旁窦和（或）乳突积液表现，窦腔混浊，密度增高。鼻旁窦或乳突损伤，可于颅骨周围或颅内出现气体。颅内积气如果不是穿入骨折，则属内开放骨折。

（3）颅缝分离：较少见，常发生于儿童和青少年。人字缝分离最多，其次为顶额缝，枕额缝。颅缝分离常表示颅脑损伤比较严重，X 线诊断颅缝分离常需两侧对比，一侧颅缝宽度超过 1.5mm，或两侧颅缝相差 1mm 即可定诊。

颅底骨折经 X 线检查确诊率仅为 50%左右，不能显示颅脑损伤。因 CT、MRI 的检查的普及，X线平片检查已很少进行。

2．CT 表现

CT 检查不仅能显示颅骨骨折，还能显示骨折累及各窦腔造成的腔内出血，脑水肿的程度和范围，颅内出血的部位、大小以及是否引起脑质损伤等。CT 还能清楚显示眼眶及眶后壁的骨折、比血的范围。视神纤是否受累以及眼球内结构的变化。CT 扫描采用观察软组织和骨质的两种窗位，将有利于颅骨平片所不能发现的骨折，尤其是颅底骨折。

颅骨骨折的直接 CT 征象有：①骨折线：边界清晰锐利的断裂影。CT 扫描可显示骨折缝隙的大小、走行方向。②细微或不全骨折：可见骨皮质皱褶、凹陷。③骨缝分离：显示骨缝隙增宽成人颅缝 1.5mm 以上，儿童颅缝 2mm 以上，或颅缝双侧相差 1mm 以上。④凹陷性、粉碎性骨折进入脑内的骨片也可通过 CT 扫描三维定位。

颅骨骨折的间接 CT 征象：颅内积气、副鼻窦或乳突积液。额窦和筛窦积液常见于前颅窝骨折，蝶窦积液常见于中颅窝骨折，乳突气房积液常见于后颅窝骨折。窦腔内积液要与鼻窦炎区别（如图 3-75 所示）。

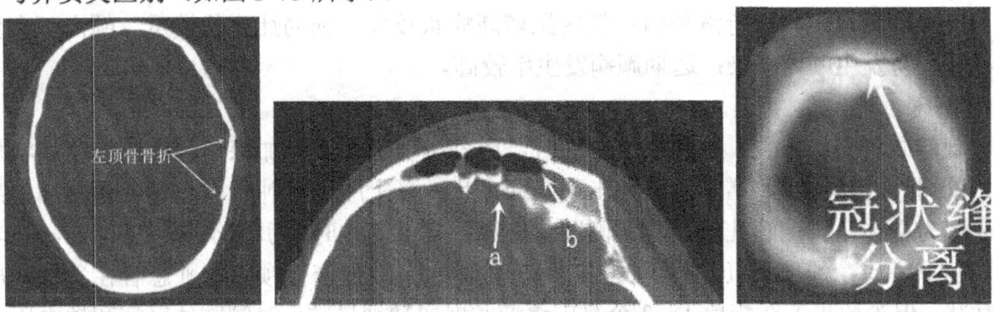

颅骨线形骨折　　a 颅前窝底骨折　b 额窦积液　　颅缝分离

图 3-75　颅骨骨折

3．MRI 表现

MRI 显示骨折线不如 X 线及 CT，但能很好地显示骨折累及各窦腔造成的腔内出血，脑水肿的程度和范围．颅内出血的大小以及是否引起脑实质损伤等。

二、脑损伤

脑损伤是由暴力作用于头部所造成的一种严重创伤，死亡率在 4%～7%。脑损伤可分为闭合性损伤和开放性损伤两大类，前者指脑组织与外界不相交通的损伤；后者指脑组织与外界相交通的损伤，有头皮颅骨开裂，并有脑脊液和（或）脑组织外溢时。另外，当头部被高速的枪弹击中时，弹头或弹片可击穿头皮与颅骨，并造成脑损伤，这类损伤称火器伤，通常也属于开放性脑损伤。

[分类]

闭合性脑损伤按损伤程度与损伤部位不同，可分为脑震荡、脑挫裂伤和脑干损伤。

1．脑震荡

脑震荡指头部外伤后短暂的脑功能障碍，伤后昏迷短暂，一般于数分钟或 30 分钟内恢复清醒，伤后数日内可有轻度头痛、恶心、呕吐，无神经系统阳性体征。

2．脑挫伤

脑挫伤是指外伤引起的皮质和深层的散发性出血、脑水肿和脑肿胀；脑裂伤指脑组织、脑膜和血管的断裂；二者常同时存在，通称脑挫裂伤。

脑挫裂伤的病理表现分为以下三期。

早期：损伤数日内，以出血、水肿、坏死为主要变化，镜下神经细胞变性消失，髓鞘崩解脱失，星形细胞变性等。

中期：数天至数周，变性坏死区组织液化，渐由瘢痕组织修复。镜下显示小病灶由胶质细胞增生修复，大的病灶由肉芽组织修复。

晚期：数月至数年，小病灶由瘢痕修复，大的病灶偶尔可形成囊腔。

3．脑干损伤

脑干损伤又可分为原发性和继发性两种，前者由外力直接引起，伤后立即出现症状，后者是由于脑疝时发生移位的脑组织压迫脑干所致，脑干损伤患者表现为伤后持续昏迷、强直、瞳孔大小多变、双眼同向凝视或眼球分离、多数脑神经麻痹和双侧锥体束征等。开放性脑损伤的临床表现与闭合性脑损伤类同，但有以下特点：原发意识障碍较轻；伤道出血，有脑组织和脑脊液外溢；颅内压增高症状较轻，脑局灶症状较重，颅内可有异物存留，易发生颅内感染；远期癫痫发生率较高。

[临床表现]

脑部血管受伤破裂、引起颅内血肿时，患者出现意识障碍加深，颅内压增高症状加剧，脑局灶症状加重、增多，甚至出现脑疝症状；幕上颅内血肿常引起颞叶钩回疝，患者表现为昏迷，同侧瞳孔散大和对侧肢体偏瘫；幕下血肿时多引起小脑扁桃体疝，患者出现枕下疼痛，颈项强直，甚至发生呼吸骤停。大多数外伤性颅内血肿患者在急性期出现症状，但少数患者在伤后1～3个月内逐渐发展成精神异常、对侧肢体轻瘫和颅内压增高的症状，由于伤力多较轻微，易被患者遗忘，故常被误诊为颅内肿瘤，作颅CT或MRI便可明确诊断。

[影像学表现]

1．脑外伤CT诊断

CT确定颅内血肿和脑挫裂伤比较容易而且可靠。

（1）颅内血肿 在急性期为均匀的高密度影，由于血肿显影，故不难确定其位置、大小及范围，还可明确有无并发其他的脑损伤。血肿的形状与密度因血肿的时间和部位而不同。依血肿密度与形状变化，可判断血肿的病理演变过程：高密度、等密度。

①急性硬膜外血肿为高张力血肿，表现为颅骨内板下局限性梭形均匀高密度区，与脑表面接触缘清楚，常有轻微占位表现。

②急性硬膜下血肿为低张力血肿，表现为颅骨内板下新月形、薄层广泛的均匀高密度区。亚急性期，形状不变，但多为高或混杂密度或等密度。后者需依脑沟与脑室改变来确定。慢性期血肿呈梭形，为高、混杂、等或低密度。

③急性脑内血肿表现为脑内圆形或不整形均匀高密度区，轮廓清楚，周围有脑水肿的低密度带，多在外伤着力点下方、较表浅。也可因脑组织对冲性损伤在外伤着力点的对侧。

④蛛网膜下腔出血为血液流入脑室或蛛网膜下腔，则积血处呈高密度影。

CT对于诊断多发与复合血肿较为可靠。

（2）脑挫裂伤 表现为边界清楚的大片低密度脑水肿区中，有多发高密度小出血灶。同侧脑室常受压变窄和移位。单纯脑挫伤只表现为低密度的脑水肿，边界较清楚，于伤后几小时至3天内出现，以12～24小时最明显，可持续几周（如图3-76所示）。

（3）硬膜下水瘤 表现为颅骨内板下新月形或半月形似脑脊液的低密度区，多见于额颞区，累及一侧或两侧，无或只有轻微占位表现。硬膜下水瘤可能是慢性硬膜下血肿表现之一。

2．脑外伤MRI诊断

血肿的演变规律及对应的MRI表现如下：

（1）超急性期（≤6h），红细胞完善，血红蛋白仍丰富含氧，血液逐渐凝固、血清挤出。MRI图像表现为等T1、稍长T2信号。

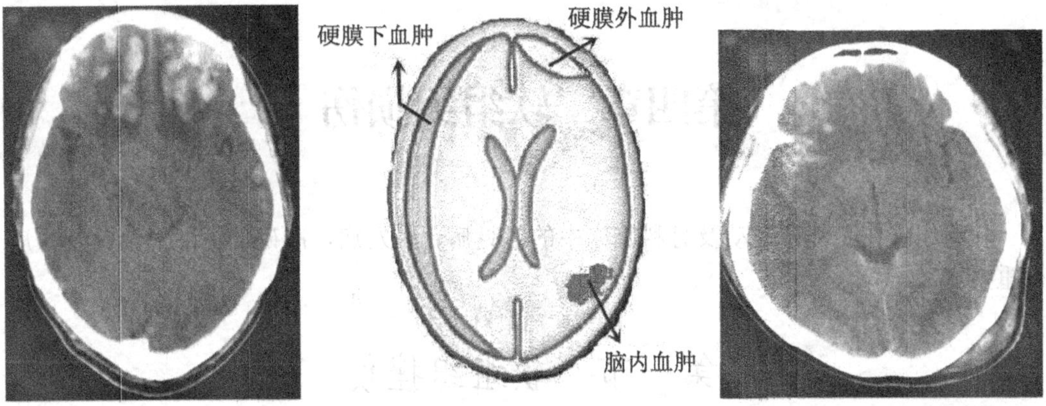

脑内血肿　　颅内血肿　　对冲性脑挫裂伤、头皮血肿

图 3-76　颅内血肿和脑挫裂伤

（2）急性期（6h～3d 内），红细胞变形，但细胞膜完整，血红蛋白演变为去氧血红蛋白，此期水肿加重。MRI 图像上血肿表现为 T1WI 等信号，T2WI 为低信号，质子加权图像呈稍高信号；血肿周围的水肿带在 T1WI 上呈低信号，T2WI 呈高信号。

（3）亚急性期早期（4～7d），从周边向中心发展的血红蛋白演变为正铁血红蛋白。T1 加权像为从周边向中央逐渐蔓延高信号、中心部仍为等信号，T2 加权像仍为低信号。但出血周围水肿带表现为高信号。

（4）亚急性晚期（7d～2 周），红细胞破裂，正铁血红蛋白溢出，此期血肿周边出现炎性修复反应。该期 T1 和 T2 加权像上均为高信号，但 T2 加权像上血肿周边出现低信号环。

（5）慢性期（3 周乃至数月以后），三周后血肿周边演变为含铁血红素，同时血肿开始吸收，周边胶质细胞增生，一个月后血肿开始演变为软化灶。慢性血肿早期，T1WI、T2WI 上仍呈高信号；晚期，T1WI 呈等信号，T2WI 呈低信号环，水肿和肿块效应消失，发生在婴幼儿的小血肿通常不遗留出血的后遗改变。

3．脑外伤的比较影像学

超急性外伤性颅内出血在 T1WI 和 T2WI 上多为等信号，不易和血肿周围脑组织区别；而 CT 上超急性血肿均为高密度灶，易于观察。亚急性血肿恰相反，MRI 上均显示为高信号区；而在 CT 扫描上可为等密度灶。故超急性期血肿选择 CT 扫描为宜，亚急性或慢性血肿则选择 MRI 较好。

少量的脑底出血，轻微的脑挫伤水肿 MRI 比 CT 敏感。对于诊断等密度的慢性硬脑膜下血肿，MRI 检查优于 CT 检查。

颅脑外伤首选 CT 检查，但病情与 CT 表现不符时，要行 MRI 检查。病情有变化时，随时复查 CT。

（汪文章）

第四章 软组织损伤

软组织损伤是体育运动及骨科临床中的常见病、多发病，准确的诊断对治疗及预后有重要意义。

第一节 软组织挫伤

挫伤是指身体局部遭受钝器打击而造成的组织损伤。损伤程度与外力大小和组织器官的结构特性有关。轻度挫伤指浅表组织损伤，以皮肤、皮下组织损坏，淋巴管与小血管破裂为主要改变。重度挫伤则还有肌肉挫伤（部分肌纤维损伤或断裂），组织内出血，血液聚集形成血肿。

软组织挫伤为常见病、多发病，占骨科临床急诊病例的 30%，可发生于任何年龄，以运动员、青壮年多见，可发生于人体任何部位，以头颈和四肢部多见。

挫伤后急性期皮下脂肪、筋膜、肌肉、肌腱、韧带、滑膜等组织充血、水肿、渗出、出血、肿胀；慢性期渗出、出血可逐渐吸收，或发生纤维化、瘢痕形成，或发生骨化、钙化。严重挫伤者，上述各种组织可发生断裂、移位或脱位。如未即时治疗可形成纤维化、瘢痕、遗留组织畸形，影响功能活动。

[临床表现]

绝大多数有明确的损伤史。受伤后，局部立即出现疼痛，疼痛的程度与损伤暴力大小和损伤部位的不同而异。伤部可出现不同程度的肿胀，数小时后可出现皮下瘀斑。查体：伤处肿胀，损伤轻者肿胀不明显，重者明显肿胀。青紫瘀斑的出现反应局部有皮下出血。损伤局部有不同程度的压痛。挫伤较重，导致深层肌肉有严重损伤甚至断裂时，可出现活动功能障碍。

[影像学表现]

1．影像检查方法的选择：一般情况下，轻度软组织挫伤患者不需进行影像学检查。严重的挫伤可合并肌肉、肌腱、韧带的撕裂或者断裂，甚至可有骨折、脱位、内脏损伤，必须常规进行影像学检查，以排除颅脑、内脏损伤、骨折及脱位等。一般先选择 X 线检查进行初步筛查；若临床检查发现可能有头颅、胸腹、脊柱损伤应行 CT 检查；若关节内结构有损伤应作 MRI 检查；若肌肉、肌腱有损伤应行 MRI 检查或超声检查。

2．软组织挫伤主要的表现有：软组织水肿及外伤性血肿。

（1）软组织水肿的影像学表现

①X 线表现：软组织水肿在 X 线平片上显示见伤部软组织影膨隆，密度稍增高；皮下脂肪区见脂肪小叶间水肿呈粗大网格；损伤区肌肉肿胀，肌间隙消失或模糊不清。

②CT 表现：软组织水肿见患部软组织肿胀；皮下脂肪区密度不均，或呈粗大网格状；

肌肉肿胀，肌间隙变窄或消失；水肿渗出区呈低密度影。CT 对水肿的定位显示优于X线片。

③MRI 表现：软组织水肿的在 T1WI 上见受累的组织肿胀，肌间隙变窄或消失，损伤部位信号减低，边缘不清或清，T2WI 损伤部信号增高。

（2）外伤性血肿的影像学表现

骨折、关节脱位及软组织损伤引起的出血称外伤性血肿。位于皮下的血肿吸收块，而深部的血肿吸收慢，可存留数月以上，尤其是位于肌肉内的血肿，处理不当可形成纤维化、钙化，影响功能。

软组织血肿的吸收主要依靠周围软组织内毛细血管增生，伸入血肿内，其中的吞噬细胞起重要作用。出血后，红细胞从血管内溢出，其内的氧和血红蛋白很快变成脱氧血红蛋白，并继续氧化成半色素，被吞噬细胞吞噬后，形成含铁血黄素。

①X 线表现：因血肿的密度近似于软组织，在 X 线平片上不能很好地显示血肿，仅表现为血肿部软组织肿胀，肌肉间层次不清。

②CT 表现：见血肿部软组织肿胀，位于皮下、肌肉内的血肿，在急性、亚急性期其 CT 值高于肌肉，呈高密度区，在慢性期呈低密度区，边界清楚。

③MRI 表现：血肿的 MRI 检查，较 CT 更具有特异性、敏感性。其信号改变取决于出血时间，也有别于颅内血肿。软组织血肿的脱氧血红蛋白变性降解时间慢。

在超急性期，出血时间不超过 24 小时，血肿在 T1WI 显示为等信号或稍低信号影，在 T2WI 呈稍高信号影。

在急性期，出血时间 1～3 天，红细胞内为脱氧血红蛋白，T1WI 显示为稍低信号影，在 T2WI 呈低信号影。

在亚急性期，出血 3～14 天，T1WI 显示为外高内低信号的血凝块，提示外围部血红蛋白变性成高铁血红蛋白，中心部分血凝块仍为脱氧血红蛋白，逐渐变为高铁血红蛋白后，整个血肿呈均匀高信号影。

在慢性期，血肿逐渐吸收清除变为含铁血黄素沉着，从边缘开始，在 T1WI 和 T2WI 均呈低信号影。

④超声表现 血肿的超声检查，可见典型的液性平段或暗区，根据其反射波形和暗区，常能确定血肿的确切部位，大小和范围（见第十章）。

⑤比较影像学

外伤性血肿可首选 MRI 检查，根据血肿的时间，在 MRI 上可以判断血肿的变化。超声的实用价值也很高。

（李渝苏 罗 磊）

第二节 关节附属结构损伤

一、关节软骨损伤

急性关节软骨损伤在关节损伤中比较隐匿。通常是由运动损伤或外伤所致。在临床和常规影像检查中很容易被忽视而得不到及时处理。关节软骨内缺乏血液供应，修复能力差。一旦损伤，人体只能形成纤维修复反应，这些纤维组织所形成的瘢痕太硬，弹性差，不能有效分散运动中产生的力量，久而久之导致关节反复肿胀、积液，其缺损部分也越来越大，最终将发展成为骨关节炎。

关节软骨在受到压力负荷时会发生简单变形，去掉负荷后可又恢复原来的形状。但这种代偿能力是有限的。所受应力从关节软骨向骺端传导时形成较大的剪切力，容易发生软骨撕裂损伤。当软骨下骨发生微骨折，那么关节表面的应力传导将会受到影响，容易发生软骨损伤。关节软骨对于外伤的反应高度依赖于外伤是否波及软骨下骨板。

一般而言，任何关节外伤均可引起软骨损伤。但多见于膝关节股骨髁和髌骨及踝关节距骨的软骨面。膝关节软骨损伤主要是关节受外力直接撞击或屈膝时外翻受旋转力所致。外伤所致软骨损伤多发生于股骨髁承重面和髌骨内侧，而退行性软骨病变多发生在股骨髁后部。单发的软骨损伤很少见，常合并韧带、半月板损伤。髌骨脱位也容易造成软骨和骨软骨损伤，软骨损伤部位多在股骨外侧髁前部和髌骨后内侧。踝关节软骨损伤多发生在距骨表面，主要由于胫骨的旋转力，损伤多见于内侧，且多伴有距腓韧带和跟腓韧带撕裂。

[影像学表现]

1．X 线检查

普通 X 线平片对诊断无太大意义。严重的关节软骨损伤、脱落，可见关节间隙有不同程度的狭窄。

2．MRI 检查

MRI 检查是诊断关节软骨损伤的首选检测方法。MRI 能直接显示关节软骨的形态和信号改变，还能提供关节软骨下骨质和关节积液的异常信息。随着 MRI 成像技术不断改进，一些更好的显示关节软骨的 MRI 序列也被应用。

在 MRI 压脂 T2WI 上关节软骨呈三层结构。表面光滑、连续。T1WI 对软骨下骨质内信号改变非常敏感，此可以作为判断软骨损伤的重要间接征象。软骨在 T2WI 上呈中等偏低信号，在呈高信号的关节液的对比下类似造影的效果，当有关液渗出时对软骨表层缺损的病变显示较好，并能显示软骨内信号改变

急性软骨损伤主要有不伴有软骨下骨损伤的单纯软骨损伤和伴有软骨下骨损伤的骨软骨损伤。

（1）单纯软骨损伤　急性关节软骨损伤在 MRI 上可见信号的异常、形态发生改变。信号异常主要表现在 T2WI 和 STIR 上可以看见条形和小斑片样高信号。软骨撕裂在 T2WI 上见线样高信号影。形态异常主要表现为：①软骨局限性变薄，软骨表面不光滑，凸凹不平；②软骨连续性中断，呈裂隙状或见斜行骨折线与软骨下应力性骨折线相连；③软骨缺损，伴或不伴有关节内游离体。软骨损伤常常伴有关节其他结构如韧带、半月板等的损伤。

（2）软骨及软骨下骨损伤　关节软骨损伤的同时由于外力传导作用一般总伴有邻近骨质的损伤，常见有骨挫伤和骨折。骨挫伤是在外力撞击后软骨下骨质发生微骨折导致骨髓水肿和出血。骨挫伤可以广泛也可局限在某一损伤部位，表现为斑片样或地图样，

T1WI 低信号，T2WI 和 STIR 上呈高信号。明显的骨折在 X 线平片就可发现，而隐匿性骨折 MRI 表现为线样，新月形低信号区。软骨下嵌顿性骨折表现为软骨下低信号带增厚。

二、腕关节三角软骨盘损伤

尺桡远关节部有一三角形的纤维软骨盘，它与尺切迹共同构成关节窝，桡腕关节借软骨盘与尺桡远关节相分隔。软骨盘是桡尺骨下端互相拉紧和联系的主要结构，且尺桡远关节无环状韧带加固，仅以软骨盘直接联系，所以下尺桡关节在解剖结构上是不稳定的，前臂旋前或旋后，如果力量或范围过大，三角软骨盘很容易撕裂。

跌倒时、手掌撑地、腕关节过度背伸、前臂旋前、或向尺侧偏斜等腕关节扭转挤压致伤。软骨盘挤压于尺骨和三角骨及月骨之间而发生破裂或撕脱。腕部做过多的支撑固定动作时，因反复背伸、旋转挤压引起软骨的慢性损伤，多见于体操、排球、乒乓球、网球、摩托车、击剑等项目。损伤后愈合慢、病程长，休息可见缓解，活动量大又加重。易忽略，导致经久不愈，严重影响运动员的训练。

[临床表现]

多数患者有明显受伤史，或腕关节劳损史。腕部疼痛-桡尺远侧关节及腕尺侧疼痛。腕关节乏力，握力减退，手旋转功能受限。体检：特异性压痛点：桡尺远侧关节掌、背侧，尺骨茎突的背面桡侧和掌面桡侧。桡尺远侧关节松弛，呈半脱位，尺骨头向背侧突出。三角软纤维软骨盘挤压试验呈阳性。

[影像学表现]

1．X 线检查：不能显示三角软纤维软骨，但能观察到尺桡远关节因三角软纤维软骨撕裂而出现脱位或半脱位，表现为尺桡远关节间隙增宽或尺骨小头脱位。

2．MRI 表现：MRI 是诊断三角软骨盘损伤的首选检查方法。MRI 不但能清晰显示损伤的部位，并且能够对损伤的程度及累及范围做出准确及时地判断，为临床确定治疗方案提供可靠的依据。MRI 常规扫描，取冠状位及横断位。

正常的三角软骨盘在 MRI 上表现为均匀低信号影。三角软骨盘损伤后形态及信号改变，可分为轻、中、重三度。轻度损伤表现为三角软骨盘形态良好，其内见斑点状高信号影，关节囊缘及关节面光整无受累。中度损伤表现为软骨盘形态良好，其内见线样或斑片状高信号影，关节囊受累不整，关节面光整无受累。重度损伤表现为软骨盘正常形态消失，呈不规则大片状高信号影，延伸至软骨盘关节面边缘，关节面受累不整。常见尺桡远关节积液，在 T1WI 显示为低信号影，在 T2WI 呈高信号影。

三、膝关节韧带损伤

前交叉韧带分为斜行的前内和后外束，为起于胫骨髁间嵴前方，向上后外斜直走行的均匀条状低信号，止于股骨外侧髁内后面，其宽度约为 3.8mm，前缘光滑，后缘多模糊；后交叉韧带为起于胫骨髁间嵴后方，向上前内多后弯成弓状走行的带状低信号，止于股骨内侧髁外后面，其宽度约为 4.8mm，较前交叉切带厚，前后缘均光滑。

内侧副韧带：有三层，第一层是股四头肌筋膜，第二层包括内侧副韧带，第三层是关节囊韧带。从股骨内侧髁延伸，附着在胫骨近端关节线以下 5cm 处。外侧副韧带：股骨外侧髁至腓骨小头的前上方。在MRI冠状位侧副韧带均显示为条状低信号影。

MRI检查技术

（1）常规检查技术：矢状位T1WI、T2WI；冠状位T1WI、T2WI；

（2）FSE抑脂T2WI。

1．前交叉韧带损伤

前交叉韧带是最常受伤的韧带，临床表现主要有关节扭伤史、疼痛和弹响，并且患膝不能负重。

MRI检查的目的：虽然临床体检对前交叉韧带完全撕裂的诊断准确率很高，MRI是评估交叉韧带和伴发损伤最有效的影像学技术。T2加权序列最为有用。矢状面、冠状面和轴位图像均需分析。MRI检查进一步证实临床诊断，确定撕裂的程度，发现其他合并的损伤。

（1）直接MRI表现

①部分撕裂——显示韧带走行正常，部分断裂处增粗模糊或变细，信号不均；

②完全撕裂——显示韧带中断、走行变形如波浪状或韧带完全消失，关节中间隙T2WI上信号明显增高；

③撕脱骨折——显示韧带附着处骨皮质中断，或股骨、胫骨附着处在T2WI上信号增高，韧带走行异常。

（2）间接MRI表现

膝关节常为复合性损伤，除韧带损伤外，可能还有其他损伤，这些征象的观察为诊断的准确性提供了依据（如图4-1所示）。

①关节积液：损伤区、关节腔及髌上囊存在数量不等的长T1WI和长T2WI信号。

②后交叉韧带成角改变：正常成角范围：113°～114°；损伤后角度小于105°，86%存在前交叉韧带损伤。

③胫骨向前方半脱位

④骨挫伤及骨折

⑤超过70%的前交叉韧带撕裂的病例伴有半月板（后内侧常见）和内侧副韧带损伤（O'Donoghue三联征：前交叉韧带、内侧副韧带、内侧半月板撕裂）。故观察内侧副韧带、内侧半月板撕裂的情况有助于前交叉韧带撕裂的诊断。

（3）前交叉韧带的慢性撕裂伤

慢性前交叉韧带损伤通常是部分撕裂，或者是忽略或未治疗的撕裂。临床表现为关节不稳，在活动时可出现少量关节积液。

MRI表现：少量或无关节积液。韧带松弛、增厚、T2加权像上中度信号强度。韧带萎缩。

2．后交叉韧带

后交叉韧带较厚，在矢状面上更容易观察到。后交叉韧带撕裂较前交叉韧带撕裂少见，也可出现两条韧带同时破损。绝大部分后交叉韧带撕裂累及韧带中部；19%是近端撕裂，其余的为远端撕裂。

MRI表现：后交叉韧带撕裂的特点和前交叉纫带相同（如图4-1所示）。

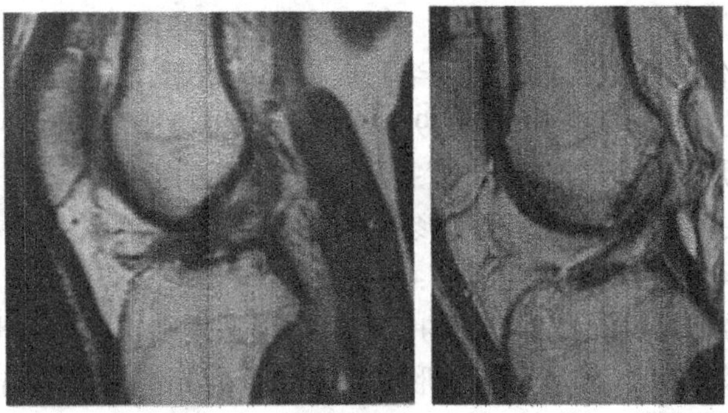

前交叉韧带损伤

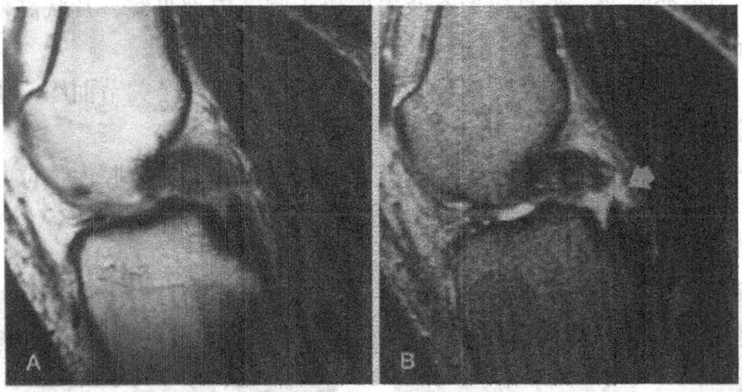

后交叉韧带损伤

图 4-1 交叉韧带损伤

3．内外侧副韧带损伤

内侧副韧带损伤远较外侧副韧带损伤常见。内侧副韧带损伤通常由外翻应力造成，还可出现 O'Donoghue 三联征。外侧副韧带损伤通常由内翻应力或扭曲伤造成。

MRI 轴位或冠状面图像可用于观察内外侧副韧带。其 MRI 表现特点和前交叉韧带撕裂相似。

四、半月板损伤

半月板为 C 形结构，常被分为三部分：前角、体部和后角，每个半月板周缘约 5mm 高，往中间逐渐变薄，在断面上呈等边三角形。半月板的上缘即上关节面，下缘即下关节面。

在 MRI 矢状面、冠状面图像上，正常半月板切面呈锐角三角形，内缘锐利游离于关节腔，外缘与关节囊紧密相连，上下缘光滑，其信号在所有 MRI 序列中均呈均匀低信号。矢状面上半月板前后角呈三角形低信号，尖端相向而对，后角比前角大。冠状面上中间层面显示内、外半月板切面，也呈三角形。外侧半月板呈“C”形，和关节囊连接不是十分牢固（后方被腘肌腱鞘分隔）。内侧半月板和关节囊连接紧密，后角较大。

半月板损伤：损伤可由急性创伤或反复创伤后进行性退变造成。其临床表现有病人主诉有疼痛、交锁和打软腿。膝关节间隙固定压痛，可有麦氏征阳性等。

[MRI 检查]

MRI 已取代其他的影像技术，用于半月板损伤的诊断。在自旋回波质子密度加权图像可容易发现损伤。常规自旋回波序列 93%的敏感性较快速自旋回波序列 80%的敏感性高。应综合分析矢状面、冠状面和轴位图像，得出准确的诊断。

1. 急性外伤性撕裂和慢性退变性撕裂均可引起半月板信号、形态和边缘光滑度的改变。在 MRI 图像上半月板损伤分为五度：

0 度——为正常半月板，显示为均匀低信号，形态规则，表面光滑。

Ⅰ度——为退变早期，显示半月板形态正常，表面光滑，内部出现点、球状高信号区，范围小于半月板断面的 1/2。

Ⅱ度——为退变晚期，半月板形态及表面仍正常，内部见线、片状高信号区，范围大于半月板断面的 1/2，但未达半月板关节面缘。

Ⅲ度——为半月板撕裂，其内部线状高信号达一个或两个关节面缘，半月板形态正常或变薄，表面不连续。

Ⅳ度——为半月板严重损伤，半月板破碎成多块，并向关节腔内移位，结构部分或全部消失，局部呈弥漫性高信号，并伴有严重的增生性骨关节病和关节软骨损伤缺如（如图 4-2 所示）。

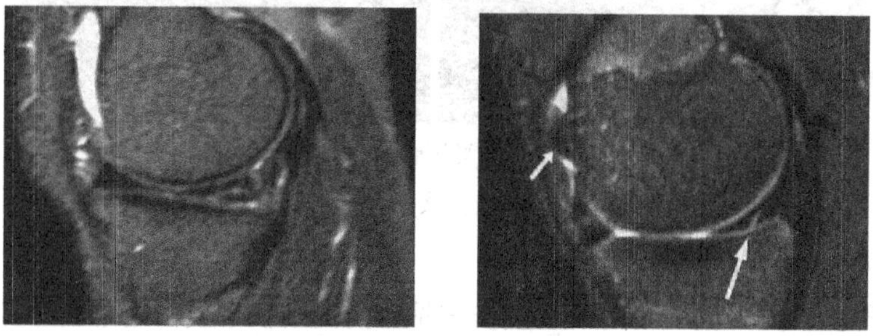

图 4-2 半月板损伤

2. 半月板桶柄状撕裂

一种特殊类型的半月板损伤。半月板发生纵行撕裂后，其内侧片段发生移位，这移位的片段类似于桶的柄，而未移位的外侧片段为桶，故称为桶柄状撕裂，多见于内侧半月板，且多见于严重外伤所致的年轻患者。

MRI 表现为：①半月板的宽度减小，在通过半月板体部的冠状面上未见到与对侧半月板共同形成的蝶形表现，同时可见内移的半月板位于髁间窝、交叉韧带旁。②矢状面显示残余的前角或后角变小或截断，信号有或无增高，在 T2WI 显示最清晰。③半月板前（后）角增宽，或双半月板前（后）角。④在矢状面上出现双前交叉韧带征或双后交叉韧带征。⑤冠状面，在髁间窝内有低信号的半月板组织位于交叉韧带旁。

3. 半月板囊肿

半月板囊肿最常见于前外侧，但也可发生于内侧。通常存在半月板撕裂，这可能是囊肿形成的基础。其主要临床表现是压痛和关节肿胀。

MRI 表现：邻近或部分半月板在 T2 加权序列上有边界清晰的高信号囊状影，囊肿可是分隔性的（占 47%），并且超过 5cm。腱鞘囊肿和交叉韧带囊肿可能与半月板囊肿混淆。

4．盘状半月板

据报道盘状半月板占外侧半月板的 1.5%～15.5%，占内侧半月板的 0.1%～0.3%。盘状半月板宽大盘状，并且容易发生半月板撕裂。由于退变和多发性撕裂的高发生率，半月板撕裂在盘状半月板中更难评估

正常半月板的横径是 10～11mm。盘状半月板突出到关节内，在冠状面和矢状面 MRI 影像上显得更大。

5．手术后半月板

半月板可能部分或全部切除或修复。诊断半月板撕裂的影像学特征可用于半月板修复后的评价。关节腔内注射钆可以增加半月板术后评估的准确性。

五、关节内游离体

膝关节内游离体最多见。游离体可出现在骨折和半月板撕裂病人，或骨软骨瘤病、滑膜软骨瘤病和剥脱性骨软骨炎的病人。根据病因不同，游离体可以是骨性、软骨性、纤维性或者是混合性。

钙化或骨化的游离体可由常规 X 线平片可观察到。纤维性和软骨件病变需要 MRI、关节造影和关节镜来观察。游离体可在关节内活动并且不黏附于关节内结构。在膝关节内，游离体最常停留在髁间区，靠近前交叉韧带的胫骨止点或关节面之间的后方。

（雷鸣鸣　李渝苏）

第三节　肌 肉 损 伤

肌肉损伤分为直接和间接损伤，直接损伤包括肌肉挫伤、刺伤等。肌肉挫伤是软组织挫伤的一种。由钝性物体直接撞击引起肌肉出血、水肿，甚至部分肌纤维断裂。间接损伤主要指肌肉拉伤，肌肉拉伤是由于肌肉强力收缩或被动过度牵拉所致肌纤维部分或完全的断裂。

肌肉拉伤是肌肉损伤中最为常见的类型。肌肉拉伤在许多运动项目中都较多见，尤其是高速和对抗性强的项目。肌肉拉伤的程度也有很大的差别，肌肉可部分撕裂，较多见；也可完全断裂，较少。轻者可很快康复，重者迁延日久，对训练和比赛影响较大。

肌肉拉伤多位于肌腹、肌腱交界处，肌肉拉伤后表现为撕裂位置出现水肿、少量出血，液体量与损伤程度成正比。血液和水肿液在肌束间隙内扩散呈现“羽毛状”外观为较典型的表现。严重的拉伤常有肌纤维断裂，除水肿外，还有血肿形成。慢性期典型改变为局灶性肌腱增厚，肌腱鞘周围肌肉萎缩。

[临床表现]

肌肉拉伤多有急性损伤的病史，伤后拉伤部位出现明显疼痛，局部可出现肿胀、皮下瘀斑，受伤部位功能障碍，损伤时患者有“中弹感”、“石击感”或明显听到响声，提

示极有可能出现肌肉断裂的情况。查体时可见伤处压痛明显，肌肉发紧，与健侧肢体比较明显肿胀，皮下如有大面积的瘀斑，提示局部出血较多。如拉伤肌肉局部可摸到连续性中断，触及明显的凹陷感，高度提示肌肉有断裂的可能。

[影像学表现]

轻度肌肉拉伤一般不需进行影像学检查。但出现以下情况时，建议进行影像学检查，判断有无肌肉断裂的情况，避免漏诊：（1）患者主诉含有“中弹感”、“石击感”或明显听到响声；（2）查体时损伤肌肉局部连续性中断，触及明显的凹陷感；（3）患者无法完成损伤肌肉主动收缩引起的运动。

1．X 线和 CT 检查不能很好地显示。

2．MRI 表现：MRI 软组织对比度好，除轴位外，还能做矢状面、冠状面及斜位成像，能清晰显示四肢关节及肌肉的解剖关系。MRI 检查可清楚显示肌肉拉伤的部位和程度。正常肌肉外缘光滑，中间稍凸起，但不肿胀变形，所有序列均表现为中等偏低信号，T1WI 上可看肌肉中间线状、枝状的脂肪影。

3．急性肌肉拉伤在 MRI 影像中主要有两种表现：（1）肌肉的变形：肌肉拉伤后，损伤处出现出血和水肿。在部分撕裂中，血液和水肿液经常在肌束间隙内扩散，由此呈现“羽毛状”外观，这种“羽毛状”影像是肌肉拉伤的典型表现。（2）出现高信号表现。急性撕裂中，由于出血所致正铁血红蛋白的存在，T1WI 和 T2WI 都呈现高信号，这种高信号可以在损伤后持续很长时间，被认为与损伤处重复的微小肌肉内出血有关；随着损伤的修复，肌肉的信号逐渐降低，首先表现在 T1WI，然后 T2WI 的信号也随之降低。

肌肉拉伤的 MRI 表现与拉伤的严重程度亦关系密切。肌肉拉伤分为三级：（1）Ⅰ度拉伤：肌纤维轻微的撕裂，MRI 显示损伤处 T2WI 为高信号，肌肉形态正常或见少许“羽毛状”外观。（2）Ⅱ度拉伤（部分撕裂）：在 T1WI 可见肌腱变薄、边缘不规则。肌肉水肿及肌肉-肌腱连接处血肿出现，T2WI 信号增高，呈现“羽毛状”外观。（3）Ⅲ度拉伤：是肌肉-肌腱连接处的完全断裂，完全撕裂的肌腱边缘不规则，撕裂肌肉挛缩可形成局部“肿块”，该“肿块”与正常肌肉具有相同的信号，两断端间隙处广泛的水肿和出血影像。

肌肉挫伤的影像类似于拉伤。受伤部位水肿，肌肉体积增大，严重者可合并血肿。

4．超声表现（见第十章）

一、冈上肌损伤

冈上肌是肩袖的一个组成部分，位于斜方肌的深层，相当厚，呈圆锥形。起于肩胛骨冈上窝内侧 2/3 的骨面，肌束向外通过肩峰之下和喙肩韧带的下方，跨越肩关节，移行为短而扁平的肌腱，止于肱骨大结节最上的小骨面。在整个的外展及屈曲过程中能协助三角肌发挥作用，将肱骨头稳定在关节盂内。当上臂外展时，冈上肌收缩，其肌腱必须穿过上由肩峰、下由肱骨头构成的狭小间隙，极易受到挤压和摩擦损伤。多导致创伤性炎症，造成肌腱水肿、渗出、粘连，甚至纤维化、钙化。

[MRI 表现]

MRI 检查可以清楚地显示冈上肌腱，准确诊断冈上肌腱损伤及并发症。在冠状面上冈上肌及其肌腱在斜向冠状面图像上可以完整显示出来，冈上肌呈中等信号，而其肌腱呈低信号。

急性损伤时，冈上肌损伤处在 T2WI 呈弥漫性高信号，出血为 II 度拉伤的特征性表现。慢性损伤时，含铁血黄素以及肌纤维化在 T2WI 呈低信号。冈上肌腱部分撕裂时在 T1W1 呈中等或稍高信号。当冈上肌腱完全断裂时肌腱回缩，腱止点处 T2W1 上呈高信号。

二、肱二头肌损伤

肱二头肌长头附着于肩胛骨盂上结节经结节间沟向，肱二头肌短头起自肩胛骨喙突，两头止于桡骨粗隆。其主要作用使肩关节屈曲上举和内收。其损伤常见于长头腱在肱骨结节间沟内的慢性劳损，偶尔见于止点处的急性拉伤。

[MRI 表现]

肱二头肌的损伤以肱二头肌长头腱的损伤作为多见。肱二头肌长头腱位于结节间沟内呈低信号，有时其周围伴随少量呈高信号的脂肪组织。在轴位上显示好。肌腱炎表现为长头腱因磨损变细，周围可见水肿的高信号。

轴位 T2W1 对显示肱二头肌远端肌腱最佳，经桡骨粗隆矢状位可显示肱二头肌腱远端肌腱。部分撕裂时肌腱增厚，撕裂处 T2W1 呈高信号，肌腱周围绕以液体信号。完全断裂时正常肌腱信号消失，完全被高信号液体取代，肌腱近端成扭曲改变。

三、肱三头肌损伤

肱三头肌长头起自肩胛骨盂下结节，外侧头起自肱骨体后面桡神经沟外上方，内侧头起自桡神经沟内下方，均止于尺骨鹰嘴。其主要作用伸肘关节和肩关节后伸。肱三头肌损伤较为少见，常见的有鹰嘴止点处慢性劳损或腱止点处滑囊炎和肱三头肌长头急性拉伤，偶伴有撕脱性骨折。

[MRI 表现]

肱三头肌肌腱不完全性撕裂远远低于完全性撕裂，撕裂时多伴有尺骨鹰嘴撕脱性骨折。横断位和矢状位 T2W1 时对肱三头远端肌腱显示最为理想；完全撕裂时在 T2W1 及脂肪抑制序列正常的肱三头肌远端肌腱低信号影消失，被高信号液体取代，鹰嘴与肱三头肌远端肌腱之间被高信号的渗液或血液成分隔开。部分撕裂时在 T2W1 上，低信号的肌腱内出现高信号影。

四、股内收肌损伤

股内收肌群由股内侧 5 块肌肉构成，浅层由外向内依次为耻骨肌、长收肌和股薄肌。长收肌和耻骨肌的深面是短收肌，诸肌深面是大收肌，呈三角形。内收肌拉伤可发生在肌腱止点伤，即股内收肌在耻骨支上的附着处；内收肌的肌腹与肌腱部的挨伤及内收肌肌腹断裂。

[MRI 表现]

MRI 表现为在 T2WI 或 IR-FSE 序列呈高信号，并且这种水肿和出血常常沿肌束间隙扩散，呈现羽毛样外观。

五、腘绳肌拉伤

腘绳肌位于大腿后面，由股二头肌、半腱肌、半膜肌组成。股二头肌长头起于坐骨结节，短头起于股骨粗隆线外侧唇下部，二头合腱止于腓骨小头；半腱肌和半膜肌亦起于坐骨结节，止于胫骨近端内侧面。这三块肌肉是全身最长的双关节肌，当肌肉猛烈收缩或被过度牵拉

肌肉猛烈收缩所致，容易损伤。以肌腹损伤多见。

[MRI 表现]

MRI 成像具有极高的软组织分辨力，可以清楚显示肌肉损伤程度。因损伤部位的水肿和出血，MRI 表现为在 T2WI 或 IR-FSE 序列呈高信号，并且这种水肿和出血常常沿肌束间隙扩散，呈现羽毛样外观。

六、股四头肌拉伤

股四头肌由四个头即股直肌、股中肌、股外肌和股内肌组成，股直肌起自髂前下棘；股内侧肌、股外侧肌、股中间肌起自股骨体的前面。四个头向下形成一个肌腱，包绕髌骨的前面和两侧缘，向下延续为髌韧带，止于胫骨粗隆。

股四头肌断裂可由急性创伤或反复创伤造成，绝大部分撕裂都发生在髌骨上方。

[影像学表现]

1．X 线表现：部分损伤仅见局部软组织肿胀影。股四头肌肌腱断裂可见软组织肿胀及关节囊内积液。髌骨下移。在肌腱附着点可见撕脱小骨片，可随肌腱断端移动较远。

2．CT 表现：同 X 线片。

3．MRI 表现：

部分撕裂 MRI 矢状面和轴位面 T2WI 显示肌肉肿胀增厚和信号增高。完全撕裂显示节段间被液体（高信号）分隔。髌骨可能向下移位。

4．超声波也可用于评估股四头肌肌腱损伤。

七、髌腱损伤

髌腱肥厚而坚韧，上方起自髌尖和髌关节面的下方，向下止于胫骨粗隆及胫骨前嵴的上部，其连接为末端结构，内外两缘分别移行于髌内外侧支持带。髌腱损伤包括肌腱炎、肌腱变性、肌腱撕裂和慢性劳损综合症。其主要见于从事跑跳类项目的运动员。反复的微损伤造成肌腱变性，增加了肌腱断裂的风险。但非运动员外伤性、病理性髌腱损伤也日渐增多，合并其他病变时常因漏诊延误治疗，影响膝关节功能，应予以重视。

[临床表现]

有典型的受伤史，髌骨下极压痛明显，跑、跳、上下楼梯甚至行走都有疼痛出现。伤后当即感觉患处疼痛、肿胀，局部压痛明显，膝关节不能伸直，活动受限，患膝不能着地行走。断裂后，由于股四头肌猛烈收缩，髌骨向上移位，断端间隙可达 2～5cm，触诊检查可发现断端有空虚感和酸痛感。如果髌腱有钙化，可触及硬块。

[影像学表现]

影像检查中常规 X 线平片和 CT 检查难以显示，MRI 成像具有极高的软组织分辨力，

可以清楚显示髌腱，准确诊断髌腱损伤并发现其并发症。

正常髌腱形态光整，T1WI 可清晰显示其解剖结构，矢状 MRI 像呈均匀的条带状低信号强度，轴位 MR 呈椭圆形低信号强度，边缘清晰。髌腱损伤分急性髌腱损伤和慢性髌腱损伤。急性完全性髌腱断裂的 MRI 表现为髌腱连续性中断，局部缺损，断端完全分离，游离端水肿并扭曲变形，裂隙大小不一，其内充满血液，呈长 T1 长 T2 信号，压脂像呈明显的高信号。部分性髌腱断裂表现为髌腱纤维部分连续，腱内见斑片状长 T1 长 T2 信号，压脂像呈高信号；慢性髌腱损伤为表现为髌腱局限性变薄，腱内见条索状中等信号。

超声检查也可用于评估髌腱损伤。

八、跟腱损伤

跟腱由小腿后群浅层腓肠肌和比目鱼肌的肌腱组成，是人体最强的肌腱，成人长约 15cm，厚为 5～10mm，肌腱由上向下逐渐增厚、变窄呈扁带状，宽径明显大于前后径，在踝关节的后部最窄，至跟骨结节上方 3～4 cm 处向下又逐渐呈扇形分布，紧密附着于跟骨后面。跟腱分 3 部分，上段为跟腱与肌肉结合部，中段为跟腱，下段为跟腱与跟骨结合部。跟腱是踝关节主要的跖屈肌腱，主要功能是在站立时固定踝关节，防止身体前倾，同时对负重、奔跑、跳跃等活动起重要作用。

间接暴力的猛烈牵拉是最为常见的主要原因。在跑跳运动中，小腿三头肌猛烈收缩，使踝关节由背伸位突然跖屈，可以引起跟腱断裂。中年或肥胖者，缺少锻炼，肌肉、肌腱退化，当突然弹跳时，因肌肉猛力收缩也易造成跟腱断裂。直接暴力引起跟腱断裂较少见，当跟腱处于紧张状态，再受外力撞击而发生断裂，如足球比赛中踢伤、切割伤或刀砍伤等。

跟腱断裂分为部分断裂和完全断裂。断裂部位以跟腱中部腱止点上 2～6cm 处最多，腱与肌腹交界处次之。

[临床表现]

跟腱断裂有明显的受伤史，受伤时有断裂声及踢伤感或石击感。伤后随即局部疼痛，足跖屈无力，活动受限，跛行。部分断裂者，伤部肿胀、皮下瘀斑，压痛明显。踝关节被动背伸疼痛加重，不能用前足掌站立。踝关节抗阻跖屈试验阳性。完全断裂者，主动背伸踝关节时，跟腱部正常硬度消失，断裂处能见到凹陷，触之有空隙。汤普森氏征（Thompson's sign）阳性。

[影像学诊断]

影像检查时常规 X 线平片和 CT 检查难以显示，MRI 成像具有极高的软组织分辨力，可以清楚显示跟腱，准确诊断跟腱损伤并发现其并发症。

正常跟腱在 MRI 表现为条带状均匀低信号影，宽度小于 15mm。跟腱完全撕裂的 MRI 表现跟腱失去正常形态，信号连续性完全中断，在 T1WI、T2WI 上均呈混杂信号，跟腱断裂处卷曲挛缩，断端呈“毛刷状”改变，近端回缩，增粗呈“杆形”改变，肌腱周围的出血亚急性期 T1WI 上呈高信号，水肿在 T2WI 或 STIR 上呈高信号。跟腱部分撕裂的 MRI 表现是跟腱失去正常形态，矢状面和横轴面上 T1WI、T2WI 上表现为跟腱内局灶性片状或条状高信号，跟腱外形不同程度增粗，边缘光整或部分毛糙，但至少在一个矢状面上显示跟腱的连续性，周围可有轻度软组织损伤信号表现及少量积液、出血信号等改变。

超声检查也可用于评估跟腱损伤。

（张　猛　李渝苏）

第四节　末　端　病

末端病系指指腱或韧带止点部因劳损而引起的组织变性改变，在运动员中非常多见。如跳跃膝、肩袖肌腱炎、网球肘、腘绳肌的坐骨止点伤及牵拉骨骺炎等皆属此类，多属于运动技术伤病。虽然病情不重，但却严重影响运动训练和成绩提高，治疗及康复比较困难，是运动医学界的疑难病症。

[病理表现]

正常腱及止点的结构包括5个不同的组织：即波浪状的腱纤维，纤维软骨层，潮线，钙化软骨层及骨。其病理表现主要有：伤部腱及腱围组织变黄失泽，有血管侵入。镜下显示正常腱的波浪状纤维排列消失，甚至出现玻璃样变、纤维变及截断变。腱内脂肪组织增多。腱纤维之间可有钙质沉着，或有软骨或骨的化生，腱围组织内小血管周围有小圆细胞浸润，小血管壁增厚，管腔狭窄。腱围组织甚至与肌腱粘连，腱周脂肪也有水肿。

[临床表现]

末端病患者多数病例中没有急性损伤的病史，绝大多数都是慢性发病，而运动员以及特殊职业者都与其专项技术有关。早期症状不明显，运动前、后可有轻微疼痛，准备活动后症状减轻或消失。中、后期则症状加重，不能完成专项活动，甚至发展到平时不训练或工作时也出现疼痛，并因为疼痛导致运动功能障碍，甚至影响日常生活。查体时局部压痛，可能出现肿胀，相关联肌腱可能变粗，在中、后期患者这些情况比较常见，抗阻力收缩该肌引起局部明显疼痛。

[影像学表现]

1．X线表现

髌腱末端病有时可见髌尖延长或脱钙，髌腱肿大，常见钙化或骨化。跟腱末端病早期X线多正常，或有腱组织肥厚，晚期可见腱止点骨化及骨质增生。

2．CT表现：同于X线表现。

3．MRI表现：MRI脂肪抑制T2WI可见髌尖部及髌腱起点处信号增高，不均匀。跟腱末端也有类似改变，增粗，信号不均。有研究认为跟腱末端病的发生是跟腱与跟骨后上角互相撞击造成，MRI可清晰显示跟骨后上角的隆起程度，与跟腱的关系和跟腱周围滑囊肿胀及跟腱内变性的情况。

（李渝苏）

第五节 骨化性肌炎

创伤性骨化性肌炎多与创伤相关，常见于肌肉内，也可见于肌腱、筋膜、骨外膜甚至皮下脂肪组织内，如严重的股四头肌挫伤、股内收肌拉伤、上臂肌肉损伤、肘关节附近损伤等可继发骨化性肌炎。

[临床表现]

伤后局部肿胀、疼痛，肿胀持续不消，压痛，局部皮温增高，伴有附近关节活动受限。

经过 10 周至 6 个月后，肿胀逐渐缩小，疼痛随之减轻或消失，而遗留硬性肿块，伴有不同程度的功能受限。

[影像学表现]

1. X 表现片：早期（伤后 2 周内）X 线检查一般为阴性。2～4 周后见肿块，肿块内见钙化影，并逐渐扩大，伴骨膜反应，10 周～6 月，见肿物周围有花边状新骨形成，边界清楚，肿物渐缩小，形成骨性团块。

2. CT 表现：CT 较 X 线片能更好地显示病变及周围组织之间的关系，尤其可以较好地显示肿物内的骨化和钙化，表现为点状和斑片状高密度，病变与相邻骨之间有透亮区。邻近骨皮质可反应性增厚，密度增高。

3. MRI 表现：MRI 可更早地发现病变的大小、范围和邻近组织的关系。早期，肿块中央区 T1WI 呈等信号，T2WI 呈明显高信号。周围软组织呈弥漫性水肿表现，为长 T1WI 长 T2WI。

中期，肿块中央区信号同早期，但肿块周边出现连续或间断的，在 T1WI 和 T2WI 均为低信号，提示周边骨化开始，其外围仍有水肿改变，为长 T1WI 长 T2WI。晚期，肿块中央因带有骨小梁的脂肪出现，在 T1WI 呈高信号，与皮下脂肪信号相近，提示骨化逐渐成熟。

（李渝苏　罗　磊）

第五章 骨 坏 死

第一节 概 述

骨缺血性坏死是指骨组织因失去血运（供）而发生的坏死，又称“无菌性坏死”，发病与外伤、感染、先天缺陷、血管病变、物理损伤、代谢障碍、内分泌疾病等因素有关，常见于股骨头、肱骨头、股骨髁、胫骨髁、腕舟骨、足舟骨、跖骨等处，临床一般为单发，亦可多部位受累。由于年龄、病因及病变部位不同，临床表现也不相同。一般认为，骨坏死不是独立的一种疾病，而是各种妨碍骨组织血液循环的疾病演变发展的共同结果。

[病理表现]

骨坏死多发生在关节软骨下方，其病理发展过程与局部血管解剖结构密切相关，缺血性骨坏死的特征性病理学改变是由于血液供应受阻而导致的骨细胞死亡。缺血性骨坏死的严重程度取决于局部血循环受损程度。

1．早期：病理上当骨失去血运几天内骨髓细胞和骨内细胞死亡、崩解，骨细胞陷窝空虚。

2．病变进展：骨坏死后数周内，周围正常骨内新生血管和增生的肉芽组织、巨噬细胞向坏死组织内伸展，逐渐将坏死物质清除，同时结缔组织中新生的成骨细胞可附着在坏死骨小梁的表面形成新骨。坏死骨不断被清除，新骨不断重建。坏死骨因应力作用可发生骨折和塌陷。骨坏死区表面的软骨多因软骨下骨质塌陷而发生皱缩和裂缝，甚至坏死。病变邻近的关节可有滑膜增厚、关节腔积液。

3．晚期：多数坏死骨吸收、重建为正常骨结构，逐渐恢复正常；若遗留畸形，位于持重关节者引起继发性退行性关节病；少数坏死骨吸收不全，肉芽组织可形成瘢痕组织。

[X 线表现]

骨坏死早期，X 线上不会出现骨密度上的变化，是因为在这样短的时间内坏死骨不会发生明显的破坏和增生。

病变进展，骨坏死区周围新生血管和增生的结缔组织向坏死区内长入，在 X 线上出现围绕坏死区的透明带，透明带的边缘不清，此时如果发生废用，则坏死区骨密度相对性增高。从病变周围血管开始重建起，到死骨全部吸收止，需要几个月甚至几年时间，在此期间内骨的坏死吸收和重建同时进行，X 线上有以下改变：（1）从坏死区周围出现骨吸收，表现为不规则透明带，骨吸收向死骨的各个方向不均等的进行，而在高密度的死骨区内出现大小不等的不规则的骨吸收，表现出坏死区骨质碎裂-节裂现象。（2）因新骨沉积，坏死区出现绝对性密度增高；当骨坏死后强度减低，在继续持重时，死骨被压碎密集，也造成骨密度增高。（3）当重建的血管、结缔组织吸收死骨，原来骨质变软，在体重和肌肉收缩力的作用下，坏死骨受压塌陷，变短、变平和变宽。最后新骨重建占据大部分病变区，进而全部或部分坏死区被新骨所代替，此时即进入愈合期。

第二节 股骨头缺血性坏死

股骨头缺血性坏死是由于不同病因破坏了股骨头的血液供应，造成股骨头骨坏死，从而出现髋部疼痛、活动受限等一系列临床表现的一种疾病，可发生于各个年龄段群体，是临床上常见的一种疾病。

一、股骨头骨骺缺血性坏死

股骨头骨骺缺血性坏死又称 Legg-Perthes 病、扁平髋、股骨头骨骺骨软骨病（炎），是常见的骨软骨缺血性坏死。本病主要与外伤和血液循环障碍有关。在 5 岁之前，股骨头的血供主要依靠外骺动脉和下干骺动脉，9 岁以后则由外骺动脉和经圆韧带的内骺动脉供血。5～9 岁时，来自下干骺动脉的血供往往被骺板阻挡，外骺动脉为仅有的供血血管。当髋部的外伤和反复劳损，可引起血供障碍，导致缺血性坏死。

[病理表现]

发病早期，股骨头骨骺因缺血，骨内各种细胞坏死、崩解，骨陷窝空虚，继而周围正常组织充血、肉芽增生，逐渐伸入坏死区，坏死骨逐渐吸收．重新修复。在此阶段，若治疗及时可完全恢复；若治疗不当，股骨头骨骺变形的同时，髋臼窝也出现变浅扁平。

[临床表现]

发病年龄为 3～14 岁，以 5～8 岁多见，男多于女，多为单侧。也见于运动负荷较多的体操、艺术体操的青少年运动员，多与反复运动负重或训练中髋部受伤有关。

本病进展缓慢，从发病到完全恢复大致需要 1～3 年。其主要症状为髋部疼痛、跛行，多呈间歇性。患侧下肢稍短，轻度屈曲，并有内收畸形。晚期患肢肌肉轻度萎缩。

[影像学表现]

1．X 线表现

早期髋关节间隙稍增宽，关节囊稍肿胀，但股骨头外形完整。随后股骨头因缺血发育延迟，骨骺较健侧小，骺板增宽，关节囊肿胀。

病变进展，在股骨头负重区软骨下可见弧形透亮带，称为“新月征”，对诊断有重要意义。以后股骨头骨骺内出现多发囊样低密度影，股骨头骨骺碎裂、塌陷变扁，股骨颈缩短，髋臼也可变浅。干骺端先期钙化带不规整，可有疏松、囊变以及小的骨缺损。X 线诊断不难。

晚期：骨质密度渐恢复，骨小梁渐清晰。股骨头关节面渐完整、光滑，但遗有股骨头扁宽、颈短粗、干颈角变小呈髋内翻，髋臼变浅变宽，髋关节半脱位。继发髋关节退行性变可出现关节间隙变窄及骨质增生（如图 5-1 所示）。

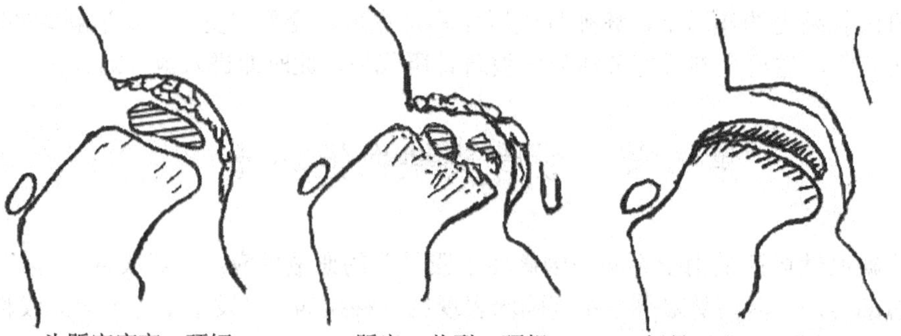

图 5-1　股骨头骨骺缺血性坏死

2．CT 表现

早期 CT 可以无阳性征象；有时在轴位 CT 软组织窗见股骨头与髋臼内侧间隙稍增宽，关节囊稍肿胀，而股骨头形态光整、无变形；随后可见股骨头正常“星芒状”影消失。以后股骨头骨骺变小，密度均匀增高，正常骨纹消失。骺软骨较健侧厚，关节间隙增宽。在骨骺的前上部出现软骨下弧形透亮带的“新月征”。继续发展股骨头骨骺内出现多发囊样低密度影，使骨骺节裂。囊样低密度影周围有数量不等的高密度硬化缘。股骨头软骨下皮质骨折，继而股骨头变形、塌陷。干骺部变短、增粗。髋关节间隙无狭窄。晚期股骨头可变形。

3．MRI 表现

MRI 表现主要为滑膜炎和少量关节积液。关节内出现线条样长 T1、长 T2 信号，位于头臼关节软骨之间和骺软骨及干骺与关节囊之间，在髋臼边缘处可呈三角形。早期短 T1、中等 T2 信号的骨骺出现延迟或变小，骺软骨及骺板软骨增厚。

进展期，骨骺变扁，信号减低呈长 T1、短 T2 信号改变，周围出现条带状、结节状及不规则状长 T1、长 T2 信号区，伴长 T1、短 T2 信号边缘，即“双线征”。干骺端近骺板处也见类圆形长 T1、长 T2 信号结节，骺软骨及骺板软骨厚薄不均。

病变晚期，骺线不均匀变窄或提早闭合消失。股骨颈粗短，大转子相对增大并上移。骨骺信号可逐渐恢复正常，但可较对侧扁平。骺软骨不同程度增厚，厚薄不均，甚至不连续。

MRI 检查对于确诊和排除其他疾患有非常重要的意义。

[影像诊断与鉴别诊断]

X 线平片是本病诊断的主要检查方法，但不能显示初期病变。CT 检查可显示平片可疑或难以显示的坏死早期修复改变。MRl 是诊断本病初期坏死较为敏感和特异的方法，对平片和 CT 阴性者可及时作出诊断。故 3～14 岁儿童 X 线上出现髋关节内侧间隙增宽和股骨头骨骺外移应高度怀疑本病，应进行 MRI 检查。当出现骨骺密度增高或出现扁平、节裂，关节间隙不变窄可确诊。

本病应与儿童髋关节结核鉴别。髋关节结核骨质破坏，周围少有硬化带，关节间隙变窄，周围骨质疏松明显。

二、成人股骨头缺血性坏死

成人股骨头缺血性坏死可见于应用肾上腺皮质激素后、酗酒、大剂量放射治疗后、动脉硬化、糖尿病患者，及股骨颈骨折后，部分病例原因不明。

[病理表现]

发病早期，股骨头部分或全部因缺血致骨内各种细胞坏死、崩解，骨陷窝空虚。以后周围正常组织充血、肉芽增生，逐渐伸入坏死区，坏死骨逐渐吸收、重新修复。股骨头负重区塌陷、变形。以上病理改变可能在同一病例交错发生，而且同一股骨头可以反复多次发生缺血，致各期病理变化同时存在。晚期并发髋退行性关节病。

[临床表现]

常见于 30～60 岁男性，50%～80%的病人最终双侧受累。其主要症状是髋部疼痛，常向膝、腰放射并有乏力和跛行。早期当股骨头尚未塌陷时可无症状或症状轻，晚期股骨头塌陷、增大变形后可有严重疼痛和活动障碍。

[影像学表现]

1．X 线表现

X 线平片只是显示骨矿物质的影像。在骨坏死早期，死骨可以保持大体结构，保存机械功能，死骨与活骨有同样的密度和结构。因此，此时骨坏死并没有特别的平片表现，只有缺血的修复反应开始，平片才能出现特征性改变，平片对早期诊断敏感性较低。

早期，股骨头承重区出现小斑片状密度相对增高影，但这并非真正的骨密度增加，而是周围骨密度减低对比所致，无特异性。修复反应开始后，新生骨在死骨表面的沉积引起骨小梁增粗，平片表现为硬化线；死骨部分吸收后被纤维肉芽组织和无定形细胞碎片替代，平片表现为囊状透光区；以后出现“新月征”，代表软骨下骨折、塌陷；随着病情进展，股骨头持重区可因囊变而塌陷，使关节面碎裂并凹凸不平。股骨头变扁，股骨颈变短并内翻。

因股骨颈骨折所致者，在周围骨质疏松的对比下，股骨头呈相对密度增高影。

晚期继发髋关节退行性关节病。髋臼可出现关节面模糊，其下方可见囊样变及增生硬化。关节面边缘可见骨质增生并突出。髋臼软骨的异常增生、化骨可使髋臼加深，关节间隙增宽。关节滑膜肥厚并可包绕股骨头，增加关节活动困难的程度。股骨头的碎片及滑膜的异常化骨均可形成多个游离体。

2．CT 表现

在轴位 CT 上正常股骨头的承重骨小梁形成星状放射表现——星芒征。部分股骨头缺血性坏死在较早期 CT 可发现“星芒征”的改变和小斑片状高密度硬化。但大多数情况下，CT 只能显示较晚期的骨结构改变，对早期的骨髓坏死、肉芽组织浸润无能为力。因此，CT 对早期诊断敏感性低于 MRI 和核素扫描，一般不用于早期诊断。

随病变进展，股骨头内簇状、条带状和斑片状高密度硬化，其内正常骨小梁结构模糊或消失，病灶区周围出现条带状或类圆形低密度区，其外侧多伴并行硬化带。股骨头皮质成角、台阶征、双边征、裂隙征和股骨头碎裂（如图 5-2 所示）。

晚期者，CT 可以观察到股骨头前部显示轻度的软骨下骨塌陷，对骨塌陷变形、囊状透光区大小的评估更好，使骨坏死的分期更为精确，为治疗方案的选择提供更多依据。

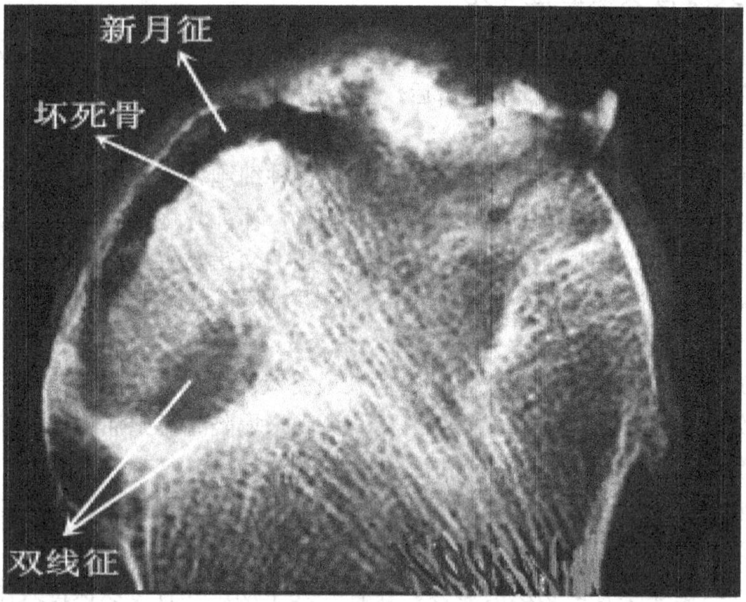

图 5-2　股骨头缺血性坏死 CT 表现

3．MRI 表现

采用冠状位 T1WI、T2WI SE 序列，成人正常股骨头的 MRI 表现如光滑球形，内侧有头窝形成的小凹。骨髓腔在 T1WI 为高信号，T2WI 为中高信号，这种信号是由骨髓内的脂肪含量决定的。从下往上走行的低信号线代表承重的骨小梁。一个更明显的横跨股骨头的低信号带代表融合的骺线，皮质骨表现为包围高信号骨髓腔的低信号带，周围的关节软骨为中等信号。

缺血性坏死早期能发现股骨头内信号减低，关节囊内见长 T1、长 T2 的积液信号；以后股骨头前上部出现“双线征”，表现为 T1WI、T2WI 上低信号带或内高外低两条并行信号带围绕着信号不均匀的坏死区。

4．影像表现分期

Hungerford 及 Setein-berg 分期法

O 期：临床无症状及普通 X 线正常；CT 表现正常或骨小梁“星芒结构”轻微变形即股骨头中央至表面有轻微点状或小道样致密增生；MRI 典型表现为 T2 加权像“双线征”即负重区出现外围低信号环绕圈内高信号。

Ⅰ期：普通 X 线平片正常或仅显示轻度骨质疏松表现；CT 表现骨小梁“星芒结构”明显变形，部分可见短线样稍低密度影或局灶性骨质硬化，但无皮质下透亮区（新月征）；MRI 在 T1 加权像股骨头负重区显示线样低信号，而在 T2 加权像该区比正常信号强，表现为局灶性信号升高或“双线征”。

Ⅱ期：普通 X 线平片显示股骨头仍不变形，关节间隙正常，股骨头内可见高密度硬化区，部分可见斑片状混杂密度（以高密度为主）；CT 表现可见股骨头囊变区，骨质硬化及皮质下透亮区“新月征”；MRI 在 T1 加权像股骨头内有硬化缘环绕较低新月形不均匀信号强度的坏死区。

Ⅲ期：普通 X 线平片及 CT 均可见明显的骨质硬化、囊变及关节面下塌陷，股骨头变形，关节间隙正常；MRI 在 T1 加权像显示片状或不规则低信号区，软骨塌陷，T2 加权像可见高信号骨折线。

Ⅳ期：普通 X 线平片、CT 及 MRI 均显示骨碎裂、塌陷及变扁，合并关节肥大畸形，间隙变窄等退行性骨关节病（如表 5-1 所示）。

表 5-1　股骨头缺血性坏死的国际分期（ARCO 分期）

分期	影像技术选择	表现	亚型（坏死部位）	定量（受累区域）
0 期		无	无	无
1 期	MRI 或核素扫描	股骨头内脂肪信号异常	内侧 中央 外侧	A：局限（<15%） B：中度（15%～30%） C：广泛（>30%）
2 期	X 线片、CT、MRI	平片异常（股骨头内花斑状骨硬化、囊变、骨硬化线、骨质减少）；平片或 CT 无塌陷指征；MRI 或核素阳性；髋臼无改变	同上	同上
3 期	X 线片、CT	新月征、关节面塌陷	同上	半月征长度： A：<15% B：15%～30% C：>30% 关节面塌陷范围和程度： A：<15%、<2mm B：15%～30%、2～4mm C：>30%、>4mm
4 期	X 线片	平片显示股骨头变扁、髋关节间隙变窄，髋臼出现硬化、囊变和骨赘		

[影像诊断要点]

X 线平片、CT、MRI 三者在诊断股骨头缺血坏死Ⅰ～Ⅱ期差异性明显；Ⅲ～Ⅴ期无明显差异。X 线平片虽难以发现股骨头缺血坏死的早期表现，但具有操作简便，仍不失为常规检查方法。CT 检查通过观察骨小梁结构异常改变来判断 X 线平片难以发现的早期坏死病灶，而且在显示骨小梁细微骨折和关节面塌陷及其病灶大小、边界和结构等方面也具有优势。MRI 检查根据骨髓信号强度的改变，在股骨头出现血供中断，骨髓脂肪组织坏死，MRI 信号即可发现异常。MRI“双线征”是诊断早期缺血坏死的特征性表现，诊断价值高于 CT 和 X 线平片。MRI 是诊断早期股骨头缺血坏死的敏感性和特异性最高的检查手段。

第三节　其他部位骨缺血性坏死

一、腕月骨缺血性坏死

腕月骨缺血性坏死又称金伯克氏病。本病好发于手工业工人及手腕部长期劳损者，如洗衣工、熨烫工、纺织工、风镐手等。右腕多见。

[病理表现]

月骨是腕骨中较小的骨块，位于近排腕骨的中心，活动度最大，受腕部活动的压力亦最大。腕部过多的屈伸活动，月骨大部分为软骨包裹，仅掌、背两侧有一小区为骨膜覆盖，有营养血管进入。当腕部过多的屈伸、旋转活动，可引起局部血管舒缩紊乱，产生水肿与肿胀，使骨内压力增高，血循环障碍，最后月骨中央部分坏死，晚期可见月骨压缩变形。

[临床表现]

起病缓慢，开始腕部疼痛、无力，休息后好转。劳损后容易复发。症状逐渐加重腕关节活动障碍，患者手握力减低。腕月骨处压痛。

[X 线表现]

早期无明显改变，以后显示月骨密度增高，外形可正常或稍有缩小。病变进展，月骨密度显著增高，外形变扁且不规则，并有节裂出现。有时可见囊性改变，周边骨质硬化。关节间隙正常或稍增宽。最后可引起退行性腕关节病。

二、胫骨结节骨软骨炎

胫骨结节骨骺 11～13 岁出现，17～18 岁与股骨近端骨骺融合。骨骺在胫骨前上方，向下延伸呈舌状，覆盖胫骨近侧干骺端前方，是髌骨下股四头肌腱的附着处。反复多次的轻外伤及髌下股四头肌腱的强力牵拉是本病的主要原因，男性青少年多见。

[X 线表现]

1. 局部软组织肿胀为重要的基本征象，尤以髌韧带的增大或增厚为著，以后肌腱可产生继发性钙化或骨化。

2. 胫骨结节骨骺不规则增大，密度不匀，有节裂或边缘光滑的游离骨块。结合临床，本病诊断不难，有时需与健侧对照观察。

三、足舟骨缺血性坏死

其发病年龄常为 4～10 岁，平均 5 岁，男孩多见，成年病人则多见于女性。病变常为单侧性，约 20%为双侧性，外伤可能为常见的致病原因。

由于足舟骨后骨化，若进入舟骨的中心动脉形成延缓或受创伤，致血供中断，便形成此病。另外，女性下肢肌力较弱，患平足者较多，足弓塌陷后，足舟骨所承受的压力增大，可引起骨髓内压力增高，阻断舟骨血供，导致足舟骨缺血性坏死发生。

[X 线表现]

幼儿发病时，X 线表现为骨骺碎裂；较大儿童发病时，骨密度增高，舟骨变小、变扁平；关节间隙增宽。

四、跖骨头缺血性坏死

该病多见于青年女性，好发在第 2 跖骨头，偶见于第 3 跖骨头，并可双侧发病。真正的病因尚不清楚，一般认为是慢性损伤造成局部供血不足，进而导致跖骨头缺血性坏死。由于第 2 跖骨长于其他跖骨，而且第 2 跖骨近端又被三块楔骨所包绕，活动较小，负重时该跖骨头承受应力大，故可导致缺血性坏死。另外女孩足部肌肉力量较弱，足弓较低，特别是横弓较低，造成第 2、3 跖骨头骨骺负重更多，易损伤发病。

[X 线表现]

跖骨头变扁宽，密度增高、有小透光区，跖骨干骨质疏松。跖趾关节面不规整，状如喇叭口，可有碎骨片，关节间隙增宽，关节边缘可有骨刺（如图 5-3 所示）。

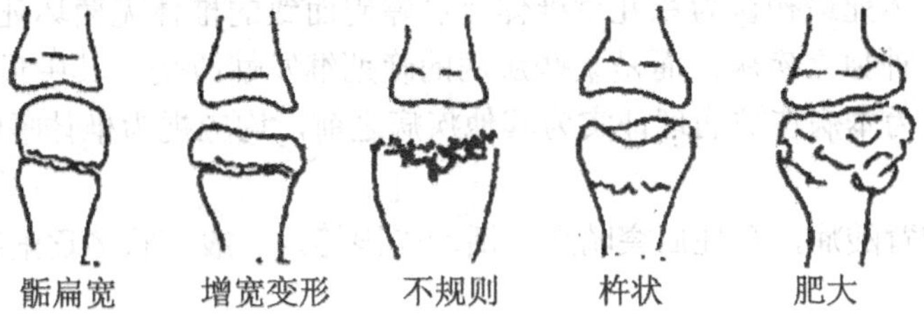

图 5-3 跖骨头缺血性坏死

五、跟骨缺血性坏死

本病系跟骨粗隆骨骺因外伤或反复的跑跳刺激而产生的缺血性坏死，一般以双侧性发病较多见，好发于 8～12 岁儿童。患者主诉有足跟疼痛，一般均可自愈。

[X 线表现]

跟骨粗隆的骨骺较正常小，密度不均匀性增高，外形扁平呈波浪状、斑块状或虫蚀状，可碎裂成多块，骨骺线不规则增宽。

应注意正常儿童跟骨粗隆骨骺亦可分节，密度一般高于跟骨体，有时边缘不整，似缺血性坏死改变，但临床一般无双足跟处疼痛和肿胀。

六、脊椎骺板缺血性坏死

脊椎骺板缺血性坏死即脊椎骨骺炎，又称青年驼背症，是由椎间盘组织的压迫、椎体无菌性坏死或垂体前叶生长激素的影响造成椎体楔形变的一种疾病。有参加过重劳动史，特别是肩部受压的劳动（如重竞技项目中的举重运动员），脊柱出现圆形驼背畸形。

[病理表现]

此病大多与外伤有关。椎体骨骺继发性缺血，可导致椎体前部承重力减弱，而产生特征性的楔形变。椎间盘在受重压的情况下也易发生碎裂，髓核突入椎体前部形成 Schmorl 结节。病变晚期骨骺与椎体融合，但遗留楔状变形。

[临床表现]

好发于 10～18 岁的青少年，以 14～16 岁最多见，男性多于女性。好发于胸椎下段和腰椎上段。其主要症状是腰背疼痛，休息后好转。以后逐渐出现驼背畸形。

[X 线表现]

1．推体骨骺出现迟缓并呈现疏松，分节或密度增高，轮廓不清，形态不规则。

2．正常骺板与椎体间的透明线不规则增宽。

3．椎体逐渐出现呈前窄后宽的楔状变形，椎体前部上下缘常呈阶梯状改变，脊柱失去正常生理弯曲而呈典型的圆驼状后突畸形（如图 5-4 所示）。

4．椎间隙正常，可见 Schmorl 结节。

七、椎体缺血性坏死

椎体缺血性坏死又名 Calve 病，为椎体原发骨化中心的缺血坏死，多见于 2～15 岁的儿童，男女发病率相近，好发于胸椎，常累及单个椎体，多发者少见。

[病理表现]

椎体缺血性坏死最初认为系儿童椎体血供障碍而致的椎体无菌坏死，后来多数学者认为本病并非一种独立疾病，而是某些疾病的晚期继发性改变，其中最为常见的是嗜酸性肉芽肿，并认为本病在被病理证实为其他疾病之前，均应视为椎体嗜酸性肉芽肿。

[临床表现]

主要症状腰背酸痛，脊柱后突畸形，活动受限等，一般症状多逐渐减轻并趋消失。

[X 线表现]

1．病变椎体体积缩小，塌陷呈扁平状，密度增高，其前后径增加（如图 5-5 所示）。

2．局部脊柱后突。

3．邻近的椎间隙可以正常，亦可增宽，修复期可变窄。

4．嗜骸性肉芽肿是扁平椎主要形成原因。

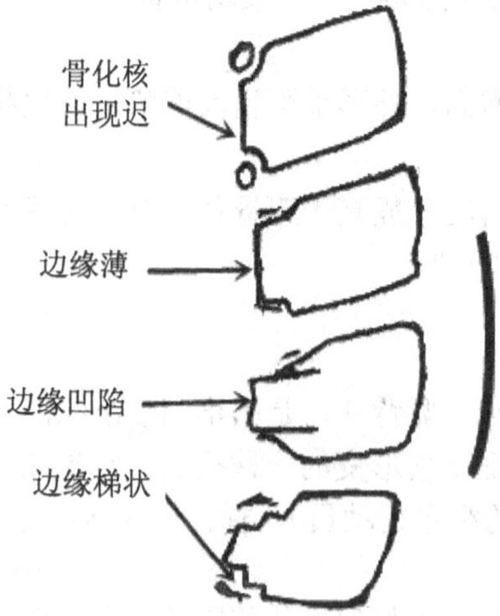

图 5-4　脊椎骺板缺血性坏死

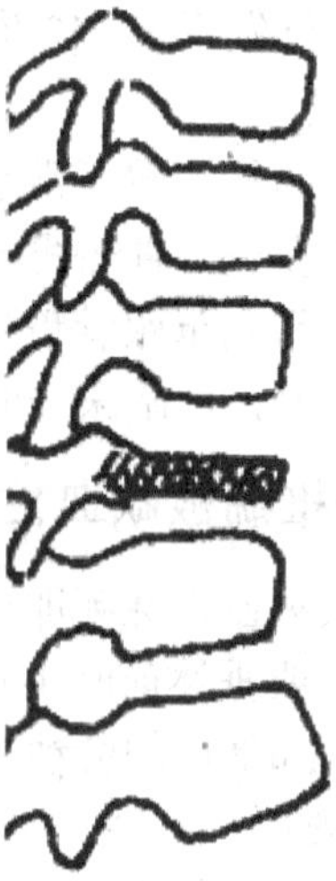

图 5-5　椎体缺血性坏死

第四节 剥脱性骨软骨炎

剥脱性骨软骨炎为关节软骨下骨质的局限性坏死，病因不明，可有外伤史或遗传或先天性因素，内分泌以及低毒力感染等，均可为致病因素。

[病理表现]

创伤或其他因素导致局限性关节软骨下骨质局限性坏死，以后周围正常骨有充血和结缔组织增生，并伸入坏死骨内。小死骨变疏松并脱落，增生少时死骨可被纤维组织覆盖。覆盖于死骨上的关节软骨可发生坏死、分离并脱落于关节内形成游离体。如坏死骨块仍与周围骨质相连接，则可能再生。骨缺损大部被骨髓或骨膜产生的结缔组织所覆盖，最后变为纤维软骨。

[临床表现]

本病好发于16～40岁的青壮年，男性居多，单发病变多见。本病好发于股骨下端的内外髁，其次是股骨头、髌骨、肱骨小头、桡骨小头、距骨滑车、跖骨及足舟骨等处，多数有受累关节疼痛及关节活动受限。

[影像学表现]

1．X线与CT表现：特征性表现为关节面下类圆形的小骨块密度增高影，长径数毫米到数厘米大小，边缘锐利，周围环绕透亮线。当小骨块脱落形成关节内游离体，原骨块所在处留有局限性骨质缺损，其周围多有硬化边，如病变修复可因新骨形成而消失，晚期可并发退行性关节病。

2．MRI表现：可发现X线和CT不能发现的病灶。病灶在T1WI呈低信号，少数呈等信号，其他序列呈高、等、低多种信号改变。增强扫描主要用于观察坏死骨块的存活情况，以决定治疗方案。若坏死骨块有较明显的强化，表明已有血供存在，可考虑保守治疗。

（李渝苏　汪文章）

第六章　骨关节感染性疾病

第一节　化脓性骨髓炎

化脓性骨髓炎系指骨的全部组织发生化脓性感染，包括骨炎、骨髓炎、骨膜炎，常由金黄色葡萄球菌引起，占 70%～90%，其他有白色葡萄球菌、链球菌、肺炎双球菌、大肠杆菌、伤寒杆菌等。病菌进入骨内的途径有：血行感染、直接蔓延、开放感染。化脓性骨髓炎主要是由血行感染引起，病菌也可直接由创口侵入，或因关节感染蔓延而来，临床上分急性和慢性两类。

一、急性血源性骨髓炎

急性血源性骨髓炎多为血源性感染。好发于儿童与青少年，男孩多见。好发部位是长管状骨的干骺端，多见于胫骨、股骨、肱骨及桡骨。

[病理表现]

1．脓肿形成与扩散

血源性感染多因口腔、扁桃腺、呼吸道和皮肤之感染引起。细菌栓子经滋养血管进入髓腔，通常在干骺端松质骨中形成病灶，这是因为该区血管较细而且迂曲使细菌易于停留。如细菌毒性较低，或数量较少，病变可局限化，形成慢性骨脓肿。但病灶一般继续蔓延，局部骨脓肿扩散途径有三：①骨脓肿向外扩展，突破干骺端骨皮质，掀起骨膜，形成骨膜下脓肿，再经哈佛氏管侵入髓腔，可扩展至整个骨干。骨膜下脓肿还可破坏骨膜侵入软组织，形成软组织脓肿，甚至穿破皮肤形成窦道。②感染直接向髓腔蔓延，又经哈佛氏管向外蔓延，再形成骨膜下脓肿。③儿童的骨骺软骨板对化脓性感染具有阻力，所以感染一般不直接穿过骺板进入关节。在成人中由于缺乏这种阻力，故可直接侵入关节引起化脓性关节炎（如图 6-1 所示）。

2．破坏

病灶区脓肿引起骨质破坏、骨膜破坏、软组织破坏，易发生病理骨折。

3．骨坏死

化脓性病灶髓腔内可因血栓性动脉炎、静脉血栓形成及骨膜下脓肿形成骨膜被剥离骨面，骨干骨皮质内外失去血供而坏死形成死骨。死骨大小不定，形状不规则，多呈狭长片状，有时呈小碎片状。

4．骨增生修复

骨膜下脓肿后脓液刺激骨膜开始出现骨膜下新骨，逐渐形成骨壳包绕骨干，晚期病灶区骨增生硬化明显。

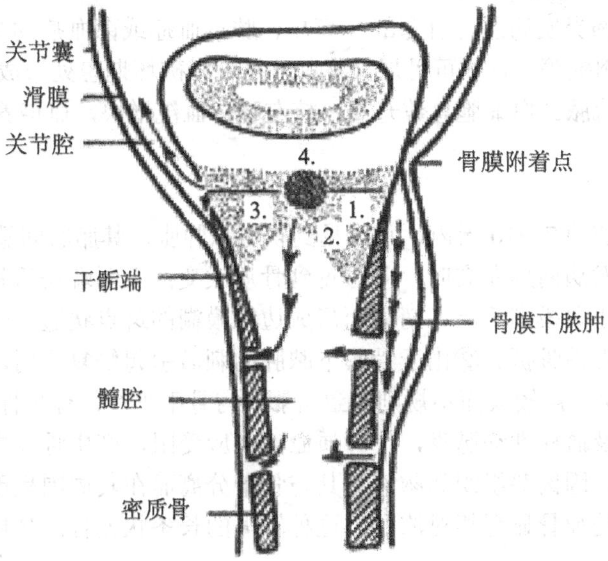

1．2、3 扩散方向 4 感染病灶

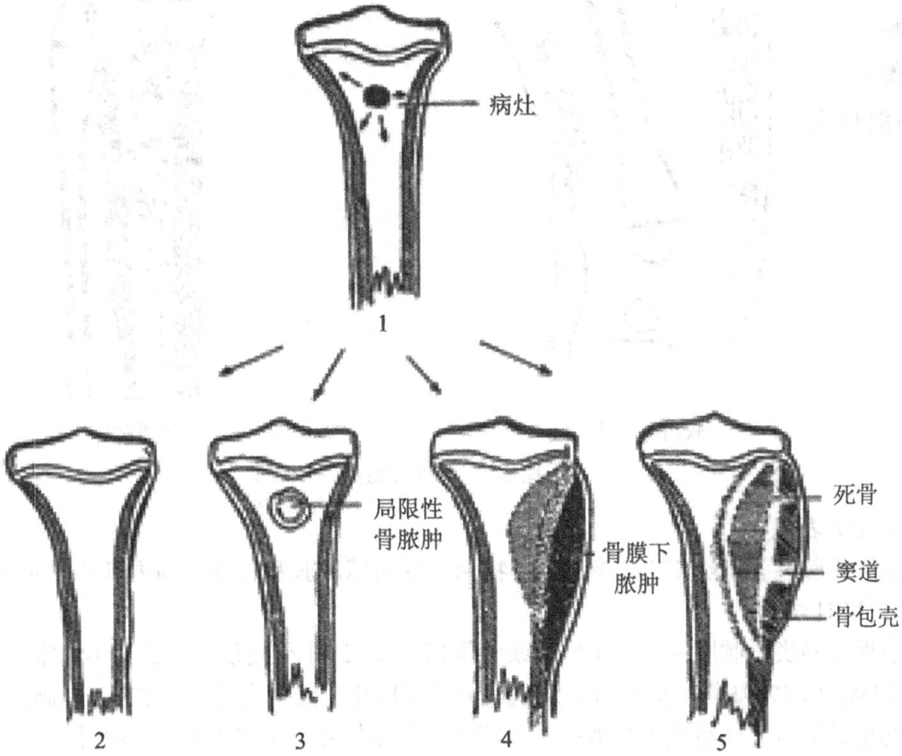

1 干骺端病灶 2 痊愈 3 局限性骨脓肿 4 骨膜下脓肿 5 死骨形成

图 6-1 急性骨髓炎扩散途径图

[临床表现]

急性化脓性骨髓炎发病急，有寒战、高热、脓毒血症或菌血症的中毒症状。局部症状有患肢疼痛、肌肉痛等。查体可见局部红肿，在骨膜破坏期患处形成脓肿时可有波动。慢性者骨瘘孔反复流脓。白细胞总数升高，核左移，血沉增快，血培养阳性。

[影像学表现]

1．X 线表现

（1）早期：最初的 7～10 天内，常可见到软组织肿胀，其脂肪间隙模糊或消失。

（2）中期：①发病两周左右时，即可见到骨质改变：干骺端松质骨开始显示骨质稀疏、密度减低，骨小梁模糊不清、消失而形成边缘模糊的斑点状透亮区。骨皮质破坏，中断缺损，甚至病理性骨折。②由于骨膜下脓肿的刺激引起修复作用，在皮质周围产生明显的骨膜新骨，呈一层较淡而不规则的致密影，与骨干平行，有时骨膜新骨呈花边状。③由于骨膜掀起以及血栓性动脉炎，使骨质血液供应受阻，产生骨皮质坏死，沿长轴形成大片长条状死骨。因肉芽组织和脓液将其与骨干分离而在其周围呈现一透亮带，加之周围的骨质稀疏，使死骨显得相对浓白。这种较大的长条状死骨片是化脓性骨髓炎的特征（如图 6-2 所示）。

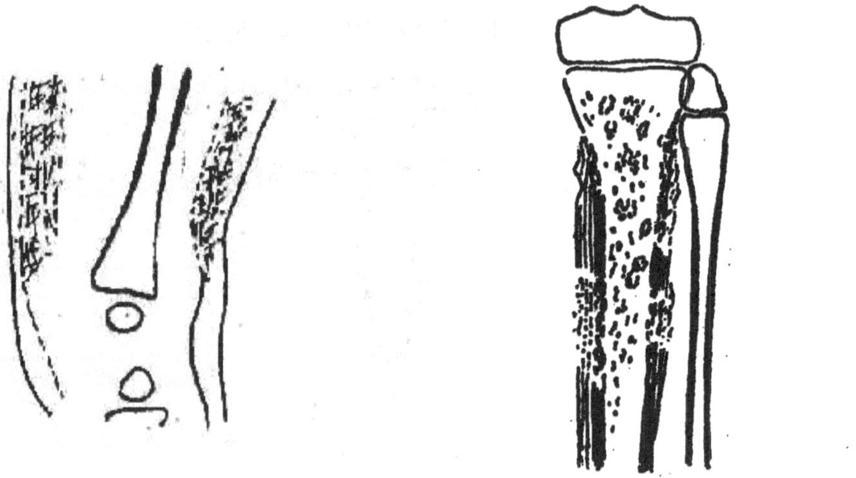

软组织肿胀　　骨质破坏

图 6-2　急性骨髓炎

2．CT 表现

急性化脓性骨髓炎 CT 均能显示，特别对软组织肿胀和骨脓肿髓内延伸显示更好。

3．MRI 表现

急性骨髓炎骨脓肿区 T1WI 呈低或中等信号，T2WI 呈高信号，边界不清晰，骨膜反应在 T1WI 和 T2WI 均呈低信号。皮质性死骨 T1WI 呈低至高信号，T2WI 呈高信号。骨硬化均呈低信号。软组织内脓液在于 T1WI 呈稍高信号，于 T2WI 呈高信号。

[影像诊断要点]

急性化脓性骨髓炎早期诊断关键在及时发现脓肿，X 线表现以软组织肿胀为主，没有特征性，CT 和 MRI 能发现骨内外脓肿的分布及蔓延途径，对早期诊断有帮助。发病

10天后即有典型X线征象。急性骨髓炎以骨破坏为主，但增生修复作用已开始。除骨膜增生骨化外，在髓腔内的破坏透亮区周围可见骨质增生硬化，两者关系密切，此种改变见于整个病变区。

[鉴别诊断]

急性骨髓炎与尤文氏肉瘤鉴别。尤文氏肉瘤常发生于骨干，常伴发热、白细胞增多，全身症状不如急性骨髓炎重，但有明显夜间痛，肿块逐渐增大，明显时皮肤可有静脉怒张。X线片见“葱皮样”骨膜反应及Codman三角。急性骨髓炎发病急，多伴有高热，疼痛较尤文氏肉瘤剧烈，夜间痛并不明显。X线片上在骨破坏的同时很快出现骨膜反应增生，多有死骨出现。局部穿刺吸取活组织检查，可以确定诊断。

二、慢性骨髓炎

急性骨髓炎治疗不及时或不彻底，即转为慢性骨髓炎。慢性期的特征之一为骨的修复作用占优势，患骨明显增生硬化，通常见于脓腔周围。骨膜因新骨形成而明显增厚，并与骨皮质融合。同时骨内膜也增生硬化可使髓腔变小，广泛的骨硬化可使髓腔狭窄甚至封闭。其特征之二为病灶内有脓腔、死骨的存在，脓腔多与屡管相通，经久排脓不愈，或时愈时发。骨脓腔可单发或多发，其形状、大小不一。死骨多为一大块，亦可为多个小块，小的可由瘘管排出。

[影像学表现]

1. X线表现：表现为患骨不规则增粗，骨皮质增厚，髓腔狭窄，广泛的骨硬化可使髓腔闭塞。病灶区密度明显增加。有时需过度曝光或体层摄影才能显示。在骨硬化区内常见大小形状不一、数目不等的脓腔，脓腔内常见有条状的死骨。炎症未波及的周围区域常有骨萎缩、骨质疏松和软组织萎缩的存在（如图6-3所示）。

图6-3 慢性骨髓炎

（骨包壳、死腔、死骨）

慢性骨髓炎的X线愈合表现为死腔、死骨、窦道消失。骨质增生硬化逐渐吸收，骨髓腔贯通。如骨髓腔硬化仍不消失，虽然长期观察认为病变已静止，但当机体抵抗力降低时仍可突然复发。

2. CT表现：对显示慢性骨髓炎隐蔽的死骨和脓腔较好。

[诊断要点]

慢性骨髓炎的特点为不同程度的骨质增生硬化及残存的脓腔、死骨，X线诊断不难。

但由于抗生素的广泛应用，细菌毒力较低或耐药菌株的增加，典型、严重、长期不愈的慢性骨髓炎已很少见。相反，却常有多种不典型的X线表现。如感染仅限于骨膜下，则表现为骨膜增生，而无明显破坏。

三、慢性骨脓肿（Brodie氏脓肿）

慢性骨脓肿是一种局限性的慢性化脓性骨髓炎，在儿童及青年较为常见。脓肿大都局限于长骨的干骺端，以胫骨上下端及桡骨的下端多见。脓腔逐渐为肉芽组织所代替。

一般是由于致病菌的毒力小或是机体的敏感性不高所致。

[影像学表现]

1．X 线表现：其 X 线表现为长骨干骺端中心部位的圆形骨质破坏区，边缘较整齐，周围有一环形骨质硬化带。破坏区中很少有死骨，偶尔可见有小死骨。由于脓肿一般位于骨的深部，所以附近骨膜反应少见，周围软组织肿胀或窦道形成亦少见（如图 6-4 所示）。

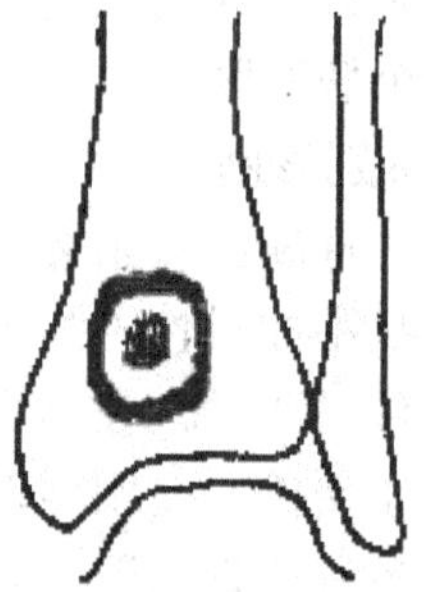

图 6-4 慢性骨脓肿

2．CT 表现：CT 除可见到平片之征象外，观察小死骨优于平片。

3．MRI 表现：T1WI 干骺端脓肿呈低或中等信号，其内有碎小死骨呈高信号，T2WI 脓肿呈高信号。脓肿周围硬化带 T1WI 和 T2WI 均呈低信号。

四、硬化型骨髓炎

硬化型骨髓炎又名 Garre's 病，特发性骨皮质硬化和干性骨髓炎，此病较少见。病因不明，不易找到致病菌，有时可能与损伤有关。损伤产生骨膜下血肿，形成钙化。本病多发生在青壮年，男多于女，体质多健壮，如运动员。长管状骨均可发病，但下肢以胫骨最为多见。

本病为骨的进行性、广泛性和硬化性炎症，因炎性反应致骨髓腔内发生广泛纤维化，血循环发生障碍，骨内的氧张力下降，促使骨内膜下骨样组织增生，沉积和钙化，Haver 管阻塞出现反应性骨内膜增厚，骨皮质呈梭形增生一系列病理变化。这种变化比较局限，也比较轻。和一般化脓性骨髓炎不同，它不会产生脓肿、死骨和形成瘘管。

[影像学表现]

1．X 线表现：发病初期 1 个月内无异常表现，时间长可见骨皮质弥漫性增厚，致密，呈硬化状，与正常骨无明显分界，骨髓腔较正常狭窄或闭塞，说明髓腔内膜也有增生和新骨形成。无明显死骨。

2．CT 表现：同 X 线所见，对观察髓腔及小死骨较佳。

五、外伤性化脓性骨髓炎

凡因严重创伤导致开放性骨折，细菌直接侵入骨内而引起的化脓性感染称之为外伤性化脓性骨髓炎。由于现代工业、交通的发达，因事故造成的严重的开放性骨折不断增多，开放性损伤所引起的感染也随之增加，感染率可高达 5%～25%。近年来，国外的一些调查资料表明，外伤性化脓性骨髓炎的发病率已超过血源性骨髓炎而居首位。如果治疗不及时、不当，可引起严重后果。

致病菌多为绿脓杆菌及其他革兰氏阴性杆菌（大肠杆菌等）。常见的发病部位以小腿的胫腓骨最多，其次为股骨、肱骨。

[病理表现]

外伤性骨髓炎的病理特点有：①开放性创伤一般属于高能量暴力所致，多数病例为多发性、复合性损伤，创面污染严重。除有开放性骨折外，软组织损伤严重，血管撕裂损伤严重，肌腱、神经损伤也不少见，甚至可出现组织器官缺损。②开放性创伤多引起粉碎性骨折，骨膜撕裂损伤严重，由于血管损伤，骨碎片缺乏血供，更易发生坏死形成死骨，当死骨脱落、吸收或摘出后，局部造成骨缺损、骨不连。③有些开放性创伤创面污染严重，感染机会增加。发生感染后，化脓性感染形成的脓液容易直接堆积在骨及软组织的裂隙处，并从伤口处溢出，骨膜下脓肿形成较少，再加上骨膜本身的破坏，日后骨膜反应也较少，骨的修复受影响。④开放性外伤后引起的急性骨髓炎由于伤口的引流作用，使骨内感染不致在骨内及骨膜下广为扩散，病变较为局限，始终以骨折部位为中心，向两端发展，同时多在骨折部位形成脓腔，可形成长期不愈的窦道，发展成慢性骨髓炎。由于骨断端浸泡在脓液中，又缺乏血供，炎症刺激常致局部骨硬化。

[临床表现]

外伤后引起的急性骨髓炎，除非有严重并发症或大量软组织损伤及感染等，一般全身症状较轻，感染多较局限而少发生败血症，但应注意并发厌氧菌感染的危险。

局部症状：血源性骨髓炎早期有局部剧烈疼痛和跳痛，肌肉有保护性痉挛，肢体不敢活动。患部肿胀及压痛明显。如病灶接近关节，则关节亦可肿胀，但压痛不显著。当脓肿穿破骨质、骨膜至皮下时，即有波动，穿破皮肤后，形成窦道，经久不愈。

[影像学表现]

1. X 线表现

外伤性骨髓炎，多伴有开放骨折及软组织损伤。根据局部损伤程度，感染范围而有不同表现。早期：可见到软组织肿胀，骨折常表现为粉碎性骨折。中期：骨折处开始显示骨质破坏：骨质稀疏、密度减低，骨小梁模糊不清、消失而形成边缘模糊的斑点状透亮区；骨皮质破坏，骨碎片浸泡在脓液里，形成死骨；由于骨膜下脓肿较少，在 X 线片上可见骨膜新骨范围小，包壳的长度及厚度都比血源性化脓性骨髓炎小；骨内膜的增生程度也轻。晚期：骨折部有增生硬化，但常出现骨缺损和骨不连，或有死骨存在而转化成慢性骨髓炎。

2. CT 表现

与 X 线表现基本相同，但显示骨质异常改变更加清晰。

六、脊椎化脓性骨髓炎

脊椎化脓性骨髓炎又称化脓性脊柱炎，在临床上很常见，但急性发病者仅占 50%左右，半数患者为亚急性或慢性过程，多由金黄色葡萄球菌经血液循环传播引起，也见于白色葡萄球菌、链球菌和绿脓杆菌等感染。其原发感染病灶可为疖肿、脓肿和泌尿生殖系下段的感染，少数为外伤、椎间盘手术或腰椎穿刺手术后感染所致，亦可由脊椎附近的软组织感染如肾周脓肿、褥疮等蔓延而来。由于临床表现不一，受累部位不同，出现症状及体征各异，导致化脓性脊椎骨骨髓炎常出现误诊或漏诊。

[病理表现]

病变主要侵犯椎体，向椎间盘及上下椎体扩散，也有向椎弓附件扩散侵入椎管内的，少数单发于附件。病变发展迅速，椎体破坏，多数伴有椎旁脓肿，在腰椎则为腰大肌脓肿，在上颈椎则为咽后壁脓肿。后期破坏区增生硬化，形成骨赘，彼此融合成骨桥，甚至出现椎体融合。

[临床表现]

此病常见于成年人，以 20～40 岁年龄段的成年人为常见，男性多于女性。腰椎发病较多，其次为胸椎、颈椎和骶椎。按起病急缓可分成急性型、亚急性型与慢性型三种类型。

1．急性型　这种类型通常来源于血液途径播散。患者起病急骤，有畏寒、寒战及高热，体温可达 40℃，毒血症症状明显。腰背痛或颈背痛明显，卧床不起，不能翻身或转颈。检查：椎旁肌肉痉挛，棘突压痛，明显叩痛，脊柱活动受限。血白细胞计数明显升高，可达数万，中性粒细胞占 80%以上，血培养可检出致病菌。高热可持续 2 周以上，部分病例出现肢体瘫痪。较大的腰大肌脓肿可在腰部或流至股部时被触及。少数患者则以急性腹痛，神经根性痛，髋关节痛为主要症状。

2．亚急性型　这类病例通常在近期内有过腹腔内炎症或腹内手术后感染病史。在感染病灶控制后或化脓性阑尾炎手术出院后不久发生腰背痛及发热，体温一般不超过 39℃，毒血症症状亦比较轻微，有血白细胞计数增加和血细胞沉降率加快。

3．慢性型　起病隐匿，患者在不知不觉中出现腰背痛，没有神经根症状，体温不高，或仅有低热，状如结核，血白细胞计数不高，但血细胞沉降率可增快。用抗生素后症状会改善，但会反复发作，因此整个病程表现为慢性迁延性病程。

[影像学表现]

1．急性型

发病早期 X 线检查往往无异常发现，至少在 1 个月后才出现椎体内虫蚀状破坏。一旦出现 X 线征象后，骨破坏迅速发展，椎体形状不对称，成楔状改变，密度浓白成硬化骨，并向邻近椎体蔓延，使椎间隙变窄，并可见有椎旁脓肿。最后，形成骨桥或椎体骨性融合。CT 与 MRI 检查可以提前发现椎体内破坏灶与椎旁脓肿。

2．亚急性型

本型发生在椎体的边缘，早期的 X 线检查往往没有阳性发现，X 线表现往往延迟到 1～2 个月后出现，表现为椎体边缘破坏和椎间隙变窄以及进行性骨硬化。这类病例的致病菌大都毒性比较低，或是患者的机体抵抗力比较强，因此整个病程表现为良性过程。

3．慢性型

早期 X 线检查往往无阳性发现，1～2 个月后椎体呈对角线状，有半个椎体密度增高，出现骨硬化表现。随着病变发展，椎间隙进行性变窄，通常需半年之久。如果患者年龄较大，往往被诊断为转移性硬化性骨肿瘤。

[影像鉴别]

1．脊柱结核，部分儿童椎体结核起病时亦可有高热，椎体破坏成楔形并有椎旁脓肿形成。但结核性病变不会出现骨硬化表现，X 线表现进展亦相应缓慢。

2．本病亦必须与有癌性发热的脊柱肿瘤相鉴别。本病大都局限于椎体，很少蔓延至附件；而脊柱肿瘤早期即侵犯椎弓根，可资鉴别。

3．硬化性脊柱肿瘤，特别是年老者更与前列腺癌骨转移难以鉴别。根据完整的椎弓根与进行性椎间隙变窄，诊断不难。由于影像学依据出现较迟，难以作出早期诊断，因此某些病例需做骨穿刺活检。

4. 退行性病变

椎体边缘可有骨增生改变，无破坏缺损；椎间盘变性、狭窄，但一般无消失；椎旁软组织影正常。

第二节　化脓性关节炎

化脓性关节炎指关节的化脓性感染，是较为严重的急性关节病。常由金黄色葡萄球菌经血液至滑膜而发病，也可因骨髓炎继发侵犯关节而致，多见于承受体重的关节，如髋和膝关节，常单发。

[病因病理]

化脓性关节炎感染途径有：①细菌经血流侵犯关节滑膜。②邻近骨软组织感染灶向关节侵犯。③关节开放性外伤后直接感染。外伤是发病的主要诱因。

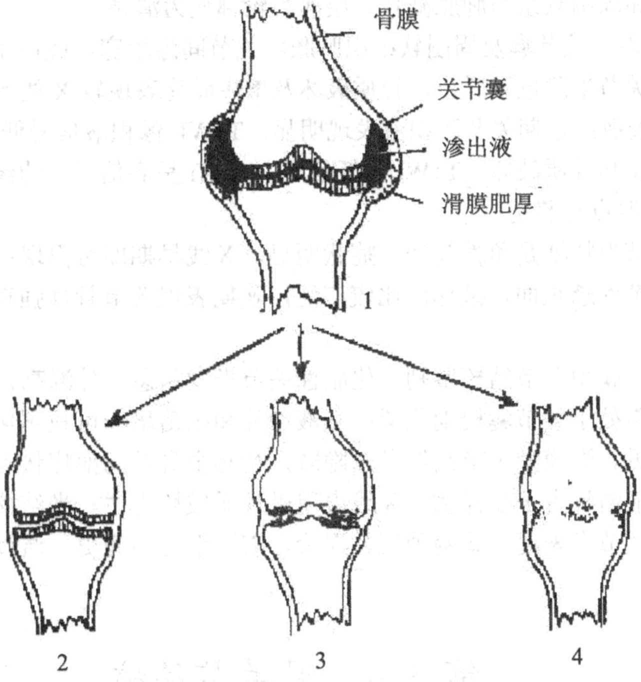

1 化脓性关节炎　2 痊愈　3 关节破坏　4 骨性强直

图 6-5　化脓性关节炎病理改变示意图

化脓性关节炎的病理改变主要有三个方面：关节软骨的破坏、关节周围软组织的破坏和晚期的增生修复。早期，在发病的 2～3 天内，主要是关节滑膜的急性炎症反应，滑膜明显充血水肿及炎性渗出形成脓性关节积液，在病变发展的中期（发病两周左右），关节软骨可严重破坏，并累及软骨下骨性关节面，引起骨骺或骨端的骨质坏死。晚期，病理改变以滑膜、纤维组织的增生为主，造成关节的粘连和纤维愈合，最终关节纤维强直或骨性融合（如图 6-5 所示）。

[影像学表现]

1．X 线表现

（1）早期：发病 2～4 天，X 线见关节肿胀：关节囊密度增高、边界不清、关节间隙增宽及邻近软组织层次模糊，皮下组织出现网状结构等。部分病例关节可出现脱位或半脱位畸形。

在婴幼儿，受累关节骨端可见骨质疏松表现。

（2）进展期：关节内脓液大量积聚对关节软骨、骨端及关节囊产生破坏。X 线见关节间隙变窄，骨性关节面模糊、中断甚至消失和出现骨端缺损及干骺端骨髓炎，破坏区边缘模糊。软组织肿胀更为广泛和突出，脓肿所在部位出现局限膨隆，干骺或骨端可有骨膜反应。骨端破坏严重可出现脱位。儿童骨骺、骺软骨板和干骺端受累，使之血运遭受破坏，骨骺发生缺血坏死，日后造成生长发育畸形。

（3）修复期：由于关节面破坏可出现关节纤维强直和关节骨性强直，以骨性强直为多见。关节囊和周围软组织肿胀减轻、层次和轮廓变为清楚。

2．CT 表现：关节囊及周围软组织肿胀，关节间隙增宽，腔内呈水样密度，关节积液多见，时有关节半脱位及脱位，骨质破坏及增生硬化表现较 X 线所见显示更为清晰。

3．MRI 表现：早期关节腔积液表现明显，T1WI 像积液信号低于肌肉信号；T2WI 像显示关节面及其骨质破坏，T1WI 呈低信号，T2WI 呈高信号，边缘不清。

[影像诊断要点与鉴别]

化脓性关节炎特征是急性起病，症状明显，X 线早期即可出现关节间隙变窄，骨端破坏先见于关节的承重面，破坏区比较广泛，晚期表现关节骨性强直，可供与其他关节炎作鉴别。

本病应与滑膜型关节结核鉴别。化脓性关节炎发病急，体温高，病变关节红、肿、热、痛，患肢常处于关节囊松弛位置；脓液涂片和细菌培养可找到化脓菌；X 线表现是破坏与增生同见。滑膜型关节结核发病隐匿，初起全身及局部症状不明显；穿刺培养有结核杆菌；脓液清稀有干酪样物；X 线表现以骨质破坏为主。当结核脓液穿入关节刺激滑膜出现急性关节炎表现，此两种病易误诊，需详细询问病史，通过细菌培养、病理检查以明确诊断。

第三节　骨关节结核

由结核杆菌引起的骨关节慢性感染性疾病。95%以上的骨关节结核继发于肺结核。骨关节结核多见于儿童及青年时期，10 岁以下居第一位，约 80%发生于 30 岁以下。结核杆菌经血行至骨或关节，易停留于血管丰富的松质骨内，如椎体、骨骺与干骺端，以及负重大、活动多的关节滑膜。全身骨骼中以脊柱最好发，其次为膝、髋、肘及掌指骨，长管状骨及扁骨少见。骨关节结核是一种慢性疾病，病变进展缓慢，常以月计。X 线征象迟于临床表现。

骨关节结核的病理改变早期以渗出性病变为主，巨噬细胞浸润、纤维蛋白渗出、多核细胞浸润；以后出现增殖性改变，结核性肉芽组织增生，巨噬细胞吞噬结核杆菌后变为上皮细胞，分裂或融合形成郎罕氏细以胞；继续发展可有干酪样变性，组织坏死，细胞结构消失。整个病理过程以骨破坏为主要表现。骨关节结核转归：①渗出性病变吸收，纤维组织的浸润，以纤维化—钙化或骨化而治愈；②静止，纤维组织大量增生包裹病灶，处于暂时静止状态；③扩散，干酪样坏死液化，结核杆菌大量繁殖，病灶发展扩大。

一、骨干结核

骨干结核一般好发于短管状骨，常见于 5 岁以下儿童的掌（跖）骨及指（趾）骨，是儿童骨结核中相当常见的类型。此时期短管状骨富于松质骨，利于结核病灶的产生。短骨结核常为多发，也可单发。结核多自髓腔开始，以局限性溶骨性破坏为主，脓液经骨皮质外溢，形成骨膜增生，一般不形成大块死骨。儿童与青少年的骨干结核可有大量的骨膜新骨形成，成人则新生骨很少。长骨骨干结核则很少见。

[临床表现]

短骨结核起病缓慢，一般多发。开始时多为掌（跖）及指（趾）部肿胀，呈梭形肿大，关节伸屈受限。

[影像学表现]

1. 短状骨结核早期 X 线表现是松质骨出现骨质稀疏，继而吸收消失，在骨内形成囊样破坏区，由内向皮质侵蚀破坏，骨皮质变薄，因幼儿骨膜再生能力强，其皮质外可产生分层状骨膜反应，使病骨增粗，形如纺锤，这种骨干呈膨胀的现象，称为“骨气臌”征。同时病骨周围的软组织亦有明显肿胀。

2. 长骨骨干结核很少见，病变破坏的范围较小，通常不如化脓性骨髓炎广泛，脓腔内的死骨少见，若有亦多被吸收。病变破坏区周围亦无明显硬化现象。如病变侵及骨皮质，则可产生轻度骨膜反应，不同于干骺端结核不产生骨膜反应（如图 6-6 所示）。

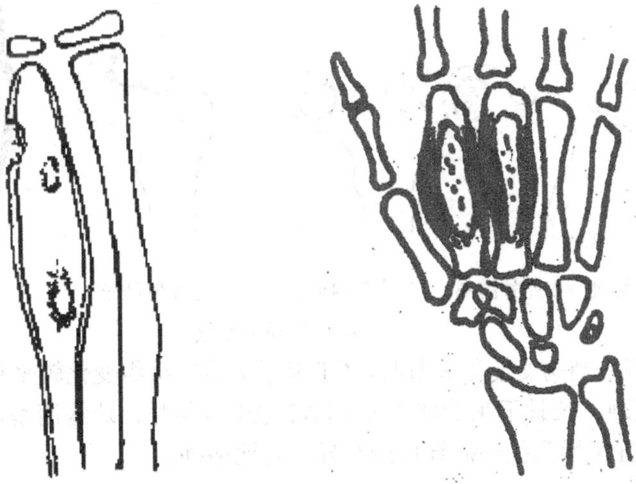

图 6-6 骨干结核

[诊断要点]

短状骨干结核常为多发，骨内形成囊样破坏的“骨气臌”征，周围软组织肿胀，X线诊断一般不难，但本病应与多发性内生软骨瘤相鉴别。

二、骨骺、干骺端结核

在四肢长骨中，结核最好发于骨骺及干骺端的松质骨内，并靠近骺软骨板。发生在松质骨中心部位时，病变特点是骨组织的炎性浸润和坏死，坏死与活骨分离后形成死骨，吸收后形成空洞。发生在松质骨边缘时仅形成局限性骨质缺损。

[临床表现]

发病初期病人常有病灶附近关节僵硬、活动不灵，局部肿胀、疼痛，活动后加重，局部可有压痛。

[影像学表现]

1. X线表现：位于骨骺、干骺端的病灶表现为局限性类圆形破坏区，边缘较清楚，周围一般无骨硬化，即使有也较轻微。其内可有砂粒样小死骨，从无骨皮质的大片坏死，小死骨吸收后即为空洞。多个病灶融合后破坏区呈分叶状。如不及时治疗，干骺端结核进一步发展，最易穿过骺板而侵及骨骺和关节，但极少向骨干发展，侵入关节者形成骨型关节结核。干骺端病灶即使靠近骨皮质，在其附近也无骨膜反应，这种以破坏为主而无明显增生反应的表现是骨结核的特征，与慢性骨脓肿不同。若病灶突破软组织形成瘘管继发化脓性感染时，可出现明显的骨膜反应和骨质增生（如图 6-7 所示）。

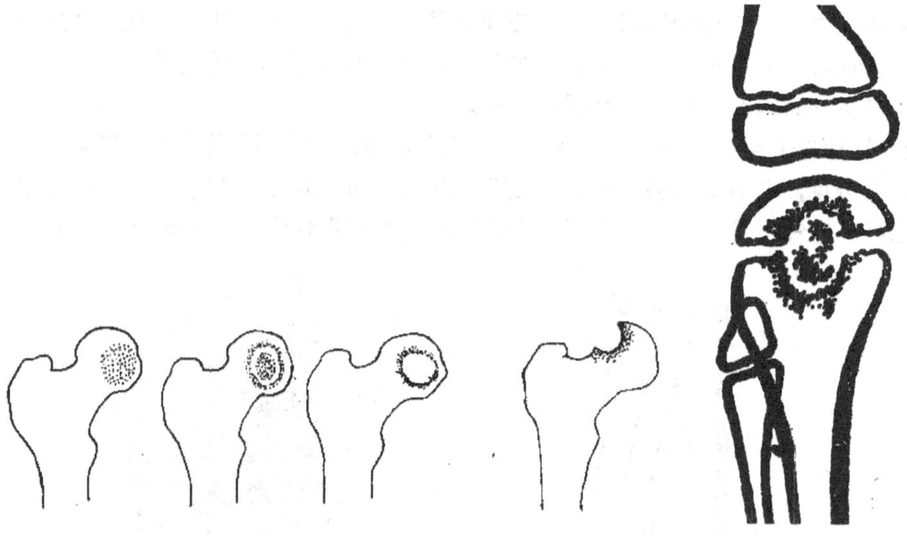

图 6-7 松质骨结核

2. CT 表现：当病变侵犯关节时，CT 显示关节软组织变化较平片好。

3. MRI 表现：长骨干骺端破坏区 T1WI 呈中等信号，边缘清楚，T2WI 信号不同程度增高。Gd-DTPA 增强扫描病灶周围有异常对比增强。

[诊断要点]

骨骺、干骺端结核以局限性类圆形破坏区，边缘较清楚，周围一般无或少有骨硬化，可有砂粒样小死骨为其特征。

应与化脓性骨髓炎鉴别（如表 6-1 所示）。

表 6-1 化脓性骨髓炎与骨结核的鉴别要点

	化脓性骨髓炎	骨结核
发病	急性、发展快、病程以日计	慢性、发展慢、病程以月计
病灶范围、分布	范围广，可波及整个骨干	局限，常侵犯关节，少向骨干蔓延
骨骺改变	多不侵犯骨骺软骨	好侵犯骨骺软骨
骨质改变	骨破坏、骨增生常同时存在	骨破坏、骨疏松为主
骨膜改变	有骨膜反应，病程越长，增生越明显	少见骨膜反应
死骨表现	病灶区内常见大块死骨	少见死骨，若有也为小死骨

与慢性骨脓肿鉴别点有：前者破坏区常侵犯骺板，边界模糊，周围无骨质增生硬化，患肢有骨质疏松等，可资鉴别。

三、脊柱结核

脊柱结核占骨关节结核的首位，都为血行感染。好发于儿童及青年。发病以腰椎最多，胸椎次之，颈椎最少。儿童以胸椎结核多见，可累及多个椎体和椎间盘，容易产生脊柱后突畸形。颈椎结核亦以儿童多见，好发于第 1、2 颈椎，易造成病理性脱位。成人多发生在腰椎，一般涉及邻近的两个椎体，后突多不甚明显。

[临床表现]

全身症状表现结核中毒症状，局部症状有脊柱活动障碍及强迫姿势，症状出现早。活动及劳累时疼痛加重，休息时轻，当神经根受刺激时可出现放射性疼痛，脊髓受压迫时出现下肢震颤，行动不便，无力，最终引起截瘫，后期可有脊柱后突、侧弯畸形。

[影像学表现]

1．X 线表现

（1）骨质破坏：以骨破坏为主，除合并感染和修复期外，骨质增生硬化少见。

早期按照骨质最先破坏的部位可分为中心型、边缘型、韧带下型及附件型。①中心型：多见于儿童，以胸椎多见。儿童椎体周围软骨成分多，病灶常初发于椎体中央部，早期仅表现为椎体内局限性骨质疏松，病变进一步发展，椎体呈圆形或不规则破坏，其内可有小死骨，严重者椎体塌陷呈楔形变，椎间隙尚在。②边缘型：发生在较大儿童或成人，腰椎结核多见，病变开始于椎体的上下缘，范围较局限，呈小缺损性骨破坏，边缘毛糙不整。病变常迅速破坏椎间盘组织，使椎间隙狭窄或消失，并波及邻近椎体。③韧带下型—成人多见，位于前纵韧带下，脓肿侵犯椎体前方，常扩散累及上下邻近脊椎，椎体前缘在脓液浸泡下，多表现为凹陷性破坏缺损，但椎间盘尚可保持完整。④附件型，较少见。病变可发生于棘突、椎弓、椎板、小关节，表现为骨小梁模糊，结构不清，可累及关节面。此型结核容易累及脊髓而引起各种神经症状（如图 6-8 所示）。

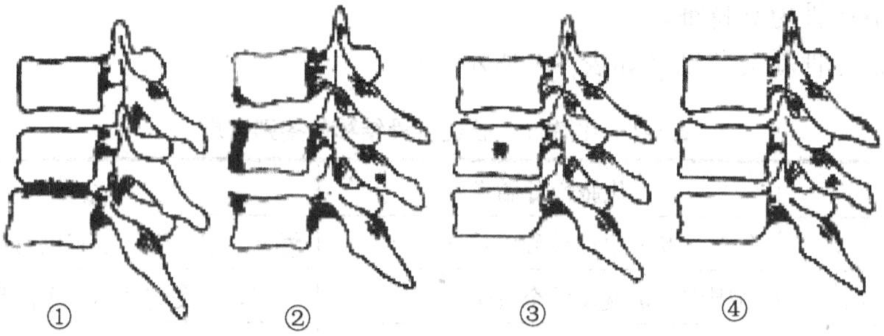

图 6-8　脊椎结核分型示意图（①边缘型②韧带下型③中心型④附件型）

病变继续发展，椎体广泛破坏发生塌陷，并可破坏相邻椎体边缘，进而扩展到两个椎体的范围，严重时可使一个椎体嵌入另一个椎体中。广泛的病变可使几个被破坏的椎体融合在一起而不易分清。病变区内可见小死骨影。

（2）椎间隙变窄或消失：因相邻两椎体的软骨板被破坏，髓核疝入椎体并被破坏所致，此征象几乎见于所有脊椎结核，为诊断脊柱结核的重要依据。

（3）脊柱变形：椎体因病变和承重而发生塌陷，使脊柱形成后突、侧弯以及椎体嵌入畸形，以胸椎结核尤为明显。

（4）冷脓肿：脊柱结核极易产生冷脓肿，脓肿的发生与椎体破坏程度成正比，胸椎结核最易显示，表现为胸椎旁梭形软组织肿胀影，在颈椎为咽后部脓肿，表现为咽后壁软组织明显增厚，在腰椎为腰大肌脓肿，表现为腰大肌影增宽、凸出、边缘模糊，但因受肠内容物干扰，常不易观察。时间长的冷脓肿可产生钙化，有时相当明显（如图 6-9、图 6-10 所示）。

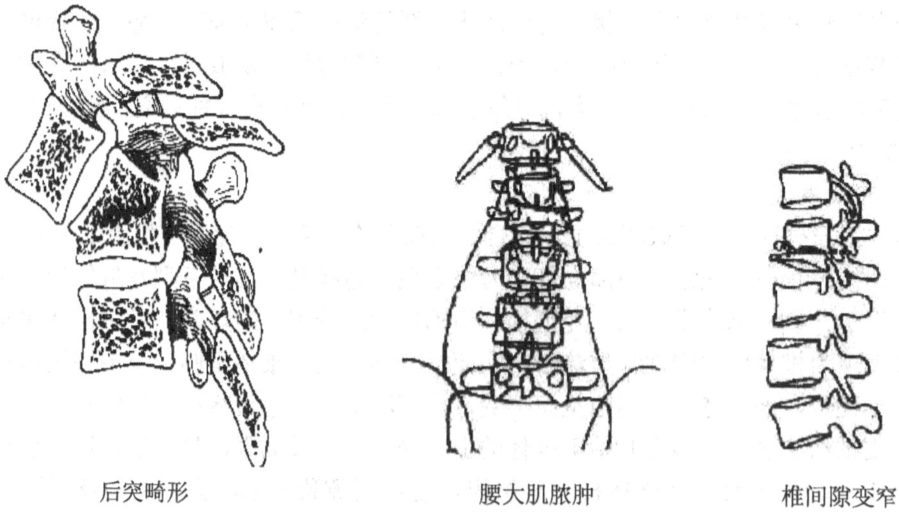

图 6-9　腰椎结核

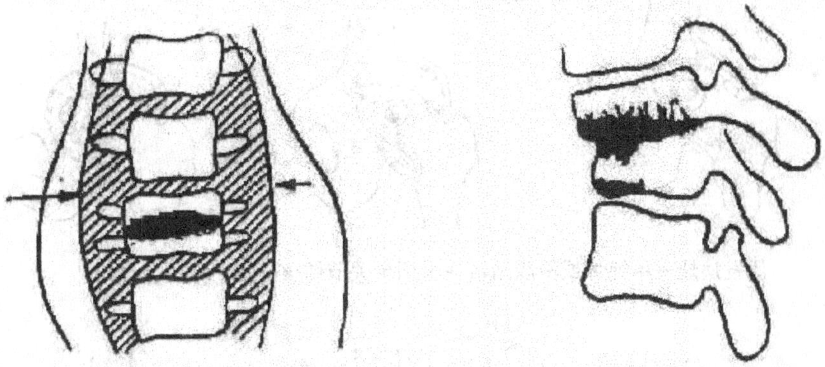

两椎体破坏严重，椎间隙消失，椎旁脓肿呈梭形（箭头所指）

图 6-10 胸椎结核

（5）脊椎结核在好转过程中，病灶的破坏性产物，如脓肿、死骨等可逐渐被吸收，同时有纤维组织充填及少量骨质增生修复，表现为破坏区缩小、边界逐渐清楚，密度增高，最后形成纤维愈合和骨性愈合，病程很长。

2．CT 表现：骨质破坏呈“豆腐渣”样（斑片、斑点、洞穴或蜂窝状低密度区），破坏区常在椎体前中部，边缘模糊。对早期病变的发现 CT 优于 X 线，可显示结核冷脓肿的部位及范围，能明确骨内病变累及范围。

3．MRI 表现：破坏区 SE 序列 T1WI 呈低信号，T2WI 呈高信号。椎间盘破坏致椎间隙狭窄，T1WI 和 T2WI 均呈较低信号，冷脓肿和骨膜下脓肿在 T1WI 像上其信号与肌肉近似，T2WI 像上其呈高信号，有时脓肿壁呈低信号。

4．超声表现：显示冷脓肿较好，呈无回声或不均匀低回声。

[诊断要点及鉴别]

脊椎结核以椎体骨质破坏，变形，椎间隙变窄或消失和冷脓肿为其特点。有时需与椎体压缩性骨折鉴别；前者的主要 X 线表现是椎体骨质破坏，塌陷变形，椎间隙变窄或消失和椎旁脓肿的出现；后者有明确的外伤史，椎体仅表现压缩楔状变形，无骨质破坏，多无椎间隙变窄，区别不难。

四、关节结核

关节结核是一种较为常见的慢性进行性的关节炎性疾患，多见于少年和儿童。本病好发于负重大的关节，多见于髋、膝关节，共占关节结核的 80%左右。关节结核分滑膜型及骨型两种，以前者多见。

[病因病理]

病变初期，结核病灶在松质骨或滑膜，形成单纯的骨或滑膜结核。当单纯骨结核蔓延侵及关节，或单纯滑膜结核侵及关节软骨和软骨下骨组织时，则关节的全部主要组织均被侵犯，形成全关节结核。治愈后，关节的活动功能往往受到不同程度的限制（如图 6-11 所示）。

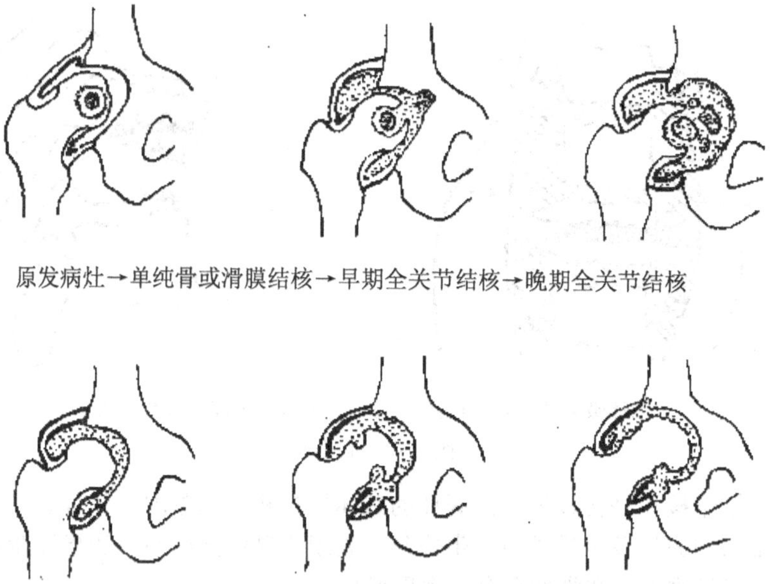

图 6-11　骨关节结核的病理发展过程

[临床表现]

早期症状轻微。表现为关节酸痛和轻微肿胀，劳累后加重。随病变发展主要症状有：关节疼痛、肿胀，关节活动受限。患肢屈曲，关节有压痛。同时伴有不同程度的全身症状：病人常有食欲减退、消瘦、全身无力容易疲劳以及低热、盗汗等症。血沉增快等。病程长者，可出现关节邻近肌肉萎缩。

[影像学表现]

1．X线表现

（1）骨型关节结核：病灶多位于骨骺、干骺端处，形成类圆形骨破坏。

（2）滑膜型结核：青年多于儿童。病变以髋关节及膝关节多见，其次为肘、腕及踝关节。发病缓慢，表现为关节周围软组织肿胀和关节间隙增宽，关节骨端出现普遍骨质疏松。这些表现无特征性，诊断需密切结合临床。病变发展由滑膜侵犯至关节软骨下面，侵蚀软骨下骨，使骨端关节面呈模糊、虫蚀样糜烂、破坏。因病变来自滑膜，故破坏多在关节滑膜附着处不承重的关节边缘产生，并往往波及关节间隙的两对应面。关节软骨可长时间保留，因此关节间隙虽然有时较窄，但可较长时间无改变，这与化脓性关节炎不同（如图 6-12 所示）。

2．全关节结核：当骨质和关节软骨破坏明显时，关节间隙狭窄亦趋明显。此时，关节常半脱位，附近骨质明显疏松与萎缩，长期病变则影响整个病肢的发育。关节结核强直较少见，但在破坏严重的病例中，可产生纤维性强直，而骨性强直则不如化脓性关节炎常见。

3．CT 表现：早期关节软组织肿胀，关节囊内积液，呈水样密度。晚期关节面骨质呈虫蚀样或囊状破坏，并有小死骨，在低密度破坏区内出现高密度影，关节间隙不规则狭窄，部分病例出现脱位、半脱位，如继发感染则出现骨硬化。

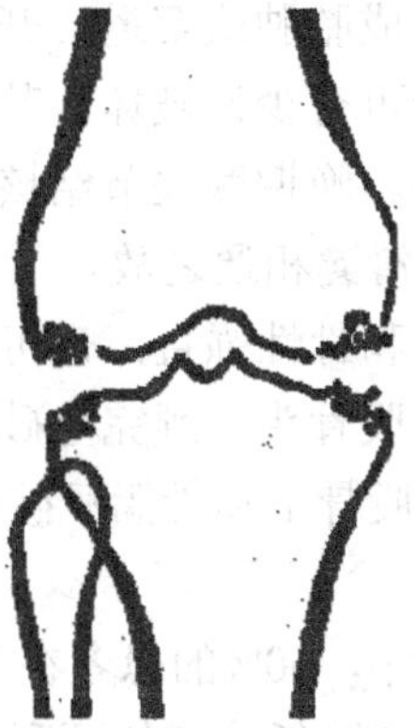

图 6-12 滑膜型关节结核关节边缘破坏

4. MRI 表现：关节囊肿胀和积液，T1WI 呈低信号，T2WI 呈高信号。结核性肉芽组织形成时，显示 T1WI 呈低信号，与液体信号相似，T2WI 呈不均匀高信号。当关节软骨破坏时，在 T1WI 上正常软骨信号减低，边缘毛糙；进一步破坏时，在 T1WI 见软骨信号不连续，厚薄不均，呈低信号，T2WI 呈高信号。骨质破坏区呈半圆形、圆形，边界模糊，T1WI 呈低信号，T2WI 呈等高混杂信号。

[诊断要点及鉴别]

起病缓慢，有关节肿胀、疼痛、跛行、肌肉萎缩等症状，X 线特点为关节的非持重部位呈鼠咬状骨破坏，不伴有感染，无骨质增生样改变，一般确诊不难。有时需与化脓性关节炎鉴别（如表 6-2 所示）。

表 6-2 化脓性关节炎与滑膜型关节结核的鉴别要点

	化脓性关节炎	滑膜型关节结核
病变过程	急性，发展快，以日计。	慢性，发展慢，以周和月计算
软骨破坏	软骨早期破坏、关节间隙变窄	软骨破坏较慢
骨质破坏	骨质破坏先见于承重部位	先见于非承重的关节边缘
其他骨质改变	破坏与增生同时存在，骨质疏松仅见于早期	破坏与骨质疏松，骨质增生少见
邻近软组织	附近肌肉很少有萎缩	附近肌肉往往萎缩
关节强直	严重者骨性关节强直	纤维性关节强直

（一）髋关节结核

髋关节结核在全身骨关节结核中约占 7.2%，在骨关节结核中居第三位。7%～10%病例可见同时患骶髂关节结核或下段腰椎结核。

[病理表现]

髋关节结核中，骨型较滑膜型多见。

发病部位以髋臼最好发，股骨颈和股骨头次之。病变多起自髋臼上方，亦可从股骨头及股骨颈开始而侵入关节，引起股骨头和髋臼广泛破坏。滑模型结核引起滑膜充血增厚和结核性肉芽组织增生，很少形成脓肿或窦道。开始时关节软骨和其下方的骨质多无变化，仅在关节边缘与滑膜连接处可有少许破坏。其后可侵及髋臼和股骨头的关节软骨以至骨质。骨型结合形成脓肿较多。晚期髋关节结核的脓肿常出现在关节的前、内侧，系由于该出关节囊较薄，与髂腰肌滑囊相通之故。

晚期髋关节结核可发生纤维性和骨性强直，也可因股骨头及关节囊破坏严重，而发生髋关节后脱位。此外，严重病例股骨头、颈完全破坏消失，而使股骨上端与髋臼之间形成假关节。儿童髋关节结核由于股骨上端骨骺早破坏，可引起肢体短缩。

[临床表现]

髋关节结核多见于儿童和青少年，60%的患者在10岁以下。成人患者，也多是在童年时患病，到后来由于机体免疫力的降低或其他不利因素的出现才发病。

全身症状主要有：病人常有食欲减退、消瘦、全身无力容易疲劳以及低热、盗汗等症。血沉增快等。

局部症状体征主要有：①疼痛。一般发病隐渐，最早出现的髋部疼痛比较轻微，活动加重，休息后减轻，往往伴有患侧下肢的无力或沉重感。偶有少数病人发病急骤，髋部疼痛比较剧烈。儿童对疼痛的定位能力较差，往往陈诉疼痛在膝关节，较少在髋关节。有时夜间啼哭不绝，甚至不敢平卧睡觉。②跛行。轻微跛行多与疼痛同时发生，或者是其家长仔细观察而发现。早期患病小儿有曳足而行，常常绊倒。疲劳之后即开始跛行，尤其在傍晚。经过短时间的休息之后或在第二天晨起后可以消失。这时往往被误认为“扭伤”而不大引起重视。在成人，最早的症状大多是感到下肢酸困无力。当出现疼痛后病人不肯使用患肢负重而加重跛行。以后随着病情的发展，跛行逐渐加重，甚至完全失去行走能力。单纯骨结核病人跛行较轻，单纯滑膜结核者稍重，全关节结核者跛行最重。③肌肉萎缩。患侧肢体肌肉萎缩是髋关节结核的另一特征。由于肌肉营养不良和失用性萎缩，使髋关节周围及该侧肢体肌肉的张力减低，逐渐转为肌肉的体积缩小。早期通过测量可以发现，较晚的病例肉眼也能看出整个肢体消瘦，尤其是股四头肌。这时臀肌的萎缩也较明显，患侧臀部消瘦，臀沟展平和下垂。患肢皮下组织增厚，皮肤皱纹增厚的症状也具有一定的意义。髋关节结核后期，下肢各部位大腿、小腿及踝均发生显著的肌萎缩和营养障碍。④肿胀、脓肿或窦道形成。早期病人有关节之肿胀，但由于髋部肌肉肥厚不易被察觉。如果髋部出现了较为明显的肿胀时，则证明结核性炎症的变化显著增剧。⑤髋关节活动受限。最早表现为某种活动稍受限，因此在检查时要与健侧比较。常见的是外展和过伸活动受限，这只有在临床检查时被发现。

[影像学表现]

髋关节结核早期，X线检查应两侧髋关节进行对比，仔细阅片，才能发现轻微的病理改变。

1．单纯滑膜型结核　①髋臼与股骨头骨质疏松，骨小梁变细，骨皮质变薄。②关节间隙的改变，往往初期有增宽，可能是由于滑膜水肿和关节积液之故。以后，关节间隙变窄，主要在上外侧部，多是不均匀的。③髋关节关节囊肿胀，可清晰地见到关节囊外脂肪层的透亮影像扩大，并且向外侧膨隆。

2．单纯骨结核　由于髋关节的位置比较深，其局部解剖关系也较复杂，所以其较早期的X线检查骨改变不易被发现，特别是那些较小的病灶可作CT或MRI检查。

3．早期全关节结核　来自滑膜结核的或来自骨结核的早期全关节结核的X线特点是：骨质疏松范围比较广泛。股骨头或髋臼缘局限性的骨质破坏较明显，关节间隙狭窄。

4．晚期全关节结核　该期破坏加重，股骨头、髋臼可变形。关节间隙普遍狭窄，甚至半脱位，关节以纤维性强直为主。

（二）膝关节结核

膝关节结核的发病率仅次于脊柱结核，在大关节结核中居首位。膝关节结核以10岁以下儿童多发，性别上无明显差别，儿童膝关节结核由于病程长，易累及骨骺，故常常引起患肢的发育生长畸形。

[病理表现]

膝关节结核分为单纯滑膜结核、单纯骨结核和全关节结核。

膝关节是滑膜最丰富的关节，故滑膜型结核的发病率相当高，可占膝部结核的80%。结核杆菌侵袭滑膜后，滑膜表面出现炎症、水肿、充血、粟粒结节、溃疡和结核性肉芽组织。发展过程比较缓慢，病变可以长期地局限于软组织内，仅在后期结核性肉芽组织形成增多才破坏关节软骨和软骨下骨质。骨质破坏多从非承重力的部分即关节边缘开始。

骨型结核少见，原发病灶多见于股骨下端或胫骨上端的骨骺或干骺端，原发于髌骨者非常少见。病变发展时可产生严重破坏，甚至引起部分脱位。在膝关节周围多有脓肿形成，由于缺少肌肉保护，容易发生窦道和合并感染。愈合时无感染情况则可出现纤维性强直，若合并感染则可出现骨性强直。

[临床表现]

膝关节结核患者多为儿童及青壮年，多以单侧关节发病。病人一般有结核病史或结核病接触史。通常膝关节结核病人全身症状较轻，如若合并有全身其他活动性结核时则症状可加重。全身症状可表现为低热、盗汗、贫血、消瘦、易疲劳、食欲不振和血沉加速等。儿童患者可因夜间自身暂时失掉对患病关节的保护后，突然引发的活动疼痛而产生夜啼、易哭闹等特有表现。

局部症状有：①疼痛与压痛。单纯滑膜结核一般疼痛较轻，以隐痛为特点；劳累加重，休息则轻。检查时压痛较普通而不局限。单纯骨结核也表现为膝痛较轻，但局部压痛明显而局限，这一点与单纯滑膜结核不同。全关节结核是在单纯滑膜结核和单纯骨结核的脓肿破溃进入关节腔后发生，此时因大量结核性物质倾泻入关节腔内，可引发滑膜的急性充血、肿胀。故可疼痛加重，有时可剧烈疼痛。特别是活动时痛甚，膝部广泛压痛。②肿胀。单纯滑膜结核可见关节呈普遍肿胀，无红、热等表现。当关节内渗液多时可查出浮髌试验为阳性，但后期的滑膜结核以肥厚增生为主，这时检查膝关节时手下可有揉面之感觉，浮髌试验可呈假阳性。单纯骨结核的肿胀常常局限在一侧，即在相应病变的一侧。在单纯骨结核时一般关节渗液较少，肿胀不如滑膜结核明显，浮髌试验常有阴性。全关节结核肿胀明显并且广泛，检查关节时肿胀呈硬皮球样感觉，当渗液少而滑膜增生、水肿、肥厚时，也可触及如揉面感或橡胶感。③肌肉萎缩与功能受限。单纯膝关节滑膜结核时因功能有一定程度受限，故以股四头肌萎缩为著，由于膝关节上下的肌肉萎缩而关节本身肿胀，则形成梭形关节。单纯骨结核一般早期膝关节功能受限较少，故其肌肉萎缩亦较轻。全关节结核因膝关节功能明显障碍，肌肉萎缩明显。⑤脓肿及窦道。单纯滑膜结核与骨结核形成脓肿、窦道相对少见。全关节结核于腘窝部可触及冷脓肿，破溃后形成慢性窦道。

[X 线表现]

单纯滑膜结核开始时表现为骨质疏松及软组织肿胀，髌下脂肪垫透明阴影消失，病程长者还可见关节边缘骨质被浸蚀破坏。单纯骨结核，中心型表现骨质破坏模糊，呈磨砂玻璃样，以后可形成死骨和空洞。边缘型者可见骨端边缘骨质被浸蚀破坏缺损。在全关节结核，骨质广泛疏松脱钙，关节面骨质破坏，关节间隙变窄或消失，破坏严重时可见胫骨向后半脱位，有时见膝外翻，外旋畸形，窦道长期不愈者可见骨质硬化现象。

[鉴别诊断]

1．化脓性关节炎　化脓性关节炎发病较急，进展较快，破坏较为广泛。其关节承重面的明显破坏亦具有鉴别意义，因为膝关节结核破坏多在关节滑囊附着处，为不承重面的关节边缘，软骨通常可保存一个较长时间。

2．关节肿瘤　关节肿瘤主要与滑膜肉瘤鉴别。膝关节是滑膜肉瘤的好发部位，常常是由关节旁滑囊发生的，恶性程度较高。表现为关节附近的软组织肿胀，其中可见不规则的钙化影，病变发展迅速。

3．血友病性关节病　由于关节囊内出血，早期关节间隙增宽，关节囊肿胀，但有其特征表现。如骨膜下出血、髁间窝增深及骨骺内不规则囊状阴影及骨小梁增粗，结合家族史可以鉴别。

4．色素沉着绒毛结节状滑膜炎　软组织肿胀内有结节或分叶状密度增高区，多无骨质疏松或死骨形成。

5．类风湿性关节炎　类风湿性关节炎往往为双侧性，病变好发于关节囊或肌腱附着的末端结构处，病损是由关节软骨边缘开始，呈小囊状骨缺损，破坏并不显著。有时鉴别非常困难，需要做滑膜活检才能确诊。

（三）踝关节结核

踝关节结核发病率较低，多发生在 30 岁以前，尤其易见于 10 岁以下的儿童。

[病理表现]

踝关节周围软组织较少，踝部脓肿极易穿破皮肤，形成窦道，长期发生混合感染，窦道可以多发，以前侧和外侧最多。晚期可见足下垂和内翻畸形。由于踝关节和距下关节相通。故踝关节结核常并发距下关节结核。踝关节滑膜结核较多见，比骨结核更易转变为全关节结核，尤其是距骨结核和胫骨下端结核。

[临床表现]

踝关节结核发病比较缓慢，常有扭伤史，主要表现为踝部肿胀、疼痛和跛行。单纯骨结核初起疼痛不明显，休息则轻，劳累则重，转变为全关节结核时疼痛剧烈，本病晚期，关节呈纤维性或骨性强直时，疼痛会减轻或消失。

检查时单纯骨结核肿胀常限于骨病灶附近，滑膜结核和全关节结核肿胀可见于踝关节周围。踝关节功能受限，主要表现在背伸跖屈方面。如累及距跟关节，则内、外翻运动减少或消失。跛行与疼痛、畸形程度成正比。疼痛和畸形严重、跛行就显著；有时需扶拐行走。

[X 线表现]

单纯性滑膜结核在 X 线片上表现为骨质疏松与软组织肿胀阴影。单纯性骨结核则表现为类圆形破坏区或毛玻璃样改变，其间小死骨并不多见。发展至全关节结核时则表现为进行性关节间隙变窄及不对称，并可看到边缘性骨破坏。随着病变发展，骨破坏加剧，软骨下骨皮质消失，至后期，踝关节毁损明显，但极少发生骨性强直。除非有继发感染存在，一般不会出现骨硬化表现。

（四）骶髂关节结核

骶髂关节结核占全身骨关节的 2%，女性多于男性，多发生在 10～30 岁。

[病理表现]

由于单纯滑膜结核和单纯骨型结合症状较轻不宜早期诊断，故临床上所见病例大多为全关节结核。骶髂关节结核多由附近的腰椎、骶椎、髂骨结核侵袭而来，其途径为流注脓肿腐蚀、细菌栓子沿共同血液或淋巴液传播扩散形成病灶。病变部位有骨质破坏及骨空洞形成，关节病变发展穿破后方关节囊或髂骨时，脓液可汇集在臀肌深层；病变向前发展，突破骶髂关节囊时，脓液沿骶结节韧带或梨状肌流注到臀部或大转子附近。此外，少数病例关节的前、后都有脓肿，互相通连。脓肿向外面穿破则形成窦道，个别病例脓液可向直肠内或腹腔内穿破，形成内瘘。

[临床表现]

发病一般较脊椎结核缓慢，通常先发现脓肿，后出现下背及患侧骶髂部疼痛。也可有“坐骨神经痛”串至患侧臀部及股外侧。但与腰椎间盘突出症状不同，不放射至小腿及足部，感觉无改变，活动时疼痛加重，如翻身、坐久、弯腰、下蹲等，站立时一般身体向健侧倾斜；走路时不敢跨大步。脓肿或窦道可出现臀部、髋窝或股骨大粗隆等处。检查时在站立位脊柱前弯、后伸及侧弯均受限，并有局部疼痛，但座位时活动较好。卧位直腿抬高试验，患侧受限并有局部疼痛。压挤或分离髂骨时患部疼痛，骶髂关节患部有压痛，可有寒性脓肿或窦道。肛指检查有时可摸到局部脓肿及压痛。

[X 线表现]

X 线照片检查需照骶髂关节正位及斜位（关节的矢状面）。

早期 X 线照片可见骶髂关节边缘模糊，关节间隙可稍宽；晚期可见关节间隙狭窄或消失，局部常见骨破坏灶，有的可见死骨，关节破坏严重者可见同侧髂骨和耻骨向上脱位。长期混合感染则局部骨质明显硬化。

[鉴别诊断]

1．强直性脊柱炎　强直性脊柱炎多见于青年男性，一侧发病，最后波及两侧，早期出现关节面模糊毛糙，小缺损，以后髂骨侧硬化，关节间隙变窄，最后骨性融合，累及腰椎出现竹节样改变。

2．类风湿性关节炎　类风湿性关节炎常见于女性，多为双侧对称性发病。骶髂关节常显示狭窄，关节面可见到小的囊状、串珠状骨质吸收缺损，常易侵犯骶髂关节的上 1/2 部位或整个骶髂关节，骨质疏松较为广泛且明显。

3．致密性髂骨炎　致密性髂骨炎常为对称性发病。常发生于骶髂关节中下 2/3 髂骨部位，呈三角形或梨形硬化，边缘清楚，一般不侵犯关节

（李渝苏　汪文章）

第七章　慢性关节病变

第一节　退行性骨关节病

一、概述

退行性骨关节病因关节软骨退行性变，引起关节边缘和软骨下骨反应性增生的一种慢性关节疾病，又称增生性骨关节炎、老年性关节炎、肥大性关节炎、创伤性关节炎等。其分为原发性和继发性两大类。

1．原发性骨关节病多发生于中老年人，病因尚不清楚，可能与遗传、体质等因素有关。承重关节如髋、脊柱和膝等关节易受累。

2．继发性骨关节病常继发于创伤、炎症、关节不稳、慢性反复的积累性劳损及先天性疾病等。任何年龄、任何关节均可发病。

[病理表现]

其主要是关节软骨退行性变，不断磨损破坏，软骨表面不光滑、变薄，且可碎裂，游离于关节腔内，承重部分可完全消失，使关节面骨质暴露，产生反应性增生，骨性关节面硬化，关节边缘形成骨赘（唇状骨性突起，又称骨刺），同时可有囊样变。

本病基本特征为软骨退变，骨质增生，随年龄增加而出现，且渐加重。此外凡能损伤软骨的病变如感染、毒素、损伤等，均能继发本病。

[临床表现]

退行性骨关节病多见于中、老年人，平均年龄在50岁左右。起病缓慢，好发于髋、膝、指间、脊柱关节等。

开始仅为受累关节活动不灵活。这种感觉在早晨起床时或久坐起立时最明显，故称为“晨僵”，经片刻活动后即行消失，但活动过久又感不适。以后受累关节出现疼痛，早期疼痛较轻，休息后可缓解。随着病情进展疼痛加重，可有夜间疼痛发生。关节活动受限，呈缓慢的交替性进展。关节肿大变形，局部压痛。随病情的发展，症状可逐渐加重，但症状轻重与关节病理变化程度并不一致。这些症状体征随年龄增长而加重，很少有关节强直。另外，关节活动时可有摩擦音。

[影像学表现]

1．X线表现：绝大多数骨关节病作X线平片检查即可确诊。

（1）基本X线表现：骨关节病多出现在承受体重的大关节中，故髋关节、膝关节和脊柱常见。①关节间隙常出现不同程度的不均匀性狭窄，以承重区明显。②骨端关节面增生硬化、变形、不规则，其边缘有骨质增生形成的唇样或鸟嘴样骨赘（刺）突出。

③关节面下方常伴有囊性变，有些关节腔内可见游离体。④关节周围的软组织可见骨化或钙化。

（2）骨关节病程度划分一般从X线片上可以将其分为4期：

第一期：只有关节边缘骨质增生，关节间隙并不狭窄，说明关节软骨的厚度没有改变。

第二期：除有关节边缘骨刺外，还有关节间隙变窄，说明由于磨损，关节软骨正在逐渐变薄。第三期：除有上述变化外，还有软骨下囊性变，说明软骨下骨板亦因疾病的进展而累及，软骨下囊性变可有程度上差别。

第四期：关节已经毁坏，出现屈曲挛缩，X形腿或O形腿，并有不同程度的骨缺损。

X线摄片检查被世界卫生组织（WHO）推荐为骨性关节炎形态学改变检查的主要手段。划分疾病的早中晚期，可参照X线片上的表现。可以认为第一期属于早期病变，第二期与第三期的早期尚处于病变的中期，而第三期的后期与第四期处于病变的晚期。应该指出，X线分期往往轻于手术时发现，说明疾病的实际情况要比X线表现重些。

2．CT表现：与X线表现相同。但对关节软骨下囊性变的显示更为清楚。

3．MRI表现：对关节软骨、软骨下骨及韧带等改变的观察更具有价值，且与病理、关节镜分级基本一致。

软骨退变主要发生在关节承重区，早期软骨内出现条状或不规则低信号影，以梯度回波序列显示最清楚。病变发展，关节软骨变薄，表面不光整，甚至关节软骨碎裂、缺损，暴露出软骨下骨质。

软骨退变的MRI分级如下：

0级：为正常。

Ⅰ级：关节软骨内局灶性低信号影，软骨表面光滑。

Ⅱ级：关节软骨内低信号影，软骨表面不光整或软骨变薄。

Ⅲ级：关节软骨碎裂、缺损，软骨小骨质裸露。

二、髋关节退行性骨关节病

髋关节退行性骨关节病最为常见，大多为单侧性，可在先天性髋关节脱位、扁平髋和髋关节损伤等多种关节伤病的基础上发生，但在正常人中年以后，尤其是体重过重者，髋关节退行性病亦不少见。

[病理]

髋关节为负重关节，在正常功能位时，股骨头颈按负担重量之情况划分为受压区、内无压区和外无压区等三个区域。软骨被破坏后，首先在无压区出现骨质增生，受压区则因负担加重而凹陷。骨质增生及股骨头受压区的凹陷使股骨头变扁和股骨颈变粗短，并产生骨质硬化。此外关节变形使内压升高，在关节面下形成的假囊肿可不断增大，并可伸入骨的深部，大者可达2.5cm，为髋部所特有。

髋关节可因关节囊纤维化和疤痕所致挛缩，以及疼痛和肌肉痉挛而产生屈曲、外旋和内收畸形，出现功能受限。

[X线表现]

1．关节间隙不匀称狭窄　早期关节间隙外侧变窄，内下侧正常。随着软骨的损坏关节间隙外上侧和内下侧均变窄，有时则近乎完全消失，但仍有线样裂隙可见。

3．关节面硬化增生变形　早期在髋臼后上缘与股骨头前上缘骨质增白，继后在髋臼边缘和股骨头内、外无压区出现骨赘，股骨头受压区出现扁平。股骨头无压区的骨赘增生和受压区的变平凹陷，使股骨头的外形变扁，股骨颈变粗而短，连成“蕈样”。髋臼也变形，因骨赘增生而显得很深。关节面不光整。

3．关节面下假囊肿　在髋臼上部和股骨头受压区可见囊样透亮区，界限分明，周围有一硬化致密带，可孤立一个或多个同存，可连成蜂窝状（如图 7-1 所示）。

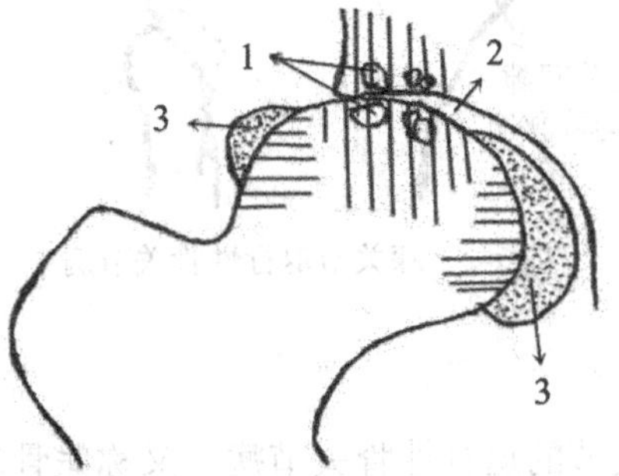

1．囊变　2．关节间隙狭窄　3．骨赘

图 7-1　髋关节退行性骨关节病

偶尔可于髋关节外侧的下后方见到游离体。大转子外上方相当于肌腱韧带附着处可见到线条或羽毛状密度较高的钙化影。

三、膝关节退行性骨关节病

膝关节为肢体负重大的关节，故膝关节的退行性骨关节病为慢性关节病中最为常见，特别是在年长者。其为引起老年性膝关节疼痛的主要原因之一。其发生的原因常与半月板损伤、关节内骨折、髌骨脱位、过度符合劳损、感染或炎症引起关节软骨破坏等因素有关。

[病理表现]

其主要为局限性、进行性关节软骨退变、破坏及关节边缘的骨赘形成。

[X 线表现]

早期可见胫骨髁间棘变尖，在膝关节骨性关节面的边缘部、髌骨上下缘有骨赘形成。

关节间隙变窄，常从内侧先开始而呈不均匀狭窄。在标准 X 线片上，成人膝关节间隙为 4mm，小于 3mm 即为关节间隙狭窄。60 岁以上的老年人正常关节间隙为 3mm，小于 2mm 为关节间隙狭窄。个别人关节间隙甚至可以消失。

膝关节软骨下骨板致密、硬化，如象牙质状。有时在负重软骨下骨质内可见小囊性改变。这种囊性变常为多个，直径一般不超过 1cm。

因关节腔狭窄不一致，故对于体重负荷的分配发生了不平衡现象，胫骨常向外侧移位，而形成膝内翻。在站立位负重下摄膝关节前后位片，能看到较为明显的关节间隙狭窄、膝内翻或半脱位。晚期关节内游离体形成，常为密度均匀的圆形或卵圆形致密影，其形态、大小、数目不一，散于关节周围，少数嵌入两关节面之间（如图 7-2 所示）。

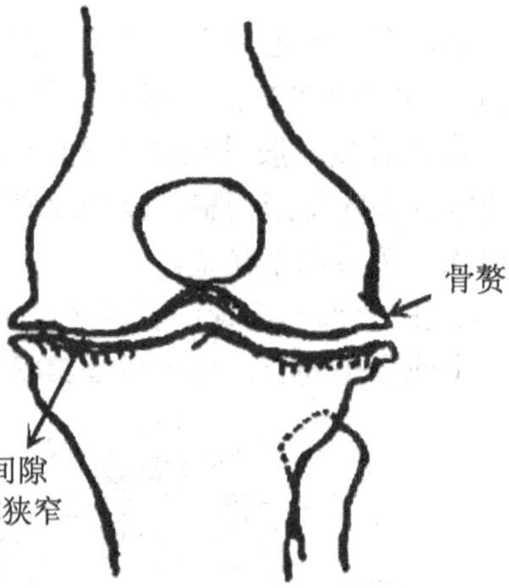

图 7-2 膝关节退行性骨关节病

四、髌骨软骨病

髌骨软骨病是指髌股关节的退行性骨关节病，又称髌骨软骨软化症，是常见的运动性伤病，也是骨科临床的常见病，多发生在运动员、体育爱好者及 40 岁以上中老年人。

髌骨软骨病的发生与下列因素相关。

1．先天性髌骨发育障碍，位置异常及股骨髁大、小异常，或后天性膝关节内、外翻、胫骨外旋畸形等，均可使髌骨不稳定，在滑动过程中髌股关节面压应力集中于某点，成为慢性损伤的基础。

2．膝关节长期、用力、快速屈伸，增加髌股关节的磨损，如篮球、自行车、滑冰运动员的训练是本病的常见原因。

3．髌骨软骨的营养主要来自关节滑液，各种原因所致滑液成分异常，均可使髌骨软骨营养不良，易受到轻微伤力而产生退行性变。

[病理表现]

因创伤、膝关节反复磨损等因素导致髌骨软骨肿胀、龟裂、破碎、脱落，最后与之相对的股骨髁软骨也发生相同病理改变，而形成髌股关节的骨关节病。

[临床表现]

1．运动员多见。初期为髌骨下疼痛，开始训练时明显，稍加活动后缓解，过久训练又加重，休息后渐消失，随病程延长，疼痛时间多于缓解，以致不能下蹲，上、下阶梯困难或突然无力而摔倒。

2．髌骨边缘压痛。伸膝位挤压或推动髌骨可有摩擦感、伴疼痛，单纯髌骨软骨损害时，无关节积液后期形成髌股关节骨关节病时，可继发滑膜炎而出现关节积液，此时浮髌试验阳性。病程长者，有股四头肌萎缩。

[影像学表现]

1．X 线表现：拍摄膝关节前后位、侧位及髌股关节 45°轴位像。

（1）形态、位置改变

①髌骨关节发育不良：髌骨常见的发育不良有：髌骨缺如、小髌骨、大髌骨、二分

髌骨及髌骨关节面形态不完整；股骨下端内、外髁及滑车形态部完整、外髁低平等。

②髌骨位置改变：髌骨常有不同程度的移位，通过画线测量进行判断。

Insall-Salvati 法：摄屈膝 30°位侧位像，测量髌腱长度（a），即自髌骨下极至胫骨结节顶点上缘，再测量髌骨最长对角线的长度（b），两者之比（a/b），正常值为 0.8～1.2。大于 1.2 为高位髌骨，小于 0.8 为低位髌骨。

Labelle-Laurin 法：患者屈膝 90°，摄侧位像，沿股骨皮质前缘向远端引线，正常 97% 的髌骨上极通过此线，高于此线为高位髌骨，相反，低于此线为低位髌骨。

前后位片：正常髌骨中点位于下肢轴线上或稍内侧，髌骨下极刚好位于两侧股骨髁最低点连线之上。其下极在该连线近侧，距离大于 20mm 者为高位髌骨。

屈膝 45°髌骨轴位片，评价髌骨关节可能存在的解剖变异及髌骨的不稳（髌骨半脱位或倾斜、髌骨关节面吻合角的变化等）。正常情况下髌骨对称地位于股骨的滑车沟内，双侧的髌骨关节面与邻近的股骨面等距。其异常表现为髌骨倾斜，骑跨于股骨外髁的半脱位，甚至超过股骨外髁的全脱位。测量①髌骨内外关节面夹角∠EDF，正常时为 120°～140°，∠EDF 过大或过小提示髌骨发育不良。②股骨髁间角∠BAC 指股骨髁间窝最深点向内外侧髁发出连线的夹角，正常时 138°±6，＞150°则认为变扁平，提示髌骨不稳或向外脱位。③外侧髌骨角指髌骨外侧关节面切线 c 与股骨内外髁连线 d 的交角，正常时此角开口向外，髌骨半脱位此角消失或开口向内。④髌骨指数指内外侧髌股关节间隙最短距离比（a/b），正常时＜1∶1.6，若＞1∶1.6，提示髌骨倾斜或半脱位（如图 7-3 所示髌股关节测量）。⑤正常髌骨应在股骨内侧髁关节边缘线上或偏内侧，髌骨向外脱位，远离此线。

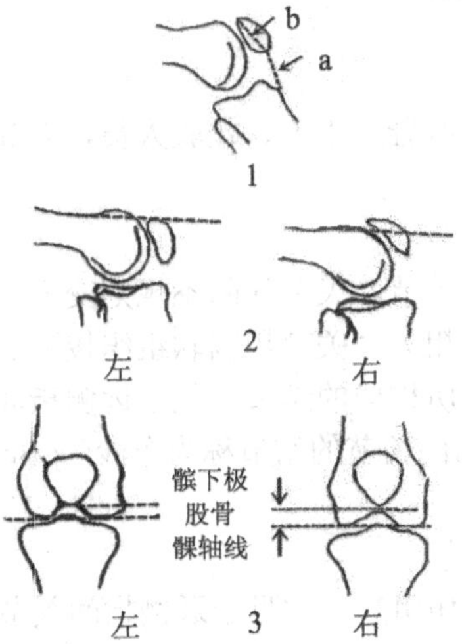

髌骨位置测定

1. 屈膝 30 侧位：髌斜径=髌韧带长度
   髌骨位置正常（Insall 法）
2. Labelle 法测量：左：正常　右：高位
3. 立位正位：左：正常　右：高位

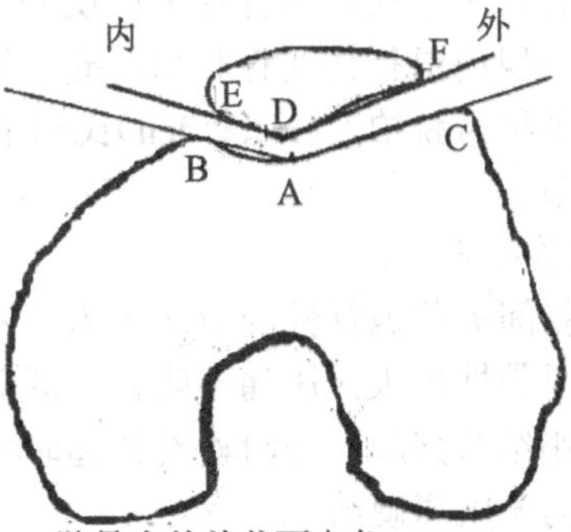

髌骨内外关节面夹角∠EDF
股骨髁间角∠BAC

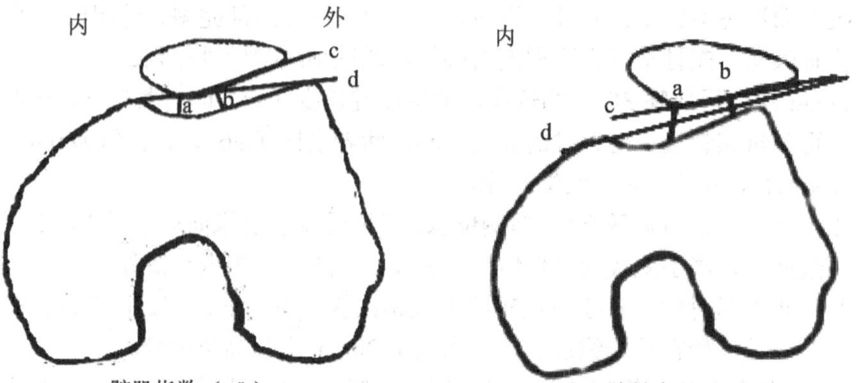

髌股指数（a/b）
外侧髌股角（c、d 两线的交角）

髌骨向外半脱位
（髌股指数>1∶1.6；外侧髌股角开口向内）

图 7-3　髌股关节测量

（2）髌骨关节骨关节病：早期无异常，晚期髌骨关节面不平滑或间隙狭窄，髌骨关节面上下极可见骨赘形成，有时可见股四头肌肌腱钙化。

2．CT 表现：与 X 线表现相同，CT 扫描更能清楚地反映出髌骨排列异常。

3．MRI 表现：MRI 能观察髌骨的位置，又能观察软骨本身的病变。正常膝关节软骨在 T1WI 和 T2WI 上为中等强度信号，与软骨下骨和关节腔界线清楚、边缘光滑。髌骨软骨病早期 MRI 表现为 T1WI 髌骨软骨均匀信号中出现局灶性低信号、软骨毛糙，T2WI 软骨低信号显示增宽，软骨及皮质界线不清，周围可显示水肿。进展期，软骨内低信号区扩大，厚度变薄，软骨下有硬化的长 T1 长 T2 的囊变。

五、指间关节退行性骨关节病

指间关节退行性骨关节病常见于手工操作者如制鞋厂工人、化验人员，尤其以更年期妇女较为多见。

[病理]

病变常累及远侧指间关节，亦可发生近侧指间关节。关节间隙不规则变窄，关节面边缘有骨刺形成。指骨骨干皮质增厚，远节指关节粗大。关节周围软组织梭形肿大，其中可出现由退行性变骨刺和滑囊纤维结缔组织增生所构成的结节。位于远侧指间关节处的结节称为赫柏登(Heberden)氏结节，而位于近侧指间关节的结节称为布沙尔(Bouchard)氏结节。

[临床表现]

指间关节退行性骨节病多为原发性，偶可因外伤引起，常见于远侧指间关节。受累关节呈骨性粗大，压痛不明显，活动轻度受限，晚期常有轻度屈曲畸形。关节背侧可有坚硬小结节突起，在滑囊炎初起时可有局部肿痛和麻木感，并有压痛，一般数周至数月后转为无压痛硬结。

[X 线表现]

退行性变化表现为远侧指间关节相对骨端增大，关节面密度增高不平整；指关节间隙不均匀狭窄，严重者有末节指骨半脱位畸形，示指者常向尺侧移位，小指常向桡侧移位，中指和环指者可向尺侧或桡侧移位，小骨刺可出现于关节四周的边缘，以背腹侧左右侧为多，尤以背侧为明显。末节指骨骨刺呈鸟嘴样突起。尖端指向近侧，与屈肌腱韧带附着牵拉方向一致。在指间关节的关节面下也可见到小的假囊肿透光区，其最大直径一般不超过 0.5cm。关节周围软组织相当于赫伯登氏结节和布沙尔氏结节所在处局部隆起，其下常有较大的骨刺存在。在滑膜囊炎急性发作阶段软组织则呈梭形脓肿，层次不清。

[鉴别诊断]

1．牛皮癣性关节炎

牛皮癣性关节炎也为多发远侧指间关节炎，在早期因滑膜囊水肿和关节内渗出液，故远侧指间关节间隙增宽，双手骨质疏松较退行性关节病为明显。在后期关节面因滑膜增生侵蚀破坏而模糊或呈凹陷缺损；关节可有骨性强直畸形。末节指骨尖端常可变尖、变细或消失。这些均不同于退行性骨关节病。

2．类风湿性关节炎

关节周围组织常呈梭形肿胀。关节间隙在早期可增宽，骨质疏松明显，在掌骨远端桡背侧常可见到细微的骨膜新骨。关节间隙狭窄时常有关节面模糊和虫蚀样毛糙不齐，关节面下囊状透光区周围无明显骨硬化带与退行性骨关节病关节面增大、密度增高、边缘锐利和骨质增生明显不同。此外，类风湿关节炎以近侧指间关节为中心，并向掌侧发展，掌指关节常累及，而退行性骨关节病则以远侧指间关节为中心，一般很少涉及掌指关节。

六、跟骨退行性骨关节病

跟骨退行性骨关节病多见于肥胖体型人或负重工作者，常为双侧性，程度可不同。

[X 线表现]

主要为跟骨骨刺，在跟骨后下方相当于跖腱膜附着处局部骨质致密增白，边缘有尖锐骨刺突出，指向足弓，其密度均匀、轮廓锐利清晰。局部软组织和关节囊一般均不肿胀。

七、跖趾关节退行性骨关节病

常见足母外翻患者，由于足母外翻影响行走着力点，使第一跖趾关节发生退行性改变。

[X 线表现]

其主要表现为第一跖骨头趋向方形，轮廓锐利，跖骨头内侧缘皮质厚，皮质下可有多个假囊肿的透光区，呈蜂窝状，外围有一层致密骨质，关节边缘可见到小骨刺。局部软组织一般不肿胀也无骨质疏松。

八、距舟骨关节退行性关节病

距舟骨关节退行性关节病常见于扁平足患者。X 线表现主要为足舟骨皮质密度增高，距骨前端常呈方形。关节边缘锐利有小骨刺指向踝关节。

第二节　脊柱退行性改变

一、脊椎退行性骨关节病

脊柱退行性骨关节病多发生在中老年，易累及活动度较大的下部颈椎、下部胸椎和下部腰椎，病理改变随年龄增长而加重，因此在老年人中几乎无例外地都能见到，且往往十分明显，但大多数可以没有临床症状或症状不显著。

[病理]

脊柱退行性变包括椎间盘、椎体、椎间关节和韧带的退变。

椎间盘的退行性改变在脊柱退行性变中有重要意义。椎间盘的退行性改变主要有纤维环退变、软骨板退变和髓核退变。纤维环退变发生最早，表现在纤维环出现玻璃样变、裂隙改变，并向周围膨出，可形成椎间盘膨出，退变处可以钙化。软骨板退变表现为软骨细胞坏死、囊变、钙化、撕裂。髓核蜕变表现为水分丢失出现萎缩、碎裂，可出现气体（真空现象）和钙化。椎间盘退变继续发展，髓核可通过软骨板破裂处突入椎体内，形成许莫尔（Schmrol）氏结节。纤维环退变后很容易断裂，若长期劳损或遇外力髓核通过纤维环断裂处向外突出，即椎间盘突出。

椎体退变系椎间盘退变引起。相邻椎体骨髓水肿、脂肪沉积，椎体边缘部增生、硬化。

椎间盘的退变常导致椎间关节异常活动和失稳，出现椎间关节退变，表现为关节软骨变薄，软骨下骨质增生、硬化，小关节边缘骨赘形成等。

韧带退变系脊椎失稳引起脊柱周围的韧带受力增加出现纤维增生、肥厚、硬化、钙化及骨化，常见于前纵韧带、后纵韧带、黄韧带和项韧带。

由于椎间盘退变使椎间隙狭窄，椎间关节退变使关节间隙狭窄，导致脊椎间韧带松弛，正常生理弧度改变，可出现脊柱后突或侧凸畸形。

椎间盘的膨出、突出，椎体后缘和椎间关节边缘的骨质增生，黄韧带的肥厚，可使相应的椎管、椎间孔缩小，亦可产生颈、腰部脊髓、马尾神经及神经根的压迫。

[影像学表现]

1．X 线表现

脊柱退行性骨关节病进行 X 线平片检查即可确诊。一般需常规拍颈椎正、侧位和双斜位 X 线片；腰椎正、侧位 X 线片，疑有腰椎弓峡部不连者，还需拍腰椎左、右斜位片。脊柱退行性骨关节病 X 线表现如下：

在脊柱中，常涉及多个椎骨，以腰椎及颈椎多见。脊椎生理弧度改变，变直或加大，腰椎及颈椎多为生理弧度减小、变直，甚至反弓；胸段则过分后突。

由于椎间盘退变，可见椎间隙狭窄，但常不均匀。当髓核通过退行性变的软骨板而疝入椎体松质骨内时，则可形成许莫尔氏结节。许莫尔氏结节呈圆形或半圆形透亮区，其边缘有硬化环。变性的髓核可有钙化，表现在狭窄的椎间隙中出现零星点状或环状钙化影。

椎体边缘增生硬化，椎体形态趋向扁长方形，并有骨刺形成。骨刺一般自椎体垂直向外突出，较长而尖，在椎间隙两面形成唇样，有的彼此连接则成骨桥。

椎间关节间隙亦常变窄，小关节关节面的骨质增生硬化、囊性变，边缘可有小的骨刺等。

韧带钙化时，则可在脊柱周围相当于前后韧带、黄韧带和棘间韧带等处的软组织内出现密度与骨质相仿或稍淡的板片状或线条状钙化影。

椎间关节和邻近椎体后缘的骨刺形成以及椎间隙变窄的影响，可使椎间孔的纵径和矢径变窄（如图 7-4 所示）。

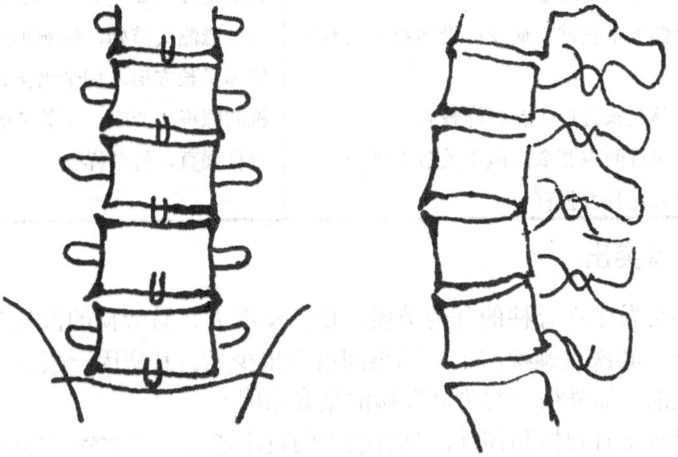

图 7-4 腰椎退行性变

2．CT 表现：CT 显示椎间盘、脊旁韧带等软组织结构及椎间关节优于 X 线片。

（1）椎间盘退变的 CT 表现：定位片见椎间隙变窄。轴位软组织窗可见椎间盘膨出，其 CT 表现为椎间盘向四周匀称而弥漫膨隆，并超出相邻椎体骨板边缘 2mm 以上。椎间盘后缘凹陷消失，呈平直或浅弧状后凸。硬膜囊前缘及侧隐窝内脂肪弧形受压。有时椎间盘内可见含气征（真空现象）。椎间盘边缘的钙化表现为沿椎间盘走形的点、条状致密影。椎体后部许莫结节：CT 表现为椎体后部类圆形或多环形骨缺损，周边硬化，结节的骨性后壁呈弧形凸入椎管，后壁与椎体相连或不连，常致椎管狭窄，还可伴发软骨结节后凸。

（2）CT 能清楚显示椎间关节间隙变窄，边缘增生及韧带的肥厚、钙化等。

3．MRI 表现：MRI 显示椎间盘退变优于 CT 扫描。正常椎间盘的髓核和纤维环的内侧部的水分较纤维环外侧部和后纵韧带的多，在 T1WI 上前两者呈稍高信号，而后两者呈低信号，在 T2WI 上前两者呈高信号，而后两者仍成低信号。椎间盘退变表现为在 T2WI 髓核信号减低、高度变窄、可见 Schmorl 结节等。椎间盘膨出在矢状位上椎间盘向后隆起，轴位上膨出的椎间盘均匀超出椎体边缘或表现为椎体后缘光滑的弧形影突向椎管。

[鉴别诊断]

有时需与强直性脊柱炎鉴别（如表 7-1 所示）。

表 7-1 脊柱退行性变应与强直性脊柱炎相鉴别

	脊椎退行性变	强直性脊柱炎
病理基础	关节软骨变性，骨质反应性增生	滑膜囊炎症，肉芽组织增生、钙化、骨化
临床表现	多见于中老年人或重体力劳动者 无全身其他症状 关节活动不灵活，很少畸形 血沉正常	多见于青年男性 有全身症状，如发热及游走性关节痛 多见关节僵直及畸形 血沉加快
X 线表现	一般无骨质疏松和破坏 骶髂关节正常，病变以椎体及小关节为主 椎体呈长方形，有唇样骨刺 多见椎间隙变窄，但小关节不融合 脊柱无骨性强直	骨质稀疏明显，关节面及其下小囊状骨破坏 常自骶髂关节始，影响小关节及周围韧带 椎体呈长方形，韧带钙化骨化 椎间隙很少变窄，小关节破坏融合 脊柱强直，竹节样变

二、椎间盘突出

椎间盘突出可发生在脊柱的任何节段，以活动度大、易劳损的部位多见。其中腰椎间盘突出最多见，其次是颈椎间盘，胸椎间盘突出少见。其病因一般认为是在椎间盘退变的基础上发生的，而外伤则常为其发病的重要原因。

正常的椎间盘富有弹性和韧性，具有强大的抗压能力，可承受 450kg 的压力而无损伤。一般认为 20 岁以后，椎间盘就开始退变，髓核含水量减少，椎间盘的弹性和抗负荷能力也随之减退。工作或运动中，以及日常生活中，椎间盘反复承受挤压、屈曲和扭转等负荷，容易在其应力作用最大处，即纤维环的后部由里而外产生裂隙，这种变化不断积累而加重，裂隙不断加大，使此处的纤维环逐渐变得薄弱。在此基础上，由于一次较重的外伤，或反复多次轻度外伤，甚至一些日常活动使椎间盘的压力增加时，均可使退变和积累性损伤的纤维环进一步破裂，已变性的髓核组织由纤维环软弱处或破裂处突出。纤维环本身的损伤可引起腰痛，而突出物压迫神经根、脊髓或马尾神经，引起神经症状和体征。

[病理表现]

1．突出前期　髓核因退变和损伤可变成碎块，或呈瘢痕样结缔组织；变性的纤维环变薄变软，或产生裂隙。青少年患者可在无退变时，因强大暴力引起纤维环破裂和髓核突出。

2．突出期　外伤或正常的活动使椎间盘内压增加时，髓核从纤维环薄弱处或破裂处突出，突出物刺激和压迫椎管内神经组织引起疼痛及神经症状。在老年患者，整个纤维环变得软弱松弛，可向周围慢性膨出，该平面椎管前后径变小。

3．突出晚期　突出后，病程较长者其椎间盘本身和运动功能单位的其他结构均可发生继发性病理改变，如椎间盘突出物纤维化和钙化；椎间隙变窄，椎体上下面骨质硬化，边缘骨质增生，形成骨赘；后纵韧带增厚和骨化；关节突关节的退变；黄韧带的肥厚以及继发腰椎管狭窄等等。

[临床表现]

发病以青壮年为最多，男性较女性多，这与劳动强度大及外伤有关。其临床表现主要包括颈部疼痛、腰部疼痛或放射性疼痛，肢体麻木无力，肢体感觉、运动功能异常。查体颈部、腰部僵硬、活动受限或侧弯畸形等等。根据具体突出节段以及病程长短，可查见臂丛牵拉试验、直腿抬高试验、直腿抬高加强试验、股神经牵拉试验等试验阳性，几种检查可以出现一种，也可能几种同时存在。

[影像学表现]

1．X线表现

一般需常规拍颈椎正、侧位和双斜位X线片；腰椎正、侧位X线片，疑有腰椎弓峡部不连者，还需拍腰椎左、右斜位片。

X 线平片无特异性征象，只有一些间接征象，不能作出椎间盘突出的诊断。但可借助X线平片排除一些脊椎骨性疾患，如结核、肿瘤、脊椎滑脱等。如能对X线平片的变化，结合临床表现做仔细分析，对椎间盘突出症的诊断和定位则有较大参考价值。X 线平片有以下各种异常改变。

（1）脊柱生理弧度改变：正位片可见侧弯畸形，其侧弯方向视髓核突出位置与神经根的关系而定，弯度最凸点往往和突出间隙一致。侧位片可见腰椎生理前凸减小或消失，严重者甚至后凸，其变化以突出间隙上下相邻的两个椎体最为明显。

（2）椎间隙宽度改变：正常情况下正位片显示椎间隙左右宽度一致，侧位片显示椎间盘前后宽度基本一致，腰椎间盘在侧位片可见椎间隙前宽后窄。椎间盘突出的正位片可显示椎间隙左右侧宽度不一致；侧位片见椎间隙变窄，腰椎间盘突出在侧位片还可见椎间隙前窄后宽。多为椎间盘明显退行性变，或纤维环有破裂髓核组织突出所致。

（3）椎体前、后上下缘骨质增生，呈唇样突出，往往与椎间隙变窄同时存在。

（4）椎间盘纤维环或突出物钙化，较少见。

（5）小关节突增生、肥大、硬化，脊椎假性滑脱（退行性滑脱）等，均为椎间盘退变或突出的继发性变化。

2．CT 表现

CT 图像，可清楚地显示椎间盘突出的部位、大小、形态和神经根、硬脊膜囊受压移位的情况，同时可显示椎板及黄韧带肥厚、小关节增生肥大、椎管及侧隐窝狭窄等。CT 对椎间盘突出诊断的准确率为 80%～92%。

椎间盘突出的 CT 直接征象：椎间盘突出以后突出多见，轴位软组织窗见椎间盘局限性弧形后凸的软组织块影，超出椎体后缘 2mm 以上。其周边可有钙化。脱出和膨出可同时存在。若突出较小则与膨出后缘浅弧形后凸鉴别困难；突出较大，轴面 CT 可显示其占据该层面的整个椎管。按突出方向可分为后外侧、后正中、椎间孔内和椎间孔外四型。椎间孔内突出显示为椎间孔内软组织块，脊神经节显示不清。椎间孔外突出为椎间孔外与椎间盘相连的软组织块。

椎间盘突出的 CT 间接征象：硬脊膜外脂肪层变薄、消失，硬脊膜囊和神经根鞘受压、移位或不显影。

颈椎间盘突出CT显示要比腰椎困难，这主要是由于颈椎间盘薄，颈段硬脊膜外脂肪少，对比差的缘故。做MRI检查更有价值。

3．MRI表现

直接征象：矢状位突出的椎间盘呈半球状、舌状向后方或侧后方伸出，信号与主体部分一致。横断面突出的椎间盘呈三角形或半圆形局限突出于椎体后缘。

间接征象：硬膜外脂肪受压、变形、消失，硬膜囊受压，神经根受压，直接显示脊髓受压。

MRI还用于观察椎间盘术后局部病理变化，有助于确定残存和复发的椎间盘突出。

MR观察骨皮质、钙化或骨化组织呈低信号，多显示不满意。对椎间盘突出伴有的侧隐窝狭窄诊断阳性率和准确率低，需与CT扫描结合应用。

三、脊椎不稳

脊椎不稳指椎体间序列关系改变，多继发于长期存在退行性关节炎，因椎间关节和椎间盘的不稳定性而发生滑脱；常见于脊椎活动度大、易劳损的节段，如下颈段、腰骶段等。引起脊椎不稳的原因有：先天性发育异常、局部炎症、退行性变、手术等。

[影像学表现]

1．颈椎不稳

常规投照颈椎正、侧位、双斜位及过伸及过屈侧位片。

（1）颈椎正、侧位：见椎间隙狭窄，椎体边缘骨刺等。过伸及过屈侧位片：可见椎体间角度＞11°，相对移位＞3.5 mm，以体重1/3重牵引下椎间隙＞1.7 mm。

（2）上颈椎不稳的X片特点：开口位及颈1、2为中心的侧位屈曲点片，除观察有无颅底凹陷症、颈椎有无先天性畸形等。应测量寰齿间的前后距离以判定有无寰枢脱位并推断有无脊髓受压。正常情况下，寰椎前弓后下缘与齿状突前缘的间距为2～3mm〈女性偏小〉，前屈时稍宽，仰伸时则窄，如超过4mm属异常。

（3）下颈椎不稳的X片特点：对下颈椎不稳者除常规X正侧位片、斜位片外，应强调拍过伸及过屈动力性侧位片，可清晰地显示出椎节移位的方向及程度。

2．腰椎不稳

常规投照腰椎正、侧位、双斜位，及前屈、后伸动力侧位片。

常规摄正、侧位及斜位片表现：腰椎间隙狭窄，椎间隙内出现充满气体的透明裂隙（真空现象）。椎体变缘牵张性骨赘。椎间小关节突增生及半脱位。

腰椎过伸及过屈位X片示椎体滑移≥3mm。腰椎椎间角移位大于10°时提示不稳定；腰骶关节则分别为4mm和20°。

3．腰骶椎不稳的测量

从第三腰椎椎体下缘中点作垂线，此垂线应通过骶骨上面，为承重线。承重线在骶岬前方达12.5cm以上表示腰骶部不稳（如图7-5所示）。

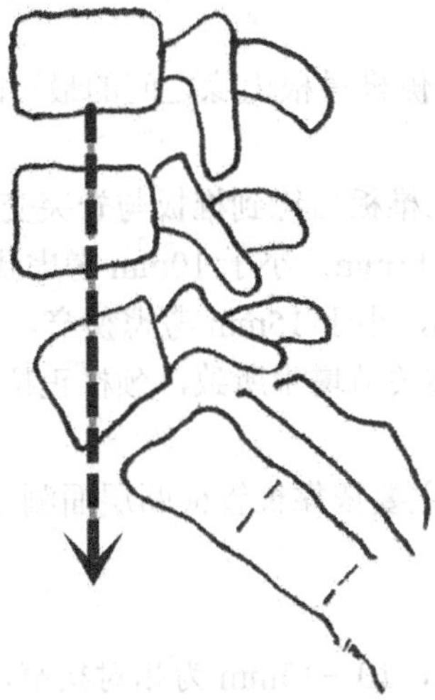

图 7-5　腰骶椎不稳的测量

四、椎管狭窄症

椎管狭窄症是由构成椎管的脊椎、软骨和软组织异常，引起椎管有效容积减少，压迫脊髓和神经等结构而引起的一系列临床症状的病症。

（一）分类

1．按病因分先天性和获得性两大类。可分为先天性（发育性）和后天性或二者兼有。

（1）先天因素有：脊柱骨发育异常的特发性狭窄，表现为骨性椎管狭小，椎弓根粗短，椎板增厚，椎管径线变小。

（2）获得性狭窄有多种因素：脊柱退行性变；脊椎滑脱；后纵韧带肥厚、钙化或骨化；外伤性；医源性：椎板切除和脊椎融合术后；强直性脊柱炎等引起。临床上以获得性狭窄多见。

2．按照狭窄的部位可分为中央椎管狭窄，神经根管（侧隐窝）狭窄，椎间孔狭窄，混合性狭窄。

[病理变化]

椎体后缘骨质增生、脊后韧带肥厚骨化、椎间盘膨出、突出等导致中央管前后径变小或侧隐窝狭窄。关节突肥大、黄韧带肥厚，导致侧隐窝狭窄。椎弓根短缩或内聚造成椎管矢状径或横径狭窄。椎间隙狭窄、盘黄间隙狭窄卡压神经根，致使神经根扭曲。

[临床表现]

椎管狭窄症最常见于腰椎，其次是颈椎，多见于中、老年人。腰椎管狭窄症典型临床症状是间歇性跛行；中央型椎管狭窄有腰骶痛或臀部疼痛，少有放射痛。侧隐窝狭窄及神经根管狭窄有放射痛症状，为持续痛，可放射至腿部。阳性体征少，晚期出现感觉、运动、反射减退。

[影像学表现]

影像学上通过测量方法判断中央管和神经根管狭窄。

1. X 线表现

（1）椎管横径：正位片上两侧椎弓根内缘之间的最短距离。椎管横径小于 18mm，为椎管狭窄。

（2）椎管矢状径：侧位片上椎板后缘到椎板与脊突交界处之间的最短距离。

正常颈椎 3～7 矢状径大于 13mm，小于 10mm 考虑狭窄。

正常腰椎矢状径大于 18mm，小于 15mm 考虑狭窄。

（3）椎间孔狭窄：多为钩椎关节增生所致，颈椎正位片见钩椎关节处骨质增生。

2. CT 表现

（1）CT 诊断骨性椎管狭窄主要依靠椎管横断层面测量来确定。以矢状径为标准（如图 7-7 所示）。

①前后（矢状）径

正常颈椎矢状径大于 13mm，10～13mm 为相对狭窄，小于 10mm 为狭窄；

正常腰椎矢状径大于 18mm，15～18mm 为相对狭窄，小于 15mm 为狭窄。

②横径（弓根间径）：19～29mm（平均 24mm）。

③侧隐窝矢状径正常大于 3mm，2～3mm 为相对狭窄，小于 2mm 为狭窄。

腰椎有无侧隐窝及侧隐窝的深浅，与椎管的形态有关：L1 椎孔以椭圆形为主，基本无侧隐窝；L2、L3 椎孔以三角形为主，大部有不明显的侧隐窝；L4、L5 椎孔以三叶草形为主，大部有明显的侧隐窝，此处侧隐窝狭窄多见（如图 7-6 所示）。

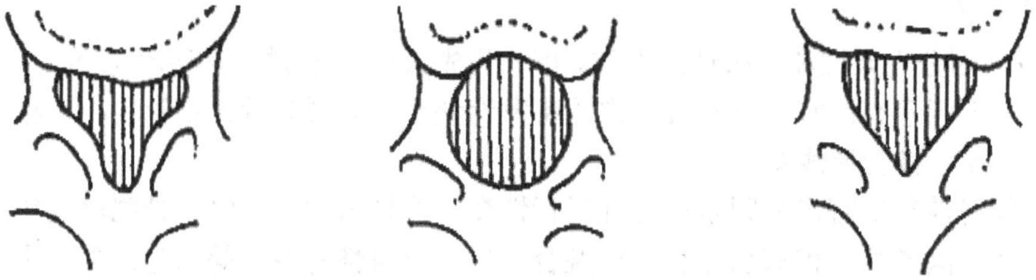

图 7-6 腰椎骨性椎管形态

（2）CT 上还可显示出引起椎管狭窄的病因。①椎体后缘骨赘向椎管内突入；②椎间盘退变膨出和上关节突肥大，为造成腰椎侧隐窝狭窄的主要原因。③黄韧带或后纵韧带肥厚、骨化。后纵韧带骨化多见于颈椎，可严重压迫脊髓。④椎体滑脱可引起椎管狭窄，CT 可发现椎弓峡部裂或引起滑脱的椎间盘和韧带的退行性变。

3. MRI 表现

颈椎椎管狭窄在矢状面像上，颈髓周围的脊蛛网膜下腔变小或消失。脊髓受压表现为局限性压迹或局部变平，通常在腹侧面，在 T1 加权像上肥厚的韧带或骨刺呈低信号，与相邻的脊蛛网膜下腔相似，如无脊髓压迫，可被忽略。但在 T2 加权像上脑脊液呈高信号，可清晰显示狭窄的椎管对硬脊膜囊的压迫。在 T1 加权像上对脊蛛网膜下腔的轮廓显示不清，但可显示脊髓受压的程度和部位，脊髓前缘可轻度扁平，严重者呈小三角凹陷。

椎管狭窄引起的脊髓软化在 T1 加权像上呈低信号区，T2 加权像上为高信号区。其形成是由神经元丧失，脱髓鞘改变和梗塞形成的坏死和空洞，亦可发现脊髓空洞。

腰椎椎管狭窄在T1加权像上，可以显示椎间盘膨出或脱出，但如椎间盘为低信号时，则难于发现。黄韧带肥厚位于椎管后部，椎间隙水平，呈中等信号。脊椎滑脱及伴发的椎间盘脱出容易显示。在T2加权矢状面像上，由于脑脊液呈高信号，而明确的显示椎管的前后径、椎间盘病变、韧带和椎小关节肥大对硬膜囊的压迫。腰椎椎管前后径不应小于15mm。在T1加权轴面像上，低信号的硬脊膜囊变小，重者呈三叶草样，膨出或脱出的椎间盘和肥厚的黄韧带也能看出。在T2加权像上硬脊膜内的脑脊液呈高信号，能清楚地显示椎管的横断面图像，上段腰椎中央管正常为圆形或暖圆形，但在第4、5腰椎为三叶形，狭窄的椎管不但管腔缩小（前后径减少），并发生变形（如图7-7所示）。

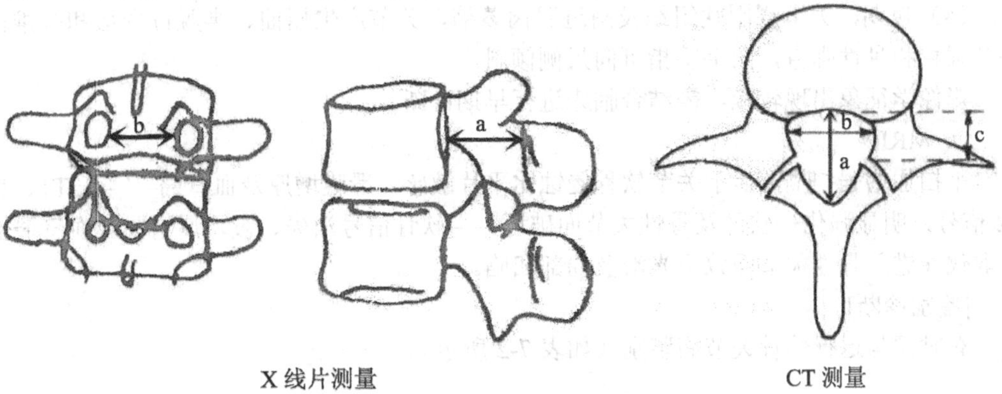

a．椎管矢状径　b．椎弓根间距　c．侧隐窝矢状径

图7-7　椎管测量

第三节　类风湿性关节炎

类风湿性关节炎是一种以关节滑膜炎为特征的慢性自身免疫性疾病。病因不完全明了，多与感染、全身免疫、内分泌紊乱有关，受凉、受潮、劳损、受风、分娩、外伤等为常见诱因。

[病理表现]

类风湿性关节炎的早期改变为滑膜炎症，伴有关节积液及关节周围软组织肿胀。其后，滑膜炎持久反复发作，滑膜增生、肥厚，所形成的肉芽组织（血管翳）向关节软骨伸展，并附着在软骨表面使其变性，进而侵及软骨下骨结构。晚期，关节周围的纤维组织变性，可使关节半脱位，同时关节附近肌肉产生废用性萎缩，可导致关节内软骨和骨的破坏，关节功能障碍，甚至残废。

[临床表现]

类风湿性关节炎多发于16～55岁，女多于男，最常侵犯四肢小关节，特别是手部掌指关节及近侧指间关节，且呈多发、对称性。发病隐匿，受累关节肿胀、疼痛、晨僵。少数病例为急性发病，发热、不适乏力和肝脾肿大等，多见于幼年类风湿性关节炎。晚期表现为多关节畸形，常伴肌肉萎缩。血清类风湿因子阳性。

[影像学表现]

1. X 线表现

(1) 早期关节周围软组织呈梭形肿胀，关节端的骨质常明显稀疏，关节间隙一般尚无明显改变。

(2) 其后，关节面出现细小的虫蚀状骨质缺损。在关节面下出现细小囊性破坏区（假囊肿），一般先从关节边缘开始。

(3) 中期为进行性关节软骨破坏，表现为关节间隙逐渐变窄，关节面下囊性变增大并破向关节腔。

(4) 晚期，关节周围软组织及附近肌肉萎缩，关节产生屈曲、半脱位变形和纤维性关节强直和骨性强直，两手手指可向尺侧倾斜。

影像学征象出现较晚，需结合临床进行早期诊断。

2. MRI

平扫加增强扫描，显示关节软骨侵蚀比平片敏感。滑膜增厚及血管翳——长 T1、长 T2 信号，明显强化；软骨及骨性关节面破坏——软骨信号消失、被增厚滑膜及血管翳信号取代并进入骨性关节面致不光滑及局部凹陷。

[鉴别诊断]

有时需与退行性骨关节病鉴别（如表 7-2 所示）。

表 7-2 类风湿关节炎与退行性骨关节病与的鉴别

	类风湿关节炎	退行性骨关节病
病理	滑膜炎性改变	关节面软骨退变
好发年龄	常＜40 岁	常＞40 岁
好发部位	手足小关节，腕、手脊柱等，涉及多个关节，常双侧对称	多见于大关节，如膝、脊柱等
骨质改变	滑膜血管翳对骨侵蚀以及骨质疏松	骨质增生硬化骨赘形成
关节改变	可强直和严重畸形	无强直，严重者中度畸形
周围肌肉和软组织改变	软组织梭形肿胀，肌萎缩	肌萎缩少见，无软组织改变

第四节 强直性脊柱炎

强直性脊柱炎为侵犯骶髂关节、脊柱以及髋关节等中轴关节，以慢性炎症为主的一种进行性疾病。由于本病也可侵犯外周关节，并在临床、病理表现、影像表现方面与类风湿性关节炎相似，长期以来一直认为是类风湿关节炎的一种变异型，称为类风湿性脊柱炎。以后发现两者在临床和病理表现方面有明显不同，故以“强直性脊柱炎”代替“命名”（如表 7-3 所示）。

表 7-3 强直性脊柱炎与类风湿关节炎鉴别

	强直性脊柱炎	类风湿性关节炎
发病年龄、性别	男性多见，20～35 岁	女性多见，15～55 岁
发病部位	骶髂、脊柱等大关节	四肢小关节
病理表现	关节、韧带骨化	滑膜增生，关节破坏
临床表现	腰骶部疼痛、僵硬	四肢小关节对称性肿胀、疼痛
后果	骨性强直	纤维性强直
类风湿因子	多阴性	30%为阳性
溶链过敏羊血球凝集反应	阴性	阳性
放疗	有效	无效
HLA-B27	90%以上阳性	多阴性

[病因病理]

病因至今未明，大多数学者认为本病与遗传、感染、免疫、环境因素等有关。

本病的特征性病理表现是滑膜炎和附丽病。早期为增殖性肉芽组织为特点的滑膜炎，附近骨质中也可发生与滑膜病变无联系的慢性炎症病灶。本病关节破坏较轻，很少发生骨质吸收或脱位，但关节囊和韧带骨化却十分突出，因而最后容易发生骨性强直。

在本病，韧带、肌腱、关节囊与骨松质结合部的病理改变是很有特点的。该处的肉芽组织既破坏骨松质，又向韧带、肌腱或关节囊内蔓延。在组织修复过程中，骨质生成过多、过盛，新生的骨组织不但填补松质骨缺损处，还向附近的韧带、肌腱或关节囊内延伸，形成韧带骨赘。椎间盘、大转子、坐骨结节、跟骨结节，髂骨嵴和耻骨联合等处也可出现类似改变。

[临床表现]

患者多为男性，男女比率约为 5∶1。90%的病人发病于 10～40 岁，以 20～30 岁最多见。发病部位以躯干大关节多：骶髂关节、椎间关节、椎肋关节、椎间盘、耻骨联合、肩锁、胸锁关节、髋、膝关节，及髂骨嵴、坐骨结节、股骨大小粗隆、棘突、跟骨结节等。

多数病人起病隐匿，早期症状为腰背部、骶髂部、臀部隐痛，晨僵。开始疼痛为间歇性，随着病情发展，在数月或数年之后可出现持续性疼痛，甚至为较严重的疼痛。晨僵，为早期活动受限的表现，活动后缓解。以后随病情发展骶髂、腰背运动受限。病程可达 10 多年，关节强直后，疼痛完全消失，但脊柱强直固定、畸形，甚至胸廓活动受限。全身症状较轻，部分病人 C－反应蛋白升高，血沉加快，90%HLAB-27 阳性。

[影像学表现]

1．X 线表现

（1）病变一般从两侧骶髂关节开始，但不一定对称。早期见骶髂关节中下部两侧关节面模糊、毛糙，邻近骨质轻度增生硬化。其后关节间隙渐狭窄以至消失，最终形成骨性强直。骶髂关节炎病变的出现对早期诊断意义重大。

（2）病变早期即向脊柱发展，开始侵及腰椎，继而胸椎，少数侵犯颈椎。腰椎开始呈轻度骨质稀疏，脊椎小关节渐模糊和狭窄，最后产生骨性强直。小关节广泛骨性强直，脊柱呈瀑布状；椎间盘、椎旁各组韧带广泛钙化，则脊柱完全固定，呈竹节状。椎体呈方椎征象，椎间隙无明显狭窄（如图 7-8 所示）。

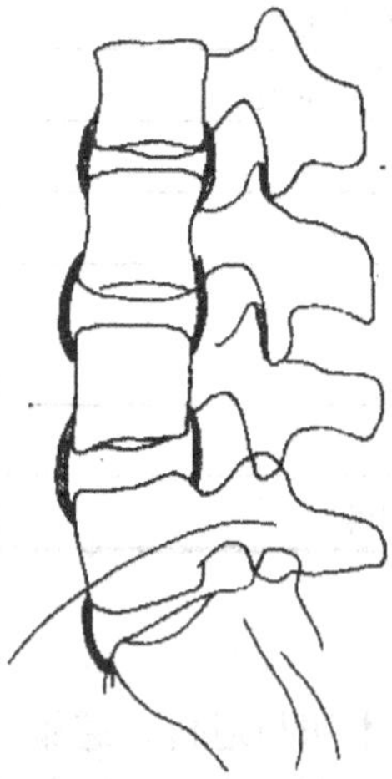

图 7-8 强直性脊柱炎脊柱竹节样改变

（3）髋膝关节改变：髋关节受累常为双侧，早期可见骨质疏松，闭孔缩小和关节囊膨胀；中期可见关节间隙狭窄，关节边缘囊性改变或髋臼外缘和股骨头边缘骨质增生（韧带骨赘）；晚期见关节间隙消失，骨小梁通过，关节呈骨性强直。

（4）肌腱附着点的改变：多为双侧性，早期骨质浸润致密和表面模糊毛糙，晚期可见韧带骨赘形成。

2．CT 表现

其主要行骶髂关节扫描，可清晰显示关节面侵蚀破坏，并能早期发现病灶。

3．MRI 表现

能直接显示软骨破坏、滑膜增厚和关节积液，关节间隙血管翳为长 T1 长 T2 信号，明显强化。多用于平片和 CT 不能明确诊断时。

第五节 痛风性关节炎

痛风性关节炎是由于长期嘌呤代谢紊乱所致的疾病，临床以高尿酸血症，急性关节炎反复发作，痛风石沉积，慢性关节炎和关节畸形，肾实质性病变和尿酸石形成特点。根据血液中尿酸增高的原因，可分为原发性和继发性两大类。原发性痛风是由于先天性嘌呤代谢紊乱所致；继发性痛风是由于其他疾病、药物等引起尿酸生成增多或排出减少，形成高尿酸血症而致。最常见于手足小关节，以第一跖趾关节为最好发部位。

原发性痛风以中年人为最多见，40～50 岁是发病的高峰。平均发病年龄为 44 岁。60

岁以上发病率占全部病例的 11.6%，女性相对升高占 29%。在儿童和老年痛风中，继发性痛风发生率较高，故对儿童和老年病人应该注意区别痛风的原发或继发性。

[发病机理]

痛风发病的先决条件是高尿酸血症。在血液 pH7.4 情况下，血中尿酸以尿酸钠离子形式存在，血液中尿酸盐的绝大部分为尿酸钠，溶解状态的尿酸盐是无毒的。除中枢神经系统外，任何组织均有尿酸盐存在。血中尿酸增高导致其钠盐从超饱和的细胞外液析出并沉积于组织引起。尿酸盐在组织中沉积过多，则形成痛风石。由于物理作用造成组织的机械损伤，引起组织断裂和破坏，导致炎症反应。尿酸盐在滑膜或滑膜腔内沉积，则以微晶体出现，这是引起急性炎症反应的基础。

血清中尿酸浓度，取决于尿酸生成和排泄速度之间的平衡。尿酸是嘌呤代谢的终末产物，体内尿酸的蓄积有：①外源性吸收增多，即摄食富含嘌呤的食物增多；②内源性生物合成增加，包括酶缺陷，如核酸分解加速和嘌呤基氧化产物尿酸增多；③排出减少，即由肾脏经尿排出减少和由胆汁、胃肠分泌后，肠道细胞分解减少；④体内代谢减少，即尿酸内源性破坏减少；⑤上述综合因素或不同因素的组合。

[X 线表现]

（1）急性痛风性关节炎

早期受累关节仅显示关节旁非对称性、偏侧性软组织肿胀，常见于趾、跖、掌、指、膝关节旁和肘关节鹰嘴两侧，肿胀的形状可为圆形、卵圆形或梭形，表现为絮状均匀性密度增高影，附近的关节间隙正常。软组织肿胀也可能是早期唯一的 X 线表现，而且是可逆性的。有时也可伴有邻近骨皮质局限性侵蚀，呈浅弧形、小波浪状或小圆形骨质缺损，直径约 2～5mm 或轻微花边状骨膜反应。这种变化最常见于手足小关节。

（2）慢性痛风性关节炎

从最初发病至慢性关节炎形成平均为 7 年左右。也有少数病例，没有急性发作，呈潜行慢性病变。

关节炎反复发作后，关节偏侧性软组织肿块进一步增大，密度增高，其内可见有轻微钙化，关节面或邻近骨皮质出现不规则缺损破坏，呈穿凿样、虫蚀样、蜂窝状或囊状，可累及骨松质，边缘清楚，伴有边缘像骨刺样翘状突起，即“悬崖征”，具有特征性意义。关节软骨缘破坏，关节面趋向不规则或凹陷，继之关节间隙开始变窄。软骨下骨内及骨髓内均可见痛风石沉积和局部骨质疏松。

如果病情进一步发展，非对称性软组织肿块更加增大，在相应部位邻近关节的边缘或骨端皮质进一步破坏，呈不整齐的类圆形穿凿状骨破坏或数个互相融合成蜂窝状透亮缺损区，大小不一，有的成为较大的边缘性凹陷缺损，呈半圆形或连续弧形，通常边缘较光整锐利和增生硬化或钙化。病变多次发作后，可见骨缺损不断增大。关节骨端可有骨质增生而膨大，关节面有骨赘形成，这些改变可与关节面破坏同时存在。关节软骨下的骨质缺损区可与关节腔相通。

痛风石的 X 线表现　痛风石直径达 5～10mm 时，才可能被平片发现。早期附近关节间隙可正常，可有钙盐沉积、呈砂砾样，或伴有破溃，也可伴有邻近骨质局限性侵蚀、呈浅弧形或小圆形骨质缺损或轻微花边状骨膜反应。

第六节　神经性关节病

神经性关节病，又称 Charcot 关节，即夏科氏关节病，是一种因神经感觉和神经营养障碍的继发性关节病。

中枢神经或周围神经病变，常见有脊髓结核、脊髓空洞症、糖尿病、脊髓和周围神经损伤、先天性痛觉缺如等是神经性关节病发生常见的原因。由于神经功能障碍，关节本体感觉和痛觉缺失，不能自觉地调整体位，失去保护性反应，关节反复受到机械性损伤，加之局部神经-血管营养障碍和代谢不良，共同引起关节和软组织退行性破坏。病理表现有：韧带撕裂、关节囊肥厚、关节软骨和骨质破坏、碎裂、硬化等。

[临床表现]

神经性关节病常见于 40～60 岁，男多于女，可发生于任何关节包括脊柱，但以四肢关节受累多见。由于神经疾病不同，好发部位不尽一致。如偏瘫患者关节畸形也在偏侧瘫；脊髓空洞症关节病变多发生于上肢，肩和肘关节最常受累。脊髓结核以下肢为主，膝关节最常受累，其次是髋、跗骨、肩、肘、踝、趾（指）关节和脊柱。糖尿病神经病变多发生于足部小关节如趾间关节等。

病变发展一般较缓，病程常超过几个月甚至 1 年。典型表现为关节肿胀、畸形和不稳定。与一般关节病不同的特点是关节畸形和病理改变非常显著，但关节功能障碍相对较轻，有时还存在关节异常活动，如肘和膝关节过伸等。早期关节红肿、发热，多无疼痛。晚期由于关节囊和韧带松弛，发生关节半脱位或完全脱位。

[影像学表现]

1．X 线表现

关节肿胀，关节面软骨下骨碎裂，关节腔内骨赘、游离体，关节面不规则、塌陷、变形，骨端骨质硬化，关节间隙变窄，半脱位或脱位。关节周围软组织肿胀，软组织内可见不规则钙化斑或碎骨片。

2．CT 表现

CT 显示病灶的结构、骨质破坏和邻近软组织的情况更清楚。判断关节积液与软组织肿胀引起的软组织密度增高，区分游离骨块是在关节腔还是关节周围软组织内。对于平片不能诊断或难以确定病变范围的病例，应做 CT 检查。

3．MRI 表现

观察脊髓等原发病灶的表现，MRI 是首选。

（李渝苏　罗　磊）

第八章 骨肿瘤及瘤样病变

第一节 概 论

组成骨骼各种组织成分的细胞异常而无限制地生长，形成新生物，称骨肿瘤。骨肿瘤包括骨原发性肿瘤、继发性肿瘤。原发性骨肿瘤主要包括骨基本组织（骨、骨膜、软骨）肿瘤，骨附属组织（血管、神经、脂肪、骨髓）肿瘤。继发性骨肿瘤包括恶性肿瘤的骨转移、邻近恶性肿瘤直接浸润。瘤样病变是指临床、病理和影像学表现与骨肿瘤相似而并非真性肿瘤的病变。

一、骨肿瘤的分类

骨肿瘤的分类繁多，一般将骨肿瘤分原发和继发两大类。原发性骨肿瘤通常以病理形态为基础，根据肿瘤细胞的形态及其所产生的基质，再结合临床及X线改变进行分类。根据肿瘤的分化程度和生物学特性的不同，又可将每类骨肿瘤区分为良性和恶性两大类。骨的瘤样病变本质上不是真性肿瘤，但因其在临床X线或病理形态上均与骨肿瘤相似，易与骨肿瘤混淆，故常在骨肿瘤中分类叙述。世界卫生组织（WHO）骨肿瘤的组织学分类方法（2002年），国际上多采用此法（如表8-1所示）。本书依据肿瘤的起源，按良、恶性依次分类（如表8-2所示）。

表8-1 世界卫生组织（WHO）骨肿瘤分类（2002年）

名称	编码	名称	编码
成软骨肿瘤		尤文氏瘤/原始神经上皮瘤	
骨软骨瘤	9210/0	神经上皮瘤	
软骨瘤	9220/0	尤文氏瘤	9260/3
内生性软骨瘤	9220/0	造血细胞源性肿瘤	
骨膜软骨瘤	9221/0	浆细胞瘤	9732/3
多发性软骨瘤病	9220/1	恶性淋巴瘤	9590/3
软骨母细胞瘤	9230/0	巨细胞瘤	
软骨黏液样纤维瘤	9241/0	巨细胞瘤	9250/1
软骨肉瘤	9220/3	恶性巨细胞瘤	9250/3
中央性、原发性和继发性软骨肉瘤	9220/3	脊索源性肿瘤	

（续表）

名称	编码	名称	编码
外周性软骨肉瘤	9221/3	脊索瘤	9370/3
去分化软骨肉瘤	9243/3	血管源性肿瘤	
间叶性软骨肉瘤	9240/3	血管瘤	9120/0
透明细胞软骨肉瘤	9242/3	血管肉瘤	9120/3
成骨性肿瘤		平滑肌源肿瘤	
骨样骨瘤	9191/0	平滑肌瘤	8890/0
骨母细胞瘤	9200/0	平滑肌肉瘤	8890/3
骨肉瘤	9180/3	脂肪源性肿瘤	
普通型肉瘤	9180/3	脂肪瘤	8850/0
软骨母细胞型骨肉瘤	9181/3	脂肪肉瘤	8850/3
成纤维细胞型骨肉瘤	9182/3	神经源性肿瘤	
骨母细胞型骨肉瘤	9180/3	神经鞘瘤	9560/0
血管扩张型骨肉瘤	9183/3	其他肿瘤	
小细胞型骨肉瘤	9185/3	造釉细胞肿瘤	9261/3
低恶性中央型骨肉瘤	9187/3	转移恶性肿瘤	
继发性骨肉瘤	9180/3	其他病损	
皮质旁骨肉瘤	9192/3	动脉瘤性骨囊肿	
骨膜骨肉瘤	9193/3	单纯性骨囊肿	
高恶性浅表型骨肉瘤	9194/3	纤维结构不良	
成纤维性肿瘤		骨纤维发育异常	
促纤维增生性纤维肿瘤	8823/0	朗格汉斯细胞组织细胞增生症	9751/1
纤维肉瘤	8810/3	Erdheim-Chester 病	
纤维组织细胞性肿瘤		胸壁错构瘤	
良性纤维组织细胞瘤	8830/0	关节病变	
恶性纤维组织细胞瘤	8830/3	滑膜软骨瘤病	9220/0

注：肿瘤名称后的编码为肿瘤学国际疾病分类编码（ICD-O）。肿瘤名称为医学系统化命名。生物学行为编码为：/0 表示良性肿瘤；/1 表示未特别指出的、交界性的或行为不确定的；/2 表示原位癌和III级上皮内瘤变；/3 表示恶性肿瘤。

表 8-2 骨肿瘤分类

		组织成分	良性	恶性
骨肿瘤	原发性	成骨性	骨瘤、骨样骨瘤、良性骨母细胞瘤	骨肉瘤、皮质旁骨肉瘤、恶性骨母细胞瘤
		成软骨性	骨软骨瘤、软骨瘤、良性软骨母细胞瘤、软骨黏液样纤维瘤	软骨肉瘤、恶性软骨母细胞瘤、间叶性软骨肉瘤、去分化软骨肉瘤
		多核巨细胞	良性骨巨细胞瘤	恶性骨巨细胞瘤
		骨髓源性		Ewing 肉瘤、骨髓瘤、恶性淋巴瘤
		结缔组织性	韧带样纤维瘤、非骨化性纤维瘤	纤维肉瘤
		脉管组织性	血管瘤、淋巴管瘤、血管球瘤	血管内皮瘤、血管外皮瘤
		脂肪组织性	脂肪瘤	脂肪肉瘤
		神经组织性	神经鞘瘤、神经纤维瘤	恶性神经鞘瘤
		脊索源性		脊索瘤
	继发性或转移性骨肿瘤			以癌为主，均为恶性
瘤样病变		孤立性、动脉瘤性骨囊肿、骨的纤维结构不良、嗜酸性肉芽肿、畸形性骨炎		

二、骨肿瘤的临床诊断

影像学检查对骨肿瘤良恶性的判断虽然确诊率较高，但由于不同肿瘤的表现具有多样性，恒定的典型征象不多，因而确定部分肿瘤的组织类型仍较困难。正确的诊断有赖于临床、影像学表现和实验室检查的综合分析，最后还需同病理检查结合才能确定。

明确诊断是合理治疗的前提，对原发性骨肿瘤的诊断一般按如下程序进行：首先要判断病变是否为肿瘤，再判断其良恶性，最后确定其具体的病理类型。对于大多数原发性骨肿瘤，诊断必须坚持临床、影像和病理三结合的原则，违背此原则，单纯依靠其中任何一项都可能导致严重的误诊。

（一）临床表现

骨肿瘤的诊断需结合临床资料。应注意肿瘤发病率、年龄、症状、体征和实验室检查结果等。这些资料对骨肿瘤定性诊断有参考价值。

1．流行病学

（1）发病率：原发骨肿瘤占全部肿瘤的 2%～3%，良性多于恶性。在良性骨肿瘤中以骨软骨瘤多见，恶性骨肿瘤中以转移瘤为多见，而原发性恶性骨肿瘤中则以骨肉瘤为常见。

（2）性别与年龄：骨肿瘤的发生无明显性别差异，一般男性多于女性。骨肿瘤可发生在任何年龄，但多数骨肿瘤好发于特定年龄组，因此患者年龄在诊断中很重要。骨瘤、骨软骨瘤、骨囊肿、骨肉瘤、尤文肉瘤好发于青少年。骨巨细胞瘤、纤维肉瘤、软骨肉瘤好发于成年人。而 40 岁以上则多为骨髓瘤和转移瘤。

（3）部位：一些肿瘤有好发于特定骨和特定部位的倾向：巨细胞瘤好发于长骨骨端紧靠关节面；软骨母细胞瘤好发于长骨成熟前骨骺；骨肉瘤好发于长骨干骺部；尤文肉瘤好发于骨干；骨髓瘤发生于红骨髓部位之中轴骨。

2．临床表现

骨肿瘤的主要症状有疼痛、肿块与肿胀、功能障碍等。

（1）疼痛　良性骨肿瘤大多无疼痛，个别良性骨肿瘤可有轻微疼确。恶性骨肿瘤开始时多为较轻的间歇性隐痛或钝痛，逐渐加重成为持续性疼痛。夜间疼痛明显多提示为恶性肿瘤。疼痛突然加重，很可能是发生了病理性骨折。

（2）肿块与肿胀　良性肿瘤多以肿块为首发症状，常表现质硬而无压痛，肿块边界清楚，皮肤无改变。生长迅速的恶性肿瘤多在长管状骨干骺端一侧肿胀，当肿瘤穿破骨膜时可形成较大的弥散性肿胀，并有压痛．皮肤发热，浅静脉怒张等。

（3）功能障碍　肿瘤邻近关节时，可以引起关节活动障碍。骨肿瘤因疼痛及肿块的位置，也可影响肢体活动。位于脊椎的肿瘤，压迫脊髓、神经根可引起完全或不完全性瘫痪。

（4）病理性骨折　骨肿瘤破坏骨质结构，轻微外力即可导致骨折，加重患部的疼痛及肿胀。脊椎肿瘤更易合并椎体病理性骨折。

（5）复发与恶性变　恶性骨肿瘤经治疗后可能复发，有的良性肿瘤可恶变成肉瘤，如骨软骨瘤有 1%的恶变可能。若良性骨肿瘤于多年后突然疼痛加剧、肿大，应考虑有恶变的可能。

（6）全身情况与转移　良性肿瘤病程长，无转移、无全身改变。恶性骨肿瘤病程短，病变进展快，可经血流或淋巴转移到其他部位，如肺转移，出现咳嗽、气短等症状。并伴有消瘦、贫血、发热等全身表现。

（7）实验室检查　良性骨肿瘤，血液、尿和骨髓检查一般均正常，而恶性者则常有变化，如骨肉瘤碱性磷酸酶增高，尤文肉瘤血白细胞可增高，转移瘤和骨髓瘤可发生继发性贫血及血钙增高。骨髓瘤患者血清蛋白增高，尿中可查出 Bence－Jones 蛋白。

（二）病理学检查

病理检查是骨肿瘤诊断的金标准，是一项唯一能定性的方法。对所有怀疑为恶性以及很多怀疑为良性的原发性骨肿瘤均需进行术前活检以获得病理学诊断，因为病理分型对制订治疗方案有重要的指导作用。

活检分为穿刺活检和手术活检两种。穿刺活检主要适用于溶骨性病损，将吸取活组织做细胞学检查。手术活检分为切取、切除活检两种方法。

在行肿瘤切除术后，对完整标本应重新进行病理检查，以进一步验证术前诊断的正确性，并进行更详细的病理分类。

三、骨肿瘤的影像学检查

影像学检查在骨肿瘤的诊断中占有重要地位，不仅能显示肿瘤的准确部位、大小、邻近骨骼和软组织的改变，还能判断其为良性或恶性、原发性或转移性。影像学检查对确定骨肿瘤的治疗方案和估计预后有重要价值。

（一）影像检查方法

1. X 线检查：X 线检查不仅能发现骨肿瘤，并能显示肿瘤部位、范围、单发或多发、特征、性质、发展情况，治疗反应，对于判断骨肿瘤的良恶性和病理类型也有重要作用，而且还有助于决定是否采取和采取何种进一步的影像学检查，因此 X 线检查是诊断骨肿瘤的最基本和首要的影像学检查方法。

骨肿瘤的 X 线检查以照片为主，通常摄取正、侧位片，为了弥补 X 线平片的不足，对骨肿瘤患者进行血管造影，利用肿瘤组织中血管分布与正常组织不同，帮助诊断。

对可疑为骨肿瘤尤其是恶性骨肿瘤者，应常规拍摄正侧位胸片，以便及早发现肺转移。

2. CT：平扫及增强检查可准确显示骨破坏的范围和程度，软组织肿块的大小，以及肿瘤的血运及其与周围血管的关系。对骨盆、脊柱等不规则骨的部位，可弥补 X 线片上骨重叠、显影欠佳的不足而早期发现病变。胸部 CT 可较 X 线片更早、更准确地发现肺转移。

3. MRI：具有组织分辨率高，多平面成像等特点。可以准确显示骨肿瘤在骨内和软组织的范围，以及骺软骨、关节软骨的破坏情况，并可早期发现邻近的跳跃转移灶。目前已成为恶性骨肿瘤手术，尤其是保肢手术不可缺少的术前检查。对于发现脊柱、骨盆等松质骨内的早期病变，MRI 比 X 线片和 CT 更具有优势。

4. 骨扫描：用于早期发现骨转移灶，多采用 99mTc-MDP 行全身骨扫描以观察全身各骨骼是否存在核素异常浓聚现象，其结果部分存在假阳性。

（二）良性骨肿瘤的影像学表现

1. 囊性膨胀性骨破坏或囊性分房性骨破坏。囊性骨破坏在松质骨内，边界清楚，常有完整的包膜。膨胀性多为良性征象，肿瘤不断生长、不断破坏，向四周扩展。

2. 皮质外的骨性突起，从皮质突向外生长的骨性突起。

3. 少有骨膜反应；若出现骨膜反应，其新生骨表现均匀致密，常与骨皮质融合。

4. 多无软组织肿块，有时仅见软组织被肿瘤推移。肿瘤较大突破骨皮质时，可见局部软组织肿块，但其边缘与邻近软组织界限清楚。

5. 软骨类肿瘤内常有钙化影出现。形成半环或环状，密集成团或分散，密度不等，可见于软骨类肿瘤或肉瘤内有很多软骨时，为诊断肿瘤软骨组织的可靠依据。

髓内反应骨即骨增生表现常发生在肿瘤边缘，形成骨硬化环。肿瘤扩张成外围骨包壳。残留骨系骨破坏后残留，在皮质者类似死骨，松质骨则密度低、边缘模糊。

（三）恶性骨肿瘤的影像学表现

1. 浸润溶骨性骨破坏。多侵蚀骨与骨髓呈虫蚀样、筛孔状、斑片样或大片溶骨，可扩大成弥散性破坏，其边缘模糊，少有膨胀。恶性骨肿瘤扩展快，破坏迅速，骨破坏与恶性程度不一定成比例。软骨可暂时阻止病变蔓延，但不构成障碍，一旦破坏，主要是病变的扩大、关节面破坏、陷塌和折裂。

2. 肿瘤骨形成。系肿瘤细胞形成骨组织，排列紊乱，生长无定向，良恶性区别在于细胞分化程度。恶性瘤骨基本形态有三种，可在一瘤体内同时存在。①象牙质样，密度高，成团块状，无骨小梁结构，与周围组织分界清楚，如骨旁肉瘤。②棉絮状，团片状，分布于骨或软组织内，密度低，边缘模糊，无骨小梁，多见于骨肉瘤。③光芒样，位于皮质外，细而直，放射状，与皮质垂直，互相平行，非骨膜增生反应，而是肿瘤穿破骨膜向软组织内发展形成，多见于骨肉瘤。

恶性骨肿瘤瘤软骨也可以钙化，形成半环或环状，密集成团或分散，密度不等，可见于软骨类肿瘤或肉瘤内有很多软骨时，为诊断肿瘤软骨组织的可靠依据。

3. 多种多样的骨膜反应。因生长方式不同而有不同表现，如膨胀、增生、单层、多层葱皮样、花边样、三角形、放射状等。

4. 软组织肿块。在MRI图像中显示清晰，为肿瘤的侵蚀和扩散。

5. 造影检查

对骨肿瘤常用血管造影，利用肿瘤组织中血管分布与正常组织不同，帮助诊断。正常造影动脉走行位置与数目规则，边缘光滑整齐，走行自然，连续好，远端变细，分支亦圆滑，无突然的锐角形成。恶性骨肿瘤造影特征则如下：

1）动脉主干及分支受肿瘤组织压迫，呈弯曲，分支增多，末梢粗大。

2）外围有蛇形毛细血管网。

3）造影剂潴留形成点、片状血湖。

4）造影剂分布于肿瘤内，阴影加深。

（四）骨肿瘤的影像观察与分析

对骨肿瘤影像诊断的要求是：①判断骨骼病变是否为肿瘤；②如属肿瘤，是良性或恶性，属原发性还是转移性；③肿瘤的组织类型；④肿瘤的侵犯范围。其重点在于判断骨肿瘤的良、恶性。

在观察图像时，应注意发病部位、病变数目、骨质改变、骨膜增生和周围软组织变化等。因为这些方面的差别对诊断有所帮助。

发病部位：不同的骨肿瘤有其一定的好发部位．例如软骨母细胞瘤好发于长骨成熟前骨骺；骨巨细胞瘤好发于长骨骨端；骨肉瘤好发于长骨干骺端；骨髓瘤则好发于扁骨和不规则骨。单纯性骨囊肿位于长骨中心位置；动脉瘤样骨囊肿、软骨黏液纤维瘤、非骨化性纤维瘤、巨细胞瘤多偏心生长。发病部位对鉴别诊断有一定帮助。

病变数目：原发性骨肿瘤多单发，多发的良性骨肿瘤可见于骨软骨瘤、内生软骨瘤、纤维异常增殖症、Langerhans肉芽肿及血管瘤病等。转移性骨肿瘤和骨髓瘤常多发。

骨质破坏：良性骨肿瘤多引起膨胀性、压迫性骨质吸收，或为地图状均匀一致破坏，边界清晰、锐利，破坏邻近的骨皮质多连续完整。恶性骨肿瘤则为浸润性骨质破坏，少见膨胀，界限不清，边缘不整，骨皮质较早出现虫蚀状破坏和缺损，同时肿瘤易穿破骨皮质而进入周围软组织中形成肿块影。

病灶边缘：这确定快速生长或缓慢生长很重要。生长慢的良性骨肿瘤边缘锐利，常有薄的硬化边，如骨囊肿、非骨化性纤维瘤等；如果移行硬化带较宽广，这不是肿瘤而是炎症的特征；生长稍快的良性骨肿瘤，边缘清楚但无硬化，如巨细胞瘤、动脉瘤样骨囊肿；生长快具侵袭性的恶性骨肿瘤，边缘不清呈虫蚀状或渗透状，这对恶性瘤有定性意义。

骨质增生：一些骨肿瘤还可见骨质增生。一种是生长较慢的骨肿瘤可引起邻近骨质的成骨反应，例如良性或恶性程度较低的肿瘤，其破坏区周围有骨质增生。另一种是肿瘤组织自身的成骨，即肿瘤骨的生成，这种成骨可呈毛玻璃状、斑片状、放射针状或骨皮质硬化，常见于骨肉瘤。

骨膜增生：良性骨肿瘤常无骨膜增生，如出现，则骨膜新生骨表现均匀致密，常与骨皮质融合。恶性骨肿瘤常有广泛的不同形式的骨膜增生，而且骨膜新生骨还可被肿瘤所破坏，形成 Codman 三角，这种表现对恶性骨肿瘤有特征性。

周围软组织变化：良性骨肿瘤多无软组织肿胀，仅见软组织被肿瘤推移。肿瘤较大突破骨皮质时，可见局部软组织肿块，但其边缘与邻近软组织界限清楚。恶性骨肿瘤常侵入软组织，并形成肿块影，与邻近软组织界限不清。

（五）良恶性骨肿瘤的 X 线鉴别（如表 8-3 所示）

表 8-3 良恶性骨肿瘤的 X 线鉴别

项目	良性骨肿瘤	恶性骨肿瘤
生长情况	生长缓慢，不侵及邻近正常组织，但可压迫使其移位、变形	生长迅速，易侵犯临近组织器官
骨质破坏	呈膨胀性骨破坏、压迫性骨破坏。病区与正常骨组织界线清晰、边缘锐利	呈浸润性骨破坏。病区与正常骨组织界线模糊、边缘不规则
骨皮质改变	一般皮质可局限性破坏，膨胀变薄，但皮质仍可保持连续、完整	皮质多呈不规则破坏缺损
骨膜反应	一般无骨膜反应。如出现则骨膜新生骨表现均匀致密，常与骨皮质融合。病理性骨折后有骨膜反应出现	多见各种形态的骨膜反应：花边样、葱皮样、垂直样、放射样等。且骨膜新生骨还可被肿瘤所破坏，形成 Codman 三角
周围软组织	多无肿胀或肿块，如有肿块则边界清晰，可见邻近软组织被肿瘤推移	常侵入软组织，形成肿瘤性软组织肿块影，与邻近软组织分界不清
血管造影	周围血管有压迫、拉直、移位、分离等改变	可见肿瘤性血管，新生的毛细血管丛、肿瘤性血湖或肿瘤性动静脉瘘及动脉中断、缺损等现象
转移	无转移	有转移。常转移到肺或骨

第二节　常见良性骨肿瘤

一、骨瘤

骨瘤是起源于骨细胞的原发性骨肿瘤。骨瘤较常见，主要发生于膜内化骨的部位，多见于颅顶骨、面骨及鼻窦等处，少数发生于四肢称为骨旁骨瘤，偶尔发生于软组织称软组织骨瘤，多发性骨瘤合并肠道息肉者称为Gardner氏综合征。

[病理表现]

按其密度可分为致密型、松质型和混合型。致密型多见，所含骨组织与正常骨组织相似，骨瘤骨质密实，如象牙质状，质地坚硬，但无哈氏系统，表面覆有骨膜；海绵型少见，瘤内为松质骨，可含骨髓组织。

[临床表现]

本病在儿童时期发病，骨瘤生长缓慢，小骨瘤无症状。逐渐增大向外突出生长者，见到局部有骨性包块突出，质地光滑坚硬，一般无疼痛及压痛；有些出现局部压迫症状：向颅内生长的骨瘤可引起头晕、头痛、癫痫、颅内高压；额窦、筛窦的骨瘤，可有头痛及继发性鼻窦炎；

眼眶内骨瘤可引起眼球突出、视力下降等。

[影像学表现]

1．X线表现

（1）颅面骨骨瘤，多单发，为突出于颅板外的骨性突起，呈半球状半球状、乳头状或扁平状，边缘光滑。骨瘤大小不一，直径在1～2cm左右，偶有大如鸡蛋者。根据密度高低分：致密型，多见，骨瘤致密如象牙质，看不见骨质结构。松质型，少见，其内可见骨小梁；内为松质，外为密质者称混合型。骨瘤没有骨质破坏和骨膜反应。

（2）鼻窦骨瘤，常发生于额窦和筛窦。瘤体呈结节状或分叶状，可能有蒂，多为致密型。较大者可压迫眼眶，突入颅内等。

（3）骨旁骨瘤，好发于股骨远端后侧，与骨皮质相连，呈致密团块状。

2．CT表现：骨瘤的CT表现与X线所见相同。CT观察向内生长的骨瘤及与周围关系优于X线，能发现向颅骨内板下生长的骨瘤、鼻窦部的骨瘤，及对局部组织挤压情况。

[影像诊断与鉴别]

骨瘤好发于颅骨、面骨、鼻窦等处，常为单发，表现为颅骨表面的骨性突起，边缘光滑，诊断不难。有时需与下列病变鉴别：

1．颅骨纤维异常增殖症：常为颅面骨多处受累；常同时累及颅板和板障；多骨受累常有偏侧倾向。

2．骨软骨瘤：好发于长骨干骺端；瘤基底部为正常骨皮质和松质的延续，其软骨帽可钙化。

二、骨样骨瘤

骨样骨瘤由骨细胞及其产生的骨样组织所构成，其发生率占良性骨肿瘤的 10%。好发于青少年男性，胫骨、股骨多见。

[病理表现]

肿瘤由瘤巢和周围骨硬化两部分组成，瘤巢的直径多在 0.5～2cm，呈圆形或椭圆形，有富于血管的结缔组织、骨样骨小梁及少数骨化的骨小梁，瘤巢周围可见粗大、不规则的反应性骨硬化小梁或密质骨。肿瘤成熟后，一般不再生长，亦有发育成为正常骨质而自愈者。

[临床表现]

患肢间歇性疼痛，逐渐加剧，尤以夜间为重，服用水杨酸类药物可缓解疼痛，局部可有明显压痛点。

[影像学表现]

1．X 线表现

（1）胫骨、股骨、脊椎、颅骨、肱骨等均可发病，尤以胫骨最为多见。病灶好发于骨干，也可发生在骨皮质、骨松质或骨膜下。

（2）肿瘤早期可见皮质部圆形或椭圆形透光区，即为瘤巢，直径为 0.5～2.0cm，位于骨松质时，其直径可达 4～5cm，多数为一个巢，也可有两个或两个以上聚集一起的瘤巢。有时在巢中可见不规则钙化影。

（3）随病变的发展可出现周围骨质增生硬化，皮质增厚，硬化范围广泛，可扩展至骨髓腔。成熟期瘤巢骨样组织钙化，与周围硬化融为一体。病变区有不同程度的骨膜反应。周围骨质硬化范围与病变部位有关，位于骨松质时，瘤巢可以较大，而周围骨质硬化则轻微或缺如。位于骨皮质时，周围骨质硬化明显，往往超过瘤巢本身较多。

2．CT 表现：CT 扫描观察瘤巢、巢内钙化和骨化灶、松质骨病灶、脊柱病灶明显优于平片，发现瘤巢为其特征性征象。

3．MRI 表现：瘤巢在 SE 序列 T1WI 像呈圆形或椭圆形的中等信号区，T2WI 像呈较高信号区；瘤巢内的钙化及其周围的骨硬化在 T1WI 和 T2WI 均呈低信号。

三、骨软骨瘤

骨软骨瘤是最常见的良性骨肿瘤，占骨肿瘤的 12%。分单发性及多发性两种，单发者多见，大都附着于长骨干骺端的表面，故又称外生骨疣。多发者又称遗传性多发性骨软骨瘤，是一种先天性骨发育异常，具有遗传性，可发生恶变。

[病理表现]

骨软骨瘤仅发生于软骨内化骨的骨骼，肿瘤起源于软骨细胞。肿瘤由骨质组成的瘤体、透明软骨组成的帽盖和纤维组织组成的包膜三种不同组织所构成。瘤体外面与正常骨密质相似，内面与正常骨松质相似，软骨帽厚约 4～6mm，为透明组织，内面为生发层、产生软骨细胞。

多数骨软骨瘤生长缓慢，至成年时停止生长。少数可恶变，多恶变为软骨肉瘤。肿瘤突然增大，软骨帽不规则破坏，肿瘤侵入周围软组织。

[临床表现]

多见于10～20岁的青少年，好发于长骨的干骺端，以股骨远端和胫骨近端最常见，约占 50%，其次为肱骨近端、桡骨远端和腓骨两端。少数见于掌、跖骨干骺瑞，也可发生于扁骨，如肩胛骨。多单发，多发者常为对称性生长，并多有遗传性及家族史。

肿瘤生长缓慢，早期无症状，逐渐增大可触及硬性肿块，表面光滑或凹凸不平，不能移动，无压痛或微痛，表面软组织无改变，但可引起骨畸形，关节附近之肿瘤可引起关节功能障碍，较大的肿瘤可对周围组织产生压迫、进而产生相应症状。

骨软骨瘤少数会恶性变，恶变率为11%～20%，常见于多发者，在30岁以上的病人，若肿瘤突然增大及发生疼痛，应考虑恶性变。

[影像学表现]

1．X线表现

（1）单发者多见，肿瘤表现为位于干骺端骨表面的骨性突起，瘤体以蒂状或宽基底与骨相连，骨干皮质延续至肿瘤，肿瘤内有与骨干相连的松质骨。瘤体顶端多由软骨帽覆盖，软骨帽未骨化时不显影，软骨帽钙化及骨化可见不规则的斑片状、菜花状密度增高影。瘤包膜不显影。肿瘤背向关节或垂直于骨干生长。肿瘤表面多光滑。肿瘤压迫附近正常骨骼，使其移位变形或骨质缺损，伴硬化边缘（如图8-1所示）。

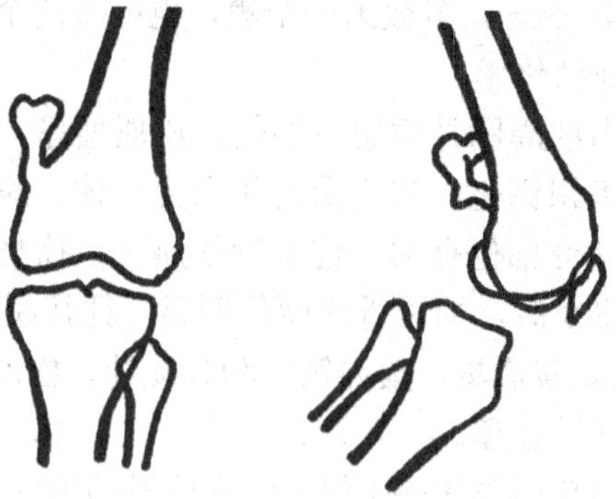

图8-1　骨软骨瘤

（2）多发者，骨表面的多发骨性突起，形态多样，受累骨可扭曲、变形，突出的骨赘可以互相融合。

（3）骨软骨瘤生长随骨干的发育停止而停止，少数可发生恶变，X线表现为肿瘤突然增大，软骨帽增厚，不规则钙化及骨化呈絮状，基底部有骨质破坏，出现软组织肿胀。血管造影可了解肿瘤是否压迫和破坏附近动、静脉，有无动脉瘤样扩张或出血。

2．CT表现：对骨质的观察明显优于平片，特别是对软骨帽细小钙化灶的显示。

3．MRI表现：MRI检查能评价软骨帽是否处于生长、停止或复发状态；软骨帽呈分叶状，T1WI呈低或稍高信号，T2WI呈高信号。软骨帽呈高信号说明它处于生长阶段，看不到软骨帽则肿瘤停止生长，软骨帽内小叶间隔均呈低信号。

4．核医学表现：病区放射性浓集，放射性与病骨相似，当见放射性明显增加，应疑恶变。

[诊断要点]单发型骨软骨瘤表现典型，容易诊断，但需与正常变异鉴别。

四、软骨瘤

软骨瘤为起源于软骨的常见的良性骨肿瘤，发生于软骨内成骨的骨骼中，好发于四肢短状骨，分单发性软骨瘤、多发性软骨瘤。

[病理表现]

软骨瘤多数认为与胚胎性组织残留或异位有关，主要成分为透明软骨，其次为软骨退化所形成的胶状假囊肿和钙化或骨化之软骨，有完整的纤维包膜。软骨瘤多为内生性，呈分叶状生长，首先破坏正常骨髓和骨小梁，进而破坏骨皮质内面，使骨膜增生出现骨包壳。逐渐增大的肿瘤呈分叶状形成多个隆起，隆起间为骨嵴，靠近皮质形成半球形的局限性膨出。肿瘤内软骨可钙化或骨化。多发性软骨瘤是一种良性软骨瘤病，由于骨骼在发生过程中部分错置的骨骺板衍变而形成，没有遗传性，又称为软骨发育不良。

软骨瘤少数恶变，发生率多于骨软骨瘤，多恶变为软骨肉瘤。多发性软骨瘤恶变率较高，约占20%。

[临床表现]

软骨瘤多见于青年人，男女差别不大。好发部位为四肢短骨，手部比足部多见，尤以指骨多发，占 90%。肱骨，股骨亦可发生，偶尔见于脊椎、肋骨、胸骨、骨盆等处，多发性软骨瘤常可同时波及一手中的多个掌、指骨或一侧肢体的多个骨骼。

肿瘤生长缓慢，早期无任何症状，肿瘤长大使骨干膨胀，出现肿胀畸形，表面光滑；皮肤表面正常；常因外伤、病理性骨折或其他原因 X 线检查时才被发现。

软骨瘤少数恶变，多见于扁骨如髂骨、肋骨处的肿瘤。如瘤体较大，近期生长迅速，疼痛加剧，软组织出现肿块，应考虑恶变现象。

[影像学表现]

1．X 线表现

（1）单发性软骨瘤：肿瘤发生于髓腔内，一般为中心性向外生长，表现为骨内类圆形透亮区、边缘清楚。邻近的骨皮质呈梭形膨胀、变薄，肿瘤的周围有一薄层骨质增生硬化现象，肿瘤内可见散在的斑点状钙化，一般无骨膜反应，合并病理骨折时可出现。

（2）外生性软骨瘤：肿瘤发生于一侧的骨皮质较少见，多单发，表现为骨干一侧骨皮质局限性膨胀、变薄，外缘骨壳完整，内缘向髓腔内突出，边缘无或仅有轻微骨硬化现象，有时可有带蒂向外生长形成软组织肿块。肿瘤内可有钙化斑点。

（3）皮质旁型软骨瘤：肿瘤发生于皮质外的骨膜处，向软组织内生长，较罕见，多单发。X 线表现可见皮质旁模糊的软组织肿块影，其内可产生斑点状钙化，而局部皮质可有轻微的骨质破坏形成的表浅缺损，缺损边缘常有增生硬化现象。

动脉造影显示瘤区缺乏血管，若肿瘤侵入软组织，则软组织动脉向瘤区供血，并见少数完整的瘤区血管。

软骨瘤少数恶变，X 线表现为瘤体较大，近期生长迅速，骨皮质侵蚀破坏，有骨膜反应，钙化斑变淡、变模糊，软组织出现肿块。

2．CT 表现：肿瘤为圆形、椭圆形或分叶状低密度区，其内可见点状钙化，周边清晰而有硬化边。

3．MRI 表现：肿瘤在 SE 序列，T1WI 像呈低信号，T2WI 像呈不均匀信号，高信号代表透明软骨，低信号代表钙化或骨化。骨皮质旁型肿块在骨旁软组织内，信号特征与骨内者一致。

4．核医学表现：活动性软骨瘤，瘤区放射性浓集。良性肿瘤随访显像无明显变化，手术后复查病灶可显像。

[诊断要点]本病根据 X 线平片征象一般即可确诊，但应与以下疾病鉴别：骨囊肿，巨细胞瘤，上皮样囊肿及血管肉瘤等。

五、骨巨细胞瘤

巨细胞瘤是一种较常见的骨肿瘤，起源于骨骼非成骨性结缔组织。由于肿瘤的主要组成细胞之一类似破骨细胞，故亦称之为破骨细胞瘤。

[病理表现]

起源于骨骼的非成骨性结缔组织，肿瘤的主要组成成分类似破骨细胞。肿瘤质软而脆，似肉芽组织，富含血管，易出血。有时有囊性变，内含黏液或血液。良性者邻近肿瘤的骨皮质变薄、膨胀，形成菲薄骨壳，生长活跃者可穿破骨壳而长入软组织中。肿瘤组织可突破骨皮质形成软组织肿块。一般肿瘤邻近无骨膜增生。镜下肿瘤主要由单核基质细胞与多核巨细胞构成，根据肿瘤细胞分化程度不同，病理上分为 3 级：1 级，约有一半的巨细胞瘤属于此类，为明显良性，巨细胞很多，少有细胞分裂。2 级，间质细胞较多，巨细胞较 1 级为少，为生长活跃或侵袭性。3 级，为明显恶性，发生较少，间质细胞多，细胞核大，形态如肉瘤，细胞分裂多。1、2 级可转化为 3 级。

[临床表现]

巨细胞瘤以 20～40 岁为常见，约占 65%。好发于骨骺板已闭合的四肢长骨骨端，以股骨下端、胫骨上端和桡骨下端为常见。主要临床表现为局部疼痛、肿胀和压痛。较大肿瘤可有局部皮肤发热、静脉曲张、压痛，部分肿瘤压之可有似捏乒乓球样的感觉。生长快、肿块大、疼痛加剧示恶性。

[影像学表现]

1．X 线表现

（1）好发于骨端关节面下，偏心，多横向发展。良性：病灶呈膨胀性骨破坏区，其中可见类似多房间隔的残留骨小梁，明显时可呈“肥皂泡样”改变。肿瘤边界清晰；骨皮质变薄，但尚完整；有时伴发病理性骨折；其周围无骨膜反应亦无软组织肿块。生长活跃：局部骨皮质断裂及出现软组织肿块。恶性：占骨巨细胞瘤 10%～15%。分原发型、演变型（1、2 级恶变为 3 级），见肿瘤骨破坏区边缘不清，骨皮质多处断裂，有明显软组织肿块及骨膜反应（如图 8-2 所示）。

（2）血管造影表现：良性者动脉期血运轻至中度增加，静脉期可能有瘤染。恶性者动脉期血运明显增加，瘤血管、血湖、血管破坏、动静脉瘘等。

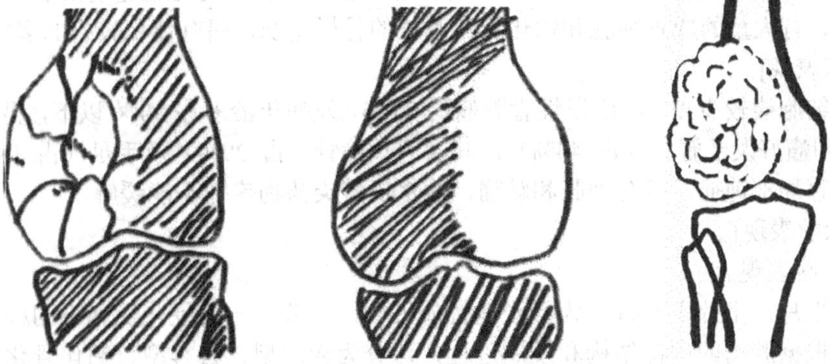

图 8-2 骨巨细胞瘤

2. CT 检查：骨巨细胞瘤在 CT 平扫表现为位于骨端的囊性膨胀性骨破坏区，骨壳基本完整，但多数可有小范围的间断。骨破坏与正常骨小梁的交界部多无骨增生硬化带。骨壳外缘基本光滑，内缘多呈波浪状为骨壳内面的骨嵴所致，一般无真性骨性间隔，平片上所见的分房征象实为骨壳内面骨嵴的投影。骨破坏区内为软组织密度影，无钙化和骨化影，如肿瘤出现坏死液化则可见更低密度区。囊变区内偶尔可见液-液平面，即两种不同性质液体的水平界面，通常下部液体较上部液体密度高，并随体位而改变，其成因可能是坏死组织碎屑或血细胞的沉积，也可能伴有动脉瘤样骨囊肿。生长活跃的骨巨细胞瘤和恶性巨细胞瘤的骨壳往往不完整并常可见骨壳外的软组织肿块影。增强扫描肿瘤组织有较明显的强化，而坏死囊变区无强化。

3. MRI 检查：肿瘤在 T1WI 上多呈低或中等信号强度，在 T2WI 上多为高信号。坏死液化区在 T1WI 上信号较低而在 T2WI 呈高信号。肿瘤内出血时，MRI 表现视出血发生的时间远近不同而不同。液-液平面在 T1WI 上常下部信号高于上部，而在 T2WI 上则相反。若肿瘤内有含铁血黄素沉积区则在 T1WI 和 T2WI 上均为低信号。

[影像诊断与鉴别]

骨巨细胞瘤成年发病，多见于长骨骨端，以膨胀性骨破坏、“皂泡样”改变为其特征。良性骨巨细胞瘤应与骨囊肿等鉴别，恶性骨巨细胞瘤应与骨肉瘤鉴别。

1. 骨囊肿：骨囊肿青少年多见，常发生于干骺端及骨干，病灶纵轴与骨长轴一致，轻度膨胀，边硬化，可伴病理骨折。

2. 溶骨型骨肉瘤：溶骨型骨肉瘤青少年多见，常发生于干骺端，破坏区边界不清，无膨胀，有软组织肿块及骨膜反应增生。

六、骨母细胞瘤

骨母细胞瘤又称成骨细胞瘤，有良恶性之分，前者称良性骨母细胞瘤，少数为恶性或发生恶变，称为恶性骨母细胞瘤，系局部恶性，无转移。

[病理表现]

骨母细胞瘤起源于成骨性结缔组织，具有成骨性和骨样骨瘤的病理特点。肿瘤呈膨胀性生长，大小不一，直径为 2～10cm 不等，外观与骨样骨瘤相似，呈棕红色或棕色，易出血。肿瘤质地坚硬，质脆，有时含小骨片。较大者镜下可见在富有血管性结缔组织的间质中，有大量的成骨细胞和钙化骨化不一的骨样组织，偶有体积较小的多核巨细胞。

[临床表现]

骨母细胞瘤较少见，占原发性骨肿瘤的0.6%，发病年龄多在30岁以下，男女之比为2.7∶1。肿瘤好发于脊柱（占44%），其次为长管骨（占29%）及手足（占18%）。本病大多仅感局部钝痛，可有肿胀和触痛，服水杨酸类药物疼痛不能缓解。

[影像学表现]

1．X线表现

（1）平片：平片主要特点为膨胀性骨质破坏，厚薄不一的硬化缘和不同程度的钙化和骨化。根据肿瘤的内部结构和发展过程，可分为囊肿型、云雾型、钙化骨化型。前者以溶骨为主，多见于四肢；后者有成骨倾向，多见于脊柱。根据受累部位可分为中心型、皮质型、骨膜下型和松质骨型。发生于脊柱者，病变多位于棘突、椎弓和横突，椎体病变多由附件蔓延所致。早期为毛玻璃样或云雾状，晚期因钙化或骨化而呈骨瘤样密度。

（2）动脉造影：供血动脉来源于病变附近的软组织，瘤区血管中度增多，无血管侵蚀和大的引流静脉，无软组织肿块。血管造影易于和骨肉瘤鉴别。

2．CT 表现：能显示平片所见，呈低密度病灶，内有高密度钙化，周围有骨硬化，病变发生于脊柱，CT不仅可发现较小的病灶，而且可清楚显示其部位、大小、边缘、内部钙化以及与硬膜囊的关系。

3．MRI 表现：本病的特点与骨样骨瘤相似，无钙化骨化病灶，T1WI 为中等信号，T2WI 为高信号。病灶发生钙化骨化后，T1WI、T2WI 均出现低信号区，随着钙化骨化的进展，低信号区的范围可逐渐增大。恶性者边缘模糊，T1WI 信号较良性低。Gd—DTPA 增强扫描，病区中度增强。观察脊髓是否受压优于其他检查。

[诊断要点]

本病根据发病年龄在30岁以下，好发于脊柱、长管骨，一般仅感局部钝痛。影像学表现为膨胀性骨质破坏，厚薄不一的硬化缘和不同程度的钙化和骨化等，一般可确诊。

第三节　常见恶性骨肿瘤

一、骨肉瘤

骨肉瘤又称成骨肉瘤或骨生肉瘤，是最常见的原发性恶性骨肿瘤，居原发恶性骨肿瘤首位。骨肉瘤恶性程度高，发展快，病程0.5～1年，常见肺转移，预后不良。

[病理表现]

骨肉瘤起源于原始的成骨性结缔组织，主要成分为肿瘤性成骨细胞、肿瘤性骨样组织和肿瘤骨，部分骨肉瘤还可见数目不等的肿瘤性软骨组织和纤维肉瘤样结构。肿瘤细胞大小不一，染色质丰富，常见核分裂，较正常的骨母细胞大。大多数骨肉瘤血管丰富，故呈紫红色。成骨型骨肉瘤，肿瘤细胞分化较好，瘤骨显著，质硬如象牙，呈黄色。溶骨型骨肉瘤，分化差，成骨少，肿瘤质软如肉芽，易出血，呈红白相间色。介于两者之间称为混合型骨肉瘤。

[临床表现]

骨肉瘤是最常见的原发性恶性骨肿瘤，占恶性骨肿瘤 44.6%，多见于青少年，15～25 岁者占大多数。男性是女性的 2.3 倍。好发于四肢长骨的干骺端，以股骨远端、胫骨近端及肱骨近端最常见；扁骨中，髂骨好发。一般四肢骨发病青少年多，扁状骨发病者老年多。

病人早期症状为患部疼痛，开始为间歇性，继而呈持续性剧痛，难以忍受，夜间尤甚。骨肉瘤生长快，病程短，局部很快形成梭形肿块，质硬有压痛，皮肤发红、皮温升高，表面静脉曲张，关节活动障碍，晚期出现恶病质、消瘦。实验室检查：血清碱性磷酸酶升高。骨肉瘤最常见肺转移，少见肝、骨和淋巴转移。

[影像学表现]

1．X 线表现

（1）平片：①溶骨性骨破坏：骨肉瘤好发于干骺端，在髓腔内产生不规则的骨破坏，表现为虫蚀状、斑片状，筛条状密度减低区，边界模糊，并逐渐向周围或偏一侧扩展，破坏骨松质和骨皮质，侵占大部分干骺区。②肿瘤骨形成：骨肉瘤成骨在病灶区形成不规则的硬化，表现为絮状、象牙质样和针样密度增高影，并可向周围扩展。③骨膜反应：骨肉瘤侵至骨膜产生多种骨膜反应，呈线状、花边状、垂直状、放射针样等。肿瘤突破侵入软组织，残留端骨膜新骨呈三角形，称 Codman 三角。④软组织肿块：骨肉瘤进一步发展穿破骨膜侵入周围软组织中，形成软组织肿块，表现为患部软组织肿胀影或肿块影，于其中产生不同程度的肿瘤性新骨。⑤骨肉瘤一般不侵犯关节，在骨骺板未愈合前，骨肉瘤为软骨所阻，不侵及骨骺。

X 线分型：分化成熟的骨肉瘤新骨形成明显，骨质破坏较少，为成骨型骨肉瘤，其恶性程度一般较低，生长较缓慢。分化原始的骨肉瘤新骨生长很少，以溶骨破坏为主，为溶骨型骨肉瘤，其恶性程度一般较高，生长较迅速。介于两者之间的为混合型骨肉瘤，占多数（如图 8-3 所示）。

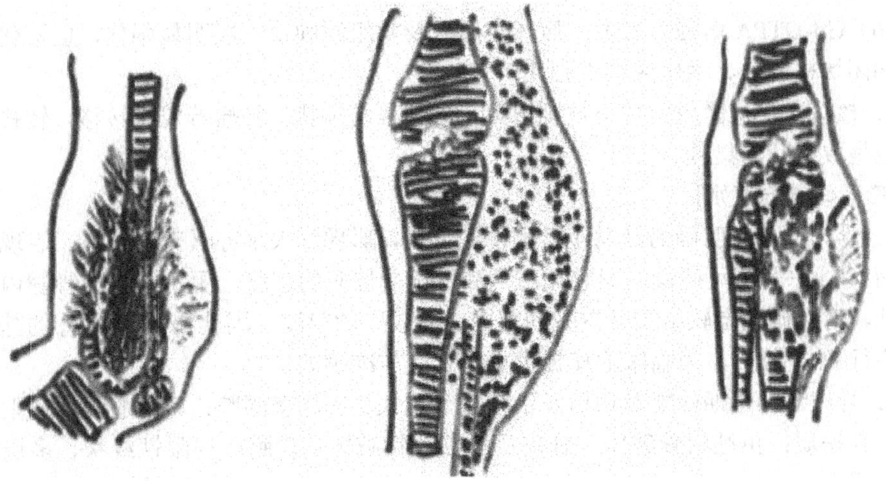

成骨型　　　　溶骨型　　　　混合型

图 8-3　成骨肉瘤分型

（2）血管造影：动脉造影能够诊断一些平片难以确诊的恶性肿瘤，可用于鉴别诊断，骨肉瘤动脉造影一般可以见到：①局部血循环增多，有大量的肿瘤血管，粗细不均，走行不规则，②新生毛细血管网形成，多见于肿瘤或坏死肿瘤的周围，其粗细、排列和走行无规律。③肿瘤湖形成，肿瘤呈斑片状染色。④瘤性动静脉瘘，表现为静脉过早显影，⑤动静脉中断，提示有瘤性栓塞。

2．CT 表现：绝大多数病人 X 线平片基本可以确诊。CT 检查主要用于发现 X 线片难以显示的骨破坏和瘤骨，提供定性诊断的依据，明确髓腔及周围软组织内的浸润范围，确定肿瘤组织的血供情况。

3．MRI 表现：基本上已取代 CT，对肿瘤进行局部分期，可显示肿瘤组织在髓腔内或周围软组织内的浸润范围。其表现如下：

（1）骨质破坏：松质骨区破坏在成骨型骨肉瘤 T1WI 和 T2WI 上均呈低信号，瘤体周边水肿压脂像上呈高信号；溶骨型骨肉瘤在 T1WI 上呈偏低至中等信号，T2WI 上呈中等至偏高信号，压脂像上呈高信号；混合型者 T1WI 和 T2WI 上呈斑块状不均匀信号。骨皮质破坏在长轴观易显示正常骨皮质低信号带不连续、出现高信号及瘤体穿破区，穿破区信号表现和瘤体实质信号相仿。

（2）骨髓腔内转移：T1WI 和压脂像上对病变显示较敏感，T1WI 在正常骨髓质高信号的衬托下病变呈低信号，压脂像上则正好相反。MRI 具有大视野、骨骼不同方向长轴观等优势，故对髓腔内转移（尤其是跳跃性转移）的评价价值颇大。

（3）骨膜反应：轻微的骨膜反应 MRI 不易显示，不及 X 线平片和 CT，反应明显时可显示 Codman 三角。

（4）软组织肿块：肿瘤突破骨皮质侵犯周边软组织而形成软组织肿块，边界一般清晰，软组织信号表现同瘤体，但内部出现出血或液化时信号可杂乱。

（5）骨骺侵犯：对骨骺侵犯 MRI 的敏感性明显高于 X 线平片和 CT，其信号表现同骨皮质侵犯。

（6）Gd-DTPA 增强后表现：瘤体实质区及软组织肿块一般明显强化，但液化区、出血区和团块样骨化、钙化区均不强化。

4．核医学：病区放射性不规则浓集，局部呈纺锤状，肿瘤若发生转移，转移瘤易查出，也呈放射状浓集区。

[影像诊断与鉴别]

1．骨肉瘤具有明确的好发年龄和侵犯部位，影像学表现亦具有特征性。表现典型的骨肉瘤 X 线平片即可确诊，但它无法判断骨髓受侵犯的程度，更不能检出骨髓内的跳跃性子灶，对准确判定软组织受侵犯的范围亦有较大的限度。因此在 X 线平片的基础上宜进一步行 MRI 检查，为临床治疗提供更为直接与准确的信息。

2．骨肉瘤的早期诊断对预后及治疗意义重大。应注意髓腔：絮状瘤骨或局限骨内膜增厚。骨松质：虫蚀状骨破坏。骨皮质：筛孔状破坏。骨膜：局限性线状、多层状、针状骨膜反应。

3．鉴别

骨肉瘤应注意与化脓性骨髓炎鉴别，前者一般无急性发病，病变相对比较局限，无向全骨广泛蔓延的倾向；病区不但可有骨膜增生，且常见数量不等的瘤骨；可穿破骨皮质侵犯软组织，形成软组织肿块，可与后者鉴别。

成骨型需与以下病区别：成骨型转移瘤：红骨髓部位，病灶多发，少见骨皮质受侵及软块；有原发瘤。软骨肉瘤：发病年龄大于骨肉瘤；瘤软骨环状钙化：继发性者可见良性原发瘤。

溶骨型需与以下病区别：巨细胞瘤：发病年龄大，病灶骨端，偏心，骨破坏边界清晰，无骨膜反应。溶骨型转移瘤：红骨髓部位，多发病灶，少有骨膜增生及软组织肿块；有原发瘤。

二、骨旁型骨肉瘤

骨旁型骨肉瘤又称皮质旁骨肉瘤，起源于骨膜或骨皮质附近的成骨性结缔组织，是一种低度恶性或潜在恶性的肿瘤，预后较佳。

[病理表现]

肿瘤大小不一，呈分叶状，附着于骨皮质表面上，早期很少累及骨皮质。肿瘤表面光滑，边缘清晰，常侵及附近软组织。

[临床表现]

本病少见，占骨肿瘤的1%，占骨肉瘤的4%，发病年龄半数在30岁左右。以腘窝部好发，其次为胫骨、肱骨等。局部检查发现圆形或不规则的硬性肿块，质韧，不活动，压痛较轻，全身情况一般良好。

[影像学表现]

1．X线表现

（1）平片：平片好发于长管骨干骺端的一侧，以股骨下端腘窝部最为常见，肿瘤呈圆、半圆或分叶形，借骨性基底与皮质相连。瘤中央致密，边缘清晰。肿瘤与周围软组织界限分明，恶性度高或肿瘤晚期邻近的骨皮质和髓腔可出现破坏，但很少有骨膜反应。

（2）动脉造影：分化较好的肿瘤供血动脉轻度增粗或正常，但有移位变形，分化差的肿瘤造影表现同骨肉瘤。

2．CT 表现：可确定肿瘤的大小、范围、髓腔侵犯及其与周围正常组织的关系。肿瘤的窄蒂或广基与皮质相连，密度多不均匀，基底部高于边缘。早期以软组织密度为主，晚期可出现明显骨质样密度，相邻骨皮质不规则侵蚀、增厚及侵入髓腔。

3．MRI 表现：肿瘤内瘤骨和瘤软骨钙化，T1WI、T2WI 均呈低信号，瘤纤维与邻近肌肉信号相似。显示骨髓受侵犯及肿瘤与血管神经关系较好。

4．核医学表现：肿瘤放射性浓集在骨外，最常见于股骨远端。

[诊断要点]

本病好发于下肢腘窝，起病缓慢，局部可扪及包块，质韧固定，有轻压痛。X 线、CT 影像表现为长骨端一侧性向骨皮质外生长的瘤骨影。

三、软骨肉瘤

软骨肉瘤起源于软骨或成软骨结缔组织，是一种常见恶性骨肿瘤，男性多见，青壮年好发，原发者多在 30 岁以下，继发者多在 40 岁以上。好发于长管骨，股骨下端和胫骨上端约占一半，其次见于肱骨上端及骨盆。

[病理表现]

好发于软骨化骨的骨骼。肿瘤的大小形态与瘤细胞的分化程度密切相关。分化良好者，瘤细胞和正常骺软骨板肥大带的软骨细胞相似，肿瘤切面可见蓝灰色半透明的软骨被钙化或骨化间隔分为大小不等的多面体。肿瘤表面覆以纤维性假包膜，纤维伴随血管伸入瘤内，将肿瘤分隔为大小不等的小叶。软骨肉瘤分中心型和周围型，多数发展慢，病程长，少数发展快，颇似骨肉瘤。又分原发性和继发性（继发于软骨类肿瘤，骨纤维异常增殖症，畸形性骨炎等）

[临床表现]

软骨肉瘤较常见，仅次于骨肉瘤。男比女多 2 倍，原发性 30 岁以下多见，继发性 40 岁以上多见，四肢骨好发于膝附近干骺端，扁骨好发于骨盆。

软骨肉瘤多数发展慢，病程长，症状较骨肉瘤轻，少数发展快，颇似骨肉瘤。一般青少年原发性进展快，症状重，中年患者症状轻，预后较骨肉瘤佳，症状有疼痛、肿块、活动障碍和压迫症状。

[影像学表现]

1. X 线表现

（1）X 线平片主要表现为：①软骨钙化，呈密度不均、边缘模糊的环状致密影，或为絮状、块状致密影，其中环状钙化具有定性诊断价值。②骨质破坏，边界不清。③软组织肿块。

原发性：（1）中央型。①长骨（分化好的骨破坏区有硬化，骨皮质轻度膨胀，可有反应性骨膜增生及骨皮质增厚。分化差者骨破坏区硬化表现不明显，骨膜反应明显）。②扁骨：具有基本 X 线征表现，但常有巨大软块，与骨肉瘤灶连成哑铃状。（2）周围型：①巨大软块内含钙化瘤软骨。②邻近骨皮质破坏或增生硬化。③可有骨膜增生。

继发性：在原有良性病变的基础上出现大量密度不均，边缘模糊的钙化，瘤基底骨破坏，含有不规则钙化的软组织肿块。

（2）血管造影表现：①高度多血，细胞分化差，早期转移，预后差。表现为供血动脉增粗迂曲，瘤血管多，动脉分支被包埋、破坏和阻塞，血湖形成，出现动静脉瘘和早期静脉显影。②中度多血，瘤血管结构与其他恶性肿瘤相似。③轻度多血，有少量瘤血管，动脉可有侵蚀，被包埋和阻塞，提示肿瘤恶性程度低。

2. CT 表现：中心型表现为髓腔、骨破坏区和周围软组织内高低混杂密度灶，其中残留骨和钙化区呈高密度，坏死囊变区为低密度。增强扫描呈不均匀强化，不规则形无强化区多位于肿瘤中心部位，其内可有强化间隔。高分化软骨肉瘤除钙化外，密度趋于一致，强化程度较轻，软组织肿块边界清楚，破坏区边缘较锐利，有时可有硬化缘。

3. MRI 表现：T1WI 像，软骨肉瘤为等或低信号，恶性程度高者信号强度更低；T2WI 像，低度恶性软骨肉瘤含透明软骨而呈均匀一致的高信号，高度恶性肿瘤信号强度不均匀。瘤软骨钙化，T1WI、T2WI 像均呈低信号，软骨帽 T1WI 像呈不均匀低信号，T2WI 像为高低混合信号，表示软骨帽内有钙化存在。注射 Gd—DTPA 后，肿瘤内部中度增强，软组织肿块周边部明显强化。

4．核医学表现：中心型瘤区有缺血坏死时，呈放射性缺损区；无缺血坏死区，呈浓集区或缺损区内斑片状浓集；周围型病例呈放射性浓集区。

[诊断要点]

软骨肉瘤原发性常见于30岁以下，继发者40岁以上多见，好发于长管状骨。影像学表现干骺端髓腔内圆形、不规则形破坏区，边缘模糊，内有点状钙化或骨化，骨皮质变薄、破坏形成软组织肿块，周围型多继发于骨软骨瘤，一般据此可确诊。

四、尤文氏瘤

尤文氏瘤起源于骨髓间质性结缔组织，又名未分化网状细胞肉瘤，发病年龄多在10～20岁之间，好发于下肢长骨，半数以上在骨干，也可发生于干骺端，亦可在扁骨中发生，并有转移至其他骨的特点。

[病理表现]

肿瘤组织常被纤维组织分隔，灰白或褐色，不规则结节，质地柔软。光镜下瘤细胞呈圆形或多角形，呈巢状。中心坏死呈假菊团。

[临床表现]

较少见，占恶性骨肿瘤4%，男女发病率相似。青少年多为长骨病变，20岁以上扁骨多见。长骨多在股、胫、肱骨的骨干；扁骨多见于髂、肋等骨。症状似骨髓炎，但触之较硬。早期发生骨、肺等转移。肿瘤对放疗敏感。

[影像学表现]

X线表现

1．尤文瘤表现多样，较典型的在长骨骨干髓腔虫蚀状、斑片状骨质破坏，骨皮质筛孔状、花边状缺损破坏，其范围往往占病骨的1/3～1/2长度；骨膜反应明显呈分层状或（和）针状；早期出现软组织肿块。

2．位于骨盆的尤文瘤多见于髂骨，肿瘤呈卵圆形或球状，均匀或斑点状溶骨破坏区，肿瘤内可有骨质硬化，软组织肿块。

[影像诊断与鉴别]

1．急性骨髓炎：病史短，骨破坏与增生平行存在，常有死骨，放疗无效。

2．应力性骨折：无骨破坏，但隐约见骨折线，骨膜增生，边光整。

五、多发性骨髓瘤

多发性骨髓瘤是浆细胞异常增生的恶性肿瘤，又称浆细胞骨髓瘤。其特征是单克隆浆细胞恶性增殖并分泌大量单克隆免疫球蛋白。恶性浆细胞无节制地增生、广泛浸润和大量单克隆免疫球蛋白的出现及沉积，正常多克隆浆细胞增生和多克隆免疫球蛋白分泌受到抑制，从而引起广泛骨质破坏、反复感染、贫血、高钙血症、高黏滞综合征、肾功能不全等一系列临床表现。

[临床表现]

1．发病：占恶性骨肿瘤6%，多见于40岁以上，男多于女，好发于红骨髓存在部位，骨盆、肋骨、颅骨及胸腰椎等。

2．症状及体征

（1）骨骼以骨痛为早期的主要症状之一，并随着病情进展而加重。疼痛部位以腰背部及胸部为多见。发生病理性骨折和脊椎椎体压缩常见，可导致脊髓受压迫和截瘫。局部可有肿块出现。

（2）泌尿系统：慢性肾功衰竭为主。

（3）其他表现：发烧及反复感染等。

3．化验：血沉，血钙、尿酸高。尿本周蛋白阳性。骨髓浆细胞增高（可疑>3%，确诊>10%）。

[影像学表现]

1．X线表现

①典型表现：骨盆、肋骨、颅骨及胸腰椎等处出现溶骨性破坏，呈凿孔样、虫蚀状或小囊状密度减低。肿瘤生长快者，骨破坏边缘模糊，可见软组织肿块；反之，边界清楚，有膨胀。

②骨质疏松以脊柱及骨盆为多见。

③病理性骨折常发生在肋骨、脊柱等处。

④骨质硬化少见。可有四种形态：单纯性、硬化环、放射骨针、弥漫性。

2．CT表现

约占10%，骨皮质未受侵或病灶太小，X线常规摄片阴性，因CT、ECT等往往可以发现病变。

[影像诊断与鉴别]

1．骨质疏松症：老年性，颅骨无改变，无进行性加重，化验正常。无尿本周蛋白。

2．骨转移瘤：骨破坏边缘常模糊，一般破坏区无膨胀且周围骨质正常，椎弓根常破坏，常不伴软组织肿块。

第四节　转移性骨肿瘤

骨组织以外组织、器官的恶性肿瘤转移到骨内。40～50岁以上的患者，如病变呈恶性骨肿瘤表现，应多考虑转移瘤。

转移途径：

1．直接侵犯：邻近骨骼的鼻咽癌、鼻窦癌、脊索瘤、肺上沟癌等直接侵犯骨骼。

2．血行转移：（1）腔静脉型（先肺后骨）。（2）门静脉型（先肝、肺后骨）。（3）肺静脉型（首先至骨）。（4）脊椎静脉型（常见，无静脉瓣之故）。（5）选择性转移（骨髓型、淋巴型、网状内皮系统型）。

[病理表现]

转移性骨肿瘤主要是经血流从远处骨外原发肿瘤如癌、肉瘤转移而来。常见原发肿瘤有肺癌、乳腺癌、肾癌、前列腺癌、宫颈癌、消化道癌、肝癌等。原发恶性骨肿瘤很少向骨转移，但尤文肉瘤、骨肉瘤和骨恶性淋巴瘤例外。

骨转移癌可分为溶骨性、成骨性和混合性，以溶骨性最多见。转移瘤的肉眼所见无显著的特异性，瘤结节多见于髓内，可引起溶骨性破坏，有的可伴有反应性骨质增生。切面见瘤组织多呈灰白色，常伴出血、坏死。镜下转移瘤的形态结构，一般与其原发瘤相同。

[临床表现]

转移性骨肿瘤常发生在中年以后，转移瘤最常见于骨盆、脊柱、肋骨及股骨上段，其次为肩胛骨、颅骨和肱骨，而膝关节和肘关节以下骨骼很少被累及。转移瘤常多发，主要临床表现为进行性骨痛、病理性骨折和截瘫。转移瘤引起广泛性骨质破坏时，血清碱性磷酸酶可增高，这有助于同多发性骨髓瘤鉴别，后者正常。化验：（1）红细胞减少。（2）血清蛋白高，白球倒置。（3）血钙血磷高。（4）磷酸酶增高（成骨性呈碱性高，前列腺癌是酸性高）。

[影像学表现]

1．X线表现

转移灶常多发（3/4），偶单发（1/4），常见于红骨髓存在部位如脊椎、骨盆和长骨近侧等。其分型表现如下：

溶骨型转移瘤多见，常发生在长骨的骨干或邻近的干骺端，表现为骨松质中多发或单发小的虫蚀状骨质破坏。病变发展，破坏融合扩大，形成大片溶骨性骨质破坏区，骨皮质也被破坏，但一般无骨膜增生，无软组织肿块，常并发病理性骨折。肾癌的长骨转移，破坏区较完整，有时有轻度膨胀现象，是其特征。发生在脊椎则见椎体的广泛性破坏，因承重椎体受压变扁，但椎间隙保持完整，常有椎弓根破坏。

成骨型转移瘤少见，常来自前列腺癌、乳腺癌、鼻咽癌等的转移。转移多出现在骨盆及腰椎松质骨内，一般多发，呈结节状、斑片状、弥漫状致密影，密度较均匀，但边界不很清楚，骨皮质多完整，椎体不压缩、变扁。

混合型转移瘤，则兼有溶骨型和成骨型的骨质改变（如图 8-4 所示）。

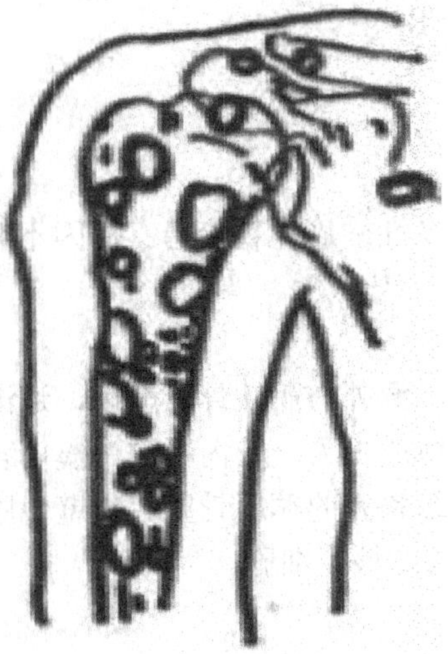

虫蚀状、斑片状溶骨破坏

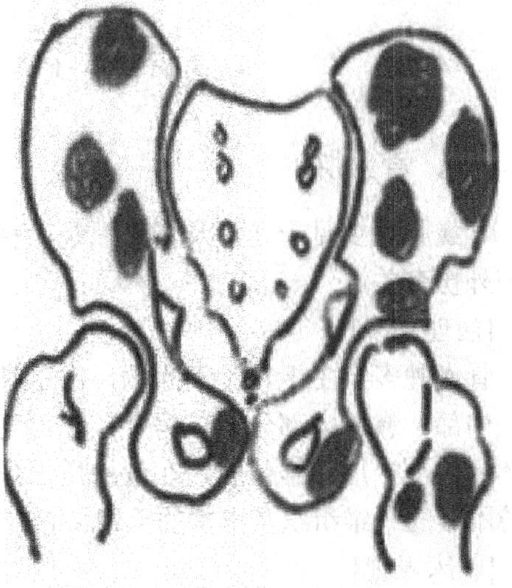

斑片状、结节状骨密度增高影

图 8-4

2. CT 检查：CT 显示骨转移瘤远较 X 线平片敏感，还能清楚显示骨外局部软组织肿块的范围、大小以及与邻近脏器的关系。溶骨型转移表现为松质骨或（和）皮质骨的低密度缺损区，边缘较清楚，无硬化，常伴有不太大的软组织肿块。成骨型转移为松质骨内斑点状、片状、棉团状或结节状边缘模糊的高密度影，一般无软组织肿块，少有骨膜反应。混合型则兼有上述两型表现。

3. MRI 检查：MRI 对含脂肪的骨髓组织中的肿瘤组织及其周围水肿非常敏感，因此能检出 X 线平片、CT 甚至核素骨显像不易发现的转移灶，能发现尚未引起明显骨质破坏的骨转移瘤，能明确转移瘤的数目、大小、分布和邻近组织是否受累，为临床及时诊断和评估预后提供可靠的信息。大多数骨转移瘤在 T1WI 上呈低信号，在高信号的骨髓组织的衬托下显示非常清楚；在 T2WI 上呈程度不同的高信号，脂肪抑制序列可以清楚显示。

[诊断与鉴别诊断]

转移性骨肿瘤以其高龄发病、多发、侵犯长骨时少见骨膜增生及软组织肿块形成，较少侵犯膝关节与肘关节以下的骨骼等特点，可与原发性骨肿瘤鉴别。个别不典型的病变或转移瘤的早期 X 线尚未能显示病征时，应行 MRI 或核素显像检查以确诊，与脊椎炎症、外伤鉴别（如表 8-4 所示）。

表 8-4　脊椎外伤、炎症、肿瘤鉴别

	压缩骨折	椎体结核	椎体肿瘤
外伤史	有	一般无	一般无
骨质改变	骨质不连续， 骨折碎片等。	椎体骨质破坏为主 椎弓附件破坏少	椎体骨质破坏 椎弓根常破坏
椎间隙	一般不窄	变窄	一般不窄
椎旁软组织	一般无异常	寒性脓肿	软组织肿块

第五节　肿瘤样病变

一、骨囊肿

骨囊肿主要见于儿童及青年，是一种发展很慢的良性肿瘤样骨疾患。病因不明，可能与外伤有关。

[病理表现]

骨囊肿多发生于长骨干骺端，由于长骨纵向生长，囊肿与骺软骨板渐远，逐渐移至骨干中部。囊肿大部分为单房性，亦可为多房性。大体所见为一骨内囊腔。囊内含棕色液体，外被一层纤维包膜，在骨松质内包膜周围为边缘整齐的薄层骨壁。囊壁包膜可见厚薄不一的纤维组织及丰富的毛细血管，还可见散在的多核巨细胞。

[临床表现]

骨囊肿好发于青少年，多发生于长骨干骺端，尤以股骨及肱骨上端更为多见。一般无症状，多因发生病理性骨折而被发现。

[影像学表现]

1. X 线表现

（1）单房性囊肿呈一个圆形或卵圆形界限清晰、密度均匀的透亮区，其中无骨间隔。多房性者其中则可见大的分房状现象，骨间隔大部分与长骨纵轴垂直。

（2）病变以沿骨长轴发展为主，常有轻度膨胀。膨胀使骨皮质变薄，但不致破裂，亦无骨膜反应。

（3）骨囊肿常引起病理骨折，骨折后有时可见骨片陷落于囊肿内。小的囊肿可因骨折后形成骨痂而自行消失，大的囊肿可能缩小，也可能增大。

2. CT 检查：骨囊肿 CT 表现为圆形或卵圆形骨质缺损区，边界清楚，与正常骨小梁交界处无骨质增生硬化。受累区骨皮质轻度膨胀变薄，周围软组织无改变。囊肿内呈均匀一致的水样密度，若囊内有出血则 CT 值可较高，增强扫描装内无强化。

3. MRI 检查：骨囊肿位于干骺端或骨干，其长轴与骨干长轴平行。囊肿边界光滑，囊内容物的信号通常与水的信号一致，即 T1WI 上为低信号，而 T2WI 上为明显的高信号。若病理骨折合并囊内出血则可见液-液平面。

[诊断与鉴别诊断]

骨囊肿应与骨巨细胞瘤鉴别，前者发病年龄较轻，一般无临床症状，有较明确的好发部位，病变侵犯干骺端都与骨巨细胞瘤不同。

1. 单骨性骨纤维异常增殖症：病变范围较广泛，不一定中心生长，膨胀不均匀，内可见不规则骨化或钙化，密度较高或磨玻璃样。

2. 动脉瘤样骨囊肿：病变多呈偏心性生长，膨胀明显，透明度更低，有时囊内有钙化或骨化。

二、动脉瘤样骨囊肿

一般认为是血液动力学障碍所致。分原发性和继发性（常继发于骨巨细胞瘤，软骨黏液样纤维瘤等）。

[病理表现]

溶骨期：静脉受阻，骨内压增高，邻骨吸收。膨胀期：囊内压更高，骨缺损更大，穿破骨皮质并掀起骨膜。稳定期：囊内压稳定，血腔被纤维分隔，相互沟通。愈合期：囊内钙骨化，囊壁增厚，形成致密骨块。

[临床表现]

发病不少见。20～30 岁以下多见；男与女相似。长骨最多（75%），次为扁骨、不规则骨；长骨好发于干骺端（90%）。

症状及体征：局部疼痛、运动障碍，胸椎受侵可致腰痛或下肢萎缩。手术复发率 21%。放疗复发率 8%，但可恶变。

[影像学表现]

1. X 线表现

（1）骨干者均为偏心型，较典型的膨胀性分房骨破坏，骨干旁有单房或皂泡状、囊状影，长轴与骨纵轴一致。囊内分隔粗细不一，囊外壁为骨膜形成的薄骨壳，内壁有骨硬化。

（2）干骺者中心多偏心少，呈透过度，显著膨胀的囊状骨破坏区，壁周有骨硬化，多囊内有粗细不一的骨隔。

（3）发生于脊椎、跟骨等部位者有类似表现。

血管造影示输入动脉粗，囊内斑片影，囊周血管不多。有时静脉早显，造影剂滞留。

2．CT 表现：可以显示液-液平面；明显强化。

3．MRI 表现：不同时期的血液信号；明显强化。

三、骨纤维异常增殖症

骨纤维异常增殖症又称骨纤维结构不良，可能与胚胎原始间充质发育异常有关，正常骨组织被异常增生的纤维组织代替。分型：（1）单骨型。（2）多骨型。（3）Albright 综合症（单多骨病变合并皮肤色素沉着、性早熟等内分泌紊乱表现）。

[病因病理]

组织学检查可见病灶主要为成熟程度不同的纤维组织和新生的骨组织所组成。肉眼观：病变为灰红或粉红纤维组织，质较坚实，内有骨样组织、出血和囊变区。光镜下：生长活跃的纤维组织内有骨样和软骨组织，易见出血和囊变。

并发症：（1）骨骼畸形和病理骨折：骨性狮面，弯曲畸形等。病理骨折骨痂少。（2）恶变：2%～4%。多变成骨肉瘤。恶性表现：边界不清，骨膜增生和软块。

[临床表现]

发病：男多于女。多骨型女性多，5～20 岁高发，病程平均 6 年。全身性者婴儿期即发病。

病灶多发生于四肢长骨，尤以股骨和胫骨为多见，其次为肋骨、颅面骨、骨盆和手、足小骨，而脊柱较为少见。

单骨型多无症状。多骨型有钝痛、畸形、功能障碍和压迫失明或神经麻痹。Albright 综合征常单侧多骨发病伴有头、背、腰、臀、大腿皮肤褐色斑，呈片状；还可有性早熟，脑垂体、甲状腺，肾上腺功能亢进等。化验：病变广泛者碱性磷酶增高。

[影像学表现]

X 线表现

病变分布：（1）单骨型：病灶好发于四肢。（2）多骨型病灶四肢躯干均可发生，但躯干多，有一侧发病倾向。（3）颅面骨病灶以面骨多；四肢以干骺和近侧骨干多。

病变形态：病灶位于髓腔向骨外突出。

病变结构：（1）四肢骨常是囊状膨胀，磨玻璃样，丝瓜络样虫蚀状和硬化性病变出现，单独出现少。（2）颅面骨常出现，囊状膨胀，磨玻璃样和硬化性病变，有时只单独出现硬化性病变。

病灶的密度：常有差异，取决于病理成分，病灶如主要为纤维组织常表现为囊状透光区；如主要为砂砾样钙化新生骨者常呈磨砂玻璃状；如新生骨钙化较多时则表现为一片明显的增白区。

每一病灶可以上述表现按不同比例组合出现。

位于长、短管状骨和肋骨的病灶多发生于骨干或骨骺端，病骨膨胀而变粗大，常呈单房透明或磨砂玻璃状，范围较大，其中可有致密骨嵴沿骨长轴方向走行向内凸出，使病灶呈不完全的分房状如“丝瓜囊”。有时在病灶内可见或大或小的片状钙化影。

位于颅底骨和面骨的病灶以硬化型多见，表现为骨密度均匀增高，骨质增厚，与正常骨分界可清楚不清。

CT 表现

膨胀性单囊或多囊的溶骨性病变。病变内部密度不均匀，可见小梁结构，部分病变表现为磨玻璃样；周围可见高密度硬化带；可突破骨皮质形成软组织肿块。

MRI 表现

T1WI 表现不一，部分表现为低信号，部分表现为中等程度偏高信号。T2WI 为偏高信号（增加的）。

[影像诊断与鉴别]

1. 甲状旁腺机能亢进：应与囊状膨胀性病变区别。本症有骨质疏松，骨膜下骨吸收。化验血钙高，血磷低。

2. 骨巨细胞瘤：病变好发于骨端，关节面下，偏心，病变周围无硬化，病变常单发。多发骨纤维异常增殖症应与内生软骨瘤病和神经纤维瘤病鉴别（增加的）。

第六节　软组织肿瘤和肿瘤样病变

与骨肿瘤相比，X 线平片检查对软组织肿瘤和瘤样病变的诊断价值不大。虽平片有可能发现软组织肿胀或肿块，但难于了解肿瘤的确切位置和性质，对深部的或较小的肿瘤则难于发现。因此，平片阴性并不能否定软组织肿瘤的诊断。

CT 在多数情况下能较好地显示软组织的解剖结构和软组织肿瘤，CT 还可辨认出脂肪、出血和钙化等对肿瘤定性也很有帮助。但是在软组织器官间缺乏脂肪组织的情况下（患者消瘦或在四肢远端等部位），或有伪影存在时，CT 对软组织肿瘤的定位和定性诊断仍存有一定的困难。

由于 MRI 在不同的软组织间有良好的对比度和具有多平面成像的能力，已成为软组织肿瘤影像学检查的首选方法。

一般而言，良性软组织肿瘤生长比较缓慢，边界清楚锐利，密度或信号均匀。而恶性肿瘤生长较快，多数肿瘤体积较大，且因其浸润性生长而边界不清楚或呈不规则的边缘；由于其内多有坏死或出血而使其信号或密度不均匀；多发性的小斑片状钙化较多见于恶性肿瘤。少数软组织肿瘤可侵犯邻近骨。良性肿瘤可引起邻近骨的压迫性缺损，其边缘光整甚至可见硬化边，而恶性肿瘤常引起邻近骨的破坏。恶性肿瘤常引起周围软组织的水肿，组织增厚，边缘模糊，在 MRI 上呈 T1WI 低信号、T2WI 高信号影。如果综合考虑上述征象并结合临床，对软组织肿瘤良、恶性的判定是很有帮助的。

由于大多数软组织良、恶性肿瘤的密度或信号强度都基本相似，即在 CT 上表现为中等密度，而在 MRI 上表现为 T1WI 低信号、T2WI 高信号。不同组织来源的肿瘤的密度或信号强度可以相似，而同一组织来源的肿瘤其密度或信号强度在不同的病例又可有不同，因此，在多数情况下仅凭肿块的密度或信号强度是不能确定肿瘤的组织来源和良、恶性的。少数良性肿瘤具有一定的形态、密度和信号特点，我们可据此作出正确的诊断。如软组织内囊肿多见于关节附近，其边缘锐利，密度或信号均匀，其 MRI 信号特点与水相似，注射对比剂后囊内无强化。脂肪瘤是最常见的软组织良性肿瘤，由成熟的脂肪组织形成，其密度与皮下脂肪相似，其 MRI 信号特点也与皮下脂肪相同，因而诊断不难。但是分化好的脂肪母细胞型脂肪肉瘤其密度和信号特点可与脂肪瘤相似，鉴别存在一定困难。血管瘤也是常见的软组织良性肿瘤之一，在 T1WI 上其信号略高于肌肉，而在 T2WI 上呈明显的高信号，边缘多不规则，肿瘤内常见脂肪、纤维索条影和扭曲扩张的血管，如在 CT 上见到静脉石影即可明确诊断。

滑膜软骨瘤病

滑膜软骨瘤病是一种少见的良性关节病，是由滑膜增生和滑膜内结缔组织向软骨和骨组织化生的一种疾病，病因不明，多数认为与创伤和感染有关。以滑膜上形成软骨结节为特征，这些软骨小体多呈砂粒状，多时可达数十个，可带蒂生长，向关节腔内突出，亦可脱落进入关节腔内，成为游离体，受关节滑液滋养而逐渐长大，后期软骨结节可发生钙化或骨化，所以也称滑膜骨软骨瘤病。

[病理表现]

肉眼观，滑膜内出现软骨性结节，呈灰白色半透明小体，软骨小体剖面中心常为骨组织，其外为软骨，再外为纤维结缔组织。其大小、数量、形态差异很大，可小如针尖，大至数厘米，少则单颗，多则百余颗，形态呈圆形和椭圆形、不规则形，也可带蒂，表面光整。组织学上，瘤体可钙化或骨化，软骨细胞数目量多，体积大，具有多形性体积较大的胞核，细胞表现有异型性，但是本病为良性的非侵袭性疾病。偶见滑膜软骨瘤病恶变为软骨肉瘤。一般病变关节骨端骨质正常，但因游离体压迫或刺激可引起退性行骨关节病。

[临床表现]

此病好发于膝关节，其次是髋、肘、肩、腕等，多为单侧发病，常于 30～60 岁发病。男多于女。其主要症状如下：

1．膝关节内疼痛，活动时加重，有时可使病人跌倒。反复出现膝关节突然锁住，不能伸直和屈曲。稍活动膝关节后，常出现弹响，随后症状消失。发作后，关节可肿胀、积液。

2．每次发作时疼痛部位常不相同，病人常能发现时隐时现之关节鼠，可为单一个，亦可为数个。有时在膝关节表浅处可摸及关节鼠。

3．膝关节活动可受限。可出现股四头肌萎缩。病程长者，可出现骨性关节炎。

[影像学表现]

1．X 线表现　滑膜软骨瘤病位于关节囊或其邻近的滑液囊内，大小不一，数目不定，多为圆形或椭圆形，典型 X 线表现显示中心部密度较淡，而中间部围绕着致密环，前者代表着中心的松骨质，后者则系软骨基质钙化层的投影。骨软骨体可能对临近骨造成压迫性骨吸收破坏，除非并发退行性骨关节病，否则关节间隙正常。

2. CT 表现　CT 可以弥补 X 线片的不足，对于显示没有钙化的软骨小体、关节囊肿胀、关节积液及微小的骨破坏均较 X 线敏感。

3. MRI 表现　MRI 可清楚显示软骨小体的大小和范围及其向临近骨质和软组织侵犯的情况。软骨小体在 T1WI 呈低信号强度，T2WI 可见其信号不均，钙化部分呈低信号，而未钙化部分呈中等或高信号强度改变。MRI 可见关节积液和关节软骨的侵蚀。

[鉴别诊断]

1. 色素沉着绒毛结节性滑膜炎　常呈结节或分叶状肿块征象，广泛关节内滑膜受累，丰富含铁血黄素沉着，常合并关节积液，但无钙化和骨化。

2. 退性行骨关节病　骨关节退性行变显著，关节间隙变窄，骨端增生硬化，但游离体数目少，且形态多样，周边不致密增白。

（汪文章　李渝苏）

第九章　骨发育代谢障碍性骨病

骨从出生到老年，骨质的形成（成骨）和吸收（破骨）以及矿物质的沉积和去除都是有规律地进行着。自出生到成年，骨的发育与生长占优势。成年后骨的形成与吸收保持平衡。到老年则成骨作用缓慢，而破骨作用照常进行，以致引起老年性骨质疏松。骨的发育、生长和矿物质代谢的正常进行，主要由适当的营养和正常内分泌腺功能的调节所保证。营养不足、维生素缺乏和内分泌腺功能障碍均可能引起全身性骨改变，在不同的发育、生长时期产生不同的表现。

第一节　骨质疏松症

一、定义

骨质疏松症是一种以低骨量和骨组织微结构破坏为特征，导致骨质脆性增加和易于骨折的全身性骨病。

无论是男性或女性一般在30～35岁达到一生中所获得的最高骨量，称为峰值骨量，此后会逐渐减少，正常的骨量减少称为骨质缺乏，由于多种原因造成骨量加速丢失的为骨质疏松。骨质疏松的发生与性别、年龄、营养、遗传、内分泌、生活方式、物理因素、免疫、疾病状态、药物治疗等因素有关，常见于绝经后妇女和老年人。随着我国老年人口的增加骨质疏松症发病率处于上升趋势。

二、分类

1．骨质疏松可分为原发性和继发性两类。原发性骨质疏松系指原因不明的质疏松；继发性骨质疏松则是由于各种全身性或内分泌代谢性疾病引起的骨组织量减少。

（1）原发性骨质疏松症主要是由于绝经后和年龄增加而引起骨组织的退行性变化，主要分为：

Ⅰ型：绝经后骨质疏松症，Ⅱ型：老年性骨质疏松症。也包括一些儿童和青少年原因不明的特发性骨质疏松（如表9-1所示）。

（2）继发性骨质疏松症，主要由某些疾病或某些诱因（如药物）而引起的骨质疏松症，有以下三种原因：①缺乏适当的活动及刺激，造成骨功能降低，如废用或固定；②由于过多的皮质激素抑制造成，如柯兴（Cushing）氏综合症，长期服用皮质激素类药物者；③缺乏原料，蛋白质不足，如营养、维生素C、糖尿病、胃肠病、甲状腺机能亢进、钙不足等。

表 9-1 Ⅰ型与Ⅱ型骨质疏松症的特点

项目	Ⅰ型	Ⅱ型
年龄（岁）	50～70	>70
性别比（女：男）	6：1	2：1
骨丢失的类型	主要丢失骨小梁	骨小梁和骨皮质
骨丢失率	加速性	匀速性
骨折部位	脊椎（压缩性）、桡骨远端	脊椎（多发性）、髋部
甲状旁腺功能	降低	增加
肠钙吸收	减少	减少
1，25（OH）2D3	继发性降低	原发性降低
主要原因	雌激素缺乏 + 衰老	衰老

3．按发生部位可分为局限性或广泛性骨质疏松

（1）广泛性骨质疏松：老年、绝经后妇女，营养不良与代谢障碍，内分泌疾患（甲状旁腺、肾上腺、脑下垂体）。

（2）局限性骨质疏松：废用性、骨折后感染、恶性肿瘤等。

三、骨质疏松症的危害

骨质疏松的严重后果是引起骨质疏松性骨折（脆性骨折），此类骨折多见于髋部骨折、脊椎骨折、Colles 骨折等。骨质疏松性骨折危害大，导致病残率、死亡率的增加，住院和医疗保健费用高，患者生活质量下降。

[病理表现]

骨质疏松的病理变化是骨量减少，同时累及骨皮质和骨松质。骨皮质变薄、哈氏管扩大，有空骨陷窝等。骨松质的骨小梁变细、数量减少，发生断裂。骨量和骨组织微结构破坏，导致骨强度降低，骨质变脆易骨折（如图 9-1 所示）。

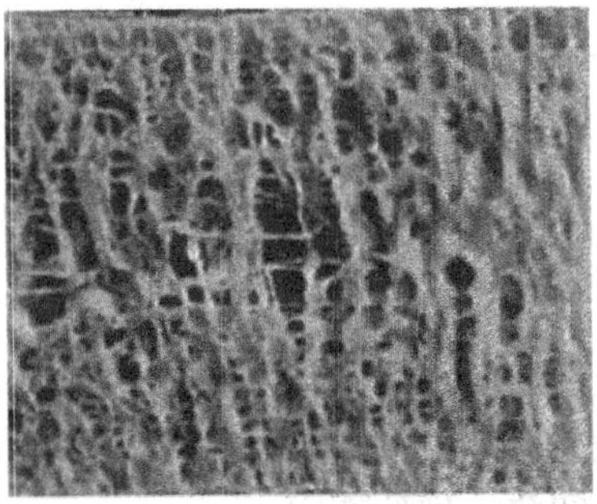

正常骨质

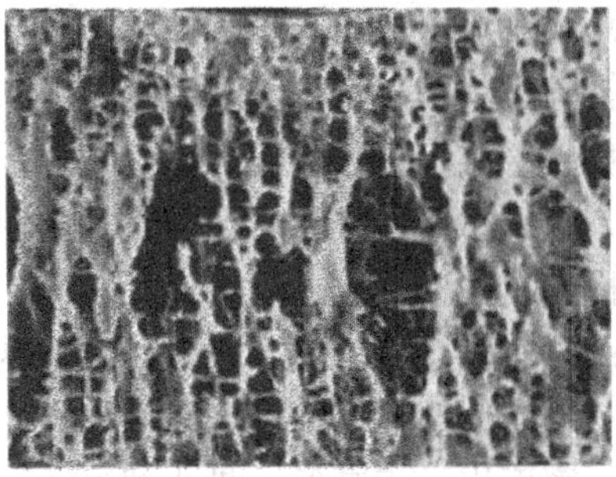

骨质疏松

图 9-1 骨质疏松

[临床表现]

骨质疏松早期并无明显症状及体征。早期发现骨质疏松依靠骨密度检查。

骨质疏松症主要症状有疼痛、脊柱变形和骨折。腰、胸、腿自发性骨痛，胸腰椎等多发性骨折，严重者出现驼背，身高短缩等畸形，另可伴有相应疾患的症状。

[影像学表现]

骨密度（BMD）或骨矿含量（BMC）的影像学测定是诊断骨质疏松的重要手段。其目的是预测骨折的危险度，以便早期采取预防措施，防止骨折的发生。

1. X线检查　X线平片检查目前仍为一种较易普及的检查骨质疏松症的方法。该方法只能定性，而且一般在骨量丢失达 30%～50%时，X 线才能见阳性表现，故不利于早期诊断。

骨质疏松在 X 线片上，其基本改变是骨密度降低，骨小梁数目减少、变细，骨皮质变薄。严重的骨质疏松脊椎体骨小梁呈栅栏状改变，椎体可出现双凹变形、楔形改变（椎体压缩性骨折），椎间隙增宽。

应用 X 线片测量骨量的常用方法如下：

（1）腰椎评分法

投照位置：腰椎侧位。

测量方法：测量第三腰椎椎体中央高度 AB 及椎体前缘高度 CD，并按下列公式计算（如图 9-2 所示）。腰椎评分=AB/CD×100

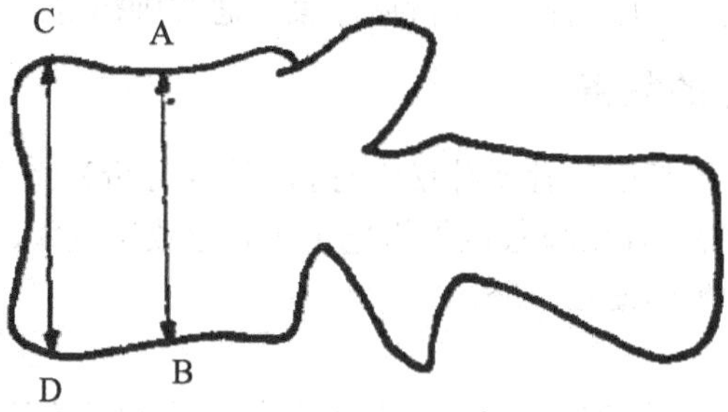

图 9-2　腰椎评分法

正常范围：大于 80 分

临床意义：小于 80 分时可作为骨质疏松的诊断依据。

（2）椎体分度法

投照位置：腰椎侧位

测量方法：目测各椎体骨小梁的密度

分度标准：0 度：无异常。

Ⅰ度：只有骨小梁变细余正常，此期为可疑型。

Ⅱ度：骨小梁明显变细，椎体条纹密度减低，以终板最为明显。

Ⅲ度：密度进一步减低，骨小梁减少，终板凹陷，椎体变宽。

Ⅳ度：严重脱钙，多个椎间盘气球样变及多个椎体塌陷。

临床意义：为非定量测量法，被测者之间存在个体差异。在尚无更好的测量方法时，此法可作为评价骨质疏松严重程度的方法之一。

（3）股骨上端骨小梁分级法

投照位置：双髋关节伸直并轻度内旋正位。

测量方法：目测股骨上端五组骨小梁密度（如图 9-3 所示）。

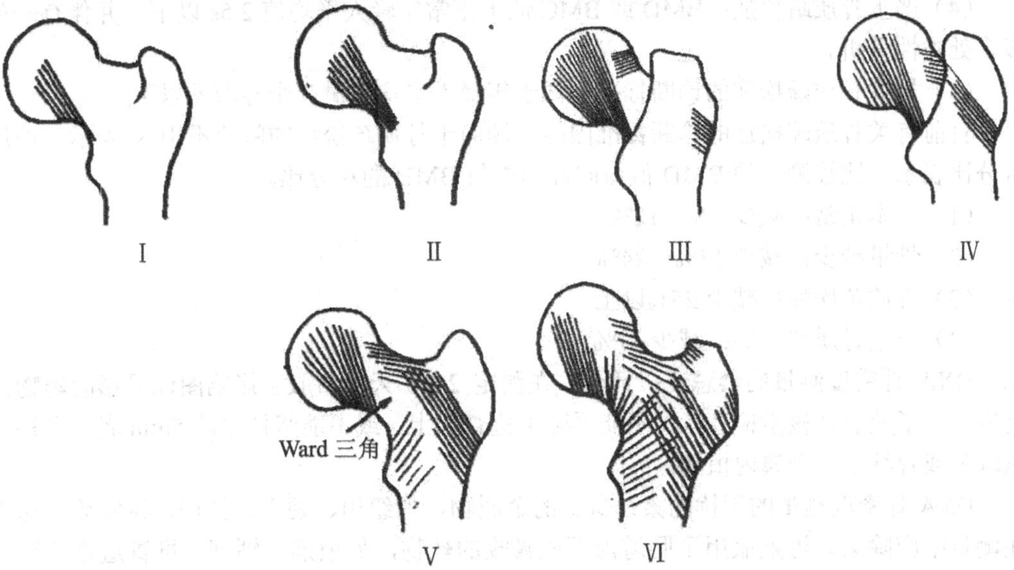

图 9-3　股骨上端骨小梁分级法

Ⅰ级：只有见到主要的压力骨小梁。

Ⅱ级：清楚地见到压力骨小梁，其他均消失。

Ⅲ级：大转子部的张力骨小梁完全消失。

Ⅳ级：张力骨小梁数目明显减少，其他正常。

Ⅴ级：张力和压力骨小梁接近正常，Ward 三角清晰可见。

Ⅵ级：各组骨小梁均正常。

正常范围：各组骨小梁均显示正常状态。

临床意义：股骨上端骨小梁 X 线所见与病理组织学变化基本一致，故本方法被广泛采用。Ⅵ级正常，Ⅴ级、Ⅳ级可疑，Ⅰ～Ⅲ级可诊断为骨质疏松症。

2．定量超声测定法（QUS）：

预测骨折风险性类似于 DXA；经济、方便，可用于筛查，无辐射性，适用于孕妇和儿童。

缺点：准确性不如 DXA。

测定部位：跟骨。

3．双能 X 线吸收法（DEXA 或 DXA）

目前为骨密度测定的金标准。

测定部位：腰椎、股骨近端、前臂远端。

诊断标准：1994 年世界卫生组织“成人女性骨质疏松症的诊断标准”。

（1）正常：前臂远端、脊椎、髋骨骨密度（BMD）或骨矿含量（BMC）低于正常年轻成人平均值 1 个标准差（s）以内为正常。

（2）骨量减少：BMD 或 BMC 值低于正常年轻人平均值 1～2.5s 范围内。

（3）骨质疏松症：BMD 或 BMC 低于正常年轻人平均值 2.5s 或以下。

（4）严重骨质疏松症：BMD 或 BMC 低于正常年轻人平均值 2.5s 以下，并伴有一处或多处脆性骨折。

（5）男性骨质疏松症的诊断标准为低于年轻人平均骨量 3 个标准差以下。

目前有关骨质疏松症的诊断标准国际上倾向于骨质疏松症的阈值不用 s 表示，而用百分比表示，比较测定的 BMD 值与同性别峰值 BMD 的百分比。

（1）基本正常：减少 1%～12%

（2）骨量减少：减少 13%～24%

（3）骨质疏松症：减少 25%以上

（4）严重骨质疏松症：减少 37%

DXA 骨密度测量的禁忌证：怀孕；在测定 2～6 天内口服了影响图像显影的药物；近期进行了放射性核素检查者；不能平卧于检查床上，或不能坚持平卧 5min 者；脊柱严重畸形或脊柱上有金属内植物。

DXA 骨密度测量的干扰因素：身上的金属物，如纽扣、硬币、挂钩、拉锁等，这些在测量中应除去。近期服用了肠道内不能吸收的药物，如钡剂、钙剂、椎管造影剂等。一般食物不影响测量，但最好在餐后 2～4h 后进行测量。

[鉴别诊断]

骨质疏松症应与多发性骨髓瘤、成骨不全、骨肿瘤等所致的继发性骨量减少鉴别。

多发性骨髓瘤的典型 X 线表现是周边清晰的局限性脱钙灶，部分患者为弥漫性脱钙，其生化改变为血钙升高或正常，血磷变化不定，ALP 正常，尿本周蛋白阳性，血浆出现 M 球蛋白等。

成骨不全时由于成骨细胞产生的骨基质减少，X 线上表现的骨质疏松与多次骨折固定有关，骨皮质薄而毛糙，骨质有囊性变，常伴有蓝色巩膜和耳聋等先天性畸形。

老年人骨质疏松应警惕骨转移性肿瘤之可能，临床上有原发肿瘤表现，患者血钙和尿钙升高，常伴尿路结石，X 线上骨皮质多有侵蚀，甚至可发现转移性病灶。

第二节　维生素 D 缺乏性佝偻病

佝偻病是婴幼儿维生素 D 不足引起钙磷代谢障碍，使骨生长中的骨样组织缺乏钙盐沉积所致，是全身性骨疾病。骨质变化主要在生长活跃的骺和干骺端。由于骨样组织钙化不足而发生骨化异常、骨质软化和变形。

[病理表现]

维生素 D 缺乏主要是食物中缺少维生素 D，或缺少日光照射致使皮下胆固醇不能转变为维生素 D。6 个月内的婴儿由于从母体得到维生素 D，少得此症。成人的维生素 D 缺乏，则引起骨质软化病。

佝偻病的一般病理改变是全身骨骼由于软骨基质钙化不足和骨样组织不能钙化，而大量堆积于骨髓软骨处，使之向四周膨大。再加上骨质脱钙和原有的骨结构被吸收而发生普遍性骨质软化，骨小梁稀少、粗糙，骨皮质变薄。

[临床表现]

临床早期表现为患儿睡眠不安，夜惊及多汗等，以后出现肌肉松弛、肝增大、出牙晚。前囟推迟闭合、方形颅、串珠肋、鸡胸和小腿畸形，血钙及磷降低和碱性磷酸酶增高等。

[影像学表现]

佝偻病一般行 X 线检查即可确诊。

X 线平片：具有典型 X 线表现的骨骼是在长骨干骺端，特别是在幼儿发育较快的尺桡骨远端、胫骨、肱骨上端、股骨下端和肋骨的前端等。较早的变化在骺板，由于软骨基质钙化不足，临时钙化带变得不规则、模糊、变薄，以至消失。干骺端远端凹陷变形，明显者呈杯口状变形，其边缘因骨样组织不规则钙化而呈毛刷状致密影，干骺端宽大，能出现延迟，密度低，边缘模糊，乃至不出现。能与干骺端的距离由于骺板软骨增生、肥大、堆积、不骨化而增宽。干骺端边缘出现骨刺乃系骨皮质向干骺端方向延伸所致。肋骨前端由于软骨增生而膨大，形成串珠肋，X 线表现肋骨前端呈宽的杯口状。由于骨质软化，承重的长骨常弯曲变形，在下肢发生膝内翻（O 形腿）或膝外翻（X 形腿）。少数可发生青枝骨折或假性骨折（如图 9-4 所示）。

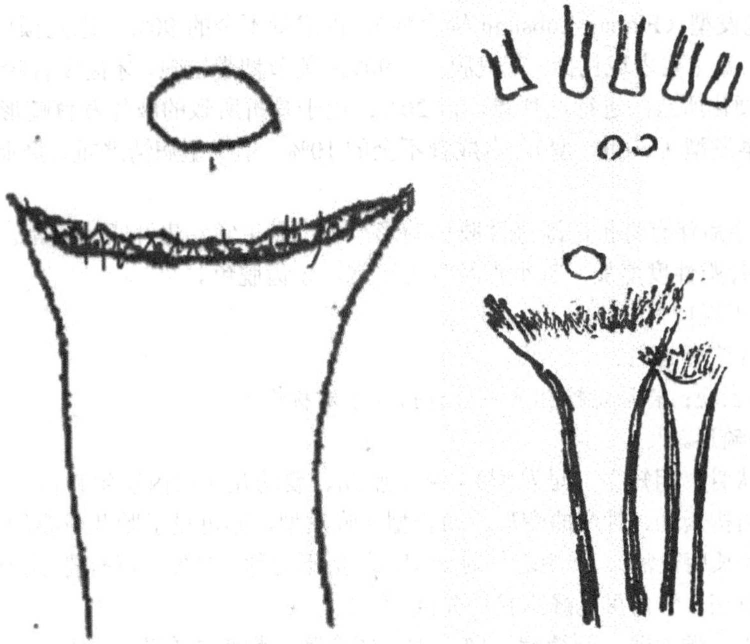

骨骺线增宽、不整齐，干骺端凹陷如杯状，边缘呈毛刷状

图 9-4 骨质软化

骨质软化症由于发生在成人，骨髓已愈合，所以仅表现为骨的密度减低和程度不等

的骨骼弯曲、变形和假性骨折等。

佝偻病愈合的 X 线表现先是临时钙化带的重新出现，几周后干骺端出现大量不规则或均匀的钙盐沉积，使杯口状凹陷和毛刷状改变减轻、消失。干骺端与骺的距离恢复正常。但干骺端新骨化的致密带需经几个月后才能恢复。骨膜下骨样组织钙化后，先呈层状改变，随后与骨皮质融合，呈均匀性增厚和致密，尤其是骨的凹面，骨骺周边也迅速骨化而增大，至于骨的变形，则多长期存在。

[诊断与鉴别诊断]

佝偻病应与可引起普遍性骨密度减低的其他全身性疾病鉴别，注意干骺端的典型表现和骨软化，特别是结合临床和实验室检查的结果可资区别。

第三节 成骨不全

成骨不全又名脆骨症，骨膜发育不全等，为骨样组织形成不足，而矿物质沉积正常所导致的骨骼弯曲变形及其骨折，为常染色体显性遗传性疾病。其发病率为 1∶40 000。

[病理表现]

骨形成障碍，缺少造骨细胞，软骨内化骨及膜性化骨都受到障碍，导致全身骨质疏松和脆性增加，极易发生骨折。

[临床表现及分类]

I 型：晚发型（Ekman-Lobstein 综合症），占成骨不全的 90%。患儿预后较好，具有正常的寿命。其主要表现包括：蓝巩膜，占 90%；关节韧带松弛，牙齿发育畸形，占 30%；听小骨骨质硬化所致的进行性耳聋，占 20%；由于骨折所致的肢体发育畸形。

II 型：早发型（Vrolik 型），占成骨不全的 10%。本类型病情严重，胚胎期或新生儿期即可死亡。

III 型：生后伴有骨折，渐进性肢体畸形，听小骨正常，患儿听力正常。

IV 型：骨脆性度增加，听小骨及听力正常，牙齿脱色。

[影像学表现]

X 线平片检查为主。

1．基本表现：骨质疏松和多发性骨折（不对称性）。

2．骨骼畸形。

（1）管状骨：粗短型（早发型）：见于胎儿、婴幼儿（胎内发生骨折）。表现为长短骨粗短，骨结构紊乱，骨弯曲变形。细长型（晚发型，亦可见于胎儿或婴幼儿）：骨干细而长（但实际长度正常），干骺端相对增宽，骨折不对称，多发。可有骨痂，假关节形成。囊型：生后发病，骨内可见蜂窝状透光区。

（2）颅骨：颅板薄，颅缝宽，囟门大，闭合晚，颅骨常有许多缝间骨存在，以顶枕区最多。

（3）脊柱：脊柱椎体扁，呈双凹变形，严重者可伴有脊柱后侧凸畸形。

（4）肋骨：细，骨折常见。

（5）骨盆：髋臼突出较常见。

第四节 软骨发育不全

软骨发育不全为一种全身对称性软骨发育异常，有家族性，可散发，发病机制不清。其病理表现主要是长骨骨膜化骨正常，但软骨化骨障碍，导致骨长径缩短。

[临床表现]

本病生后即有所表现，主要特点为短肢型侏儒：四肢对称性缩短，躯干骨正常。四肢短小以近端为著，手指短粗呈三叉戟样，头颅短头形增大颅大，面小，下颌突出。腹膨臀翘。智力与性发育正常。

[影像学表现]

以X线平片检查为主。

1．管状骨 骨干短粗（以肱骨，股骨近端为著）；弯曲，凹侧皮质增厚，肌肉附着处有结节状骨质增生；掌、指骨短粗，指骨等长。干骺端增宽，向两侧张开，中央凹陷，呈“V”形，骨骺包绕其内；

骨骺发育延迟，形态不规则，多提前与干骺端闭合。

2．躯干骨

脊柱：椎体小，前后径短，前缘呈楔形，后缘向后凹陷，椎弓根间距从腰1至腰5逐渐变小，椎弓根前后径短（约为正常的1/2），使椎管狭窄。

骨盆：髂骨呈方形，髂骨底部短，使坐骨大切迹呈典型的“鱼嘴状”髋臼平直，股骨头形态不规则。

头颅：颅底骨短小，颅盖骨相对增大，枕大孔变小，斜坡加深。

第五节 石 骨 症

石骨症又称大理石骨、原发性脆性骨硬化，是一种少见的骨发育障碍性疾病，为破骨细胞生成障碍所导致的骨塑形不完全。破骨活动减弱，导致钙化的软骨和骨样组织不能被正常骨组织取代，引起广泛的骨质硬化，严重者髓腔封闭，造成严重贫血。本病常为家族性，绝大多数病例为隐性遗传。颅骨为好发部位之一，具有骨密度增加、骨质畸形并累及颅底等特征。

石骨症主要病理特点为骨样组织过渡钙化，而缺少真正骨化，以致骨样组织增多，但其中缺少骨板层及成骨细胞，使骨质明显硬化，脆弱。

[临床表现与分类]

1．常染色体隐性遗传型（重型）：发生早，病情严重，可致死。其临床表现有贫血、肝脾大、血小板减少、颅孔狭窄所导致的脑积水。

2．常染色体显性遗传型（轻型）：临床症状出现较晚，常因骨折而就诊，包括Albers-Schonberg’s病、大理石骨病。

3．并发症：常并发骨折、贫血（骨髓腔闭塞所致）、颅神经麻痹。

[影像学表现]

1．以 X 线平片检查为主。X 线颅骨平片 显示颅骨异常致密及增厚，内外板及板障合为一体，难以分辨。颅骨高度钙化密度显著增高，颅窝变浅等。

（1）其主要表现为广泛的全身骨质增生硬化。严重者骨髓腔消失，不能分清骨皮质和髓腔。

（2）各骨硬化的特点

①管状骨：长骨干骺端横行的平行硬化带，中间以透亮线相隔，即骨骺线呈致密线与透亮线相间出现。塑型障碍：干骺端呈杵状增粗，股骨远端呈锥形烧瓶样改变。

②躯干骨：椎体呈“夹心面包”样，即上下方硬化，中间透亮。髂骨：与髂骨嵴平行的多条硬化带，如年轮状。

③颅骨：颅骨穹窿颅底均增厚硬化，以颅底骨质增生最明显。

④骨中骨：“骨中骨”为本病特征性表现，即主要在椎体、髂骨、短骨和腕、跗骨内有一相似形态的雏形小骨。其发生原因是由于骨化过程在出生时终止而未被吸收所致。

2．CT 表现

CT 观察颅骨改变好。颅骨高度钙化密度显著增高，颅窝变浅，垂体窝变小，额窦缩小，鞍背增生等。

（李渝苏）

第十章　运动系统的超声诊断

第一节　超 声 成 像

一、超声成像原理

（一）超声波的概念和基本性质

1．超声波的概念

超声波是频率超过 20 000 赫兹（Hz），人耳感觉不到的一种声波。声波是一种机械振动波，由于质点振动方向与波的传播方向平行，因此是一种纵波。

2．超声波的基本物理性质

（1）超声波的声速、波长与频率

声波在介质中传播的速度称为声速，即单位时间内声波在介质中的传播距离，人体软组织的平均声速约为 1540m/s。在波的传播方向上，质点完成一次振动的距离称为波长。单位时间内，质点完成一个振动过程的次数称为频率，通常用于医学诊断的超声波频率为 1～30MHz。

（2）声特性阻抗差与声学界面

声特性阻抗是平面自由行波在介质中某点的声压与质点速度的比值。声特性阻抗反映了介质的一种声学特性，不同软组织的声特性阻抗值差别不大，但软组织与空气及骨之间的声特性阻抗差别很大。

两种介质的声特性阻抗差大于 1‰时，它们的接触面即可构成声学界面。入射的超声波遇声学界面时可发生反射和折射等物理现象。人体软组织及脏器结构声特性阻抗的差异构成大小疏密不等、排列各异的声学界面，是超声波分辨组织结构的声学基础。

（3）声波的反射与折射

超声波入射到比自身波长大的大界面时，入射声波的较大部分能量被该界面阻挡而返回，这种现象称之为反射。两介质声阻抗差越大，入射超声束反射越强，如气体与软组织，或软组织和骨骼、结石所组成的交界面等常发生全反射。反之声阻抗差越小，反射越弱，虽然人体软组织声特性阻抗差异很小，但只要有 1‰的声特性阻抗差，其组成的界面产生的反射波都可被超声诊断仪检测出来，所以超声对软组织有很高的分辨力。当超声波垂直分界面入射时，可得到最佳的反射效果，这就是超声检查时要求探头尽量与组织界面保持垂直的原因。

当超声的入射方向不垂直于两种介质的界面时，它通过界面进入另一种介质后改变传播方向的过程称为折射。

（4）声波的衍射和散射

声波传播时遇到的障碍物的尺寸与声波波长相当时，声波可绕过这一障碍物界面边缘向前传播偏离原来方向，这一现象称为衍射或绕射。距障碍物越近，衍射现象越明显，声波远离障碍物后仍按直线传播。声波传播遇到线度小于波长的粒子，微粒吸收声波能量后，向四周辐射声波，这种现象称为散射，可出现在不规则的粗糙面上。在生物组织的介质中，散射现象是声波传播中最普遍、最基本的现象，它是脉冲回波技术的依据，而这一技术已成为绝大多数超声诊断技术的基础，超声图像背景中的大量像素也来自散射。

（5）声衰减

声波在介质内传播过程中，由于介质的黏滞性、热传导性、分子吸收以及散射等因素导致声能减少、声强减弱的现象称为声衰减。介质对声波的吸收是声衰减的主要原因。由于衰减现象的普遍存在，超声诊断仪器常使用深度增益补偿使深部回声清楚。为了得到高分辨率的图像，应该尽量选用高的频率，但是频率高的超声波比频率低的超声波衰减大，因此可探测的距离小。所以我们必须在探测距离和空间分辨率之间选择，针对不同的场合选取合适的频率。例如腹部检查，只能选用较低的频率；而在检查浅表器官时，可选用较高的频率，以得到比较高的分辨率。

（6）多普勒效应

当声源与接受体之间存在相互运动时，接受体发觉声的频率发生变化，这种现象称为多普勒效应。利用多普勒效应可测算出有无血流或组织的活动、活动方向及活动速度，多普勒效应也是彩色多普勒超声血流成像的理论基础。

（7）超声波的生物效应

超声波是一种弹性波，它使传播介质中的质点发生机械运动，由此产生的作用称为超声波的机械效应。超声入射人体组织时可产热，称为热效应。声波在液体或软组织等介质中传播时，介质中的声压不断起伏变化。当声压为负时，局部压力减小，液体气化，产生气泡，这个现象称为空化现象。热效应、空化效应均与机械效应有关。研究证明，超声波的生物效应取决于超声剂量，即超声的强度和照射时间的乘积。诊断超声波对人体不会产生明显的生物效应，在一定的剂量下它不会产生有害的作用。而近年来，发展迅速的超声治疗学就是利用了这些生物效应来治疗疾病，如高强度聚焦超声（HIFU）使超声声束射向体内某一靶区，使靶区内肿瘤组织温度在极短时间内（0.1～0.3s）达到65度以上，使肿瘤组织变性、凝固、坏死，从而达到治疗的目的，而对周围正常组织创伤甚少。同时超声产生空化效应把肿瘤细胞拉成碎片而使其死亡。

（二）超声成像基本原理

超声检查是利用超声的物理特性和人体器官组织声学性质上的差异，以波形、曲线或图像的形式显示和记录，借以进行疾病诊断的检查方法。人体各种器官与组织都有它特定的声阻抗和衰减特性，因而构成声阻抗上的差别和衰减上的差异。超声射入体内，由表面到深部，将经过不同声阻抗和不同衰减特性的器官与组织，从而产生不同的反射与衰减。这种不同的反射与衰减是构成超声图像的基础。将接收到的回声，根据回声强弱，用明暗不同的光点依次显示在影屏上，则可显出人体的断面超声图像，称之为声像图（sonogram 或 echogram）。

二、超声检查设备

超声检查设备主要包括超声诊断仪、检查床、报告书写系统、打印机等。超声诊断仪最基本的结构由探头、发射电路、接收电路、显示器和记录器组成。

（一）超声探头

超声诊断仪器中发射和接收超声波的器件是超声换能器，即超声探头，其中的核心是振元，一般用于制作振元的材料为压电陶瓷，压电陶瓷晶体通过逆压电效应将高频电磁振动的能量转换为机械振动（超声）的能量发射超声波，同时也可以利用正压电效应把超声振动的能量转换为电磁能量，通过信号处理，完成超声波的接收。根据探头发射声束的方向不同可将探头分为线阵形、凸阵形、扇形等，根据不同检查部位选择不同类型探头，人体骨骼肌肉系统超声扫查一般多使用高频线阵探头，7～10MHz 探头比低频探头更加适用于肌肉骨骼检查，低频探头（3.5～5MHz）穿透力较好，适用于检查较深部结构。

空间分辨率是超声探头的一个重要指标，仪器能够区分的最小距离称为空间分辨率，简称为分辨率。分辨率和方向有关，沿声束方向的分辨率称为轴向分辨率（也称纵向分辨率），轴向分辨率影响靶标在深浅方向的精细度，分辨力佳则在轴向的图像点细小、清晰；沿扫查平面与声束垂直方向的分辨率称为侧向分辨率，声束越细侧向分辨率越好；垂直于扫查平面且与声束方向垂直的分辨率称为横向分辨率（也称厚度分辨率），横向分辨力越好，图像上反映组织的切面情况越真实。

（二）医学超声技术

超声探头将回波信号转换为电磁射频信号后，必须将这些包含许多信息的射频信号经过解调、滤波、相关运算、模数转换等过程，将所需要的信号信息分别以不同的模式成像，以供临床医师阅读做出诊断。下面介绍主要几种在临床应用的成像模式。

1．B 型超声（B mode）

B 型超声简称 B 超，它采用辉度调制显示，以光点的亮度表示回声的大小，以声束进行一维扫查，形成与声束方向一致的二维切面声像图。声像图内亮暗不等、疏密不等、排列多样的光点直观构成组织器官的形态结构剖面图，可直观地反映组织结构与病变的关系，是 M 型、D 型超声、三维超声等的基础。

2．M 型超声（M mode）

M 型与 B 型一样，都采用辉度调制显示，但其声束并不进行扫描，而将该声束的回声信号在水平方向上以时间扫描展开，显示运动器官结构的位置（振幅）随时间的变化曲线，多用于心脏检查。

3．D 型超声

D 型超声即多普勒超声，包括脉冲波多普勒（pulsed wave Doppler，PW）、连续波多普勒（continuous wave Doppler，CW）、彩色多普勒血流成像（color Doppler flow imaging，CDFI）、彩色多普勒能量图法（color Doppler energy，CDE）等，主要用于测量血流速度、

确定血流方向和性质（如层流或湍流）等；获得最大速度、平均速度、压差、阻力指数等有关血流动力学的参数。

4．三维超声

三维超声（three - dimensional ultrasound）是通过获得某部位横断面、冠状面和矢状面的一系列二维图像后进行三维图像重建，具有清晰显示可疑结构的立体形态、表面特征、空间位置关系的特点。

5．超声造影

超声造影（contrast-enhanced ultrasound，CEUS）又称声学造影，是利用超声微气泡造影剂后散射回声增强，明显提高超声诊断的分辨力、敏感性和特异性的技术。能有效反映和观察正常组织和病变组织的血流灌注情况，已成为超声诊断的一个十分重要和很有前途的发展方向。目前超声造影已广泛用于肝、脾、肾、乳腺等脏器良恶性肿瘤的鉴别、腹部外伤、心脏外周血管疾病的诊断与鉴别诊断，亦可通过显示胆道、输卵管、窦道的形态和走行来诊断疾病。

三、超声图像特点

由于 B 型超声观察到的是黑白图像，因此又称灰阶超声，根据图像明暗程度不同将回声信号分为强回声、等回声、低回声和无回声等，而回声强弱或高低的标准一般以该脏器正常回声为标准或将病变部位回声与周围正常脏器回声强度的比较来确定。如液体为无回声，结石、气体或钙化为强回声等。正常人体软组织的内部回声由强到弱排列如下：肾窦→胎盘→胰腺→肝脏→脾脏→肾皮质→皮下脂肪→肾髓质→脑→静脉血→胆液和尿液。当发现病变时，除了描述病变的部位和回声类型外，还要描述回声的分布情况（是否均匀）、形态、边界等，也可使用某些特征性的描述词，如“火海征”、“牛眼征”、“双轨征”等。

彩色多普勒血流显像在二维超声图基础上，使用了伪彩色编码技术来显示血流影像，又称为彩超。采用红、黄、蓝三基色，三色相混产生二次色，显示血流的分布、方向和性质。如果取样框内探测到彩色信号，说明病变部位或组织内有血流分布，红色表示血流朝向探头方向，蓝色表示血流背离探头方向，绿色或五彩镶嵌表示湍流，颜色的辉度与速度成正比。

超声同其他影像技术如 CT、MRI 一样存在伪像，且更为多见和突出。声像图伪像是指超声显示的断层图像与其相应解剖断面图像之间存在的差异。伪像表现为声像图中回声信息特殊的增添、减少或失真。伪像是超声的物理特性决定的，也即超声在传导过程中与人体介质存在着相互作用（反射、折射、散射、绕射、衰减等）的结果。学习超声时，一定要认识超声伪像，避免伪像可能引起的误诊或漏诊，并且利用某些特征性的伪像帮助诊断和鉴别诊断，常见的超声伪像包括：

1．混响（reverberation）：混响是指超声垂直照射到平整的界面，如胸壁，腹壁上，超声波在探头和界面之间来回反射，引起多次反射。混响的形态一般呈等距离多条回声，回声强度依深度递减，一般侧动探头或加压探测可鉴别或消除。

2．镜面伪像（mirror artifacts）：遇到深部的界面，即声阻抗差异较大的平整大界面时，在近侧的结构同时在图像的该界面另一侧出现的伪像。在肌骨系统中，高反射界面通常是骨表面，因此，镜面伪像多见于骨骼周围。

3．部分容积效应伪像（partial volume effect）：由于声束具有一定厚度，常把邻近靶区结构的回声一并显示在声像图上。在进行腱鞘囊肿、腱鞘炎等穿刺注药治疗时，尤其对于位置较深的小病变，要避免部分容积效应伪像，误以为针尖已刺入靶标，这时可以旋转探头进行横切面观察。

4．声影（shadow）：声影即扫描声束遇到声衰减程度很高的物质，如骨骼、结石、瘢痕，声束完全被遮挡时，在其后方出现的条带状低回声或无回声。声影可以作为结石、钙化和骨骼等存在的诊断依据。

5．各向异性伪像：各向异性伪像是指当声束与表面光滑的目标角度不垂直时出现的回声部分缺失或减低的现象，常出现在含多条平行的线性结构的组织中，如肌腱、韧带、神经和肌肉等，由于声束不能同时保持与肌腱各部分纤维呈垂直方向形成肌腱的回声强弱不同，甚至低至无回声，初学者易误认为肌腱撕裂。此时应调整探头角度或使用声束偏转，使声束与观察目标垂直，并多切面观察，避免误诊。

6．其他伪像：如使用彩色多普勒显示血流时，常因为多普勒增益过小或过大、聚焦不当、滤波设置过高或过低等，造成不能反映真实的血流情况。在骨骼肌肉系统超声检查时，以探头与皮肤贴合良好为准，应避免用力挤压组织。因为挤压组织可能会阻断血流，导致本来存在的多普勒血流信号减少或消失，造成漏诊。

第二节　运动系统超声检查

一、超声检查技术

运动系统超声检查内容包括骨、关节、肌肉、肌腱、韧带、神经等，一般选用高频线阵探头，探头频率为 5～12MHz，对于手、足的小关节及较为表浅的肌腱、神经等可选择更高频率的探头，如 18MHz，对于体型肥胖者的髋关节、骶髂关节超声检查，可选择 3～7MHz 凸阵探头，骨和软骨骨折的超声检查一般使用线阵探头，频率为 5～10MHz，若肌肉发达或外伤后软组织明显肿胀，可使用频率 3～5MHz 的凸阵探头。检查前一般不需特殊准备，多采用直接检查法，根据检查部位取合适体位，检查部位充分涂耦合剂，皮肤表面无破损者将探头直接放于被检查者皮肤上进行检查，皮肤有破损者在检查时应注意避让损伤部位并在检查后及时进行清洗和消毒，对表面凹凸不平和过于表浅的部位，可在探查部位涂上厚厚的耦合剂，或使用水囊、超声专用耦合垫。

检查顺序通常先沿肢体病变部位的长轴方向探查和短轴切面进行连续扫查，应与对侧肢体相应部位进行对照观察；对关节、肌腱、肌肉等病变的观察，应动态观察，了解病变有无变化；对解剖形态复杂部位，充分发挥超声检查手法灵活，可多切面进行扫查。比如腕关节、踝关节病变，注意熟悉正常解剖结构，操作中要尽可能使声束与骨面垂直，避免回声失落过多，造成各向异性等假象，避免误诊和漏诊。

在进行运动系统超声扫查时，一定要注意以下几点：

（一）检查体位

检查肌腱时体位很重要，当肌腱处于紧张状态时才能更清晰显示其内部正常的线状纤维结构。体位不当，不但会使肌腱结构显示不清导致误诊，很多肌腱甚至根本无法显示，比如肩关节外旋显示肩胛下肌腱、内旋显示冈上肌腱，双手合拢并使双肘屈曲显示伸肌总腱等。

（二）双侧对比

人体肌肉、肌腱、神经等受性别、体重、运动等影响个体差异较大，且存在解剖结构的变异，故很难像肝、肾、脾等器官一样确定正常的参考值范围，这就决定在进行肌骨超声扫查时，对同一个病人一定要注意双侧对比观察，若可疑病变如神经肌腱等的增粗或变细、回声增高或减低等为两侧对称出现，则很可能是正常的，如籽骨常双侧出现，而撕脱性骨折则在受伤部位出现，通常为非对称性。

（三）连续性扫查及动态观察

观察神经、肌腱时，要进行横断面和纵断面连续性扫查，追踪神经、肌腱等走形，观察其连续性及回声变化情况，有利于发现局限性病变，如局部神经卡压时，该处神经局限性增粗、回声减低；狭窄性腱鞘炎时，腱鞘局限性增厚或伴血流信号。主动或被动运动时观察肌腱、神经连续性、完整性及功能状态，有利于判断肌腱和神经脱位、半脱位等；有利于判断肌腱完全断裂、部分断裂及与周围组织粘连情况，并对病变进行准确定位，以减少手术中不必要的探查，减轻手术创伤。如检查指屈肌腱（4 条指浅屈肌和 4 条指深屈肌）时，使任一手指做屈、伸动作的同时，实时动态观察相应肌腱的同步运动，以此识别该肌腱；检查跟腱时，使受检者连续做背屈和跖屈动作，以观察连续性和完整性，判断断裂及粘连情况。此外，检查过程中，探头可适当加压，以判断病灶的硬度、移动性和压缩；肌腱损伤程度、断端异常活动和裂隙的宽度；亦可观察加压前后病变变化情况，以此鉴别病变，如关节腔积液和低回声的滑膜增厚（前者探头加压液体被重新分布，探头下液体明显变小或消失，邻近部位则相对增大，而后者无此变化）、皮下脂肪层内的血管瘤和脂肪瘤等。

（四）观察血流情况

在灰阶超声显示解剖结构及病变部位后，可用彩色多普勒或能量多普勒观察病变的血流变化，血流信号丰富提示炎症存在。如肌腱炎时，肌腱内探及血流信号；类风湿性关节炎时，关节腔内探及增厚的滑膜，滑膜内血流信号丰富。

（五）疾病诊断及鉴别诊断

掌握超声伪像，识别正常及异常声像图后，要根据病史及声像图表现对疾病做出提示性诊断及鉴别诊断。肌骨系统疾病种类甚多，不同疾病可表现为同一种声像图特征，同一疾病也可有不同声像图表现，即异病同影、同病异影。因此在超声诊断时，一定要结合病史。超声检查相比于 X 线、CT 及 MRI 等，其优势在于检查者能与被检者面对面交流，询问病史，观察症状、体征等，获得有利于疾病诊断及鉴别诊断的信息，提高诊断准确率，增强超声诊断信心。例如，尺神经损伤时常表现为“爪形手”；桡神经损伤时常表现为“垂腕”；狭窄性腱鞘炎时，患者手指屈曲时常出现“弹响”等。

二、骨关节正常超声表现

（一）正常骨与软骨声像图

骨根据形态可分为长骨、短骨、扁骨、不规则骨和籽骨五种。骨由骨膜、骨质和骨髓三部分构成。骨膜覆盖于骨的表面，是一层致密结缔组织的纤维膜，质地薄而坚韧，其内面有大量成骨细胞，对骨的营养、生长或再生具有重要作用。骨质由表面的密质和内部的松质构成，密质分布于骨的表面，质地致密，长骨骨干处密质较厚，短骨、扁骨密质较薄。松质呈海绵状，由大量相直交错排列的骨小梁构成，主要分布于长骨两端和短骨内。骨髓是充满骨髓腔内和骨松质的软组织，分为黄骨髓和红骨髓。

在成人超声扫查时仅可见探头侧的骨皮质，正常骨膜和骨髓腔不能显示。正常长骨长轴切面显示骨皮质呈线条状强回声，连续完整，表面光滑，后方有声影；短轴切面为弧形或半月形强回声，后方伴声影。短骨因其大小、形态不同，超声表现各异，可呈条状、弧状强回声，有的骨表面凹凸不平，多角度观察，其弧度自然、连续，无突然中断，其内部结构不能显示。不规则骨一般仅显示其某一局部的骨表面回声，很难显示其全貌。

软骨是一种特殊分化的结缔组织，由软骨细胞、软骨基质及埋藏于基质中的纤维共同组成。软骨分为透明软骨、纤维软骨和弹性软骨。关节软骨多数由透明软骨构成，少数为纤维软骨。关节软骨的厚薄因不同关节和不同年龄而异。超声对软骨组织具有良好穿透性，关节软骨正常声像图为位于骨骺表面的厚度一致的低回声，表面光滑，回声均匀，与周围软组织和深方骨骼表面均形成良好界面，其内部有时因钙化可显示强回声。

（二）正常关节声像图

关节是两块或两块以上的骨之间能活动的连接，由关节面、关节囊和关节腔组成，此外，关节还包括韧带、关节盘、关节唇、滑膜襞和滑膜囊等辅助结构，它们对增加关节灵活性或稳定性有着重要的作用。关节面是参与组成关节的各相关骨的接触面，关节面上被覆有关节软骨，其厚薄因不同的关节和不同的年龄而异，通常为2～7mm。关节囊是由纤维结缔组织膜构成的囊，附着于关节的周围，并与骨膜融合续连，它包围关节，封闭关节腔。可分为外层的纤维膜和内层的滑膜。滑膜可分泌滑液，不仅为关节腔提供了液态环境，而且又增加了润滑，减轻摩擦和保护关节面的作用，并有利于关节软骨，关节盘等结构的新陈代谢。关节腔为关节囊滑膜和关节面共同围成的密闭腔隙，腔内含有少量滑液，关节腔内呈负压，对维持关节的稳固有一定作用。

超声扫查关节时，应首先观察关节腔有无积液、关节囊或滑膜有无增厚，再观察关节面是否光滑、骨皮质有无破坏、软骨有无变性、韧带有无肿胀等。韧带一般由致密结缔组织构成，声像图上表现为均匀一致的条索样强回声，回声与肌腱类似，韧带厚度一般为2～3mm，而长度和宽度因不同部位和在不同身高及体型的个体间差异很大。超声检查膝关节时，还要注意观察半月板，超声只能显示部分半月板，表现为三角形的强回声，尖端伸向关节腔，底部向外。

滑膜囊是结缔组织中的囊状间隙，是由内皮细胞组成的封闭性囊，内壁为滑膜，有少许滑液。少数与关节相通，如髌上囊。滑囊多位于关节附近的骨突与肌腱或肌肉、皮肤之间，它的主要作用是促进滑动，并减少人体软组织与骨组织间的摩擦和压迫，因此凡摩擦力或压力较大的地方都可有滑囊存在。很多滑囊在生理状态下仅是一个潜在的腔隙。在正常情况下，目前超声及其他影像的分辨率还不能显示这些滑囊，如正常的膑下浅囊、鹰嘴滑囊、转子间浅囊等。这些部位当超声检查发现滑囊液体时，多可认为是病理情况。另外很多滑囊在生理情况下可含有极少量滑液，表现为裂隙状无回声，如肩峰下-三角肌下滑囊、髌上囊、髌下深囊、跟骨后囊、腓肠肌-半膜肌腱之间腘窝滑囊（Baker滑囊）等，这些部位在生理状态下高分率超声可见深 1～2mm 的液体，若超过 2mm 则视为病理情况。

三、肌肉、肌腱及外周神经正常超声表现

（一）正常肌肉声像图

骨骼肌由肌纤维构成，每条纤维外包裹着一层薄的结缔组织膜，为肌内膜；多条肌纤维构成一束肌肉，外由结缔组织包绕，称肌束膜；多个肌束构成块肌肉，其外也包裹肌外膜，肌束膜和肌外膜内富含神约，血管和脂肪组织。相邻的肌肉之间由筋膜分隔，称肌间隔。声像图上，正常的肌纤维呈低回声，正常的肌束膜、肌外膜和肌间隔呈强回声（如图 10-1 所示）。20 岁以下的青少年的冈上肌肌腹比成人长，检查肩袖时可见在肌腱内有一低回声区，酷似肩袖撕裂，要特别注意这一解剖变异。当增大探头频率，可见这一低回声区内有正常排列的羽毛状的纤维纹理，借此可以避免误诊。副肌的存在有时易误诊为包块和腱鞘炎。如比目鱼肌常有副肌，位于比目鱼鼠尾部下方，跟腱与跟骨之间，初学者易将此肌肉误为包块。另外，某些运动项目会使运动员的某一肌肉或肌群肥大，肌肉回声减低，属生理性。

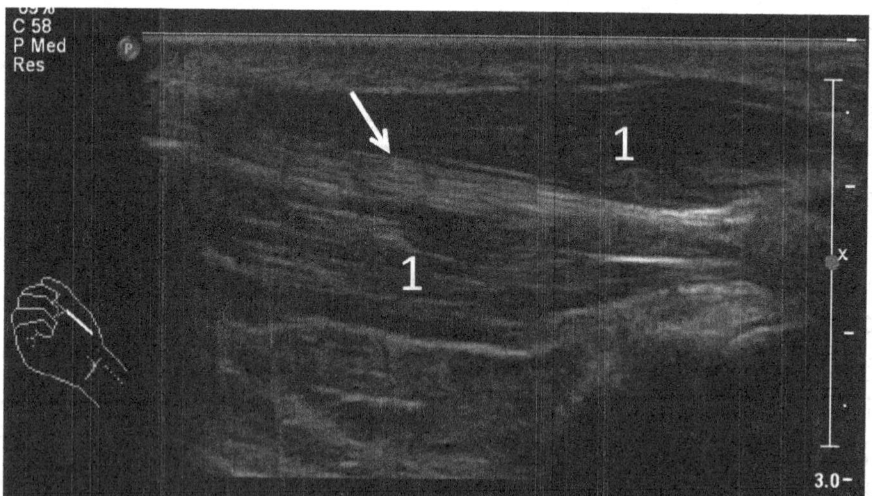

箭头：显示线样强回声与低回声间杂的束状结构为拇指指屈肌腱长轴切面

1：为大鱼际肌纤维呈低回声和线状肌束膜强回声

图 10-1　正常的肌纤维超声图

（二）正常肌腱声像图

肌腱由平行致密的胶原纤维构成，主要功能是将肌肉收缩产生的应力通过止点传递到骨骼，从而产生运动。肌腱和肌肉的数量并非一一对应的关系，一个肌腹的一端可以通过一条肌腱附着，也可以是多个肌肉共同合并成一个肌腱，有的部位一个肌肉也可分出多个肌腱，如腓肠肌内侧头、腓肠肌外侧头和比目鱼肌共同形成一个肌腱即跟腱，而趾长伸肌和趾长屈肌的远端均分出 4 条肌腱分别止于足背和足底的第 2～5 趾。某些肌腱表面有腱鞘包绕，多位于肌腱通过活动范围较大的关节外。腱鞘由外层的腱纤维鞘和内层的腱滑膜鞘共同组成。腱滑膜鞘呈双层套管状，分内、外两层。内层紧包于肌腱的表面；外层紧贴于腱纤维鞘的内面。内、外两层之间含有少量滑液。内、外两层相互移行的部分称腱系膜，内有血管、神经通过。

声像图上肌腱在长轴上表现为线样强回声与低回声间杂的束状结构，一般探头频率越高，肌腱的线状结构越清晰。正常肌腱在长轴切面上应为结构均匀，径线一致且双侧对称，在肌腱的末端附着于骨骼处，常呈尖锐的鸟嘴样或笔尖样，需要强调的是检查肌腱时要使声束方向尽量垂直肌腱，避免各向异性伪像造成附着端回声减低，应多切面或双侧对比扫查。短轴切面上，肌腱呈圆形（如肱二头肌长头腱）、椭圆形（如跟腱），扁平形（如髌腱）、弧形（如冈上肌腱）等多种形态。腱滑膜鞘内由于含有少量液体，表现为围绕肌腱的晕状低回声，长轴上表现为肌腱两侧的线状无回声，厚度一般不超过 2mm。而腱纤维鞘表现为围绕肌腱的强回声。

（三）正常周围神经声像图

周围神经的基本构成单位为神经纤维。神经纤维是神经细胞突起的延伸部分，每条神经纤维均被纤细的神经内膜包裹，多条神经纤维相互聚集并被神经束膜包裹形成神经纤维束，数目不同的神经纤维束聚集在一起，并被神经外膜包裹后形成神经（nerve）。周围神经在其长轴方向表现为多发的相互平行的低回声束被不连续的强回声线所分隔，在短轴方向表现为多发小圆形低回声束被强回声线包绕形成的筛网状结构。一般而言，周围神经的回声高于肌肉组织，而低于肌腱组织，其特异性的筛网状结构很容易与肌肉、肌腱相鉴别（如图 10-2 所示）。

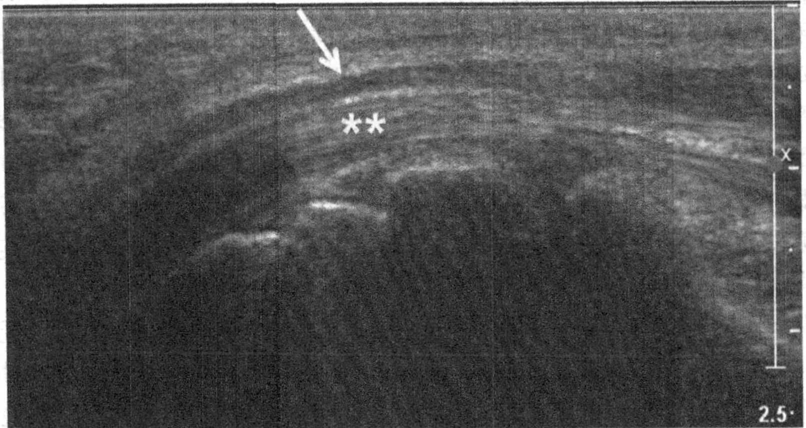

箭头：为腕管内的正中神经星号：为腕管内的指屈肌腱

图 10-2　正常神经超声图

第三节　超声诊断在运动系统的临床应用

随着超声技术的发展，超声在肌肉骨骼系统疾病诊断中的价值日益凸显，已广泛应用于肌肉、肌腱、韧带、滑液囊、神经等运动损伤的诊断。

核磁共振成像（MRI）和超声波对软组织的分辨率均极高，超声对于浅表和小的病变和 MRI 相比，并不逊色，而且超声操作方便、价格经济、便携，所以在软组织病变的诊断中它大大优于 MRI，具有不可取代的地位。

超声最大的优势是可以动态检查，在扫查肌腱和肌肉时这些技术显得尤为重要，因为肌肉和肌腱通常位置比较浅表且内部结构具有独特的声学特征，超声能追踪观察神经、肌肉、肌腱、血管等的连续性，动态评估肌腱功能，判断肌腱损伤及术后康复情况。超声可以通过患者做主动或被动运动来评价肌肉、肌腱、韧带的功能和受损程度，为临床提供重要影像诊断信息，例如：让患者做足背伸和背屈动作来判断跟腱有无断裂或缝合术后与周围组织粘连情况。

彩色多普勒血流显像技术（CDFI）可显示病变区域血流供应及血流动力学信息，如炎症、肿瘤及外伤等导致的血流变化，而且不需要造影剂。肌腱内或腱鞘内探及较丰富的血流信号，可提示肌腱或腱鞘炎。而 MRI 则需使用血管造影剂才能发现此种改变。

宽景成像的出现克服了传统超声成像技术只能生成视野狭小的超声图像的缺点，能够生成超宽视野的超声图像，更加直观地显示了病变全貌，也更利于和临床医生的沟通交流。但是对于位置深在的软组织，如膝交叉韧带、膝关节半月板中后部分等，超声波受其成像原理的限制无法查扫诊断，需要 MRI 进行诊断。

超声对于液体极其敏感，能根据回声强弱初步判断液体性质，不仅能准确诊断滑膜囊积液、关节腔积液及其内的滑膜增生，还能实时引导液体抽吸治疗和注入皮质类固醇药物治疗。例如运动员肩峰下-三角肌下滑囊炎可在超声引导下将皮质类固醇激素、利多卡因等药物注入滑囊内，能有效避免将激素注入肌腱内造成肌腱断裂等并发症的发生，而且文献报道其短期疗效优于直接注射法。

X 线和 CT 在软组织的分辨率上不如 MRI 和超声，但却是骨骼疾病的首选影像学检查方法。但是 X 线对错位轻微的骨折容易漏诊，尤其对肋骨骨折漏诊率高，对无明显错位的肋骨骨折，文献报道 X 线片的漏诊率高达 25%～47%。虽然超声对骨的穿透性差，不能显示骨髓结构及正常骨膜，但是对微小骨折、骨侵蚀等较为敏感，而超声检查对于 X 线不能显示的骨折，特别是轻微错位的肋骨骨折有独特优势。由于是超声医师直接接触患者，可以询问具体受伤过程，根据受伤机制和患者疼痛部位来着重检查某一部位或某一块骨头，在判断有无骨折的同时，还可检查是否合并大血管、周围神经、肌肉、肌腱等软组织损伤，这是 X 线和 CT 都无法比拟的。超声由于其实时、灵活、无放射线损伤等优势，可实时监测指导骨折复位，各方位扫查显示骨折对位对线情况，对骨折后内固定者也能了解骨折的复位情况，且超声探头的多方位移动观察避免了 X 线检查需改变肢体位置的不便，避免了复位后的再移位，减轻患者痛苦，患者和整复医师避免了 X 线辐射。连续的超声扫查可用于人体骨折愈合过程的研究，其征象变化与骨折愈合中的组织变化非常一致，而常规X线检查骨盐含量需达25%时才能分辨，因此不能显示整个骨痂愈合过程。

软骨通常在X线片下不能显影，软骨发生骨折或骨皮质的撕脱性骨折等，普通X线片不能显示，但超声能清晰地显示软骨、骨皮质，明确软骨有无肿胀、是否骨折、骨皮质是否连续、有无回声中断等。虽然CT和MRI也能显示软骨骨折，但是CT具有辐射，MRI检查时间长，且价格都相对昂贵。

小型便携式超声仪器让运动场上的超声检查变得及时而方便，可第一时间的精确诊断运动损伤的部位、严重程度及病灶的大小，有利于对病情的准确的评估，安抚运动员的情绪，并且可以重复检查，评估病情变化，评估损伤后康复的程度及决定恢复训练和比赛的时机，避免过早的训练造成再损伤。

与MRI、CT相比，超声还可以引导穿刺治疗，超声引导下实施的液体、血肿抽吸、肌腱关节的注射以及超声引导下手术，如异物的拿取等，可简化许多程序并节省大量时间、治疗变得更加安全可靠。大大提高了治疗与防护的效果，因此超声探查在运动医学的领域应用也愈加广泛。

超声检查具有实时、动态、经济、便捷、安全、舒适、省时、无放射性损伤的优势，且能够提供相当丰富的诊断信息，以及动态诱发动作检查和实时监视软组织介入成为可能，能与被检查者面对面交流，因而能获得更多有助于疾病诊断与鉴别诊断的信息，使得超声具备了不同于其他影像学检查的一些优点。但是，由于超声没有CT、MRI直观，很多临床医生看不懂超声切面图像，不容易在大脑进行超声图像的立体结构重建，而且超声诊断依赖医生的经验、手法、图像的标准化以及仪器质量等，对较深的病变、容易被骨遮挡的部分成像不如CT、MRI清晰、准确。

第四节　运动系统伤病的超声诊断

一、血肿的超声诊断

皮下组织外伤及肌肉撕裂等均可导致血肿的形成、血肿的大小提示损伤的范围。血肿随着时间的变化超声图像呈动态变化，急性期表现为高回声，数小时候后为均匀的低回声，当细胞成分及纤维蛋白析出后，形成液-液平面。血肿吸收缓慢，较大的血肿可在超声引导下抽吸，有利于血肿快速的吸收。

二、肌肉损伤超声诊断

肌肉损伤大多数是发生在运动员或与运动有关的患者。大约有 30%的运动伤害发生在肌肉，按部位，肌肉的损伤分为肌内和肌间，肌内病变累及肌腹，肌间病变累及肌肉筋膜或肌腱附着处。肌肉损伤除由直接外力作用引起肌肉挫伤外，主要是由间接外力作用下使肌肉发生拉伤。常见的拉伤肌肉为腿后群肌、腰背肌、大腿内收肌等。造成肌肉运动伤害的原因大致分为急性和慢性伤害两类。急性伤害发生于肌肉离心收缩时瞬间过大的外力。伤害部位常见于肌束之内或肌肉-肌腱交接处，以跨越两个关节的肌肉最易发生（如肱二头肌、股四头肌、大腿后肌群等）。慢性伤害则常发生在肌肉或肌腱与骨端的附着处。

根据肌肉伤害的严重程度，一般分为以下四级：

0 级　肌纤维损伤数小时后可恢复正常功能，超声检查无阳性发现。

I 级　轻度肌肉拉伤伤害范围约在受伤肌肉横截面积的 5%以内，肌肉功能丧失不明显，病理学检查可能无法确定。在超声声像图中可见肌间膜回声以及厚度改变，平行的线状排列也有可能变得不整齐。对比健侧声像图，则可辨识拉伤的部位及严重程度。肌肉 I 度撕裂：肌纤维出现部分连续性中断（如图 10-3 所示）。

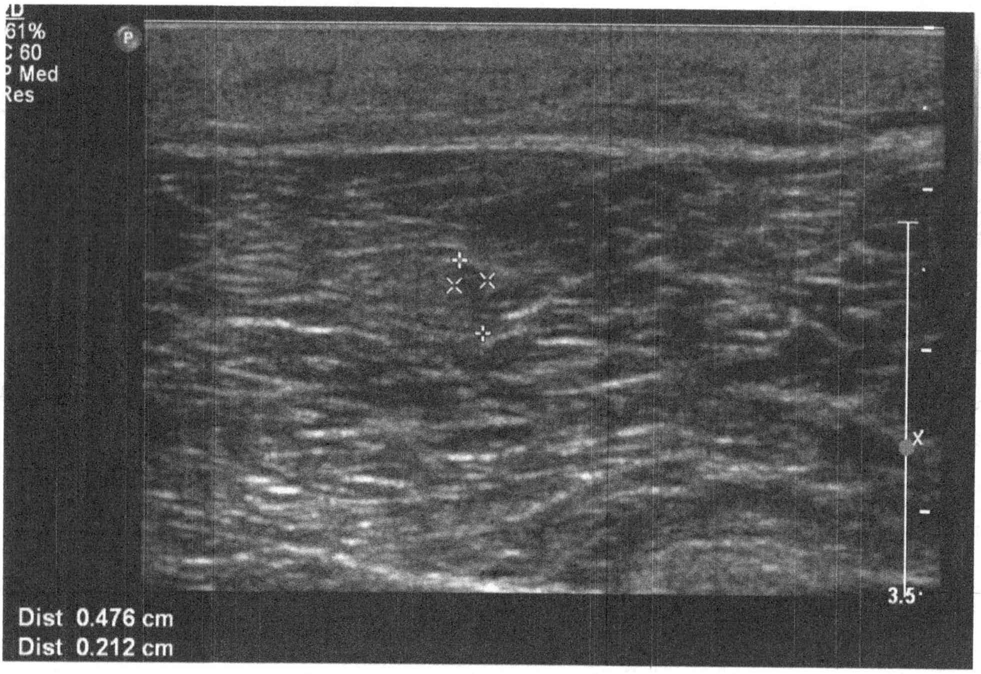

图 10-3　肌肉 I 度撕裂-肌纤维出现部分连续性中断

II 级，中度肌肉拉伤肌肉部分破裂，伤害范围约在受伤肌肉横截面积的 5%～50%，肌肉部分功能丧失，相应临床症状明显。在超声声像图中可见局部回声改变的病灶，此部位肌间膜不连续，可能为部分破裂的肌肉。肌肉破裂区域回声随受伤时间长短有所变化。在急性伤害的 6～25 小时内，破裂区内血肿回声可能与肌肉回声相似而不易区分。此阶段超声对伤害诊断效果不佳。伤害后 1～2 天，血肿回声增加，可见高回声区块。随后血肿回声降低，表现为相对肌肉组织的低回声构造。鉴于此，最好在伤害发生后的数天内重复进行超声检查，以免漏诊（如图 10-4 所示）。

III 级，重度肌肉拉伤肌肉全层破裂，声像图中见低回声区域通达肌肉上下两表面。当肌肉全层断裂时，其临近的肌肉可能未断裂，因而仍有可能维持少量肌肉功能。若血块不明显或血块已被吸收时，破裂的肌肉在查扫时仍有可能被忽略。在此情况时，可令患者主动收缩被扫查肌肉，破裂的范围会因肌肉拉力变大而变大，使肌肉破裂处易于辨识。在全层肌肉破裂造成肌肉回缩时，可借由超声检查的辅助，将断端的位置标记在患者的皮肤表面，以帮助确定外科手术开刀位置（如图 10-5 所示）。

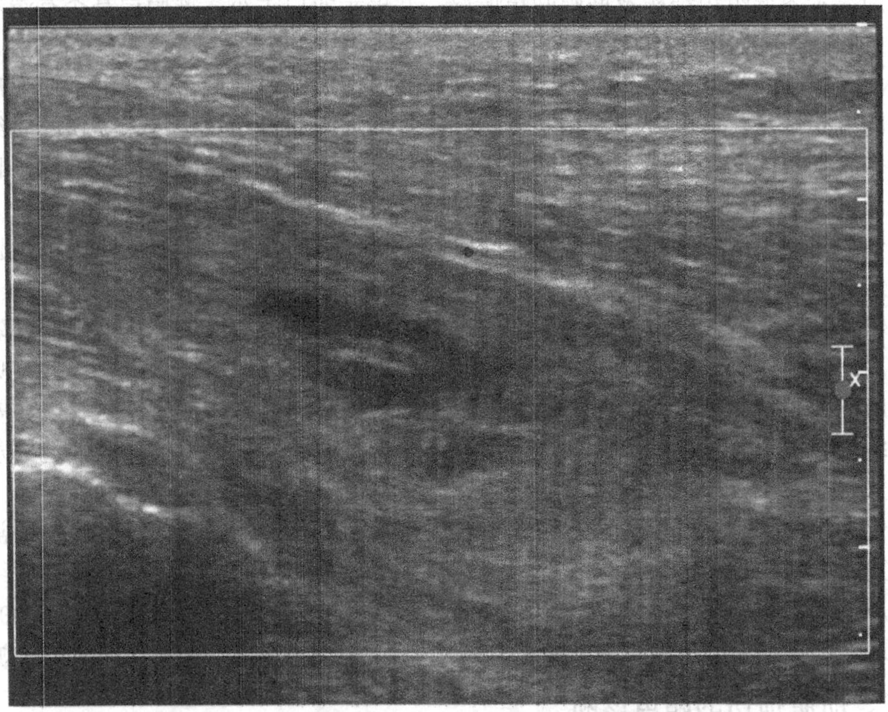

图 10-4　肌肉 II 度撕裂-肌肉内可探查到有不规则的液性暗区

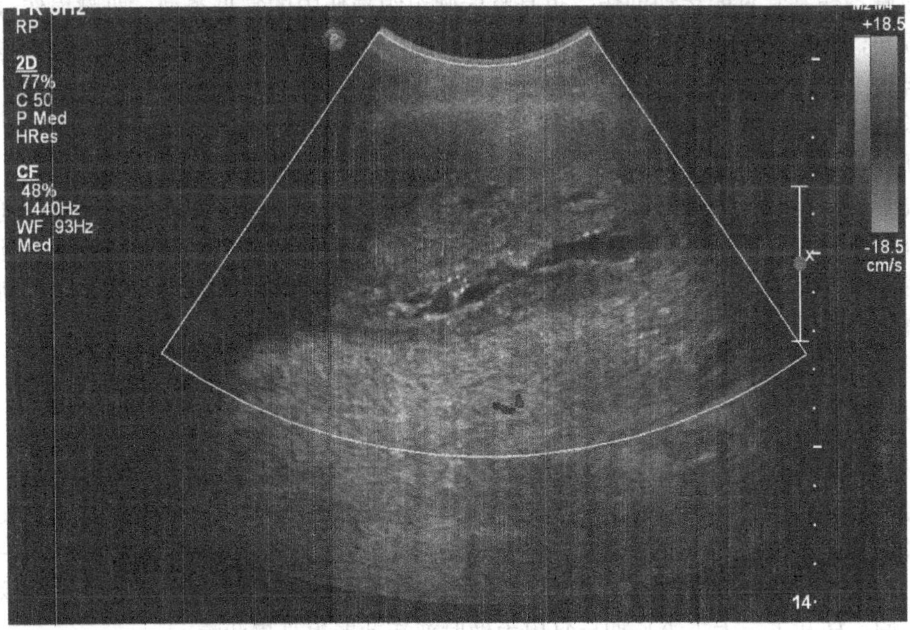

图 10-5　肌肉 III 度撕裂-彩色多普勒超声显示肌肉层内液性暗区内未探及血流信号

在肌肉发生挫伤后，包裹在肌群外的肌外膜（筋膜）可能破裂或松弛，造成肌肉收缩时的肌肉向肌外膜突出，形成肌疝。当肌肉不收缩时，在检查时易被忽略。对于此类病灶，检查时应令患者收缩被查扫肌肉，此时可见因肌肉收缩而出现的块状突出。超声能清晰地显示各层组织结构及筋膜回声情况，并提示疝口大小、筋膜层是否有渗液等，可排除血肿，为临床明确诊断及治疗提供可靠依据。

肌肉有很强的自身修复和再生能力，广泛的损伤通过肌细胞再生和纤维瘢痕形成两种不同的方式修复，这两种过程相互影响。再生的过程通过伤口边缘未损伤的肌纤维增长和肌内膜聚集的储备细胞形成新的纤维实现。对于肌肉伤害后的组织纤维化，超声检查的辨识率优于 MRI，超声可以通过以下三个方面评估肌肉损伤的恢复程度。

评估损伤的范围　这是预测瘢痕形成比例最有价值的指标。受累的肌肉范围越大，拉伸损伤缺失越多，形成瘢痕的比例就越高。

评估愈合的分期　愈合过程中最早的声像图变化是伤口边缘的回声增强，并随着愈合的进展逐渐增厚，最后填满整个缺损区。几周后，这个区域进一步机化，并可见带有纤维脂肪隔的正常肌肉结构。这一声像图的动态变化对指导患者何时恢复有限、安全的运动训练极有价值。过早的恢复训练运动会延长恢复期并增加瘢痕的形成，造成永久性机能损失。

评价瘢痕的大小　纤维化在声像图上表现为高回声。拉伸损伤的纤维瘢痕通常呈线样高回声，而挤压裂伤的纤维瘢痕经常为结节状或三角形的高回声。表浅撕裂的纤维瘢痕可造成局部筋膜或肌肉隔向病变中心挛缩。评价纤维化的范围可直接评估肌力的损失程度。此外，再损伤的危险也与残留的纤维瘢痕大小密切相关，瘢痕愈多，危险愈大。

三、肌腱损伤的超声诊断

肌腱损伤是常见的运动创伤，也是临床软组织损伤中的常见类型。肌腱损伤可以是急性损伤，但更多的是慢性劳损。肌腱损伤多表现为肌腱和/或腱止点的急性或慢性炎症，如网球肘、高尔夫球肘；严重的肌腱损伤则表现为肌腱断裂，常发生在肩袖肌腱、肱二头肌长头肌腱、股四头肌腱、髌腱和跟腱等。

肌腱多位于关节附近，所以关节周围的附着处及肌肉肌腱联合处为检查重点，应双侧对比观察肌腱有无增粗、回声改变、钙化、撕裂等，还可结合主动或被动运动判断肌腱功能和撕裂程度，例如检查跟腱时应在背伸和背屈连续动作下观察跟腱纤维的连续性，两断端呈反向运动时，肌腱为完全断裂。韧带附着在两骨骼间，在二者之间显示韧带长轴，需要动态观察韧带的连续性是否完整。

下面介绍几种常见肌腱损伤的超声诊断：

（一）网球肘的超声诊断

网球肘又称肱骨外上髁炎或伸肌总腱损伤，是前臂不断用力旋转、伸腕运动，使肌肉反复收缩牵拉，引起伸肌总腱肌腱变性、退化和撕裂的慢性积累性损伤。其临床表现为肘关节外侧的疼痛和压痛，疼痛可沿前臂向手放射，前臂肌肉紧张，肘关节不能完全伸直，肘或腕关节僵硬或活动受限。常见于网球、羽毛球、乒乓球、击剑、体操运动员，家庭主妇、砖瓦工、木工等长期反复用力做肘部活动者也易患此病。

肱骨外上髁炎超声声像图表现为患侧伸肌总腱较健侧不同程度地增厚，回声减低或不均匀，有时肌腱内可见强回声的点状钙化灶提示慢性肌腱退行性变，当肌腱内出现片状不规则低回声时，提示肌腱有撕裂，同时伴有肱骨外上髁骨质表面回声粗糙、不光滑。CDFI 显示炎症急性期时肌腱内部及周围的血流信号增多。超声不仅能诊断此病，还能引导将类固醇药准确注射至肱骨外上髁表面及伸肌总腱表面，可明显提高肱骨外上髁炎的治疗效果，必要时还可对肌腱内的钙化灶进行抽吸，有效缓解疼痛（如图 10-6 所示）。

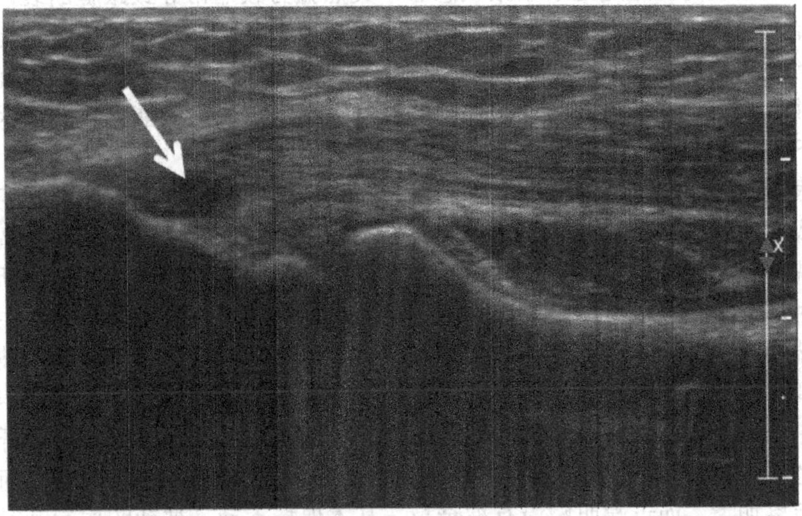

图 10-6　右侧伸肌总腱增粗，回声不均匀，箭头所示为肌腱局部撕裂

（二）肩袖损伤

肩袖损伤在排球、体操、游泳运动员中多发，主要是由于肩袖在肩关节做背伸、转肩、外展及超正常范围的剧烈活动时，受到反复牵拉和与肩峰、喙肩韧带发生反复摩擦而引起的损伤，常常伴有肱二头肌长头肌腱损伤。其主要表现为肩外侧疼痛，并可向颈部、上臂部放射，肩外展 60°～120°时疼痛明显。肩袖损伤依破裂程度可分为部分破裂和完全破裂两类。

超声诊断肩袖撕裂的准确率可达到 90%以上，全层撕裂表现为三角肌与肱骨头之间没有正常肌腱回声，肩峰下滑囊直接与肱骨头相贴，肱二头肌腱腱鞘和肩峰下-三角肌下滑囊可同时出现较多的积液。部分撕裂表现为肌腱局限性变薄，肌腱不连续，局部回声缺损或肌腱内可见低回声或无回声的裂隙。肩袖撕裂常伴有肱骨大结节骨皮质不光滑。肩袖损伤常同时伴有肱二头肌长头肌腱腱鞘炎和肩峰下-三角肌下滑囊炎，前者表现为腱鞘回声局限性增厚、回声减低，CDFI 显示血流信号明显增多；或表现为腱鞘不规则增厚，回声明显增高，同时可伴有肌腱回声不均匀，内有点状高回声散在分布，CDFI 显示血流信号未见明显增多；一般多伴有腱鞘内积液。肩峰下-三角肌下滑囊炎表现为滑囊增厚，一般以超过 2mm 为诊断标准，部分表现为滑囊内积液或滑囊周围彩色血流信号增加。对于肩关节疼痛及活动受限等症状明显者，可在超声引导下在肩峰下滑囊内注入皮质类固醇激素等药物。

（三）跟腱损伤

跟腱是全身最强有力的肌腱，诸多因素可引起跟腱的病变，外伤或炎症可造成跟腱的断裂。运动员特别是篮球、田径运动员要经常进行强度很大的跳跃、蹬腿等动作，超过耐受能力，可使跟腱劳损，周围发生无菌性炎症，强度降低。大部分跟腱损伤以跟腱炎形式存在，当肌肉在跟腱处于紧张状态时，突然猛力收缩常导致跟腱断裂，引起足跟部剧烈疼痛，局部肿胀，并可触及断裂处的凹陷现象，足跖屈功能障碍及行走跛行。跟腱断裂最常发生在跟腱中下部，即跟腱附着点以上2～6cm，此处血液供应较差，肌腱营养不良，并且是跟腱宽薄部分与厚窄部分的移行区，抵抗张力的能力较弱，因而易在外力的作用下引起撕裂易发生断裂。

早期跟腱损伤即跟腱炎声像图上可表现为跟腱局部肿胀较健侧增厚，回声减低，边界欠清，或探及较丰富血流信号，足主动背伸运动时跟腱连续性运动基本协调。跟腱部分断裂表现为跟腱局部增厚，纵切时可见部分肌腱纤维回声带消失，回缩的断端模糊不清。横切时，可见正常部分跟腱呈中高回声，断裂部分的跟腱呈低回声。足主动背曲活动可见远端跟腱随背曲运动而使断端距离增大，而近端未断裂的跟腱因牵拉被拉直。跟腱完全断裂时，纵切可见跟腱纤维高回声带连续中断或消失，内呈无、低回声或中高，可伴有稀疏光点和絮状回声，断端回缩、增厚，呈不规则高回声。横切可见纤维高回声消失，代之不均质回声。在超声监测下，主动背屈运动时见远端肌腱随背屈而做离心运动，断端距离加大，而近端肌腱没有被牵拉，基本保持不动，被动跖屈运动时断端仍见低回声，其距离逐渐缩小，但难以使两断端完全对合（即使是极度跖屈位）。

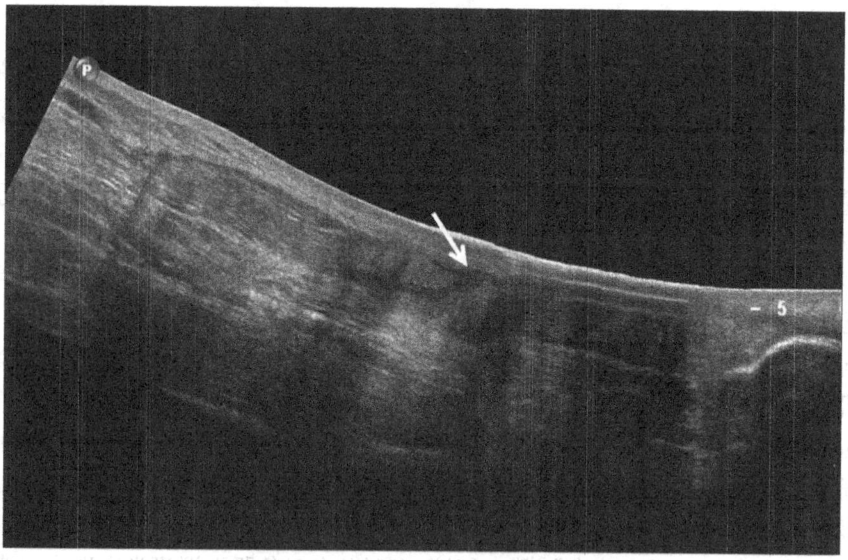

图 10-7　跟腱损伤-箭头所示为跟腱完全断裂处

超声可观察跟腱愈合的不同时期表现。早期，即损伤后1～2周，非手术治疗超声表现为肌腱的回声逐渐增强并伴有体积的缩小，手术治疗则常表现为肌腱体积增大，回声减低；中后期，即损伤后3～4周，无论手术治疗还是非手术治疗肌腱愈合时肌腱内出现片状乃至束状强回声，肌腱体积逐渐缩小。但当跟腱延期愈合时，常可见到断端低回声内未见强回声纤维结构，损伤肌腱内出现钙化以及骨化，还可见到因缝合线头所致的短棒状强回声，后方可见淡声影。恢复期彩超及能量图显示血流信号明显增多（如图 10-7 所示）。

四、韧带损伤的超声诊断

韧带的运动损伤常见于活动频繁的关节，当关节遭受暴力产生非生理性活动，韧带被牵拉而超过其耐受力时，即会发生损伤。最常见的韧带损伤包括膝内侧副韧带、踝外侧距腓前韧带、跟腓韧带、三角韧带等，表现为局部疼痛、肿胀、组织内出血、血肿、关节肿胀、活动障碍、压痛等。

韧带挫伤的超声表现为韧带增厚大于 2mm，回声减低，但连续性尚可。韧带部分撕裂表现为韧带纹理部分中断或变薄，周围关节腔可伴有积液。完全撕裂表现为韧带连续性纹理完全中断，断端回缩，周围关节腔可伴有积液，韧带附着端可伴有撕脱性骨折。超声检查韧带损伤时，应注意有无合并肌腱损伤、骨折等。超声对于较为表浅的韧带损伤诊断准确率较高，文献报道踝外侧副韧带损伤中 95.3%的超声诊断结果与 MRI 结果一致，超声诊断距腓前韧带的准确率可达 91%。对于深部的韧带，超声波无法直接探查，但超声扫描结果可作为间接证据来增加诊断的准确性。此时，MRI 影像可靠性高于超声波（如图 10-8 所示）。

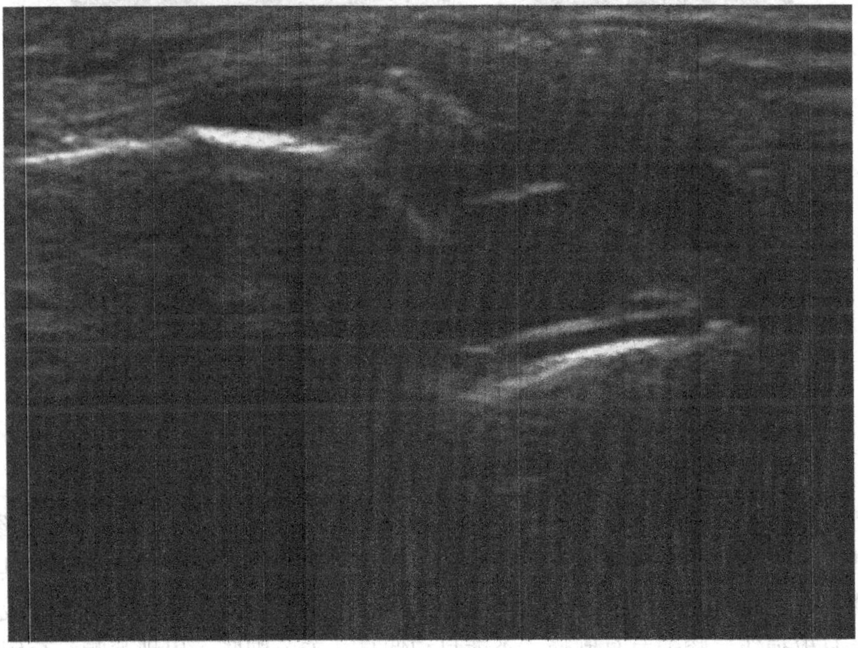

图 10-8 跟腓韧带部分损伤伴周围滑膜囊肿形成

五、滑膜囊病变的超声诊断

滑膜囊损伤也是常见运动系统损伤之一，常表现为滑囊炎。正常滑囊内含少量液体，在超声波下呈几近无回声结构。然而在运动伤害所造成的急慢性滑囊炎，常有大量滑液积聚于滑膜囊内。最常见病变有腘窝囊肿、肩峰下-三角肌下滑囊炎、肘部鹰嘴滑囊炎、髌前或髌下滑液囊炎、踝部跟腱后滑液囊炎等。

腘窝囊肿又称 Baker 囊肿，是最常见的滑液囊肿之一，由膝关节滑膜袋状疝出，或腓肠肌-半膜肌滑液囊异常扩张所形成。运动员的腘窝囊肿常表现为腘窝软组织间圆形或椭圆形无回声，囊壁较薄，边界光滑清楚，包膜完整，透声好。可在超声引导下将囊肿内液体抽出，往往能抽出淡黄色清亮液体。鹰嘴滑囊炎超声上表现为鹰嘴皮下局限性液性暗区，形态不规则，内回声不均匀，囊壁见绒毛状稍强回声向囊内突出，彩色多普勒显示呈绒毛状稍强回声的滑膜内可探及较丰富的血流信号。利用多普勒超声检查可确定滑囊炎症的程度。也可在超声波的引导下将滑囊内过多的液体抽出，以减轻急性疼痛的程度。当需要对滑囊进行药物注射治疗时，经由超声波引导的注射其准确性和有效性要远高无引导的注射（如图 10-9 所示）。

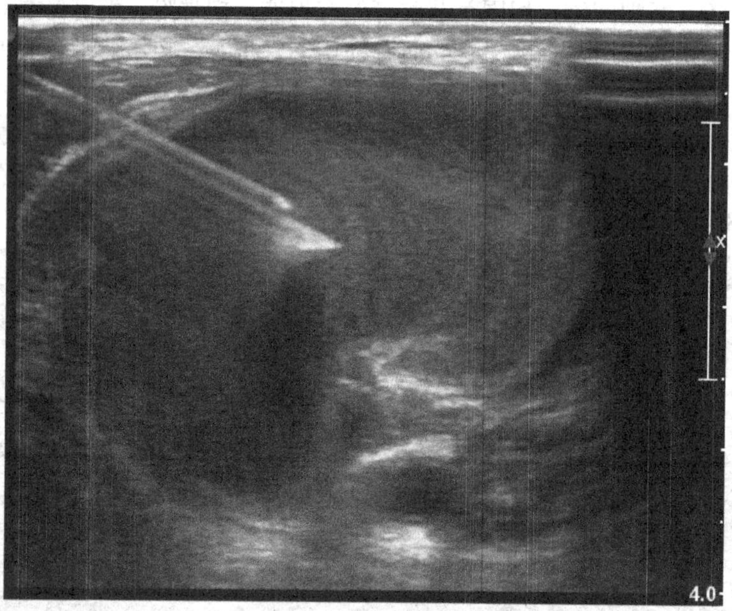

图 10-9　腘窝囊肿超声引导下穿刺治疗

六、半月板损伤

半月板是膝关节股骨与胫骨之间的一个辅助结构，是一对半月形的软骨，边缘较厚，中间很薄，填充在两侧的胫骨髁上。在膝关节伸屈时，半月板在关节间活动，具有稳定关节的作用，并减少关节面的摩擦。半月板损伤较常见，常发生在足球、篮球或体操运动中。半月板损伤后膝关节有剧痛，不能自动伸直，关节肿胀，出现弹响、交锁，有时合并周围肌肉萎缩。膝关节间隙处的压痛是半月板损伤的重要依据。

半月板损伤在超声声像图上表现为均匀的半月板回声内出现强回声区（包括光点、光斑、光条和光团）或强回声带间有暗区、低回声或无回声，根据半月板损伤轻重程度将其分成 3 级。Ⅰ级：在不均匀的小范围区显示小强光点，损伤较轻，均为边缘损伤或未贯通的不全裂伤。Ⅱ级：半月板间隙呈条状低回声未与关节面接触。Ⅲ级：损伤的半月板回声明显不均，在不规则的低回声区见有多个强光点或不规则小强光条，损伤达关节面。对于复杂的半月板损伤需要进一步 MRI 检查（如图 10-10、图 10-11 所示）。

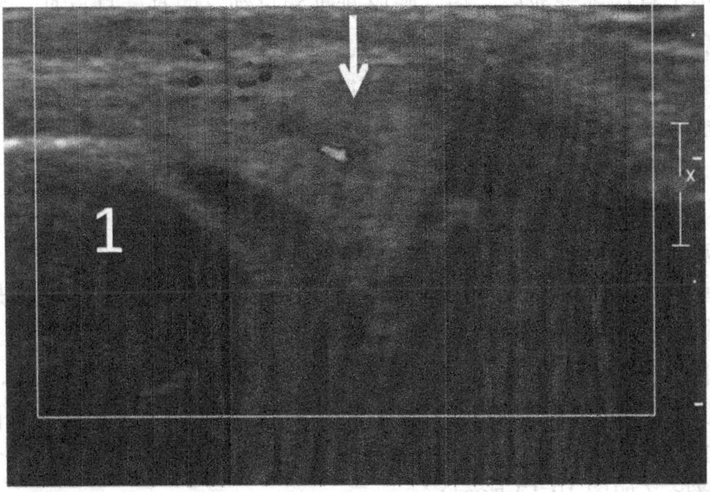

箭头示膝内侧半月板肿胀、内回声不均匀，彩色多普勒超声显示半月板内点状血流信号，1 为股骨内侧髁

图 10-10 内侧半月板损伤

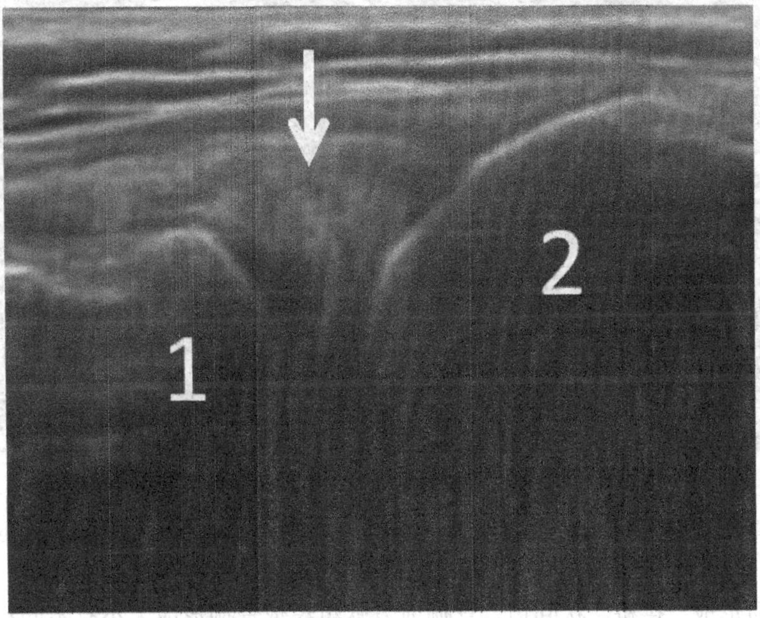

1 为股骨内侧髁 2 为胫骨平台，箭头示半月板及线状撕裂

图 10-11 三维超声清晰显示解剖结构

七、骨折的超声诊断

骨折是指骨结构的连续性完全或部分断裂，运动员发生的骨折多为应力性骨折，其

发病机制为当肌肉过度使用疲劳后，不能及时吸收反复碰撞所产生的震动，将应力传导至骨骼，这样长期、反复、轻微的直接或间接损伤可引起特定部位小的骨裂或骨折。应力性骨折多发生于身体承重部位，如小腿胫腓骨和足部（跟骨、足舟骨、跖骨）。易患人群为足部承重较多的运动员，如篮球、足球、网球运动员，以及田径、体操运动员和芭蕾舞演员。患者常常因某一部位（通常在下肢）没有受到过外部激烈的碰撞而出现突然性疼痛，不能或很难继续跑步；单足站立时局部出现疼痛，或者单足跳时出现疼痛等原因而就诊。

小腿胫骨、腓骨等长骨骨干骨折，当有成角、错位或分离时，长轴切面骨折段可见骨皮质强回声光带回声中断。两断端间可见错位，呈“阶梯状”，有的表现为骨折处局限性凹陷、成角或两断端重叠，粉碎骨折可见大小不等的碎骨片。除观察骨皮质连续性外，还应观察骨折断端是否刺破周围大血管、是否损伤周围神经等。

肋骨骨折的声像图表现与长骨骨折相似。对无移位的 X 线隐匿型骨折、不完全骨折，超声显示骨皮质不连续。跟骨、距骨等短骨骨折可在骨折线处显示骨皮质回声中断，并可观察到周围血肿。骨折有骨膜下血肿形成时，骨膜呈穹隆状高回声，在骨膜与骨皮质之间见无回声暗区（如图 10-12 所示）。

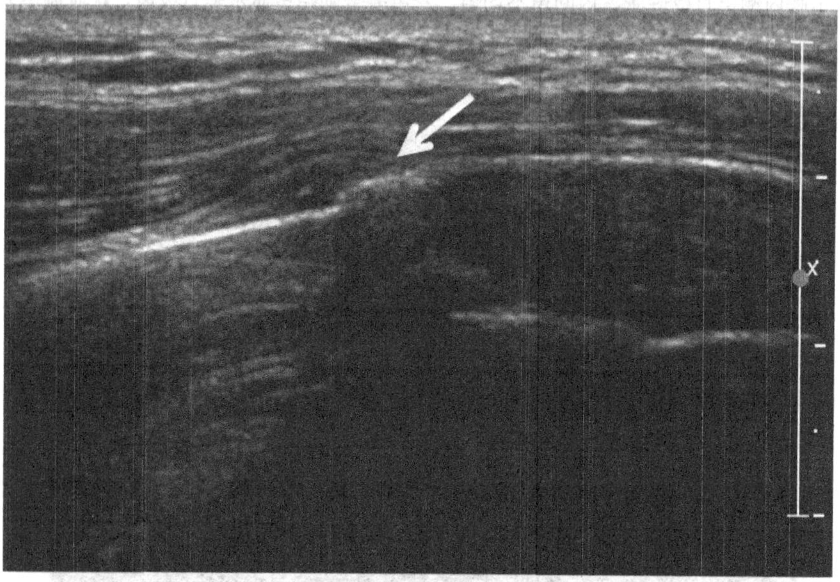

图 10-12　肋骨骨折-箭头所指为肋骨不连续，提示肋骨骨折

陈旧性骨折主要显示骨折处有骨痂生成，骨折断端显示不清，骨痂呈弧状或不规则块状强回声，后方有声影，骨痂后方骨皮质多不显示，呈宽窄不等的回声失落，骨痂与两端的骨皮质形成“拱桥”状回声。骨痂前方软组织依骨痂形成大小有不同程度的变薄。

八、先天性髋关节脱位

声像图上以强回声显示软骨，故能直接观察婴幼儿髋关节的全部结构的形态和相对位置。从而早期诊断不完全性脱位。又因 B 超无辐射损害，可多次重复，便于动态监测关节软骨发育情况，对可疑半脱位进行预测。这是 X 线平片和 CT 难以做到的。

九、结核性冷脓肿

脊柱结核的椎旁冷脓肿、腰大肌冷脓肿在声像图上表现为不规则无回声区。理论上B超可检测出数毫米范围的积液，但临床上常受到一些因素的干扰，达不到这样精确度，然而椎旁或腰大肌有 $2m^2$ 以上的积脓，是可以被B超准确地扫描出来。对X线平片上椎旁的梭形影及腰大肌的形态变化是炎症、增生结缔组织或是脓液，均可由B超鉴别出来，准确率达90%以上。故B超检查有助于建立脊柱结核手术的指征和选择切口的部位。

十、关节内、外感染的鉴别

深部大关节周围炎症和关节炎症均会表现出关节功能障碍。用B超检查可准确地区分感染所在部位。如声像图上代表关节囊的强回声带光滑、完整，而关节外软组织增厚，回声降低，其间有无声区，则为关节外感染；如关节间隙增宽，其内为无声区填充，关节囊强回声带完整，关节外仅为软组织增厚、回声降低，则是关节内感染；如关节囊强回声带不完整，关节内外均有不规则无声区则为关节内、外感染。B超检查可减少关节诊断性穿刺误将感染带入关节内的危险。

第五节　骨骼肌肉系统超声检查的前沿动态

超声诊断因其非创伤性和高可靠性已成为临床医生手中重要的诊断工具之一。除了二维超声、彩色多普勒超声外，最有前瞻性的部分包括超声波造影剂、数字化成像技术，如弹性影像、组织谐波影像、三维超声影像等。

随着超声仪器的发展，高频超声对软组织的分辨率非常高，可显示病灶的细微结构，彩色多普勒可以显示组织血流状况，但对血流的定量尚在发展中，目前超声造影已广泛应用于观察组织器官的血流灌注。在肌肉骨骼系统疾病中，超声造影可用于评估肌腱内部与肌腱周边软组织、周围神经以及肿瘤血流状况。国外文献报道运用超声造影可以观察肩袖撕裂关节镜下修补术后肌腱的血供情况，修补的肌腱血液供应主要来自滑囊周围组织及骨锚定部位，而肌腱本身相对是乏血供的，修补后的肌腱血供随时间增加而减少，适当的锻炼能增加肌腱血供。

目前性能较好的超声仪可实现病灶处大范围全景影像扫描，但即时三维空间成像技术尚未普及，这也是未来重点发展方向之一。在已发表的文献中有学者利用3D超声来观察肩袖破裂的情形。发现3D超声波在肩袖完全断裂的诊断正确率可达90%左右，也有报道3D超声波结合多普勒超声波观察炎症组织血流分布或观察肌腱断裂情形。

此外，弹性成像技术可用于了解肌肉肌腱等软组织的硬度变化，弹性成像的原理是：组织受压后会产生形变，受到同样的压力时，组织越硬形变越小；组织越软，形变越大。当探头置于人体组织尚未施以压力时，超声仪会将反射回来的超声无线频率信号储存为“受压前信号”，接着通过探头施加压力于组织，反射回来的信号存储为“受压后信号”，超声波仪器借由分析比较这两组信号来得到组织内各部分受压后的形变量，利用灰阶或是色彩来表示组织的软硬度。超声弹性成像可作为受伤后肌腱弹性恢复检查的主要手段来了解肌腱恢复情况，为运动员重返赛场提供参考。

（卢　漫　成雪晴　周　隆）

参考文献

[1] 王云钊. 中华影像医学——骨肌系统卷. 北京：人民卫生出版社，2002

[2] Thomas H.Berquist. 骨骼肌肉系统影像诊断手册（第 2 版）. 邹学农，杨建勇主译. 北京：人民卫生出版社，2009

[3] 王云钊，曹来宾. 骨放射诊断学. 北京：北京医科大学、中国协和医科大学联合出版社，1994

[4] 王子轩，刘吉华，曹庆选，刘丰春. 骨关节解剖与疾病影像诊断. 北京：人民卫生出版社，2009

[5] 刘东风，吴振华. 骨关节影像鉴别诊断指南. 北京：人民军医出版社，2005

[6] 李欣，张彦. 骨伤科 X 线诊断学（第二版）. 北京：人民卫生出版社，1997

[7] 卡伦斯・K. 钱，米尼・佩特里亚. 骨骼肌肉. 郑州：河南科学技术出版社，2006

[8] Thomas H.Berquist. 骨科内固定物及假体影像学. 程晓光主译. 北京：人民卫生出版社，2010

[9] 邱贵兴，费起礼，胡永成. 骨科疾病的分类与分型标准. 北京：人民卫生出版社，2009

[10] 张益英. 骨与关节 X 线图解——正常、正常变异与损伤. 北京：北京大学医学出版社，2007

[11] Francis A. Burgener，Martti Kormano，Tomi Pudas. 骨关节疾病 X 线鉴别诊断（第二版）. 王云钊，屈辉主审. 程晓光主译. 北京：中国医药科技出版社，2005

[12] 黄耀华. 骨关节创伤 X 线诊断图谱（第二版）. 王云钊审阅. 北京：人民卫生出版社，2003

[13] 謳尾重治. 骨与骨关节 X 线摄片及读片指南（第七版）. 江钟立译. 南京：江苏科学技术出版社，2011

[14] ADAM，GREENSPAN. 骨放射学. 唐光健译. 北京：中国医药科技出版社，2003

[15] Fischgrund，J. S. 美国骨科医师学会骨科学教程——骨科知识更新（第 9 版）. 邱贵兴主译. 北京：北京大学医学出版社，2012

[16] ANTHONY A. SCHEPSIS，MD BRIAN D. BUSCONI，MD. 运动医学. 韩一生主译. 西安：第四军医大学出版社，2008

[17] 胡广. 骨与关节运动损伤. 北京：人民军医出版社，2007

[18] 曾辉. 肌肉损伤的磁共振诊断及其进展. 国外医学（临床放射学分册），2006（3）：187-190

[19] 闫东等. 肌肉损伤的 MRI 表现. 中国医学影像技术，2008（6）

[20] 饶书城. 脊柱外科手术学（第三版）. 北京：人民卫生出版社，2007

[21] 徐爱德. 骨关节疾病影像学图鉴. 济南：山东科学技术出版社，2002

[22] 徐爱德，徐文坚，刘吉华. 骨关节 CT 和 MRI 诊断学. 曹来宾名誉主编. 济南：山东科学技术出版社，2002

[23] 丁长青等. 下肢肌肉损伤的低场 MRI 表现. 中国 CT 和 MRI 杂志，2012（44）

[24] 王铭等. X 线与 MRI 在跟腱末端病治疗中的意义. 实用骨科杂志，2014（5）